黃土與詩

詩聖杜甫的一生及萬千山河

千年風塵裡的詩與墓，
重溫杜甫的家國夢，
用一杯酒讀懂詩人的苦難與榮光

聶作平 著

▶ 他的命運是一曲憂國哀民的壯麗悲歌
▶ 在唐朝的壯闊與苦難中，用詩寫盡家國動盪
▶ 在歲月的滄桑與浮沉中，用詩刻下悲歡交織

循著詩聖的足跡，穿越千年歷史
一杯杜甫酒灑黃土，敬那個悲憫蒼生的靈魂

目 錄

第一章　黃土　　　　　　　　　005

第二章　祖宗　　　　　　　　　037

第三章　少年　　　　　　　　　077

第四章　放蕩　　　　　　　　　115

第五章　首都　　　　　　　　　153

第六章　喪亂　　　　　　　　　187

第七章　朝野　　　　　　　　　231

第八章　行役　　　　　　　　　265

第九章　劍南（上）　　　　　　301

第十章　劍南（下）　　　　　　337

第十一章　黔鄉　　　　　　　　371

第十二章　曲終　　　　　　　　415

目錄

第一章　黃土

千秋萬歲名，寂寞身後事。

——杜甫

我知道這日子終將來臨，塵世漸漸消失，生命漸趨衰竭，拉下最後的帷幕蓋上我的雙眼。但星辰仍會在夜中守望，晨曦仍會降臨，時光像翻騰的海浪，激盪著歡樂與哀傷。

——羅賓德拉納特·泰戈爾（Rabindranath Tagore）

1

我想向一個詩人敬酒。

三十年來，我曾經向數不清的人敬過酒，其中自然也有不少詩人——大大小小的詩人，男男女女的詩人，真真假假的詩人。

但是這個詩人不同。

我甚至覺得我的想法有點荒唐而矯情。因為這個詩人已經去世一千兩百多年了。

幾歲時起，我開始閱讀、背誦他的作品，直到後來，我將他的作品全整合為案頭的常備書。他留下的一千四百多首詩，雖然不敢說都有多麼熟悉，至少，通讀過。

不同年齡閱讀他的詩篇，有不同的心得。就像走進一座大山，遠近高低，前後左右，各有各的風景。

第一章　黃土

作為一名職業寫作者，我當然有自己的文學偶像。

這位我想向他敬酒的詩人，便是我心中的第一偶像：杜甫。

古人早有斷言：「不行萬里路，不讀萬卷書，看不得杜詩。」我想，跟隨杜詩的指點，到杜甫足跡所至處重新走一遭，在此基礎上，結合杜甫的人生歷程和杜詩本身寫一部傳記，應該別具一番風味。它將是一本杜甫傳，也是一本杜詩傳，同時還是一本杜甫地理志。

很巧的是，杜甫的老家河南，雖然我也曾去過兩次並多次路過，但和杜甫有關的遺址舊跡，卻僅僅去過開封鼓吹臺。至於杜甫故里、杜甫墓地均未拜謁。

所以，在這本書正式動工前，我首先要做的是再去一趟河南。那裡是杜甫的根，也是杜甫的安息之地。

一千三百年前，這個艱難苦恨的詩人，從河南出發，在江山大地上徘徊了幾十年，苦吟了幾千首詩後，終於如他所願，回到故鄉，沉睡於溫暖潮溼的黃土中。

我想，我必須向他敬一杯酒。

這杯酒，將代表作為後來者的我們，深入草根下的黃土，也深入塵埃下的歷史。

2

在向杜甫敬酒前，我想找一種最適合的酒。

根據杜甫的詩和其他與他同時代人的記載，杜甫是好酒且能飲的。雖然不一定像他平生以兄事之的李白那樣「百年三萬六千日，一日須傾三百杯」，但他對酒的熱愛總是溢於言表。當他晚歲流落他鄉時，最為傷

心的莫過於「潦倒新停濁酒杯」。

不過，杜甫和他的朋友們所喝的酒，與我們今天喝的酒有很大區別。唐人李肇在《唐國史補》中列舉了唐代名酒，計有：「郢州之富水，烏程之若下，滎陽之土窟春，富平之石凍春，劍南之燒春，河東之乾和葡萄，嶺南之靈溪、博羅，宜城之九醞，潯陽之湓水，京城之西市腔，蝦陵郎官清、阿婆清。又有三勒漿酒，法出波斯。三勒者，謂庵摩勒、毗梨勒、訶梨勒。」

這些五花八門的酒，從類型上說，不外乎黃酒、果酒和葡萄酒。就其度數而言，都是低度的發酵酒。

這樣的低度酒，酒量高的，不喝上十碗八碗或幾十杯，沒辦法盡興。

就用杜甫沒見過的白酒敬他吧。

如今占據酒類市場大半壁江山的白酒是蒸餾酒。蒸餾技術發明於元代。蒸餾酒酒精度高，易醉。「會須一飲三百杯」的李白，能喝三十杯就算他狠。

那麼多有名無名的白酒，我該選哪一種敬杜甫才相稱相宜呢？

顯然，價格高昂的茅臺之類，與杜甫身分不合。如果唐朝也有茅臺，以杜甫中晚年的經濟能力，他是喝不起的——除非在「朝扣富兒門，暮隨肥馬塵」的辛酸追隨中，才會偶爾在達官貴人府邸敬陪末座時喝幾口。

《唐國史補》所列的大唐名酒中，赫然有劍南之燒春。劍南，大致相當於今天的四川，那是杜甫度過幾年相對安閒日子的地方。並且，今天有一種名酒，名為劍南春，產地綿竹。杜甫草堂前種的那些青青的竹子，就叫綿竹，是他寫信向當時在綿竹做官的朋友討要的。

第一章　黃土

還有沒有比劍南春更適合杜甫的呢？比如，這種酒就叫子美酒、子美液、杜甫酒、杜甫春、杜甫液，或是少陵燒春、工部大麴、拾遺原漿？

我忽然想起我的一個朋友。此人近年躋身酒業，收購了一家酒廠，酒廠的名字，好像就與杜甫有關。

急忙打電話給對方。原來不僅有杜甫酒業，而且他的工廠出產的酒，居然就叫杜甫酒。

敬杜甫一杯杜甫酒，這簡直是天作之合。

乾元三年（西元760年），四十九歲的杜甫在錦官城外的浣花溪畔營建草堂時，向時任綿竹縣令的韋續寫了一封信。那信，是一首七絕。杜甫希望，韋續能贈送一些綿竹特產：綿竹。

華軒藹藹他年到，綿竹亭亭出縣高。江上舍前無此物，幸分蒼翠拂波濤。

今天的成都杜甫草堂裡，仍然有綿竹旺盛生長，至於是不是杜甫所種，恐怕無從考證。

我循著濃烈的酒香進了朋友的酒廠。

令我意外的是，酒廠生產工廠另一側，闢出偌大一座園子，園子正前方，立著一尊高大的杜甫像。埋藏在花草叢中的音箱，傳出一個男聲朗誦的杜詩：「好雨知時節，當春乃發生。隨風潛入夜，潤物細無聲……」

半個小時後，杜甫像前，我打開一瓶杜甫酒，滴了一些酒在食指上，然後，把手舉到面部的位置，再將酒輕輕彈出。

這是唐人的飲酒禮儀，稱為蘸甲，用來表達敬意。杜甫的本家杜牧有詩為證：「為君蘸甲十分飲，應見離心一倍多。」

作者祭拜杜甫

又過了半個小時，我帶著一箱杜甫酒離開。

此後一段時間裡，我在不同地方不斷打開後車箱，不斷取出杜甫酒，小心擰開瓶蓋，讓濃郁的酒液滲入大地，把它敬獻給杜甫。

嗚呼詩聖，伏唯尚饗。

3

正式向杜甫敬酒前，容我略花筆墨，向讀者解釋一下關於他的各種稱謂。

杜甫的各種稱謂——有些是他稱，有些是自稱——可謂眼花撩亂：杜子美、杜二、杜陵布衣、杜少陵、少陵野老、杜拾遺、杜工部、老杜、杜文貞、詩聖……

杜甫姓杜名甫，字子美。古人的名與字之間，往往有對應關係。有的是意思相同或相近，有的是意思相反。比如宰予，字子我，予和我，意思相同；曾鞏字子固，鞏和固意思相近；朱熹字元晦，熹是天亮，晦

第一章 黃土

是黑夜，意思相反。

甫是名，子美是字。甫的意思，按《說文解字》解釋：「甫，男子之美稱也。」所以，甫和子美是意思相近的對應關係。

另外，按古人習慣，名用於自稱，字用於他稱。比如李白只能呼杜甫為子美，而不會直呼杜甫。當然也有一種例外，如官方文書，就會用其名。

唐人，尤其是友朋之間，喜歡以排行相稱。比如元九、劉十九、高二十五，以及杜甫被朋友們稱為杜二。

要注意的是，今天的排行是以同一對夫婦的孩子為序，古代卻是以同一對夫婦的孫子為序。高三十五，並不表示他是他父親的第三十五個孩子，而是表示他是他爺爺的第三十五個孫子。

杜甫是他父親杜閒的長子，下面有四個弟弟和一個妹妹，卻被人稱為杜二，那僅僅是因為，他有一個堂兄。

講究尊卑秩序的古代，器物、建築均有等級之分，甚至命名也如此。比如：普通人死了，他葬身的地方，稱為墳或墓；帝王這樣的天潢貴胄死了，他埋骨的地方，就得稱為陵。

西安號稱十三朝古都，斷續做過一千多年國都，死後埋在西安的帝王數不勝數，就留下不少稱為陵的地方。最初，它專指某個帝王的墳墓；後來，則成了包括墳墓在內的那一帶的地名。

杜甫姓杜，但是沉睡在杜陵的人並不姓杜，姓劉，叫劉病已，後改名劉詢，即漢宣帝。杜陵，也就是漢宣帝陵。

杜陵位於西安市東南。在陝西，把黃土沉積而成的四面是溝壑，中間突起呈臺狀的地貌稱為塬，也寫作原。原的邊緣陡峭，頂部平坦，如白鹿原。

杜陵所在位置，原名鴻固原。漢宣帝少時，常到原上游玩，即位後，他把自己的陵址選在這裡。

今天的杜陵前，立有清代陝西巡撫畢沅所書的一通碑：「漢宣帝杜陵。」遠遠望去，封土堆是一座長滿雜樹野草的小山。

杜甫自稱杜陵布衣，原因在於他的祖籍便是京兆杜陵。從杜甫上溯十五代，他的第十五世祖杜畿為杜陵人。

漢宣帝劉詢是漢武帝劉徹的曾孫，太子劉據的孫子，皇孫劉進的兒子。當劉詢──那時還叫劉病已尚在襁褓中時，因巫蠱之禍，曾祖父逼得祖父造反，祖父兵敗自殺，父母在長安遇害。儘管他還是一個嗷嗷待哺的嬰兒，也被曾祖父下令投進監獄。後來，遇上大赦，他才從獄中被放出來，由其外祖母家撫養。

劉病已少時寒微，生長於草莽。他與後來成為其皇后的許平君乃貧賤之交，兩人一生恩愛。許皇后去世後，葬於杜陵附近，因其陵墓稍小，故稱少陵。杜甫在長安時，一度居於少陵旁邊，故自稱少陵野老，後世則稱之為少陵或杜少陵。

杜拾遺和杜工部，源於杜甫乏善可陳的仕途生涯中，出任過的兩個稍值一說的職務。這一點，後面再講。

老杜，那是後人對杜甫的愛稱、暱稱和敬稱。它原本是為了與唐代另一位著名詩人杜牧相區別──李白和杜甫合稱李杜，李商隱和杜牧合稱小李杜。

按理，人們把杜甫稱為老杜，把杜牧稱為小杜，那也應該把李白稱為老李，把李商隱稱為小李，但事實上並無老李與小李之說。

這一點非常奇怪，數遍歷史上的文人，後人稱為老某的，僅杜甫一

第一章 黃土

例。比如王維，沒人稱他老王；比如歐陽修，沒人稱他老歐陽。蘇洵倒是被稱為老蘇，但那是為了區別大蘇、小蘇，純從年齡和輩分而言。

而老杜，卻明顯包含著一種親切、親暱和親熱。竊以為，或許正是杜甫悲憫眾生的情懷和安於人間煙火的個性，使人覺得他不是高高在上的古典詩歌集大成者，而是和藹可親的多年老鄰居。

對普通讀者來說，可能很少有人知道杜文貞、杜文貞公竟然就是杜甫。通俗地說，文貞是杜甫的諡號。所謂諡號，起源於周朝，乃是帝王、貴族、大臣及其他重要人物去世後，依據其生前事蹟給予的帶有總結性的稱號。帝王的諡號一般由禮官議上，比如周穆王的穆、漢孝武帝的孝武；大臣的諡號由朝廷賜與，比如范仲淹的文正、李鴻章的文忠。此外，還有非官方的民間諡號，一般是門徒和追隨者所給予的，稱為私諡，比如陶淵明的靖節。

一般而言，諡號在被諡的人死後不久就有了。但還有一種情況，稱為追諡，即隔了許多年乃至許多朝代，給予前人進行追加性的諡號。

對於追諡，清人趙翼說：「累朝有追崇前代名賢者，如唐初加號老子為玄元皇帝，明皇加號莊子南華真人、文子通元真人、列子沖虛真人、庚桑子洞虛真人，宋神宗封馬援忠顯王，徽宗時封莊子微妙元通真君、列子致虛觀妙真君……」

文貞，也屬追諡。當時，杜甫已經去世近六百年了。

清朝學者、《杜詩詳註》編纂者仇兆鰲在該書的〈杜詩凡例·少陵諡法〉條下說：「考元順帝至正二年，嘗追諡文貞，此實褒賢盛事，增韻文壇。公所謂『千秋萬歲名，寂寞身後事』者，其亦差不寂寞矣。」

元順帝至正二年（西元1342年），一個叫紐璘的官員，上疏請求把漢代蜀郡守文翁辦學的石室、西漢辭賦家揚雄的墨池和杜甫的草堂均列

入國家祭祀之列——三者均在成都。此外,他又奏請追諡杜甫。元順帝批准了他的建議,杜甫遂被賜諡曰文貞。

去世近六百年後,杜甫又多了一個稱呼。只是,如同詩聖這個崇高的讚美一樣,早已化為泥土和腐殖質的杜甫無法知道了。

其情其景,恰似白居易懷念友人的詩句一樣蒼涼而憂傷:「君埋泉下泥銷骨,我寄人間雪滿頭。」

如同說到詩仙人們就知道是李白一樣,一說詩聖,人們就知道是杜甫。或者說,詩仙與詩聖,原本就是交相輝映的兩顆恆星。

那麼,是誰在什麼時候,開始以詩聖稱杜甫呢?

我們把李杜並稱,認為李白和杜甫是同等量級的偉大詩人。但是,很遺憾,和李白活著時就名滿天下,並被老一輩著名詩人賀知章贊為謫仙人,從而有了詩仙之美譽不同,杜甫在生前以及去世後三四十年裡,雖不能說藉藉無名,但是的確沒得到應有的承認。

王維、高適、岑參、儲光羲都是杜甫的朋友,與杜甫有著或深或淺的交往,且都是唐代傑出詩人。就成就而言,俱在杜甫之下。不過,一個意味深長的現象是,對這些詩友,杜甫都為他們寫過詩,並在詩裡讚美他們的成就。這些詩友雖然也有詩回贈杜甫,卻沒有一個對杜甫的詩給予相應評價。

至於李白,杜甫一生把他視為兄長,哪怕自己正處於人生的最谷底時,依然在替李白的命運擔心。杜甫一生中為李白寫了十多首詩,李白儘管也贈了杜甫三首詩,但是這三首詩,同樣也沒有一句評價杜甫的作品。

杜甫去世前一年,漂泊於湖湘之間時,曾寫過一首題為〈南征〉的五律,他自嘆時運不濟,才華被遮蔽:「百年歌自苦,未見有知音。」

第一章　黃土

　　杜詩得到重視，是在中唐時期，也就是杜甫去世三四十年後。最初，給予杜詩高度評價的是元稹和白居易。

　　元稹認為：「詩人以來，未有如子美者。」白居易認為：「杜詩貫穿古今，盡工盡善，殆過於李。」與元稹同時代的韓愈則說：「獨有工部稱全美，當日詩人無擬倫。」

　　到了宋代，杜甫的詩壇地位進一步提升。蘇軾稱：「古今詩人眾矣，而杜子美為首。」秦觀提出，杜甫是集詩文之大成者。這也是我們現在常說的杜甫是唐詩的集大成者的根源。

　　至於把杜甫稱為詩聖，那是明代的事。其發明權，有兩說。一說歸於明代狀元、有明一代著述最豐富的學者楊慎。他在《升庵詩話》中說：「李白神於詩，杜甫聖於詩。」一說歸於《杜臆》作者王嗣奭。王畢生研究杜詩，對杜詩浸淫甚深。據說，有一晚他夢見與杜甫飲酒，醒來後寫了一首〈夢杜少陵作〉，其中有云：「青蓮號詩仙，我翁號詩聖。」

4

　　要向一個業已作古的古人敬酒，最合適的地方自然是他的長眠之地。這樣的敬酒，便隱然有一種緬懷與祭祀的意思。

　　對杜甫，我也希望如此。

　　不過，比較特殊的是，杜甫有四座墓。

　　一個人不可能死四次，也不可能有四具屍體。那麼，四座杜甫墓中，有且只有一座的黃土下面，真正掩埋著詩聖的骸骨；而另外三座，要麼是衣冠塚，要麼是紀念墓，甚至，可能是穿鑿附會。

　　四座墓，兩座在湖南，兩座在河南。

5

　　湘江是湖南最大的河流，耒水則是湘江最大的支流。古人以山南水北為陽，耒陽縣城位於耒水之北，因而得名。作為古縣，耒陽設縣已有兩千多年了。

　　耒陽城區的主體，仍然在耒水北岸。耒水在城東南繞了一大圈，繼續北上，繼續畫出一個接一個的河曲。距耒陽市區三十公里的耒水邊，有一座古鎮，叫新市鎮。新市鎮是一個業已廢棄的古縣新城縣的縣治所在。杜甫時代，它因鎮上的驛站而得名方田驛。

　　杜詩裡，有一首和方田驛有關。大曆五年（西元770年），五十九歲的杜甫舟次方田驛，為洪水所困，船上的糧食吃完了，以致餓了五天肚子。狼狽不堪之際，耒陽縣令聶某聞訊派人送上酒肉，解了老杜燃眉之急。那首詩的詩題頗長：〈聶耒陽以僕阻水，書致酒肉，療飢荒江，詩得代懷，興盡本韻。至縣，呈聶令，陸路去方田驛四十里，舟行一日，時屬江漲，泊於方田〉。

　　這是杜甫生命中的最後一年。其時，他因潭州發生臧玠之亂，只得坐船由潭州逃到衡州，打算經由衡州趕往湖南南部的郴州，投奔在那裡以錄事身分暫攝郴州事的舅氏崔偉。

　　誰知，抵達耒陽境內後，連日大雨，江水暴漲，老杜一家困在船上，食物耗盡，一家人望著總也不肯退去的洪水呆若木雞。

　　耒陽有一座杜甫墓。據資料介紹所說，它的前身是杜陵書院，建於唐哀帝天祐四年（西元907年）。那一年，杜甫畢生盡忠的唐王朝滅亡了。

　　杜陵書院，就是為紀念杜甫興建的。

　　有幾道矮牆，綠樹掩映，牆內，便是小小的杜甫墓園。墓園前，有

第一章　黃土

一尊杜甫半身像。像後，即杜甫墓。墓園裡，附有杜甫陳列室，四圍牆壁上，鑲嵌著紀念杜甫的碑刻。

新、舊《唐書》在簡短的〈杜甫傳〉裡，都認為杜甫死於耒陽。至於死因，頗有些不堪。

《舊唐書》說：「……旬日不得食……啖牛肉白酒，一夕而卒於耒陽，時年五十九。」

《新唐書》說：「……涉旬不得食……令嘗饋牛炙白酒，大醉。一夕卒，年五十九。」

兩部正史都認為，餓了多日的杜甫，在得到縣令送來的酒肉後，大吃大喝，以致暴死。

這種說法很不可靠。因為有杜甫收受了聶縣令的酒肉後寫給聶的詩為證。如果他大吃大喝後一夕暴死，又如何寫這兩首詩呢？再者，此後杜甫還有〈回棹〉等詩，證明他平安地離開了洪水圍困的方田和耒陽，又回到潭州。

耒陽城外的耒水中，有兩座沙洲，靠近城區那一座，名為花洲，又名靴洲。當地父老口耳相傳，杜甫從這裡坐船前往郴州時，掉了一隻靴子，人們打撈起來後安葬洲上，原本無名的沙洲自此得名。

這座據說埋有杜甫靴子的小島，如今已開發為公園，公園自然以杜甫命名。公園裡，迷宮、水上樂園之類的遊樂設施一個接一個，成為當地人消遣娛樂的好去處。島上一角，同樣有一尊杜甫半身像，清瘦的面容，憂鬱的眼神，直勾勾地看著來來往往的遊人。

耒陽還是另一個著名人物——造紙術發明者蔡倫的故鄉。紀念蔡倫的蔡倫祠和蔡倫紀念園，與杜甫公園只相隔三四百公尺。

偶然的巧合恰似精心設計的隱喻：在蔡倫發明的紙上，杜甫寫下那些沉鬱頓挫的詩篇，爾後，蔡倫和杜甫俱不朽。

儘管杜甫並沒有死在耒陽，而所謂飽食牛炙白酒暴死的說法尤為不經，耒陽杜甫墓幾乎可以肯定只是一座衣冠塚，但它仍然是一道被後人追懷的人文景觀。

晚唐及五代，不少途經耒陽的詩人都前往拜謁，並多有詩篇。如晚唐詩人鄭谷詩云：「耒陽江口春山綠，慟哭應尋杜甫墳。」晚唐另一位詩人羅隱的詩題即為〈經杜工部墓〉。五代詩僧齊己在〈次耒陽作〉中點明了杜甫由長江而湘江，由湘江而耒水的行蹤：「繞嶽復沿湘，衡陽又耒陽。」

文人墨客的憑弔追懷，使得耒陽杜甫墓名聲在外。文獻記載，有宋一代，先後四次修繕。我看到的杜甫墓，墓周砌有一圈條石，上堆封土。孩子們追逐嬉戲，歡快的聲音淹沒了夏日尖利的蟬鳴。

6

杜甫去世九年後，一個有著北魏皇室血統的男嬰出生於杜甫生活過多年的洛陽。

等上三十四年，當這個男嬰成長為文壇知名的重要人物時，他應杜甫的孫子杜嗣業之請，為杜甫寫下了一篇情真意切——更重要的是第一次高度評價杜詩——的墓誌。

這就是元稹和他的〈唐故工部員外郎杜君墓係銘並序〉。

墓誌裡，元稹講述了杜甫之死和死後情況，總結起來，他只用了幾句話：「扁舟下荊楚間，竟以寓卒，旅殯岳陽，享年五十九。」

第一章　黃土

既然是應杜甫之孫所請為杜甫作墓誌，顯而易見，元稹關於杜甫的記載應該是最真實，當然也是最可信的。

就是說，杜甫的確客死於湖湘，並安葬在岳陽，直到四十多年後，才由其孫子將其遺骸運回故鄉河南，並請元稹撰寫了墓誌。

初秋的一個下午，在一處竹林後面，我走進了杜甫祠。這座墓祠合一的建築，始建於唐。不過，我看到的，已是清末重修後的樣子。

平江杜甫祠中的杜甫像

元稹在墓誌中所說的「旅殯岳陽」，就是指這個地方。

平江唐時稱昌江，位於長沙東北方。曲曲折折的汨羅江自東向西橫穿，在下游的汨羅境內注入湘江。

原本漂泊於潭州一帶的杜甫，為什麼會出現在偏遠的平江呢？

我找來大比例尺地圖計算了一下，兩地直線距離約八十公里，高速公路一百公里，而杜甫行進的水路，由湘江而下，再溯汨羅江而上，要超過兩百公里。

合理解釋是這樣的：老病孤舟的杜甫決定回故鄉河南，於是離開潭州，順湘江北上。在抵達今天的汨羅時，沉痾在身。前往平江，乃是為了求醫。沒想到，這一去，竟死在了平江。

當然，這只是一種猜測。除非起杜甫及家人於地下，恐怕我們永遠無法窺見真相。

2020年夏秋之交，我探訪了黃庭堅故里後，進入湖南的第一個縣，就是平江。

鄉道兩旁，是南方青翠的樹木，間或有村落人家，一切都是平凡而安靜的模樣。

　　小田村杜甫墓，因是墓祠合一，又稱杜甫墓祠。從遠處看，墓祠是一片白牆青瓦的古建築，掩映在蔥郁的林木深處。

　　四十多年前，蕭滌非帶領《杜甫全集》校注組成員，分別於1979年和1980年兩次在全中國尋訪杜甫行蹤，並留下了《訪古學詩萬里行》一書。這大約是關於杜甫及杜詩的最早的田野調查了。

　　據《訪古學詩萬里行》記載，當時，蕭滌非一行看到的小田村杜甫墓祠，隔壁有一座尼姑庵，但是尼姑庵早沒了尼姑，改建為小學；至於杜甫墓頂，尚有革命時挖出的洞。

　　幾十年後的今天，杜甫墓祠經過了所謂修舊如舊的整治。停車場、售票中心、檢票口，一切都使它看上去更像一個景點——唯一遺憾的是缺少遊客。那天下午的兩個小時裡，我是唯一的拜訪者。我的腳步聲迴盪在空寂的庭院，有如夢遊。

　　懶洋洋的工作人員驗完票，我進入了陰鬱的院子。院內的一間屋子，陳列著關於杜甫的圖文，極其簡單地介紹了我早就爛熟的杜甫生平。不過，這不是重點。重點在於強調，小田村——也就是此刻距我只有十公尺的院子後面的那座墳，埋葬的的確是杜甫。列舉的最重要理由有兩個：一是《中國名勝詞典》在「杜甫墓」詞條下明確指出，杜甫墓「在湖南平江縣小田村（唐代昌江縣治）近郊」。至於耒陽的杜甫墓，這部書稱其為衣冠塚。二是平江小田村一帶，有杜姓上千，他們都自稱是杜甫後裔，已經繁衍了五十多代。

　　簡單的圖文看上去經歷了好些歲月。圖文旁，我注意到牆上的一塊磚，磚上刻有文字：「杜文貞公祠」。按墓祠內一塊碑上的文字介紹，

第一章　黃土

光緒九年（西元1883年）曾進行過修繕。這些磚，應該就是那次修繕的材料。

屋子潮溼，有一股輕微的霉味——我很熟悉這種味道，凡是年久失修或人跡罕至的老建築，多半都有相同的霉味。

穿過左側一道月亮門，是一個小小的天井。天井裡，一株羅漢松虯勁盤空，據說已有五百多歲了。樹上，掛著無數紅色長條帶，上面寫滿文字。看了幾條，多是來這裡遊覽的學生寫的，期望杜甫保佑他們金榜題名。不過，這些年輕人可能不知道，杜甫並非學霸。相反，他參加過的大多數考試，都名落孫山。

天井後方是官廳，也就是昔年接待前來拜謁、祭祀的官員的場所。大門正上方的匾額上寫著：「杜文貞公祠」。

門廊下，有一個用玻璃罩保護起來的石礎，那就是唐代覆盆式蓮花柱礎，即用來支撐建築物柱子的基座。文字介紹說，它已經有一千三百年了。一千三百年前，正好是杜甫時代。但是這恐怕也難以說明，在唐代，杜甫墓祠就有了如此宏大的規模。因為，與杜甫墓祠相鄰的還有一座尼姑庵，這柱礎很可能是尼姑庵的遺存。

官廳後便是杜甫墓。我穿過官廳進入墳墓所在的小園時，幾隻大鳥被腳步聲驚起，撲打著翅膀飛上了墓旁的柏樹。

鳥兒的啼鳴空蕩蕩地迴響，在這個暮雲四合的初秋黃昏，顯得更加空寂、惆悵。

杜甫墓坐北朝南，封土一公尺多高，紅石、青磚砌成的墓圍，像風中的母親摟緊自己的孩子，緊緊摟住墳墓。墓前，有三通石碑，一高兩低，排列有序，正中主碑上，文字略顯模糊，仍可辨識：「唐左拾遺工部員外郎杜文貞公之墓」。

據落款可知，這就是光緒九年修繕時所立。

杜甫墓附近，有一座磚瓦結構的房子，石頭的大門上方隸書大字：「鐵瓶詩社」。

杜甫墓祠裡，怎麼會鑽出一個詩社呢？

說起來，詩社的創立者，和平江杜甫墓祠的修建有極大關係。這個創立者叫李元度。

李元度，字次青，平江人，舉人出身，曾在曾國藩手下擔任幕僚。曾國藩在湖口戰敗後，他回平江募兵增援。守衛徽州時，被太平天國侍王李世賢所敗，論罪發往軍台效力。因得左宗棠、李鴻章等人聯名奏保獲免，放歸鄉里。其後，李元度東山再起，先後任貴州按察使及布政使，頗有政聲。

在李元度三百多年前的明朝弘治年間，平江知縣黃華主持修纂《平江縣誌》。訪求文獻時，他聽人說小田村的杜昂乃是杜甫後裔。找來杜家家譜一看，上面記載說，杜預、杜審言和杜甫這些杜姓偉人，都是杜昂遠祖。

黃華是一個嚴謹的人。他認為，家譜這種民間自行修撰的東西未必靠得住，必須找到更有力的證據才能採信。因此，他把杜家家譜放在一旁，並沒有特別重視。

不料，時過不久，小田村杜家一個叫杜富的人前來求見，並帶來了有力證據：兩份祖傳檔案。

兩份檔案都是誥敕，即朝廷封官授爵的文書，相當於民間所說的委任狀。兩份委任狀，一份是唐至德二載（西元 757 年）授杜甫為左拾遺，一份是宋紹興三十二年（西元 1162 年）授杜邦傑為承務郎。

第一章　黃土

　　黃華仔細閱讀後，發現確係「前朝織錦」、「墨跡甚古，御寶猶新，題唐肅宗至德二載及宋紹興三十二年杜甫暨其裔孫杜邦傑誥敕二通」、「讀之令人起敬」。

　　其中，朝廷給杜甫的那道誥敕是這樣寫的：「襄陽杜甫，爾之才德，朕深知之。特命爾為宣義郎、行在左拾遺。授職之後，宜勤是職，毋怠。命中書侍郎、平章事張鎬齎符告諭。故敕。」其下是年月日及御寶。所謂御寶，就是天子的印章。

　　黃華把此事詳細記錄在弘治版《平江縣誌》中，如今，這一版縣誌已失傳，幸好黃華此文還收錄於乾隆版《平江縣誌》中，我們才得以知道曾有這樣一個有趣的插曲。

　　黃華之後幾十年，明朝嘉靖年間，一個叫陳壂的官員，從縣誌上讀到這一記載後，專門找到杜富後人，借觀了杜家作為傳家寶的兩份敕書。陳壂見到的杜甫誥敕，書寫在一種厚如銅錢的品質很好的黃紙上——這也就解釋了為什麼能儲存如此長的時間。誥敕正方形，邊長約四尺，上面的字，兩寸見方，「倔而勁」，字型正是唐朝最推崇的「肥古」。為此，他寫了一篇〈跋杜氏誥敕〉。過了兩百多年，清朝乾隆、同治年間的《平江縣誌》都收錄了此文。

　　李元度作為平江人，又是飽學之士，自然對歷代《平江縣誌》均有所了解。於是，他寫了一篇〈杜墓考〉，認為元稹所說的「旅殯岳陽」就是旅殯於小田村。爾後，由他發起，透過向平江官紳募捐，在小田村重修了杜甫墓，新建了杜甫祠。

　　這就是我看到的杜甫墓祠。

　　杜甫墓祠外，是一個不大的停車場。一些旁逸斜出的樹把茂密的枝

葉伸到了車頂上。天色已晚，作為景點的墓祠下班了，工作人員正在關門。一牆之隔的小學校早已放學，透過鐵門，校園同樣空蕩蕩的，只有晚風在漫不經心地吹。

我倚在車頭前抽了一支菸。我想起了一千二百五十年前發生在平江的令人泣下的往事：

大曆五年（西元770年），當杜甫在洞庭湖流域的某個我們無法知曉的某條小船上去世時，跟隨他的，除了老妻楊氏，便是兩個兒子宗文和宗武；另外，還可能有他的幼弟杜占及家人杜安。這貧困交集的一家，徬徨江湖，朝不保夕，顯然無法實現杜甫歸葬故鄉的心願。

之後，更令人唏噓的是，杜甫長子宗文早死。按《岳陽府志》的說法，宗文就死於耒陽。宗文生於天寶九載（西元750年），此時剛二十出頭。

杜甫的次子宗武生於天寶十三載（西元754年），即便按古人虛歲計算方法，也才十八。放到現在，還是一個上高中的懵懂少年，唇上才長出第一縷細細的鬍鬚。

終其一生，曾被杜甫寄託厚望的宗武並無多大出息，他甚至一輩子也沒有力量把父親的遺骸運回老家。這遺願，最終由他的兒子杜嗣業完成。這也可以解釋，為什麼平江會有那麼多的杜甫後裔。

因為，杜宗武在這裡度過了他的大半生。嗣業之外，他還有另一個兒子嗣紹。我猜，平江杜氏多半出自嗣紹這支。

抽完煙，天空飄起細若游絲的小雨。當我重新上路時，回頭望去，小小的杜甫墓祠淹沒在越來越濃的暮色裡。

第一章 黃土

7

七月底，一年中最炎熱的日子，中原大地氣溫飆升到37°C以上，當我來到偃師市區時已是中午。

陽光熾烈，街道兩旁的行道樹投下粗短的影子。行道樹旁的綠化帶裡，隔三岔五地立著電桿，電桿上橫出廣告牌、標語和指路牌。再往前幾十公尺，指路牌上標示的地方我從沒去過，卻又無比熟悉：「前杜樓」。

前杜樓曾經是一座村莊的名字，不過，隨著城市擴張，昔日的村莊已經變成了街道。在前杜樓的指路牌前百餘公尺外，導航指引我轉入一條小巷，進入小巷幾十公尺後，再左轉，導航說，目的地到了。

我看到的是一座圍牆圈起來的學校。

偃師是一個承載了太多過往的地方，即便是在以歷史深厚著稱的中原，它仍然是其中的佼佼者。偃師名字的來源，要追溯到遙遠的西周初年。其時，周武王滅商後，築城池而息偃戎師，差不多就是鑄劍為犁的意思。

如果再往前追溯的話，在商朝，這裡曾是商湯所建的都城西亳。幾個小時後，我在平曠的田野上找到了一座土堆，土堆前的碑表明，那就是商朝建立者成湯的陵墓。

如果再往前追溯的話，在夏朝，這裡是夏朝中後期的王城，名為斟。從夏朝第三任君主太康起，直到最後一任君主桀都定都於此。偃師城郊的二里頭遺址就是證據。

杜甫墓就在偃師，就在前杜樓，就在我看到的那所杜甫中學校園內。

學校放暑假，大門緊閉。儘管大門右側就是保全室，但我拍打著金

屬大門叫了半天,裡面悄無應答——或者說,除了樹上的蟬鳴,再沒有其他聲音。這時,一輛三輪車從旁邊駛過,我向司機詢問,問杜甫墓是否在裡面,他點頭稱是。問能否從後面繞進去看看,他搖頭說不能。

我非常失望,只好隔著鐵門縫隙觀察校園。

沒想到,兩天後一個同樣炎熱的下午,我再次來到了杜甫中學校門前。這一次,我如願以償地進入校園,並來到杜甫墓前。

透過朋友幫忙,我聯繫上了杜甫研究會會長劉先生。劉先生說,杜甫中學的前任校長趙憲章是研究會副會長,並且,杜甫研究會的辦公地,就在杜甫中學內。

我來到杜甫中學校門前時,劉會長已經到了。一會兒,趙校長也來了。他打開校門,帶我穿過操場和花園,從教學樓側面走進去。

偃師杜甫中學,杜甫墓曾圍在校園內

圍牆刷得粉白,上面是有關杜甫生平的文字和圖畫。當然,一個重點是談杜甫與偃師的關係。其中有幾個小標題,不容置疑地說:「洛陽是杜甫的出生地;偃師的土樓舊莊是最重要的杜甫故居;偃師杜甫墓是最可靠的杜甫墓。」

操場盡頭是一堵圍牆,開有一道小門。穿過小門,便進入了杜甫墓

第一章　黃土

園。趙校長說，以前，杜甫墓就在校園內，近年，為了方便管理，也為了方便遊人參觀，在學校和墓園之間新建了圍牆。

如果更準確一些的話，我認為，杜甫墓園應該叫三杜墓。因為，在這片占地十幾畝的園子裡，除了杜甫墓外，還有杜預墓和杜審言墓。

三座墓，墓土都是一色赤黃，哪怕是在多風多雨易於草木生長的夏季，上面也只有稀稀拉拉的幾莖野草。

這表明，三座墓都是最近才重新修繕過的。

杜甫臨終的遺囑是請求親人們將他歸葬老家河南。但是，兒子宗武「病不克葬，歿」──還沒有實現父親的遺願，宗武就去世了。幸好，宗武此時已有兩個兒子。這一重任就落到了杜甫的孫子頭上。

令人傷感的是，杜甫的孫子嗣業，也是一個無所作為的窮苦人，按元稹說法，他無以給喪，以至於「收拾乞丐，焦勞晝夜」。為了將祖父運回故里安葬，杜嗣業竟然做過乞丐。歷盡千辛萬苦，才終於在杜甫去世四十多年後，將他的遺骸千里迢迢從岳陽運回河南。對此，元稹感嘆：「（杜嗣業）卒先人之志，亦足為難矣。」

杜甫歸葬老家河南的具體地點，元稹在墓誌中說得很清楚：「合窆我杜子美於首陽之山前。」

偃師地處洛陽盆地東部，南北高，中間低，大多地方海拔僅一百多公尺。偃師城區位於洛河北岸，是一塊由洛河沖積而成的小平原。城區以北，是一列三百多公尺的小山，即首陽山。首陽山北麓，黃河滔滔流過，逝者如斯，不捨晝夜。

作為邙山在偃師境內的最高峰，首陽山因清晨的第一縷陽光總是率先照射其上而得名。

前杜樓村的杜甫墓園，距首陽山南麓的直線距離不超過兩公里。

自唐代以來，歷代文獻都有杜甫墓在偃師首陽山前的記載。宋人稱：「後餘四十年，其孫嗣業，始克歸葬於偃師。」明人《寰宇通志》稱：「甫，唐人。元稹作志。甫卒，旅殯耒陽，後返葬祖墳，彼葬其一履耳。」《大明一統志》稱：「杜甫墓，在偃師縣首陽山。甫，唐人，能詩者，卒耒陽。」

令人疑惑的是，儘管自唐至清近一千年間，杜甫墓在偃師首陽山前的記載時見典籍，但乾隆十一年（西元1746年），偃師知縣朱續志尋訪杜甫墓時，好不容易於「偃之西偏土樓村」找到了一座只有幾間房子的小廟。父老告訴他，這是當陽侯杜預祠，已被鄉民改為土神廟。廟後，即杜預墓。杜預墓西南，則是杜甫墓，「微址尚存」，只能依稀看出一座古墳的樣子。

朱續志說，杜預墓已成當地人馬現習的耕地，杜甫墓則為當地人田方禾的耕地。這兩個很可能目不識丁的農民，因朱續志的尋訪和記載，得以在歷史上留下名字。作為耕地的結果，封土被平毀，地表全無遺跡。

朱續志很感慨，杜預、杜甫都是前代名賢，沒想到他們身後竟如此淒涼，墓塚淹沒若斯。於是，他把兩座墓從耕地中區分出來，堆積封土，加以標示，並隆重地祭祀了一番。祭祀完畢，還把保甲長招來，令他們多加保護，不許村民再行破壞。

過了四十多年，乾隆五十五年（西元1790年），杜甫墓再次遭到一定程度毀壞。偃師知縣湯毓倬便向村民購買了與杜甫墓相鄰的土地，計二畝六分多，用圍牆把墓保護起來，在大門前新建了墓道，並立了一塊碑。

第一章　黃土

　　這塊碑，至今還立在杜甫墓前。我見到它時，時間已經過去了二百三十餘年，大概是因為才經過修補，字跡看起來非常清晰，宛如初刻：唐工部拾遺少陵杜文貞公之墓。碑右上角題：「乾隆五十五年歲在上章閹茂之如月河南尹張松孫書」。左下角題：「偃師縣知縣渤海湯毓倬修墓後勒石」。

　　順便說，工部與拾遺是杜甫生前所任職務，乃唐朝皇帝所封，而文貞則是元朝皇帝追諡，把不同朝代的實任官職與後人追諡混在一起，頗有些不倫不類。這一點，蕭滌非也明確表示不滿，認為「殊非杜意」。

　　整座杜甫墓園，如果走馬看花的話，大概五分鐘就可以走一個來回。杜甫墓右後方，是他的兩位先人之墓——他畢生都以這兩位先人為傲。這一點，我留到第二章詳述。

　　三杜墓中，杜甫墓是真墓，杜預墓界於真墓與衣冠塚之間，杜審言墓連衣冠塚也說不上，只能說是紀念墓。

　　杜審言是杜甫的祖父，他的墓地，從杜甫為其祖母所撰的〈唐故范陽太君盧氏墓誌〉中可以找到蛛絲馬跡：「歸葬於河南之偃師。以是月三十日庚申，將入著作之大塋，在縣首陽山之東原。」意思是說，杜甫的祖母盧氏去世後，杜甫將她與祖父合葬；而祖父的墓，在首陽山東原。文中的著作，指杜審言，因其曾任著作佐郎。

　　儘管杜審言墓就在首陽山中，卻一直沒有被發現。偃師重修杜甫墓，只好在杜甫墓後側新建了紀念性的杜審言墓。墓前，新立墓碑，碑文曰：「唐國子監主簿加修文館直學士杜公審言之墓」。

　　杜審言墓的右後側，即靠近杜甫墓北邊圍牆的地方是杜預墓。由地方文獻可知，杜預墓其實也是一座空墓，只不過，墓碑是古蹟。

偃師杜甫墓

杜預乃西晉名將，生前留有遺囑，希望死後安葬在「東奉二陵，西瞻宮闕，南觀伊洛，北望夷叔」的地方。

乾隆年間，朱續志尋訪杜甫墓時，也找到了杜預墓。在修繕杜甫墓時，順帶修繕了杜預墓。如今，杜預墓前那塊斑駁的墓碑，就是朱續志所立。

漫漶不清的碑文很難辨識，幸好，文獻有記載，碑文乃是：「晉當陽侯杜公預之墓」。

這塊碑，如今立於修整一新的杜預紀念墓前。有些小小的坑窩，分布在碑的不同位置，有深有淺，不像自然形成的，更像外力作用的結果。

杜甫墓東北，更靠近首陽山的地方，就是杜預墓舊址。自從乾隆十一年（西元1746年）朱續志將其修繕後，一直儲存到清朝末年都完好無缺。

1905年，清廷與比利時簽訂借款合約，修築從徐州到蘭州的東西大動脈隴海鐵路。其中，位於河南的汴洛段施工時，鐵路正好從杜預墓穿過。於是，杜預墓被壓在了鐵軌下；而杜預墓碑，由施工者在鐵路路基南沿凸出一個兩平方公尺的臺地，將墓碑移到那裡。

沒想到的是，幾十年後的1982年，位於偃師的首陽山電廠建設鐵路時，鐵軌又從杜預墓碑處經過。這一次，墓碑被拔起後扔進了鐵路旁的麥田中。當地民兵訓練時，一度把墓碑當靶子，是以留下那些刺眼的坑窩。

在花了十多分鐘看完墓園並拍照留念後，我再次回到杜甫墓前，把

第一章　黃土

整整一瓶杜甫酒倒進了墓頂的黃土。烈日炙烤下的黃土乾燥堅硬，酒液迅速被吸收，如同一個久渴的人在飲水。空氣中瀰漫著濃烈的酒香。如果不是還要開車趕路，我也想在杜甫墓前喝幾杯。

8

四座名氣最大的杜甫墓──小田村那座叫墓祠，耒陽那座叫杜甫墓，偃師那座也叫杜甫墓，只有鞏義這座，叫得比較正式：杜甫陵園。相關資料顯示，全中國一度有八座杜甫墓，但是其他四座，顯而易見都是後人附會或以訛傳訛。

出鞏義市區西行，過黃河支流伊洛河，便是一片相對高差兩三百公尺的山地。這山地，即邙山。

藉助衛星地圖不難發現，由伊洛河沖積而成的洛陽盆地，西面是崤山，南面是熊耳山、外方山，東面是嵩山，北面是邙山。邙山與嵩山之間的盆地東北角，有一個明顯的缺口，伊洛河就從缺口處奪路而逃，一頭扎進黃河。

邙山自洛陽而來，綿延到鞏義河洛鎮，長約一百公里。杜甫陵園所在地，距邙山盡頭（稱為邙山頭）直線距離只有十多公里。

瀕臨伊洛河的康店鎮曾是一個舟車輻輳的水陸碼頭。在導航指引下，我穿過康店鎮一條大街後轉入一條小巷。小巷盡頭，公路變得狹窄而陡峭，幾個大彎後，我已進入邙山。盛夏的邙山是一座微風吹拂的空山，遠離了人間的喧囂與繁華。

自古以來，邙山就是一座死者之山，它的著名，也基於它是首屈一指的埋骨地。

邙山下洛陽一帶，自古就是中原王朝的京畿之地，十餘個大大小小的王朝營都洛陽，時間長達千年。橫亙於洛陽北部的邙山，便成為皇室與官宦人家最理想的營葬區域。在他們看來，這裡風水極佳：

　　其一，邙山屬秦嶺餘脈，也是秦嶺最東端，再東即為一馬平川的平原。秦嶺矯若遊龍，邙山如同龍首。

　　其二，洛陽居天下之中，邙山聳立於洛陽北部，山川朝拱，如群星參北斗。

鞏義杜甫陵園前的杜甫像

鞏義杜甫墓

　　其三，邙山北枕黃河，西起澗水，南瀕洛河，東臨伊洛河，四水環繞，一峰獨起，如同護城河保衛城池。

　　唯其如此，自古以來就有「生在蘇杭，死葬北邙」之說。據不完全統計，邙山上，安葬有包括漢光武帝劉秀、魏文帝曹丕、北魏孝文帝拓跋宏等在內的三十多位皇帝；至於歷代名臣名將，文人才士，葬於邙山者更是不可勝數。如果加上普通民眾，邙山之上，可以說是新墳壓舊墳。正如詩人所云：「北邙山頭少閒土，盡是洛陽人舊墓」、「山頭松柏半無主，地下白骨多於土」、「北邙山上朝風生，新塚纍纍舊塚平」。

　　城中的熱鬧與山中的死寂形成鮮明對比，恰如生與死之對比，白天與黑夜之對比，太陽與月亮之對比。沈佺期感嘆說：

第一章　黃土

　　北邙山上列墳塋，萬古千秋對洛城。城中日夕歌鐘起，山上唯聞松柏聲。

　　杜甫陵園在一座小山頂部，陵園外側的土路邊有幾座民居，不見人影，空聞犬吠。一個急彎後，民居和犬吠都消失了，一片青翠的松柏掩映著一座高大的牌樓。牌樓外的小樹林裡，有三方碑。儘管年代並不久遠，卻都顯得過於斑駁。

　　一方是《杜甫全集校注》主編蕭滌非所書：「唐杜甫陵園紀念碑」。一方是著名學者郭沫若所書：「杜甫墓」。一方是鄭州市杜甫墓。

　　牌樓兩側門柱上，張貼著紅紙對聯——這一層對聯下面，還有另一層已經被雨水洗得很淡的對聯殘跡，說明很可能每年都會張貼。對聯很熟悉，就是郭沫若為成都杜甫草堂所撰那副：「世上瘡痍，詩中聖哲；民間疾苦，筆底波瀾」。

　　郭沫若曾著《李白與杜甫》，抑杜揚李，頗多誅心之論。我對此腹誹多年，唯獨他為老杜撰的這副對聯，倒是深合余意。

　　牌樓右側有一扇窗戶，像是售票窗，但窗戶緊閉，大門也無人把守，我只好冒失地排闥直入。

　　正對大門的中軸線上，是一尊高大的杜甫像。

　　我見過數以十計的杜甫像，這一尊，佝僂著腰，身子略往前傾，體態消瘦，表情憂鬱，像在為某件火燒眉毛的事不知所措。一言以蔽之，比較符合普羅大眾想像中的陷於漂泊與貧病中的晚年杜甫形象。

　　雕像後面，是一間建在臺基上的仿唐式建築，就是古代墓園裡常見的享堂。所謂享堂，即供奉死者牌位並舉行祭祀的場所。

　　享堂後面是杜甫墓。墓基大半人高，封土堆成覆斗形，高四五公

尺。其上，生長著數百株松樹和柏樹。松柏中間有三塊碑。正中一塊，隸書大字：「唐杜少陵先生之墓」。落款已不太清晰，查文獻可知，乃是「乾隆己亥春月會稽後學童鈺書知鞏縣事陳龍章立」。後面一塊比這塊要早幾十年，乃是康熙十九年（西元1680年）杜漈所撰〈鞏縣杜少陵先生墓碑記〉。這兩塊完整的碑右側，還有一塊殘碑，據說是前些年當地農民在附近修水渠時挖出來的，是一塊唐碑。幾步開外，我完全看不清上面的文字，幸好地方史料也有記載，說是「杜工部墓」四字。

杜甫墓旁，另有兩墓，據說安葬的是他的兩個兒子：杜宗文和杜宗武。整座墓園占地二三十畝，比偃師杜甫墓略大。享堂和墓地外，還附建了一條杜甫詩作書法長廊，以及一座亭子。亭子裡立著一塊巨大的碑，湊近一看，一面是〈杜甫陵園修建記〉，講述了修建杜甫陵園緣起及經過。

陵園大門右側，也就是詩碑亭正對處，建有幾間供守陵工作人員居住的平房。遊客稀少──我猜想，若非舉行祭祀或集體性參觀，平時每天到陵園的遊客，應該不超過二十個──我在園中停留了將近一個小時，我們一家三口之外，再無他人。於是，無所事事的守陵人因地制宜，在平房前開荒種地：一架翠綠的葡萄，一畦深碧的玉米，幾壟還很矮小的大蔥。它們在烈日高懸的午後，像一些睡夢來臨的孩子，無精打采地投下短而亂的影子。平房的一道大門上，貼著一副對聯：「行道有福克勤有繼，居安思危在約思純」。對聯內容古雅，隸書蒼勁有力，隱約表明主人也是腹有詩書之士。

無端地，有幾分羨慕這個守陵人。在這清靜的園子裡，守著這些蔬菜、水果，更重要的是守著詩聖不朽的靈魂，讀讀書，寫寫字，風輕雲淡的日子雖然略嫌寂寞，卻有一種悠長的自在。

第一章　黃土

按元稹記載，杜甫遺骸從岳陽遷回老家河南後，安葬在首陽山前，也就是我在偃師杜甫中學所見到的那座杜甫墓。為什麼相距不遠的鞏義又有一座杜甫墓呢？

最早提出杜甫墓在鞏義的是史學家司馬光和他同時代的學者宋敏求，二人在各自著作裡，寫下了完全相同的一段話：

杜甫終於耒陽，藁葬之。至元和中，其孫始改葬於鞏縣，元微之為志。

實在搞不清楚，這兩人到底誰抄襲了誰。一個不爭的事實是，他們兩個的說法都與最權威的史料，也就是元稹所撰的墓誌相左。因為，墓誌明確說了杜嗣業把杜甫葬在首陽山之前而非鞏縣。

所以，過了許多年，直到明朝嘉靖年間的《鞏縣誌》，忽然記載說鞏縣有杜甫祠墓。至於這祠墓係何人何年所建，語焉不詳。

又過了一百多年，到了清朝康熙十九年（西元1680年），鞏縣杜甫墓的一個重要推手出場了，此人即山東濱州人杜漺。杜漺任河南參政時，前往鞏縣賑災，聽人說邑中有杜甫墓祠，遂前往憑弔，並作〈鞏縣杜少陵先生墓碑記〉立於墓前──這就是三百多年後我透過稀疏的松柏看到的那一方。

碑記裡，杜漺沒有採納司馬光與宋敏求所說的杜甫子孫將其遺骸直接從耒陽遷葬鞏縣的說法，而是提出一個新觀點：杜甫遺骸的確由其子孫首先遷葬到鄰近的偃師，但後來又從偃師遷葬到鞏縣，即所謂「先生歸葬，嘗祔於當陽侯之墓側，復移墓於鞏焉」。

這種說法的疑點在於，杜甫遺骸既然已經被他的孫子杜嗣業千辛萬苦地從湖南遷回偃師入土為安，他的後人為什麼要多此一舉地將他遷到鞏縣呢？

杜甫希望歸葬偃師，因為偃師是他年輕時居住過的屍鄉土樓所在地；同時，更重要的原因在於，這裡是杜甫家族的祖塋，他畢生最崇拜的兩位祖先——遠祖杜預和祖父杜審言都長眠於此。他當然發自內心地期望，在他身後，也能依偎著他們。

儘管有此疑問，但認為鞏義杜甫陵園就是貨真價實的杜甫墓的人並不在少數。

〈杜甫陵園修建記〉開篇一段，寫得頗為得體：

鞏縣城西有邙嶺焉，其上纍纍古塚，多已為榛莽掩沒。得名於世者，唯杜甫墓耳。杜墓位於田壟之間，菽稷四圍。當秋風乍起，則凋木橫斜，衰草紛披，一望蕭疏。然拜謁者不絕如縷，蓋世人不以陵寢巍峨而崇仰，不以黃土一抔而廢禮，仰慕至切者，杜甫詩名也。

的確，杜甫陵園所在的山丘，雖然高出平原，但與真正的大山相比，不過彈丸之地；山上黃土衰草，景色並無佳處。然而，數百年來人們祭祀不斷，拜謁者不絕於途，僅僅因為：這裡是傳說中的杜甫墓。有可能，詩聖就長眠在此。

前文說過，最多時，全中國有八座杜甫墓，但是杜甫只有一個，無法分身八地。後來，其中四處被徹底否定，餘下四處則遠近知名。竊以為，耒陽是衣冠塚；平江是旅殯地，杜甫曾在那裡安睡了四十多年；鞏義是紀念墓；而元稹在墓誌裡確認過的首陽山前，也就是偃師前杜樓村，那裡，才是杜甫的鬱鬱佳城。

這只是我和一部分學者的意見，另一些人則各有看法——幾乎每一個地方的學者，都堅持認為他們那裡，才是真正的杜甫墓。這種出於鄉土觀念或是文化旅遊需要的堅持，都是可以理解的。其情其景，讓人想起用剃頭刀在古稀之年自殺的大思想家李贄曾經的感嘆：

第一章　黃土

　　嗚呼！一個李白，生時無所容入，死而千百餘年，慕而爭者無時而已。余謂李白無時不是其生之年，無處不是其生之地。亦是天上星，亦是地上英。

　　徘徊於空無一人的陵園，回想起我已造訪過的四座杜甫墓，心中生出無限感慨。我想起一個典故：

　　清朝道光年間，湖北人顧嘉蘅出任河南南陽太守。顧嘉蘅擅長楹聯，而南陽武侯祠內，名人顯宦所作楹聯甚多，當地官紳請求顧也為武侯祠撰一聯。這無意中為顧嘉蘅出了一道難題：河南人認為諸葛亮隱居的地方在南陽，湖北人認為諸葛亮隱居的地方在襄陽。顧嘉蘅是湖北人，卻在河南做官，無論他說諸葛亮是河南人還是湖北人，都不合適。

　　於是，略一沉思，顧嘉蘅提筆寫道：

　　心在朝廷，原不論先主後主；名高天下，何必辨襄陽南陽。

第二章　祖宗

詩是吾家事，人傳世上情。

—— 杜甫

我愛那些人，他們像沉重的雨點，一滴一滴出離黑雲，在人類頭上降下：它們預告著那閃電的到來，又如預告者一般毀滅。

—— 弗里德里希・尼采（Friedrich Nietzsche）

1

杜甫四座墓之外，我還想敬杜甫一杯杜甫酒的地方叫南瑤灣。

從杜甫陵園所在的小山下來，穿過康店鎮的兩條街巷，小巷盡頭是玉米地，地邊，立著一塊黑碑，上書：「康北古城遺址」。

所謂康北古城，是戰國時期在杜甫陵園附近的山上修建的一座城池，秦漢以降的數百年間，縣治就在古城中。不過，魏晉年間縣治遷走，古城漸漸荒廢。在河南行走，隨時都可能看到古城、古墓、古蹟，中原文化之深厚，正透過這些不經意的細節得以呈現。

康店鎮外的伊洛河邊，有一片看上去如同堡壘一樣龐大而堅固的建築。北方的大型建築，儘管有許多空地，但鮮有像南方那樣把空地設計成小橋流水、曲徑通幽的花園，而是空曠得像操場。大大小小的「操場」之間，青灰色的建築愈發顯得巍峨、肅穆，如同一個個沉默不語的巨人蹲伏在北邙山下。

第二章　祖宗

這就是康百萬莊園。康百萬莊園是康氏家族產業，前瀕伊洛河，後枕北邙山，用大門前巨幅廣告上的話來說，乃是「靠山築窯洞，臨街建樓房，瀕河設碼頭，據險壘寨牆」。

向來有富不過三代的說法，康家卻是例外。康家自明朝始，十三代人經歷了明、清及民國三個歷史時期，富甲一方達四百餘年。康家良田兩千頃，商號遍布豫、陝、魯，人稱「頭枕涇陽、西安，腳踏臨沂、濟南，馬跑千里不吃別家草，人行千里盡是康家田」。

作為一個熱門景區，雖然時值中原最炎熱的七月下旬，莊園前的停車場依然停滿了來自各地的車輛。莊園內，萬頭鑽動，眾多遊客在導遊帶領下，從一個院子出來，又鑽進另一個院子。

這裡距冷清的杜甫陵園，直線距離只有一千多公尺。如果杜甫陵園所在的山丘再高一些，那麼，那個孤獨的守陵人，就可以倚在杜甫墓頂的碑石上，眺望山下的滾滾紅塵。然而，山丘太矮，從杜甫墓前望過去，只能望見享堂和享堂後面守陵人居住的小平房。平房前，三兩隻鳥兒頂著烈日覓食。

2

從康百萬莊園出門，開上高速公路，不到二十分鐘，便是南瑤灣村。

南瑤灣村屬鞏義市下轄的站街鎮。這座普通的北方村莊，因杜甫而留名青史──杜甫的出生地，據說就在南瑤灣村。

翻閱地方志可知，早在秦莊襄王元年（西元前 249 年），強大的秦國勢力就已深入洛陽以東，並設立鞏縣。因此，鞏縣是中國歷史最悠久的

縣份之一。兩千多年來，鞏縣縣治先後數次遷移。我在杜甫陵園山下邂逅的康北古城，就是曾經的縣治之一。數個縣治中，歷時最久的一個，則是站街。

伊洛河自西向東流淌，到了站街北面，一下子來了個九十度的急轉彎，東流變為北上，並在三四公里外注入黃河。站街得地利之便，是一座水陸碼頭。從 6 世紀初的北魏起，一直到民國時期的 1928 年，除了北齊和隋朝有過短暫中止外，其餘一千三百多年，鞏縣縣治都設在這裡。

南瑤灣是站街鎮下轄的一個村，就在站街鎮東側。如今，南瑤灣村已經因杜甫而打造成熱門景區：杜甫故里文化園。

出了高速公路，有一條過境公路被命名為杜甫故里路。杜甫故里路起點，一左一右，各立門闕。左闕書：「杜甫故里」；右闕書：「詩聖千秋」。

沿杜甫故里路東北行一公里，便來到了杜甫故里文化園。

寬闊的通道，一端通往售票處，一端通往空蕩蕩的停車場。車還沒停穩，一個說著當地方言的老者示意交費。

景區入口是高大的仿唐建築，直窗櫺，高鴟吻，黑瓦紅牆，正中大書：「杜甫故里文化園」。

鞏義杜甫故里文化園

第二章　祖宗

　　入園，正前方廣場上，是一尊高達九公尺的杜甫像。這尊杜甫像，與杜甫陵園那一尊明顯不同。那一尊，是杜甫貧病交加的暮年；這一尊，是他憂憤百集的中年。他一手執書，一手自然下垂，凝重的表情，讓人想起他的自況：「窮年憂黎元，嘆息腸內熱。」

　　杜甫像後，林木掩映處，有幾階臺階。臺階通向一座小橋，小橋橫在一條幾乎乾涸的長滿雜草的小河上。站在橋頭，我看到百公尺開外的下游是另一座橋，同樣掩映在夾岸翠色中。綠葉相擁，突出一塊淡藍色的牌子──是一輪灰白的月亮，月亮旁，是杜甫傳誦千古的名句：「露從今夜白，月是故鄉明。」

　　隨行的兒子問：「為什麼說月是故鄉明？難道其他地方的月亮就不明嗎？」

　　我說：「因為杜甫思念故鄉，愛屋及烏，異鄉的月亮也就不如故鄉的月亮了。」

　　過橋，又是一道仿唐式大門。大門正中是熟悉的郭沫若手跡：「杜甫故里」。跨過大門，才算進入了文化園。

　　郭沫若雖然出於某種不便言說的原因抑杜尊李，但是成都的杜甫草堂和此刻我將進入的詩聖故里，都有他題寫的匾額。這是一件意味深長的事。大門兩側的四根門柱上，懸掛著兩副對聯。一聯是：「一路坎坷成聖成人亦成史，兩袖清風憂國憂君亦憂民」；一聯是：「詩聖大名江山勝蹟幾騷客，河洛故里天地文章一老翁」。

　　去杜甫故里前，我曾在某旅遊網站看過不少網友的貼文。大多數網友的評價是：「沒有什麼東西，不值得一看。」

　　沒有什麼東西，大概是指真正的古蹟非常稀少，絕大多數都是近年才新建的。從這方面說，當然不值得一看。可一旦想到這裡是詩聖出生

的地方，僅此一端，就非常值得一看。

在一個浮躁喧譁的時代，杜甫故里顯然不可能成為打卡點。它注定是落寞的、冷清的，一如詩聖在他生前，從不曾獲得過與他的才華和成就成比例的名聲和地位——據莫礪鋒統計，起自杜甫生前的一百多年間，唐人選唐詩版本有十一種之多，竟只有一種選了杜甫。

詩聖堂外又是一個寬闊的廣場，由於幾乎沒有遊客而格外空曠。廣場兩側是簡單的陳列室。幾個陳列室均在其中一角設定了影音室——遊客一旦走近，它便自動感應到了，並開始在這間小黑屋裡，用投影的方式在牆上播放字幕和影像——當然全都是杜甫作品。與此同時，一個深沉的男低音開始朗誦。

我在其中兩間小黑屋裡停下腳步，各花幾分鐘聽完了聲情並茂的朗誦。一首是〈自京赴奉先縣詠懷五百字〉，一首是〈茅屋為秋風所破歌〉。

這是杜甫現存一千四百多首詩中最重要的兩首，它們如同通往杜甫內心世界的兩條隱祕小徑。小徑上，搖曳著苦澀的花朵。正是有「窮年憂黎元，嘆息腸內熱」的與生俱來的悲憫情懷與濟世心願，杜甫才可能在自家茅屋已被秋風掀翻三重茅的窘迫下，依然本能地關心天底下那些如同自己一般的寒士。

廣場中央有一塊巨石，上面刻著數行文字：

杜甫的詩歌世界。

杜甫生活在唐王朝由盛轉衰的時期，歷經戰亂，一生留下了一千四百餘首不朽詩篇。杜甫的詩歌創作具有豐富的社會內容、強烈的時代色彩和鮮明的政治傾向，始終貫穿著憂國憂民的主線，並真實深刻地反映了安史之亂前後一個歷史時代政治時事和廣闊的社會生活畫面，被稱為一代「詩史」。杜詩體制多樣，奄有眾長，兼工各體，風格以沉鬱

第二章 祖宗

頓挫獨步詩壇，意境開闊壯大，感情深沉蒼涼，語言和韻律曲折有力。杜甫在詩歌藝術上集古典詩歌之大成，並加以創新和發展，給後世以廣泛的影響，被尊為「詩聖」。

詩聖也好，集大成者也罷，這些令人需仰視才得見的不朽之名，都是後人的追贈，一如文貞。換言之，在杜甫有生之年和去世後相當長一段時間裡，他並沒有得到過應有的承認。若論懷才不遇，杜甫說他第二，恐怕沒人敢說第一。

唐人的十一種唐詩選本，竟然十種都沒杜甫的名字。唯一把杜詩選入的那本，編選者已是跨晚唐五代的韋莊了——中唐顧陶的《唐詩類選》倒是選了杜詩，但此書沒有流傳下來。

這些選本中，最有名的不外乎《國秀集》、《河嶽英靈集》和《中興間氣集》。

其中，《國秀集》選詩的下限是天寶三載（西元744年），其時杜甫剛三十出頭，放到今天，還是青年詩人，名氣不大，影響較小，不選他的詩，無可非議。

《河嶽英靈集》選詩的下限是天寶十二載（西元753年），此時杜甫已經四十二歲，到長安也已長達九年，且與李白、王維、岑參、高適等著名詩人都有交往唱和。但是，該書選的二十四位詩人計二百三十四首作品，仍然沒有杜甫一首——李白十三首，王維十五首，常建四首，如果他們算著名詩人的話，那麼，今天除了專業研究者，還有幾個人知道王季友、張謂和陶翰呢？但是，在當年的編選者眼中，他們的水平竟然在杜甫之上。

然後是高仲武的《中興間氣集》，該書的選詩下限是大曆十四年（西元779年）。其時，杜甫已去世九年，蓋棺論定，但是，該書入選詩人二十六位，詩作一百四十首，名氣最大者不過錢起、戴叔倫，卻仍然沒

有杜甫。於良史、鄭丹、李希仲、章八元，這些入選者的名字，除了專業治唐代文學的學者，誰知道他們呢？

杜甫時代，唐人推崇的詩人，第三是李白，第二是王維。第一是誰？說出來恐怕沒人相信：吳筠。

《舊唐書·吳筠傳》中，評價他的詩歌：「雖李白之放蕩，杜甫之壯麗，能兼之者，其唯筠乎？」就是說，吳筠竟然兼具了李白和杜甫之長。錢鍾書為此揶揄說，按《舊唐書》作者的觀點，唐代最偉大的詩人就是這個吳筠。

事實上，我們今天除了知道吳筠是杜甫同時代的一個道士，據說由於道術高明而受到唐玄宗多次徵召外，他的詩，幾乎沒人記得一句。

黃鐘譭棄、瓦釜雷鳴是每個時代都會發生的悲劇，過去、現在、將來，沒有一個時代能夠倖免。對真正大師的遮蔽就在有意與無意之間：有意者，囿於宗派、交情以及諸種非文學的考慮而為之，看看今天的一些選本，便能以今日而揣測昨天；無意者，囿於見識、鑑賞水平的諸種文學短板而為之。

一個時代有一個時代的風尚嗜好，飲食如此，文學亦然；但無論如何，杜甫是一個被忽略、被遮蔽的大詩人。

真正意識到杜甫的重要意義，是從中唐開始的。元稹在為杜甫所撰的墓誌裡稱讚說：「至於子美，蓋所謂上薄風雅，下該沈宋，言奪蘇李，氣吞曹劉，掩顏謝之孤高，雜徐庾之流麗，盡得古今之體勢，而兼人人之所獨專矣。」韓愈在詩中說：「李杜文章在，光焰萬丈長。」

逮至北宋，杜甫終於迎來了他所不知道的花樣年華。學者競相為杜詩作注，詩人莫不學習杜甫，江西詩派更將他列為一祖三宗的一祖——三宗是黃庭堅、陳與義和陳師道。

043

第二章　祖宗

杜甫是不幸的，他在他的時代被冷落於詩壇一個小小角落，半生漂泊，日暮途窮，貧困、疾病和懷才不遇如同影子般須臾不去。但杜甫也是幸運的，在與時間和遺忘的抗衡中，他的詩作成功地撐過了檢驗。在後人眼裡，或許，杜甫悽苦的面容模糊不清，但是他作品抵達的高度，卻清晰如斯。

3

南瑤灣村杜甫故里文化園中，真正具有文物價值的東西藏在詩聖堂後面。

站在詩聖堂前的廣場上，我看到詩聖堂背後突起一座小山，雜亂的樹木沒把小山完全遮擋，小山便露出了本來面目：原來是黃土積成的黃土梁。三峰兩彎的黃土梁，略如筆架形狀，這就是筆架山。按照民間的說法，凡有筆架山的地方，一定會出文化人。

詩聖堂後面，不像前面兩進廣場那樣空闊而乾燥──空地被高大的樹木和低矮的灌木綠化得很好，滿眼綠蔭，減少了夏日常有的焦灼。

幾株梅樹旁邊，一塊灰黑色的碑被嵌進一座歇山頂的磚砌牌樓裡，正中大字：「唐工部杜甫故里」。上、下款的字跡已經相當模糊，經過再三辨認，大致是立碑時間及立碑者：「乾隆三十一年八月，賜進士出身知鞏縣事李天埻」。

再往前幾公尺，是一座黃土牆、紅門框的小院。院子裡，棗樹、梨樹和石榴樹結滿果實，讓人想起杜甫在五十歲時回憶少年生活寫下的詩：「庭前八月梨棗熟，一日上樹能千回。」默唸著詩，轉過身，便看到樹下有一組雕塑。樹上，一個孩子在摘果實；樹下，一個孩子在張望，一個孩子在尋找。正是老杜詩意還原。

杜甫故里的筆架山　　　　　　　　杜甫誕生窯外景

　　雕塑旁，立了一塊水泥仿製的巨石，石頭正中，有一段文字：

　　西元712年正月，杜甫出生在筆架山下的這座窯洞裡，這是杜家宅院的一部分。從杜甫曾祖父赴任鞏縣縣令始，這裡陸續建起上院內宅房、花園讀書院和下院臨街房，形成占地廣闊的宅院。杜甫自幼在這裡生活和學習。雖一生長期漂泊在外，他始終心牽故里，履行奉儒守官及詩是吾家事的家族使命。為紀念這位偉大的詩人，後人稱這座窯洞為杜甫誕生窯，並把他生活過的宅院稱作杜甫故里。

　　水泥巨石十多公尺外，便是我在詩聖堂前的廣場上遙遙望見的黃土小山：筆架山。筆架山高二三十公尺，斷面陡峭，近乎直立。杜甫誕生窯就開鑿在筆架山的崖壁上。它的前方是突出的青磚外立面，正中是「杜甫誕生窯」幾個白色大字，白色大字上方兩三尺處便是黃土山梁，上面爬滿青碧的雜草和灌木。

　　四十多年前，蕭滌非帶隊的《杜甫全集》校注組造訪了南瑤灣村。只是，短短四十年，南瑤灣村的變化恐怕超過了以前四百年。

　　首先，根據校注組在《訪古學詩萬里行》中的記載，我在文化園看到的那塊乾隆年間的碑，他們是在村子西面的麥地裡看到的。很顯然，由於興建景區，不僅當年他們看到的麥田被圈了進來，就連村莊也拆遷了。

第二章　祖宗

其次，當年他們來到杜甫誕生窯時，還能進入窯裡，而我現在看到的卻是大門緊閉，一把黃色銅鎖把門。我靠近大門，企圖從門縫裡把手機伸進去拍幾張照片，但是門縫太小，手和手機太大，根本沒辦法拍。

我只好打消了拍攝的念頭，再次打量那兩扇被歲月點染得發黑的木門。木門上各貼了一個斗方，字跡模糊，僅能認出「洞」、「盛」、「詩」三字。

門框上貼有對聯，更是模糊得一個字也無從辨認了。甚至，由於年代久遠，書寫對聯的紅紙與門框緊緊地黏合在一起。唯有橫批還相對清楚，道是：「憶昔視今」。

根據《訪古學詩萬里行》記載，窯洞裡的情景是這樣的：「東面山下有個窯洞，幽暗而清冷，此洞分前後兩間，據說就在最裡面的一間裡誕生了杜甫。」

另外一些資料，比如宋紅的《杜甫遊蹤考察記》裡說：「窯洞寬大高挑，進深很長，有如涵洞，內部整體青磚墁地、青磚壘牆、青磚拱券，兩側窯壁倚牆共零散立放著五塊方磚，想必是古磚，靠後壁有一尊不大的圓雕杜甫立像。」

宋紅說窯洞深長如涵洞，校注組考察則發現它是裡外兩間，更具體的當地的史料說，窯洞深二十公尺，寬兩公尺多，高約三公尺。的確像涵洞，而在實際居住時，用牆隔成兩間，也合情合理。

4

幾乎所有關於杜甫的史料都認定，杜甫出生於河南鞏縣。具體地點，就是「鞏縣東二里之瑤灣」。唐時，鞏縣治所就在站街鎮，南瑤灣也確乎在其東面一兩里處。

1962年，世界各地舉行了一系列紀念杜甫的活動。為了與杜甫的國際地位相匹配，相關單位決定設立杜甫故里紀念館。

與此同時，確認杜甫誕生的具體地點就成為一項重要任務。

1980年，以蕭滌非為首的校注組來到鞏縣，向鞏縣工作人員詢問：「你們是憑什麼認定這孔窯就是杜甫誕生窯的？」

工作人員回答說：「南瑤灣村裡很久就沒有杜姓人家了。這孔窯原來的主人姓李，叫李長有，是當地的一個農民，幾代人都生活在這個窯裡。不過，杜甫生於此窯雖然不見經傳，但當地人民世世代代口碑相傳，婦孺皆知，鄉里人習稱為『工部窯』。明清時，官吏過此，甚至要文官駐轎，武官下馬。」

查閱資料時，我還發現了另一個沒有被講述的證據。那就是文物部門對這一帶的窯洞作過調查，只有李長有家的窯洞使用了講究的窯磚；並且，這些磚都是古磚，最晚的也是五代時期的。

五代距杜甫時代也就一二百年，而窯洞的壽命，遠遠高過普通建築。

窯洞作為黃土高原地區依靠土山的崖壁挖成的洞穴式居所，遠比木結構的地面建築更能承受歲月消磨。黃土高原地區，幾百上千年的窯洞司空見慣，民間俗語說：「有百年不漏的窯洞，沒有百年不漏的房廈。」

南瑤灣村筆架山下這孔狹長窯洞，既然洞中最晚的窯磚也出自五代，那窯洞的建成時間比五代早上一二百年，並不是什麼稀罕事。

所以，很可能，杜甫真的就出生在這孔看上去很不起眼的窯洞。

從窯洞到偃師前杜樓的杜甫墓，直線距離僅僅三十公里，即便步行，大半天工夫就能抵達。而這，就是杜甫的一生。不過，在從南瑤灣

第二章　祖宗

的窯洞走進前杜樓的墓穴之前，他的足跡將印遍大江南北，關中蜀中；他無助而悲涼的吟哦，將記錄一個盛極而衰的時代，並成為這個時代最生動最真實的史詩。

從高處看，筆架山不像山，更像一面略高出杜甫故里廣場的臺地。陡峭的南坡，是杜甫誕生的窯洞。順著杜甫窯往東走，東邊山崖上，也是一排窯洞，有十多孔。窯的外立面也是青磚，但是色彩比杜甫誕生窯前的青磚淺得多，表明它的年歲肯定也晚得多。

我到杜甫誕生窯前，取出背包裡的杜甫酒，高高舉過頭頂，對著那孔古窯行了一個禮，然後，把清澈的白酒倒進窯前的空地。這時，我聽到一個中年男人的聲音從後面傳來：「呀，好香的酒。」回頭一看，是一個戴遮陽帽的男人，看樣子，也是遊客。

杜甫故里的炎熱下午，這個用力吸著酒味的中年男子，是除了我們一家外唯一的遊客。

5

當我帶著妻兒走出景區時，售票處的女子和停車場的老頭都下班了。偌大的停車場上，只有我那輛孤零零的車。停車場旁邊，是一些還不太高大的楊樹。北方是楊樹的天下，這種能長到幾十公尺高的喬木，每當風起，它的滿樹枝葉就會發出嘩嘩嘩的聲響。《古詩十九首》裡，那個沒留下姓名的詩人，最大的感慨就是晚秋之際行走於原野，看到白楊在風中搖擺，發出刺耳的聲響，所謂「白楊多悲風，蕭蕭愁殺人」，從而想起歲月流逝，乃是「去者日以疏，來者日以親」，而人世間滄海桑田的變化，莫過於「古墓犁為田，松柏摧為薪」。

幸好,現在不是秋天,現在是中原大地暑氣蒸騰的七月底。

太陽已經快下山了,原野上有風在吹。

6

天寶十三載(西元754年),四十三歲的杜甫在長安向唐玄宗進獻〈雕賦〉。進獻〈雕賦〉的表中,他介紹自家家世時用了八個字:奉儒守官,未墜素業。

就是說,他們老杜家,一直以來都信奉儒家思想,恪盡官員職守,從沒有改變這個傳統,去從事其他職業。

杜甫去世四十多年後的唐憲宗時代,宰相李吉甫命林寶修撰了一部書。這部書叫《元和姓纂》。元和是唐憲宗的年號。姓纂,表明這部書是研究中國譜牒姓氏學的專著。

隋唐以降,儘管形成於魏晉,鼎盛於東晉南北朝的門閥制度作為一種政治體制已經因科舉的興起而走向消亡,但是唐人同樣非常看重門第,講究出身。《元和姓纂》便詳細記載了唐代族姓世系和人物,比如某人出自該姓的哪一支,祖上都有些什麼達人,任過些什麼職務。

這部書的第六卷,記載了杜甫的家世。由此,儘管時光過去了一千多年,但是我們還能完整地從杜甫那裡往上追溯十幾代。

這一追溯,我們將發現,杜甫給皇帝的報告,講的都是實話,一點也沒有誇張。

《元和姓纂》卷六的杜氏條下說:「祁姓,帝堯裔孫劉累之後。在周為唐杜,成王滅唐,遷封於杜。杜為宣王所滅,杜氏分散。魯有杜洩是也。六國時有杜赫。」

第二章　祖宗

我們今天說的姓氏就是指姓，但在上古時代，姓和氏是分開的，「曰姓者，統其祖考之所自出者也，百世而不變者也；曰氏者，別其子孫之所自分者也，數世而一變者也」。換言之，姓是總括家族祖先出於何處的代表，氏是後代子孫分支於何處的代表。一個姓可以分出許多個不同的氏。如嬴姓有十四氏。並且，普通人只有姓，貴族才有氏。到了秦朝以後，姓和氏漸漸統一，每個人都有姓，但不再有一個變來變去的氏了。

《元和姓纂》表明，杜甫的先祖是祁姓，祁姓出於姬姓，和黃帝同姓；劉累則是劉姓始祖，生活於夏朝，曾為夏王孔甲養龍——《竹書紀年》等古籍稱，西元前 1879 年，孔甲時，天降龍於河南臨潁。孔甲於是派劉累到此養龍。因養龍之功，孔甲封劉累為御龍氏。劉累的得名，據說因其出生時，手上的紋路像是「劉累」兩個字。

劉累所居的劉國故城，距杜甫墓只有二十多公里。

如果《元和姓纂》記載無誤的話，那麼，劉姓和杜姓其實有血緣關係。當然，這血源得往遠古推三千年。

《元和姓纂》在追溯了杜氏起源後，記錄了自東漢起直到杜甫孫子杜嗣業之間的傳承。

有據可查的杜甫最早的直系先祖是東漢杜周。

杜周是杜甫第二十一世祖，生活於西漢武帝時期。杜周原籍南陽，後遷居長安茂陵。茂陵即漢武帝陵，在今陝西興平與咸陽之間。漢朝有厚葬之風，皇帝往往即位起就為自己營造陵墓，茂陵修建時間超過半個世紀，是漢代帝王陵中規模最大、修造時間最長、陪葬品最豐富的一座。並且，為了使陵墓附近成為繁華聚落，朝廷總是將一些外地豪族遷徙到陵墓周邊居住。杜周即因之從南陽來到長安茂陵。

杜周趨附張湯，得到張湯賞識及舉薦，先後出任廷尉和御史大夫這

種位高權重的職務——漢代廷尉為九卿之一，相當於最高法院院長，負責刑獄。御史大夫更顯赫，一方面是丞相副手，丞相缺位時，御史大夫代行其職；另一方面，他還負責監察百官。

但是，杜周名聲很不好。司馬遷的《史記》闢有《酷吏列傳》，杜周與他的伯樂張湯一起，都列入其中。司馬遷與杜周算是同時代的人，他對杜周的評價是：「重遲，外寬內深次骨。」意思是說，杜周處事謹慎，決斷遲緩；外表似乎寬鬆，實則內心深刻切骨。

廷尉任上，杜周事事仿效張湯，並善於揣測聖意。皇上想要排擠的，他就趁機加以陷害；皇上想要寬釋的，他就長時間不加審理，並想法從寬或釋放。杜周的行為，甚至使投奔他的門客也沒臉面，責備他說，您為皇上公平斷案，不以法律為準繩，卻以皇上意思作依據，法官難道是這樣當的嗎？

杜周回答說：「你說的法律是如何來的？不過是國君認為對的，對他有利的，就制定為法律罷了。所以，適應國君的要求就是正確的，何必要遵循法律？」

杜周做小官時，家境很平常，他本人只有一匹劣馬。等到位列三公，子孫都做了高官，「家訾累數鉅萬矣」。

考察杜甫詩歌，他比較喜歡誇耀自己的祖宗門第。他的列祖列宗中，官職最高、權力最大的無疑當數杜周，但恥於杜周在歷史上的不名譽，杜甫從不提他。

杜周有三個兒子。其中，長子和次子，一為河內郡守，一為河南郡守，「治皆酷暴」，都像杜周一樣，以殘暴著稱。意外的是，杜周的幼子杜延年，卻是一個寬厚之人。

早年，杜延年在大將軍霍光手下為吏，後來參與平定益州蠻叛亂，

第二章　祖宗

升大夫；復因告發上官桀等人謀反，封建平侯。在漢宣帝繼承皇位問題上，杜延年是漢宣帝的堅決擁護者。漢宣帝即位後，杜延年深受信任。雖然被霍光牽連一度罷官，但不久就起復。終其一生，歷任給事中、西河太守、御史大夫等職。班固在《漢書》中這樣評論這位昭、宣之際的重臣：「亦明法律」、「論議持平，合和朝廷」、「為人安和，備於諸事，久典朝政」。

與其父杜周相比，杜延年無疑是正面人物，而他，就是杜甫的第二十世祖。

從杜延年開始，杜家自茂陵遷往杜陵。杜陵這個地方，和上古時一個叫杜國，又叫杜伯國的小國有關——說是國，猜想就幾十上百里疆土。秦國崛起後，秦憲公雄霸西戎，吞併了不少小國，杜國就是其一。秦並杜後，到秦武公時，設杜縣。秦漢因之。

漢元康元年（西元前65年），漢宣帝改長安南五十里的杜縣為杜陵，並「徙丞相、將軍、列侯、吏二千里、訾百萬者」到杜陵。杜延年就是這時期由茂陵遷往杜陵的。杜甫後來自稱杜陵野老、杜陵布衣便和杜延年移居杜陵有關。

杜延年有七個兒子。七個兒子中，有六個做官，都做到了太常、刺史一類的二千石職位。唯一一個沒做官的叫杜欽。沒做官的原因，大概是高度近視，幾近廢人。不過，杜欽卻是七兄弟裡最有名氣和影響的學者。

遺憾的是，杜延年的七個兒子，到底哪一個是杜甫的第十九世祖，目前已不可考。

杜延年的七個兒子又生下一堆兒子，其中，有一個叫杜篤。杜篤既是杜甫第十八世祖，也是杜甫列祖列宗裡，第一個有著作傳世的人。

不過，這位學識淵博、擅長文辭的文人，竟然以陣亡的方式離開人世。東漢初年，杜篤居美陽，因事得罪縣令，縣令將其定罪後押往京師洛陽。其時，正值雲台二十八將中位列第三的大司馬、舞陽侯吳漢去世，光武帝令各地文人為吳漢寫誄文。待罪獄中的杜篤也寫了一篇。光武帝看到後，大為讚嘆，認為是所有誄文中寫得最好的。不僅免了他的罪，還賜予金帛若干。

對光武帝恢復漢室後定都洛陽，杜篤表達了不同意見。他寫了一篇〈論都賦〉，希望光武帝遷都長安，此賦一出，世人皆稱頌不已。

杜篤像杜欽一樣，有眼疾——如果眼疾係遺傳的話，杜篤庶幾就是杜欽的兒子。因眼疾，他只做過郡吏，仕途上沒什麼出息。

後來，杜篤的妹妹嫁與馬防為妻。馬防是誰呢？他就是伏波將軍馬援的兒子。馬援投奔光武帝較晚，不是光武帝打天下的最初班底，但也是深受光武帝重視的一代名將。漢章帝時，馬援之女，即馬防之姐被冊立為皇后，雨露均霑，馬防受封潁陽侯。

杜篤成了皇帝的舅子的舅子，便辭去吏職，前往洛陽，到馬家做清客。

西元 77 年，隴西一帶羌人反叛，馬防以車騎將軍身分與耿恭一道領兵平叛。杜篤可能想從軍求個封妻廕子，也在妹夫手下任從事中郎，相當於參謀。沒想到，第二年，在今甘肅慶陽的射姑山戰役中，杜篤陣亡。

杜篤之後的兩代人無考——他們很有可能既無仕途上的飛黃騰達，也沒有著述傳世留名。

下一個登場的是杜甫的第十五世祖杜畿。從杜篤到杜畿，即從東漢初年到漢魏之際，時間跨度達兩百年，杜家才傳了四代，很不合情理。

第二章　祖宗

故此，岑仲勉認為，中間很可能缺失了一代。但到底缺失了哪一代，史料無從考證。存疑。

儘管祖上曾出過杜周、杜延年這樣的朝廷重臣，但是杜畿的父親大概小吏都不曾做過，並且，杜畿母親早死，父親續絃不久也去世了。尚未成年的杜畿只好跟隨後母一起生活，史稱：「少孤，繼母苦之，以孝聞。」

杜畿從功曹之類的小官做起，因善於斷案，得到了曹操手下重要謀士荀彧的器重，將其推薦給唯才是舉的曹操，任命為司空司直——這是一個比二千石，也就是準二千石的職務，負責監察。

不久，曹操將杜畿外放，任護羌校尉，使持節，領西平太守。但是杜畿還沒趕到西平上任，曹操又改任他為河東太守。河東地處策略要地，位置十分顯要。

杜畿在河東太守任上長達十六年，把河東治理得井然有序。史書評價其政績「常為天下最」。韓遂、馬超反曹時，河東附近的弘農、馮翊等地騷動不安，而與韓遂、馬超地盤相接的河東卻井然有序。曹操大軍所需軍糧物資，大多由河東供應。直到戰爭以曹操勝利告終，河東郡儲備的糧食還有大量剩餘。為此，曹操表彰杜畿，把他鎮守河東與蕭何定關中、寇恂平河內相提並論，並表示，本來要將他調往朝廷，但是「顧念河東吾股肱郡，充實之所，足以制天下，故且煩卿臥鎮之」。

曹丕代漢稱帝後，杜畿進封豐樂亭侯，任司隸校尉；後來又升任尚書僕射。曹丕伐吳及巡幸許昌時，杜畿留守京師，負責京師政務。

六十二歲那年，杜畿受曹丕之命製作樓船。樓船竣工，他親自登船試航，不料中途遭遇大風，船隻沉沒，杜畿殉職。噩耗傳來，曹丕為之流涕，追贈太僕，諡戴侯。

杜畿有三個兒子，其中，長子叫杜恕，是為杜甫第十四世祖。

杜恕是一個沉靜寡言，不喜歡表現自己的人，以至於他雖然是道地的官二代，卻少無名譽，沒什麼人知道他。他以散騎黃門侍郎之職走上仕途時，「不結交援，專心向公」，以勇於批評朝政而嶄露頭角，得到侍中辛毗器重。

做了八年京官後，杜恕外派地方，任弘農郡太守，幾年後轉任趙國相，因病離職。東山再起後，他出任父親杜畿曾長期擔任過的河東太守。一年多後改任淮北都督護軍，再次因病離職。史稱，杜恕在地方官任上，「務存大體而已，其樹惠愛，益得百姓歡心」；但是與父親相比，他還是稍遜一籌。

其後，杜恕第三次出山，任御史中丞。因他勇於批評時政，「以不得當世之和」，外派為幽州刺史，加建威將軍，同時還兼烏丸校尉。任上，他遭到征北將軍程喜構陷，下獄，論罪當死。由於其父乃前朝重臣，得以免去所有官職，貶為庶人，遷居章武郡。

杜恕的人生如同坐雲霄飛車，時起時落，終至落下後再也不起。閒居期間，他潛心著述，有著作《體論》四卷等流傳後世——杜甫一定認真拜讀過。

曹魏甘露二年（西元257年），杜恕去世五年後，河東郡一個叫樂詳的九旬老人向朝廷上書，稱道當年杜畿治理河東的功德。其時，曹魏真正的掌權者乃司馬家族，司馬家族為籠絡人心，令杜恕的兒子杜預襲封已被削去的豐樂亭侯。

杜預，就是杜甫第十三世祖，也是所有祖宗裡，杜甫最崇敬、最羨慕的。杜甫崇敬杜預，並且希望有機會也成為杜預一樣的人中龍鳳，蓋杜預在古人所看重的立功、立言兩方面都有稱得上不朽的成就。

第二章　祖宗

　　杜預是司馬昭的妹夫，他從小博覽群書，於政治、經濟、文學、曆法、法律、史學乃至工程學都無所不通，時人譽之為杜武庫——就像儲藏器物的倉庫一樣應有盡有。古人常說，君子不器。就是說，君子應該博學多才，能勝任各種工作，而不能像某一種器皿那樣，只有一種功能。

　　杜預一生，可以說是對這種追求的最好詮釋。

　　西元 263 年，魏國滅蜀之戰時，杜預在魏軍兩大主力之一的鍾會手下任長史。滅蜀後，鍾會勾結姜維，陰謀據蜀自立。計劃失敗，鍾會為亂兵所殺，魏將死者甚眾，杜預全身而退。

　　次年，司馬昭令賈充牽頭，改制禮儀、法律和官制，時任河南尹的杜預承擔了四年後頒布的《晉律》的主要工作。《晉律》上承《漢律》，下啟《唐律》，並一改《漢律》的繁冗複雜。《隋書・刑法志》贊其「實日輕平，稱為簡易」。

　　杜預發現曆法不準，就糾正誤差，修訂出《二元乾度曆》並頒行於世。杜預對機械發明也很擅長，不僅製造了鼓風冶鐵的人排新器，還將失傳多年的「天子座右銘」——欹器——復原出來。

　　他任度支尚書七年，「奏立藉田，建安邊，論處軍國之要。又作人排新器，興常平倉，定穀價，較鹽運，制課調」，先後提出五十多條治國治軍建議，晉武帝都採納了。

　　黃河孟津段水深流急，他的祖父杜畿為魏文帝曹丕造樓船，試航時就在這裡罹難。《晉書》記載，泰始十年（西元 274 年），杜預上奏晉武帝，「以孟津渡險，有覆沒之患，請建河橋於富平津」。

　　晉武帝讓文武百官討論是否可行，眾人都持反對意見，認為歷代聖賢都沒做這樣的事，肯定是因為做不成。

杜預力排眾議，堅持造舟為梁，在富平津建起了浮橋。浮橋竣工，晉武帝率百官來到現場，舉酒向杜預表示祝賀：「非君，此橋不立也。」杜預順手把功勞歸之於晉武帝：「非陛下之明，臣亦不得施其微巧。」

　　古代有一種舂米用的水碓，以水為動力，兩漢時已很普及。杜預把水碓做了改進，重新設計製造出一種連機水碓，工作效率大幅提高，致使洛陽一帶的米價為之下跌。

　　魏滅蜀後，只有江南地區的吳與魏對峙。不久，晉代魏，晉強吳弱，統一乃早晚之事。晉軍方面，負責前線戰事的是羊祜，但是羊祜還沒來得及滅吳就病逝了。臨終，他向晉武帝舉薦杜預接班——從輩分上講，杜預是晉武帝的姑父。

　　五年後，晉朝發動滅吳之戰，杜預負責中部戰事。他取江陵，占荊州；東進同時，還派兵南下，攻占了廣州和交州等地。

　　以滅吳之功，杜預受封當陽縣侯，食邑增至九千六百戶。滅吳期間，杜預圍攻江陵，吳人對足智多謀的杜預又恨又怕。杜預患有甲狀腺腫，古人稱為瘿。憤怒的吳人把葫蘆套在狗脖子上，把狗當作杜預戲弄。看到長疙瘩的樹，一定要把它斬掉，並寫上：「杜預頸」。

　　平吳後，杜預繼續鎮守襄陽。他興辦學校，鼓勵農桑，並在漢水的揚口和長江的江陵間修了一條運河，「內瀉長江之險，外通零桂之漕」。

　　同時，他潛心研究《左傳》，將心得撰成《春秋左氏經傳集解》。當時的大臣中，王濟愛馬，和嶠愛財，杜預在晉武帝面前唸叨，「濟有馬癖，嶠有錢癖」，晉武帝問他：「那你呢？」杜預脫口而出：「臣有《左傳》癖。」

　　杜預的《春秋左氏經傳集解》，是現存最早的關於《春秋左氏傳》的注釋，它使原本分別成書的《春秋》、《左傳》合為一體，在文字訓詁、文義詮釋及制度、地理說明等方面均有獨到之處，享有崇高學術聲譽。唐

第二章 祖宗

代修《五經正義》，清代修《十三經註疏》，均以杜預的《集解》為基礎，是後世讀書人案頭必備書。

晚年，杜預調往洛陽任司隸校尉，但是走到鄧州時去世了，晉武帝追贈征南大將軍、開府儀同三司，諡成。

《左傳・襄公二十四年》載，春秋時，魯國的叔孫豹與晉國的范宣子曾有一場爭論，那就是什麼是死而不朽。

范宣子認為，他們家族自唐虞以來，歷夏、商、周諸朝，代代都是貴族，家世顯赫，香火不絕，這就是不朽。

叔孫豹卻不以為然，他認為這只能叫做世祿，根本就不是不朽。叔孫豹認為，真正的不朽有三種，即「太上有立德，其次有立功，其次有立言」，這三者雖久不廢，謂之三不朽。

杜預博學多才，自幼就有遠大理想。他常對人說，立德這種事情大概難以企及，立功、立言庶幾可以為之。後來，他早年的理想得以兌現，成為令後人，尤其是令他的裔孫杜甫無限羨慕、無限敬仰的立功與立言均登峰造極的典範。

眾所周知，文廟是與漢文化有關的國家和地區普遍用來紀念孔子的建築，又稱孔廟、夫子廟、先師廟、先聖廟、文宣王廟等。

文廟中，除了大成殿正中主祀孔子外，還從祀他的多位弟子及歷代傑出儒家代表。從祀隊伍歷代有所變化，總體來說在不斷壯大。

貞觀元年（西元627年），唐太宗下旨，令天下學宮均立周公廟和孔廟，不久又同意房玄齡意見，停祀周公，專祀孔子。復又詔令天下州縣修建孔子廟，四時致祭。貞觀二十一年（西元647年），下旨將左丘明等二十二人配享孔廟。

二十二人名單中，杜預赫然在目。

與文廟相對的是武廟。武廟的出現要比文廟晚得多。開元十九年（西元731年）——這一年杜甫二十歲，正在興致勃勃地漫遊吳越，唐玄宗為了表彰並祭祀歷代名將而設定廟宇，以周朝開國功臣姜尚為主祭，以漢初三傑之首張良為配享，並把白起、孫武、韓信、諸葛亮等十位歷代名將做從祀。

建中三年（西元782年），唐德宗聽從顏真卿意見，武廟增祀名將六十四人。六十四人名單中，杜預又一次赫然在目。

文、武二廟一千多年歷史上，既進入文廟又進入武廟的人只有兩個，一個是杜預，另一個是諸葛亮。

杜預雖然進入武廟，且是打過大仗的軍事家，令人意外的是，他根本不會武藝，射箭也很糟糕，甚至馬都不會騎。這一點，倒與影視裡總是搖著鵝毛扇子，坐在小車上指揮若定的諸葛亮有幾分神似。

對傳統社會的儒者來說，能夠進入孔廟從祀聖人，那就意味著已然成為世所罕見的人生贏家——直到民國初年，經過歷代擴充，從祀孔廟的先賢與先儒也不到兩百人。

所以，歷代儒者或者說文人最大的夢想就在孔廟的東西兩廡之間。如果人生在世幾十年，死後沒能進入孔廟，沒能享受後人的香火祭祀，這樣的人生根本不值一提。

杜甫是文人，更是儒者，進入孔廟，當然也是他的夢想。當然，也只是夢想。

但是他有一位先人，不僅進入了神聖的孔廟殿堂，並且建有不朽的功勳，杜甫對他的崇敬便有如黃河之水滔滔不絕。

第二章　祖宗

隨著年歲增長，在對先祖立言、立功的追懷時，他也品嘗到了自己人生的苦澀——與幾百年前的先祖相比，自己的人生何其失敗，何其晦暗。明朝後七子之一的山東人謝榛曾到偃師杜樓——那時還叫土樓——憑弔過杜預墓，他看到的杜預墓還位於杜甫墓後東北側的首陽山麓。謝榛有詩為證：

夜觀左史日談兵，勛業仍兼著述名。石馬無蹤神爽在，滿天霜月照佳城。

夜晚精研《左傳》，白天演武談兵，文武全才的杜預不僅建立了滅吳的功勳，而且以著述影響後人。然則千載之後，他墳前的石人石馬都已毀壞無蹤，唯有一輪帶著寒意的月亮還照著他沉睡的墓地。

司馬炎建立的西晉是一個短命王朝。從西元 265 年立國到西元 317 年滅亡，僅傳四帝，計五十二年。如果從西元 280 年西晉滅吳統一天下算起，更是只有區區三十七年。

西晉首先亡於八王之亂長達十幾年的內亂，然後是匈奴入侵的永嘉之亂。永嘉之亂導致中原在不到四十年的短暫統一後，再次走向分裂，北方進入戰亂不休的五胡十六國，南方則是偏安的東晉。

杜預有四個兒子，長子杜錫繼承爵位，曾任太子中書舍人和尚書左丞等職。太子中書舍人是太子身邊的官員，當時，太子係白痴皇帝晉惠帝的兒子司馬遹。司馬遹經常胡作非為，杜錫為人正直，不免苦心勸諫。忠言逆耳，「太子患之」。有一天，司馬遹把針插在氈子下，杜錫不知，坐上去後，「刺之流血」。這就是成語「如坐針氈」的來歷。

杜錫只活了四十八歲，應該是在永嘉之亂前去世的。死得早，意味著他幸運地沒有經歷那場悲慘的大動亂。

杜預的二兒子杜躋和小兒子杜尹，均做過太守一級的地方官。不

過，他們都不是杜甫這一支的。

杜甫的第十二世祖是杜預的三子杜耽。

永嘉之亂後，胡人侵入中原，天下亂得如同一鍋煮熟了的粥，中原士族紛紛逃往南方，是為衣冠南渡。

除了南渡外，還有人西遷。

今天的甘肅一帶，古時為涼州。涼州豪族張軌任晉朝涼州刺史，當天下大亂時，他據守西北，表面上向東晉和前趙，甚至另一個割據政權——蜀中的成漢，納貢稱臣，事實上是一個獨立王國。並且，這個在幾大勢力之間走鋼絲的政權，竟保持了幾十年的相對平穩，史稱前涼。

涼州割據政權的意義，陳寅恪有定論：「蓋張軌領涼州之後，河西秩序安定，經濟豐饒，既為中州人士避難之地，復是流民移徙之區。百餘年間紛爭擾攘固所不免，但較之河北、山東屢經大亂者，略勝一籌。故託命河西之士庶猶可以蘇喘息長子孫，而世族學者自得保身傳代以延其家業也。」

胡三省注《資治通鑑》也認為：「永嘉之亂，中州之人士避地河西，張氏禮而用之，子孫相承，衣冠不墜，故涼州號為多士。」當時京師長安有民謠曰：「秦川中，血沒腕，唯有涼州依柱觀。」

杜耽就舉家遷往前涼首府姑臧，即今甘肅武威，並在張氏涼州出任軍司。軍司，即軍師，晉時因避司馬師之諱而改。從那以後，京兆杜氏的一個分支開始在武威繁衍生息，杜耽也被視為武威杜氏始祖。

杜耽時代，涼州下屬的晉昌有另一張姓豪族，即曾任梁州刺史的張越。是時有讖言云：「張氏霸涼。」張越以為將應在自己身上，於是託病回到涼州，企圖取張軌而代之。張越與西平太守曹祛等人釋出文告，宣布廢掉張軌，由軍司杜耽代理刺史。情急之中，張軌曾打算告老還鄉，

第二章　祖宗

但在長史王融等人支持下，張軌平息了內亂。

大概因杜耽曾暫攝州事，故《元和姓纂》稱杜耽為涼州刺史，莫礪鋒的《杜甫評傳》亦襲用此說。實則不然。

杜耽的兒子杜顧，在涼州下屬的西海任太守。西海，管轄今青海東部及甘肅一部，治所在今青海海晏境內。現今的西海郡故城遺址，就是當時的西海治所。

杜顧的兒子杜遜，是為杜甫第十世祖。

東晉太元元年（西元376年），前秦攻克涼州，北方在鐵腕人物前秦主苻堅的不懈努力下，終於實現了短暫統一。其後，杜遜離開祖孫三代寄居的涼州返回故土關中。從杜耽之涼州，到杜遜離涼州，時間已有七十年之久。

由是，京兆杜氏的一支便在武威生息，是為武威杜氏。

清朝時，杜耽家族故居猶存。據考證，其舊址在今甘肅永昌縣城北聖容寺一帶。

杜甫祖先中，杜遜是另一個重要人物。這倒不是因為他有什麼非常了不起的事功——事實上，他僅僅做過魏興太守；而是因為他是遷襄陽的始祖。杜甫與襄陽的關係——包括他有時自稱襄陽杜氏，以及襄陽曾有過杜甫墓都源自於此。

不少資料都稱，杜遜於東晉初年南遷襄陽，對此，我抱持著懷疑態度。東晉建於西元317年。但是按嘉慶版《永昌縣誌》的說法，杜耽的子孫，要等到前秦攻取涼州後，「子孫始還關中」，前秦取涼州在西元376年，即便杜遜還關中後即南下，也是西元376年以後的事了，此時東晉已建立六十年，距滅亡只有四十多年了，無論如何不能說是東晉初年。

又或者《永昌縣誌》記載有誤，還關中的是杜耽的另一支子孫，而杜遜此前已去江南。但是根據杜預的生卒時間來推算的話，杜預以下是杜耽，杜耽以下是杜顧，杜顧以下才是杜遜，則杜遜大約生於西元 320 年以後。等到他成年，哪怕三十歲即南遷，也是西元 350 年左右的事了，說是東晉初年，甚至《元和姓纂》說他隨元帝南遷，縱非完全不可能，也十分勉強。至於洛陽杜甫研究會編印的資料，把杜遜生年定為西元 345 年，那等到他成人，已是西元 370 年左右了。

　　《元和姓纂》說：「杜遜生靈啟、乾光」；《杜甫年譜》以及莫礪鋒等則認為靈啟和乾光是父子關係，這與《元和姓纂》的記載矛盾。但是若依《元和姓纂》的說法，即以乾光為杜甫第九世祖，則與杜甫自稱他是杜預的第十三世孫不合，中間少了一代。

　　綜合金啟華的《杜甫家世考》以及洛陽杜甫研究會編印的資料，我傾向於一個觀點，即在杜遜和杜乾光之間還有一代。這一代，就是杜甫的第九世祖杜坦。

　　杜遜有兩個兒子，長子杜坦，次子杜驥。劉裕征長安時，杜坦「席捲隨從南遷」——前文講過，一些資料說杜遜於東晉初年南遷，我認為不準確。更有可能的是，杜遜和他的兩個兒子是隨劉裕南下的。劉裕北伐攻占長安為西元 417 年，假如杜遜生於西元 345 年，此時年過七旬，而兩個兒子正當年。父老隨子，他跟著兩個兒子離開長安，前往南方，並定居襄陽，成為襄陽杜氏始祖。

　　正因為杜遜父子南渡很晚，在朝中才不受重視。《宋書》云：「晚渡北人，朝廷常以傖荒遇之。雖復人才可施，每為清途所隔。」意思是說，晚期南渡的北方人，南朝士族常把他們視為粗鄙者。即使有才幹，往往也受到士族壓抑排擠。對此，杜坦相當不爽。

第二章　祖宗

有一天，宋文帝劉義隆和他閒聊，其間聊到漢朝重臣金日。金本是匈奴休屠王太子，武帝時，其父與昆邪王密謀降漢，旋即反悔，遂為昆邪王所殺。昆邪王歸漢後，金日母子被沒入官。金日養馬多年，後以才華拔擢，成為漢昭帝四大輔臣之一。

劉義隆說，金日忠孝淳厚，漢朝無人可及，可恨現在再也沒有他這樣的人才了。

杜坦聽了，沒好氣地說：「金日的優秀，或許就像陛下您說的那樣。不過，我認為，假如他生在今天，養馬都忙不過來，哪有可能受到賞識重用？」

劉義隆變臉道：「卿怎麼把朝廷看得如此不厚道？」

杜坦解釋說：「陛下請聽我說。臣本中華高族，祖上因西晉喪亂，只得避居涼州，世代相承，從來沒有改變固有傳統。只因南渡時間太晚，便被視作粗鄙者被排擠。金日乃胡人，身為牧馬小吏，後來卻能進入中樞，躋身重臣名賢行列。聖朝雖然愛惜重用人才，我恐怕是沒有他那樣的機會。」

劉義隆聽了，默然無語。

杜坦有四個兒子，即乾光、靈啟、仲儒、琬。其中，杜乾光是杜甫第八世祖。杜坦的四個兒子仕途乏善可陳，僅知道乾光做過南朝齊的司徒右長史。但是靈啟的好幾個孫子，都做到了刺史一級。

杜乾光之子名杜漸，是為杜甫第七世祖，曾任南朝梁的邊城太守，邊城治所在今湖北黃岡。杜漸的曾孫女杜柔政的墓誌上，提及他時，評價道：「導禮宣條，昭儉屬俗，愛景可晞，高山難仰。」

杜漸之子杜叔毗，是杜甫的第六世祖，他既是杜甫家族中的又一個

傳奇人物，同時也是他們這一支裡，最後一個官做得比較大的祖先。

杜柔政墓誌記載了杜叔毗前後所任職務：輔國將軍、中散大夫、車騎大將軍、硤州刺史。

至於更詳細的杜叔毗行狀，記載於《周書》：「杜叔毗早歲而孤，事母至孝，年輕時勵精好學，對《左氏春秋》尤有研究。」他是杜甫祖上繼杜預之後第二個研究《左氏春秋》的學者型官員。

最初，杜叔毗和哥哥杜君錫以及兩個姪子一起，都在梁朝宜豐侯蕭循手下任參軍。大統十七年（西元551年），西魏宇文泰令大將達奚武攻梁，將蕭循圍困於南鄭，蕭循派杜叔毗前往西魏求和。就在杜叔毗出使期間，他的同事曹策和劉曉密謀獻城降魏，但是忌憚杜家不答應，於是汙衊杜家謀反，將杜君錫等人殺害。

蕭循發兵討伐曹策，將劉曉斬殺，曹策得免。不久，孤掌難鳴的蕭循選擇了投降西魏，並與曹策一起來到西魏首都長安。

對杜叔毗來說，曹策是殺死自己兄弟和姪兒的不共戴天的仇人，他「朝夕號泣，具申冤狀」；不過，西魏朝廷認為，這件事發生在曹策歸順之前，不可追罪。

杜叔毗希望為親人復仇，卻又擔心會為家人，尤其是老母帶來災難。徬徨之際，他的母親知道了他的心事，對他說：「你哥哥慘遭橫禍，我痛徹骨髓。如果曹策早上死，我晚上就死，也心甘情願。」

母親一席話，堅定了杜叔毗復仇的決心。不久，他「白日手刃策於京城」，並砍其腦袋，挖其心肝，解其肢體。從容地做完這一切，他叫手下人將自己綁起來，趕到宇文泰府上請罪。宇文泰「嘉其志氣，特命赦之」。

第二章　祖宗

儘管杜叔毗非宇文泰舊部，但宇文泰對他相當器重，官職也越做越高。宇文泰死後，其子宇文覺廢掉西魏恭帝，建周，史稱北周。杜叔毗原本在梁朝的田宅，因世事變遷為外人所得，朝廷下令追還，還另賜田兩百頃。

不想，光大元年（西元567年），北周與陳發生戰爭，杜叔毗隨衛國公宇文直南征，被陳軍打得大敗，杜叔毗被俘。陳朝本希望勸降，杜叔毗「辭色不撓」，遂遇害。

因杜叔毗有手刃仇人替兄復仇之舉，《周書》將他列入〈孝義傳〉，並稱讚說：「叔毗切同氣之悲，援白刃而不顧，雪家冤於輦轂。觀其志節，處死固為易也。」

現代法制社會背景下，我們難以理解杜叔毗的復仇之舉為什麼沒有受到法律處罰。這是因為，古代的中國與歐洲，都有血親復仇的傳統。

儒家經典《禮記．曲禮》說：「父之仇，弗與共戴天；兄弟之仇，不反兵；交遊之仇，不同國。」—— 自己的父親被殺了，兒子們不能和仇人生活在同一片藍天下，無論仇人身在何處，都必須殺之復仇；自己的兄弟被殺了，其他兄弟必須總是帶著兵器，碰到仇人就將他殺掉；自己的好朋友被殺了，就不能和仇人生活在同一個國家，要麼殺死仇人，要麼讓仇人滾到國外去。

甚至，上古時代的中國法律，也是允許血親復仇的，如《春秋公羊傳．定公四年》就有復仇不除害的記載，意指凡是殺人者未受到法律制裁的，受害人親屬可以自行復仇。但是復仇只限於仇人本身，不得擴大化。當時規定，血親復仇必須向司法部門登記姓名，備案後方可免去復仇殺人之罪。受害者親屬血親復仇後，朝廷還要負責將他遷出本地，安排到異鄉避仇。

隨著法家興起，尤其是秦國商鞅變法後，嚴禁民間私鬥，血親復仇也在禁止之列，所謂「自秦以來，私仇皆不許報復」。曹魏時期命令「民不得復私仇」，文帝黃初四年（西元223年）詔曰：「喪亂以來，兵革未戢，天下之人互相殘殺，今海內初定，敢有私復仇者，族之。」

儘管自秦漢以來，血親復仇不再受到鼓勵，甚至是法律懲治的違法行為，但是很多時候，統治者仍然會對復仇者網開一面，一方面是出於對孝悌的表彰，另一方面是為了顯示朝廷仁政。

杜叔毗的故事，激勵了杜氏家族的一個後輩，只不過，他沒有杜叔毗那麼幸運。

杜叔毗有五個兒子，其中，老四叫杜魚石，即杜甫的第五世祖。杜魚石曾任隋朝河內郡司功及獲嘉縣令。獲嘉在河南北部，北依太行，南望黃河，原屬修武。漢武帝時，南越國丞相呂嘉叛亂，漢武帝下旨平叛。當漢武帝東巡時，大將路博德派使者送上了呂嘉的首級報捷，漢武帝大喜，遂在巡幸之地置縣，命名獲嘉。

杜魚石的兒子杜依藝，是為杜甫第四世祖，即曾祖。杜依藝曾任鞏縣令，定居鞏縣，即為鞏縣杜氏始祖——以後，才有了鞏縣及相鄰的偃師兩地眾多和杜甫有關的遺址遺跡。

杜依藝生子杜審言，是為杜甫祖父，這也是杜家祖宗裡，杜預之外，杜甫最敬佩，經常掛在嘴邊、寫在詩中的人。杜甫自豪地宣稱「詩是吾家事」，相當程度上，就是因了杜審言的存在。

杜審言死於景龍二年（西元708年），杜甫生於先天元年（西元712年）。也就是說，杜甫崇拜的祖父去世四年後他才來到世上，爺孫倆沒能在人間見上一面。

作為初唐時期最知名的詩人之一，杜審言少時即與李嶠、崔融和蘇

第二章　祖宗

味道齊名，合稱文章四友。

杜審言的主要貢獻在於，初唐之際，源自六朝的輕靡華豔詩風依舊流行。到武后朝，一些詩人開始有意識地矯正這種詩風，杜審言就是其主力，是對近體詩建設有較大貢獻的傑出詩人。王夫之認為：「近體梁陳已有，至杜審言而始葉於度。」胡應麟稱：「初唐無七言律，五言亦未超然。二體之妙，杜審言實為首倡。」

今天，可能很少有人記得杜審言的詩句，但他近乎傲慢無禮的自信，卻令人留下了極為深刻的印象。

有幾個關於他的小故事可以管中窺豹：

其一，儘管與蘇味道齊名，但杜審言卻看不上蘇味道。有一次，他因工作關係與蘇味道在一起，杜審言負責撰寫判詞。出來後，杜審言對別人說：「蘇味道必死。」人驚問其故，杜審言回答說：「他讀了我的判詞，一定會羞死。」

其二，杜審言病重時，宋之問、武平一等人前往探視。杜審言說：「我為命運所捉弄，還有什麼可說的呢？我活在世上，壓在你們頭上，令你們不能出頭，現在就要死了，你們應該感到歡喜。只可恨無人能夠替代我啊。」

其三，他自認「吾文章當得屈宋作衙官，吾筆當得王羲之北面」。意思是說，他的文章比屈原、宋玉還好，他的書法竟在王羲之之上。

杜審言二十五歲即中進士，進入仕途可謂年輕，進步卻很慢。初任隰城尉，後轉洛陽丞。武后年間，已經五十三歲的杜審言貶任吉州司戶參軍。吉州，即今吉安。

貶任吉州期間，杜甫家族又出了一個轟動一時的血性人物──人們很容易地聯想到杜叔毗。

杜審言有四個兒子，長子杜閒，即杜甫之父；次子杜並，也就是那個血性人物，事發之時，年僅十六歲。

大概是杜審言恃才放曠的性格比較招人討厭，又或者同僚欺負這個從首都貶來的落難同事，杜審言與吉州司馬周季重和司戶郭若訥關係極為緊張。周、郭二人構陷杜審言，將杜審言下獄。

事發後，杜並想方設法，要拚死為父親報仇——古人的歲數都是虛歲，所謂十六，換到今天，實歲十四或十五，還是上國中的少年。

聖歷二年（西元699年）七月十二日，周季重等人舉行宴會。賓主歡飲之際，杜並懷揣利刃混進去，直衝到周季重面前，拔刀行刺。結果，杜並被當場殺死，周季重傷重不治而亡。周季重臨死前長嘆：「我不知道杜審言有這樣孝順的兒子，郭若訥害了我啊。」

對於血親復仇，唐代雖不像上古時代那樣認為是天經地義並值得讚揚的正義之舉，但也不像秦漢那樣，要對血親復仇者治罪。其實，在唐代的世道人心中，儘管認為血親復仇非法，然而孝道至上，孝大於法，仍然是令人感佩的壯舉。

果然，杜並之死竟為杜審言的前程帶來了意想不到的轉機。首先，他被從獄中釋放出來，得以回到洛陽。順便說，按當時交通狀況，杜審言由吉州前往洛陽，當順贛水而入長江，其後有兩個選擇：一是順流至揚州，再沿大運河而上，經淮水、汴河至開封，西行入洛；一是溯流至武昌，再溯漢水至襄陽，在襄陽經南襄隘道入中原。

杜審言選擇的是後者，這樣，在兒子慘死後兩個多月的聖歷二年秋天，杜審言途經襄陽。自杜遜移居襄陽到杜叔毗北遷，杜氏在襄陽前後生活了兩百多年。與京兆一樣，襄陽也是杜氏郡望。

三秋之時，登上城樓，杜審言心情複雜——與他同行的，還有十六

第二章　祖宗

歲兒子的屍體。想想慘死的兒子，想想自家的前程，杜審言感慨萬千，寫下了〈登襄陽城〉。從這首五律可以看出，經過初唐四傑及杜審言、陳子昂等人慘淡經營，五律這一體裁已然成熟：

旅客三秋至，層城四望開。

楚山橫地出，漢水接天回。

冠蓋非新里，章華即舊臺。

習池風景異，歸路滿塵埃。

次年四月，杜審言將杜並安葬於洛陽建春門外東五里。建春門是唐時洛陽外郭城東面的一道城門，位於今天的洛陽樓村。昔年帝國首善之區的東大門，如今，零亂的民居、商店和加油站散布周遭。

許多年後，偃師出土了一塊墓誌，墓誌至今還收藏在偃師博物館。這就是蘇頲撰寫的〈大周故京兆男子杜並墓誌銘並序〉。

蘇頲少杜審言二十四歲，整整晚一輩。不過，兩人均在洛陽，俱以文名，自然素有交往。蘇頲後來官至宰相，襲封許國公，與燕國公張說齊名，時稱燕許大手筆。蘇頲罷相後，曾到成都任益州大都督府長史，初出茅廬的李白第一次離開江油就是到成都去拜謁他，希望得到他的獎掖。

蘇頲為杜並的事蹟所感動，於是為之寫墓誌。1915年，這塊墓誌重見天日。據河南杜甫研究會洛陽分會編印的資料稱，墓誌的發現地並非建春門外東五里，而是東二三十里的偃師城北首陽山。到底五里係虛數，還是杜並墓曾遷移？不得而知。

不過，在首陽山發現杜並墓誌，卻從另一側面說明，偃師首陽山的確是杜甫家族祖塋所在地。杜預葬在這裡，杜審言葬在這裡，杜並也葬在這裡。依常理推測，官終鞏縣令的杜依藝，很有可能同樣葬在這

裡，而杜甫的父親杜閑，更有可能葬在這裡。

是以大限將至的杜甫最後的願望就是歸葬偃師，沉睡在這些死去的親人身旁。

安葬兒子後不久，武則天召見了杜審言——杜並事件轟動朝野，武則天早有所聞。武則天打算提拔杜審言，見面時，她問杜審言：「卿喜否？」審言蹈舞謝之。武則天又令他賦一首〈歡喜詩〉，杜審言頃刻交卷，武則天嘉賞不已，任命他為著作佐郎——唐時，此職為著作郎助手，負責撰碑誌、祝文、祭文及起居注。可以理解為高層身邊負責起草文告的祕書。

同年，杜審言升任膳部員外郎。膳部為禮部下屬四司之一。《舊唐書‧職官志》說，膳部「掌邦之祭器、牲豆、酒膳，辨其品數，及藏冰食料之事」。膳部長官兩名，一郎中，一員外郎。員外郎相當於中央各部下屬司的副司長，這是杜審言仕途的最高峰。

杜並橫死後，杜審言還有三個兒子。老三杜專曾任開封尉，老四杜登曾任武康尉。縣尉是縣令屬官，管司法治安，但在皇權不下縣的古代，卻處於官僚金字塔底層。這一點，後面詳說。

與兩個弟弟相比，杜甫的父親杜閑職位高一些。他在開元末任兗州司馬，約在天寶五載（西元746年）調任奉天令。

7

在梳理了杜甫家族的列祖列宗後，還需要略花筆墨，介紹一下杜甫家族的女性。男權社會裡，女性處於從屬地位，因而，杜家輩分更老的女性無從知曉，所能知道的僅有杜甫的曾祖姑、祖母、母親和姑姑。

第二章　祖宗

杜柔政是杜甫第五世祖杜魚石的女兒，曾祖杜依藝之妹，祖父杜審言的堂姑，杜甫的曾祖姑。杜柔政成年後，嫁王珪為妻。王珪出身於世家大族，其祖父為南朝梁名將、尚書令王僧辯，唐宋時與杜預一樣位列武廟從祀。王僧辯後為南朝陳的建立者陳霸先所殺，不想三十多年後，其子王頒擔任隋朝伐陳先鋒，滅陳後掘開陳霸先之墓，將其骸骨焚化成灰，拌入水中喝下肚子才解了恨。

王珪在唐太宗時官至侍中，封永寧郡公，位列初唐四大名相——另三位是房玄齡、魏徵和杜如晦。杜如晦也是杜預後人，只是與杜甫不同支系。

杜柔政十分賢惠，王珪微時，有友來訪，家貧無酒，杜柔政自剪其髮出售換酒。杜甫曾在詩裡歌詠此事：「家貧無供給，客位但箕帚。俄頃羞頗珍，寂寥人散後。入怪鬢髮空，籲嗟為之久。自陳剪髻鬟，鬻市充杯酒。」

杜審言原配薛氏，早逝；繼娶范陽盧氏。唐時，范陽盧氏乃有名的世家望族。盧氏第五世祖盧柔，官至隋朝尚書，封容城侯。盧氏的祖、父均出仕，但只做過縣丞、縣尉之類的小官。

像父親一樣，杜閒也娶過兩任妻子。第一任崔氏，即杜甫生母。

崔氏的母親，即杜甫的外婆，出自李唐王朝宗室，乃是太宗十子紀王李慎的次子義陽王李琮的女兒。可以說，一定程度上，杜甫體內也流淌著天潢貴胄的血液。

武后時期，李氏宗族遭到慘烈迫害，李慎因受越王李貞起兵討武之累，被武則天改姓虺——虺，是古書中傳說的一種毒蛇——並流放嶺南，死於路途。其子李琮夫婦下獄，一個關押在河南獄，一個關押在司農寺。

李琮的兩個兒子李行遠和李行芳被流放巂州。行遠成年，將被處死；行芳尚幼，應免死。但行芳抱住哥哥啼哭不止，請求替哥哥去死。結果，兩兄弟一同被殺。時人稱為死悌。

當時，李琮家裡還能自由活動的大概只剩下杜甫的外婆一人，這個曾經錦衣玉食的郡主，布衣草鞋，形容憔悴，奔走於兩座監獄之間，為父母送飯。時人稱為勤孝。

不僅杜甫的外婆是李唐宗室，他的外公的母親，同樣也是李唐宗室，乃是唐高祖十八子舒王李元名的女兒。李元名也在武后時期先遭流放，後被殺害。

杜甫成年後，曾與他的表弟鄭宏之一起，在洛陽北邙山合祭他們的外公外婆。杜甫所撰祭文裡，提到了這些令人難以忘懷的先輩往事。陳貽焮認為：「由於外公家與唐王室是姻親，這無疑使杜甫產生一種特殊感情，更增強他的忠君思想。」

杜審言除了四個兒子外，還有五個女兒，且五個女兒俱長大成人，這也就是杜甫的五個姑姑，分別嫁與魏上瑜、裴榮期、王佑、賀酺和盧正均。杜甫的生母崔氏去世得早，猜想在杜甫三歲左右。故此，杜甫幼時由其二姑，也就是裴榮期的夫人撫養。

天寶元年（西元 742 年），杜甫三十一歲，二姑去世。杜甫為其服喪，並撰寫墓誌。這篇墓誌收錄於杜甫文集中，題為〈唐故萬年縣君京兆杜氏墓誌〉。萬年縣君即杜甫二姑所獲贈封號。唐制，四品官之母、妻可封郡君，五品官之母、妻可封縣君。

相關史料表明，裴榮期任濟王府錄事參軍，這是一個從六品下的職務。按理，他的妻子沒有資格受封縣君。不知他是否有一個兒子，做到了五品；又或者，史料對裴榮期的職務記載有誤，比如他其實是濟王府

第二章　祖宗

諮議參軍——這是一個正五品上的職位。

這篇聲情並茂的墓誌裡，杜甫回憶了一件感人至深的往事：杜甫幼時，有一年與二姑的兒子同時生病，久治不癒。二姑請女巫占卜。女巫指點說，如果把孩子放到家裡靠東的位置，就有救。不過，那地方只放一個孩子。

在兒子與姪兒之間，二姑選擇了姪兒。她按女巫所說，把杜甫放到了東邊位置。神奇的是，竟如女巫所言，「我用是存，而姑之子卒」。

二姑從來沒有把當年的艱難選擇告訴過杜甫。過了好多年，杜甫才從僕人那裡偶然聽說此事。為此，二姑死後，杜甫私諡曰義。

8

透過對杜甫列祖列宗不厭煩瑣的追溯，我們不難發現，出自京兆的杜氏，的確像杜甫在為二姑寫的墓誌裡驕傲宣稱的那樣：「遠自周室，迄於聖代，傳之以仁義禮智信，列之以公侯伯子男。」也像杜甫後來在給玄宗的表中自述的那樣，他們杜家世世代代「奉儒守官，未墜素業」。

前面說過，杜預有四個兒子，杜甫這支是杜耽後裔。這一支先遷武威，後遷襄陽，再遷鞏縣，前幾代曾出過刺史、太守之類的中高級官員，但從杜甫的第五世祖杜魚石開始，連續幾代人都只做過縣令、員外郎或是司馬之類的中下級官員。可以說，老杜家原本公侯迭出的盛況，在杜甫這一支已經走到了窮途末路。杜預的另一個兒子杜尹的後裔，有一支留在京兆，繼續譜寫著杜家的宦途輝煌，出過宰相、尚書、節度使之類級別既高、權力亦大的重臣，以至於當時有「城南韋杜，去天尺五」的說法。唐代另一位杜姓詩人就出自這一支，那就是被稱為小杜的杜

牧。從輩分上講，他比杜甫小兩輩。

即便杜甫家族的官越做越小，但無論如何，他總是統治階級的一員，而杜甫外公母親及外婆的皇室血統，又使得杜甫更具強烈的家國情懷，每以天下安危為己任，天然懷抱對江山社稷真誠、執著的使命感、責任感，總想如何報效國家，如何忠君愛國，如何「致君堯舜上，再使風俗淳」──理想與現實之間巨大而殘酷的落差，又使杜甫大半生都像一匹陷坑裡的駿馬，儘管大聲嘶鳴，渴望遠方與奔馳，眼前卻永遠都是冰冷且無法踰越的壁立千仞。

其次，杜甫家族不乏血性男兒，杜叔毗、杜並便是顯著例子。杜家雖然尚文好學，卻並非尋章摘句的迂闊腐儒，而是保有任俠尚武的傳統。或者說，杜甫家族有著程度不一的烈士情結。為血親復仇，白刃可蹈，烈火敢赴。反映到杜甫身上，他雖然沒有需要犧牲自己去了結的血親之仇，但他對底層的感同身受，對民間疾苦的悲憫憐惜，使我們有理由相信，在雞蛋與石頭的對決中，他一定是站在雞蛋這一方的不合時宜者。

第三，杜甫家族有立功與立言的傳統。杜預生前做過一件頗值玩味的事：平吳後，他刻了兩塊碑，碑文講述了他的功勳。一塊埋在山下，一塊立於襄陽城外的峴山上。按他的說法，世事變遷，高岸為谷，深谷為陵，但不論如何，一塊在下，一塊在上，總有一塊會讓後人看到，以便知曉他的不朽功業。

《晉書》對此評價說：「預好為後世名。」其實，好名並非壞事。在古人看來，大丈夫生在世間，「患名之不立，不患年之不長」，即所謂「君子疾沒世而名不稱焉」。立德、立功、立言，三者能居其一，其名便可傳之不朽，當是每一個正常人應當追求的。

第二章　祖宗

　　杜預的行為，對幾百年後出生的杜甫影響至深——當立德、立功均不可能，他唯有立言。唯有詩歌，還是他人生的最後底牌。依憑它，杜甫度過了悲欣交集的一生；依憑它，我們才能走進跌宕起伏的詩聖的封聖之路。

第三章　少年

會當凌絕頂，一覽眾山小。

—— 杜甫

就像凡德伊的七重奏一樣，其中的兩個主題 —— 毀滅一切的時間和拯救一切的記憶 —— 對峙著。

—— 馬塞爾・普魯斯特（Marcel Proust）

1

從杜甫中學到首陽山，導航顯示不到六公里，行車十分鐘。順著杜甫中學南面的國道向東，經過偃師商城博物館，在前面一個十字路口左轉，只需兩分鐘便出了城。路面略有起伏，大地微微抬升。幾分鐘後，高度計上顯示比城中高出了一百五十公尺。這時，公路右側兀起一匹小山，山前是一方廣場。廣場臨近公路的地方，聳起一座古樸的牌樓，上書：「首陽山國家森林公園」。

沿著公園旁邊的一條岔路，我驅車上山。泥土的路基，兩旁長滿松樹和雜草。繞了幾個彎，我在一座亭子前停下來。站在亭前，極目遠眺，一邊是偃師城區，能看到遠遠近近的房屋和首陽山電廠高大的發電爐。一邊是起伏的小山，一邊是小山下的高速公路，車來車往，汽笛聲清晰可聞。一邊是天際線處的黃河 —— 其實看不到河水，只能看到一個下陷的斷面。

第三章　少年

　　雖然最高海拔也只有三百多公尺，首陽山卻有著與它的高度不相稱的名氣。這名氣，來自歷朝歷代的人文加持。

　　伯夷和叔齊是孤竹國國君的兩個兒子。孤竹國是商湯時代所封的一個小國。伯夷是老大，叔齊是老三。他們的父親很喜歡小兒子叔齊，生前曾表示要讓叔齊繼任國君。孤竹君去世後，叔齊不肯即位，認為伯夷是老大，是父親的長子，理應他即位。伯夷卻認為，父親有遺命，應該按他的遺命辦，由叔齊即位。

　　兩兄弟推來推去，伯夷為了讓叔齊安心，就悄悄逃出孤竹國。叔齊發現後，也悄悄逃出孤竹國，到處尋找伯夷。孤竹國人沒法，只好立了孤竹君的另一個兒子。

　　後來，伯夷與叔齊在今河南境內相遇，兩兄弟聽說西伯姬昌很仁義，便前去投奔他。沒想到還在半路上，就聽說姬昌去世了，他的兒子周武王正率大軍向商朝首都朝歌打來。

　　伯夷、叔齊前往周武王軍前求見。他們攔住周武王的馬，指責周武王說：「你父親去世，不好好地以禮安葬，卻大動干戈，這難道稱得上孝嗎？你以臣子的身分攻打你的君王，這難道稱得上仁嗎？」

　　周武王左右聽了很生氣，要將二人殺死。姜子牙忙勸阻說：「這是兩位義人，不能傷害他們。」於是，「扶而去之」。

　　不久，周武王獲勝，商紂王自焚身死，商亡周立。消息傳來，伯夷、叔齊義不食周粟——既然天下已經是周朝的了，那我就不吃你周朝的糧食。他們躲到首陽山上，採摘一種稱為薇的野菜果腹。

　　薇，就是野豌豆。自《詩經》以來，時見篇詠。所謂野豌豆，像豌豆而較小株。野豌豆的豆莢細長，若取出其中的豆粒，再在豆莢一端戳個小洞，放進嘴裡用力吹，能吹出嗚嗚聲，我老家稱之為響響草。

首陽山上，我下意識地尋找野豌豆——或者用它更古雅的名字：薇。但我找到了狗尾草，找到了古人眼裡代表漂泊的小蓬草，找到了修長的蘆葦和葉片總是缺一角的構樹，卻沒找到薇。

一個人如果只吃野豌豆，顯然無法長期生存。所以，伯夷和叔齊不久就餓死了。還有一種說法是，一個婦人看到他們採薇，諷刺說：「你們既然不食周粟，難道這草木就不是周朝的嗎？」

二人羞憤難當，只好什麼也不吃，活生生餓死在山上。

不管是吃野豌豆慢慢餓死，還是什麼也不吃快快餓死，臨終前，二人作歌高唱，其辭曰：

登彼西山兮，採其薇矣。
以暴易暴兮，不知其非矣。
神農虞夏忽焉沒兮，
我安適歸矣？
於嗟徂兮，命之衰矣。

歌詞大意是：「登上西山，採摘野豌豆苗。以暴易暴啊，姬發還不知道他大錯特錯。上古時代的禪讓之道業已不存，在此君臣爭位之際，我們又能到哪裡去呢？唉，不如死了吧，總之只怪我們命不好。」

很多地方都有首陽山，這個好理解：同名異地而已。但伯夷、叔齊採薇並餓死的首陽山卻只有一座。我認為，就是偃師這一座。

原因有幾點，周武王自西向東，從今西安一路東進，而商紂王的朝歌在今河南鶴壁，那麼洛陽就處於周武王行軍路線上——周武王正是途經洛陽盆地時，看到它居天下之中的有利位置，才遺命興建雒邑。

距首陽山只有十多公里的黃河南岸，有一座古鎮叫會盟鎮。會盟這

第三章　少年

個名字，地方史志說，得之於昔年周武王在此與討伐紂王的諸侯會盟。會盟鎮下屬有一座村，叫扣馬村，與黃河近在咫尺。歷代遺留的碑文和方志都稱，當年，伯夷和叔齊就是在這裡攔住了周武王的馬。扣馬，就是扣周武王的馬。

洛陽雒邑古城

自古以來，邙山就以風水著稱，從而被諸多帝王將相、名流才士選作身後壽域，邙山最東端的首陽山亦如此。

除了不可考的伯夷、叔齊墓在首陽山外，魏文帝曹丕，以及禪位後降封山陽公的漢獻帝劉協，西晉武帝、惠帝以及追封為宣帝的司馬懿、追封為景帝的司馬師、追封為文帝的司馬昭等，均葬於首陽山。至於首陽山之麓，還葬有成湯、蘇秦、呂不韋、顏真卿等著名歷史人物。

分處異代的這些叱吒風雲者，在走完他們或長或短的人生之路後，紛紛相聚於首陽山深厚的黃土下。唯有是非功過，任由後人評說。

2

開元二十九年（西元741年），杜甫三十歲了。三十而立，古人眼中，這個年齡已經不再年輕。

這一年，第二次遠遊歸來的杜甫結婚了。他迎娶的是司農少卿楊怡

的女兒。楊怡出自弘農楊氏。弘農郡治在今河南靈寶，弘農楊氏以司馬遷的女婿楊敞為始祖，從楊敞玄孫楊震起，連續四代均為太尉，是顯赫的名門望族。

唐時，司農寺主管糧食積儲、京官祿米及園池果蔬。司農少卿係司農寺副長官，秩從四品上。唐代官階以五品作為中高級官員與下級官吏的分界，令狐綯稱：「六品以下，官卑數多，皆吏部注擬；五品以上，則朝廷制授，各有籍，命曰具員。」

杜甫一生只結過一次婚，只有楊氏一位夫人，也沒聽說他納過妾、討過小。這位千金，就像元稹感嘆自己的老婆韋氏那樣：「謝公最小偏憐女，自嫁黔婁百事乖。」以後漫長的二十多年裡，楊氏與杜甫要麼相濡以沫，慘淡經營；要麼天各一方，音書兩絕。元稹傷痛他與韋氏是貧賤夫妻，但元稹畢竟後來發達，有過俸錢過十萬的否極泰來——當然，其時韋氏已故；而杜甫與楊氏卻是在貧窮與窘迫中度過了含辛茹苦的一生。所以，我認為，元稹的詩句更適用於杜甫伉儷：「誠知此恨人人有，貧賤夫妻百事哀。」

不過，此時杜甫才三十歲，楊氏應該更年輕。對於未來，因為年輕而充滿憧憬——沒有一個人會在風華正茂的青春年代，把自己的未來想像得過於殘酷、坎坷。

迎娶楊氏這一年，新婚燕爾的杜甫還做了兩樁值得一記的事。

第一是修房子——新婚而修房子，頗有點像當代年輕人結婚買房。杜甫詩作裡經常提到屍鄉土室、偃師舊廬、河南陸渾莊、土婁舊莊，好像杜甫是唐代的炒房客一樣，手裡有多套房產。究其實質，上述四個迥異的稱謂，其實就是同一個地方——自浦起龍始，以後的楊倫、郭沫若、蕭滌非和陳貽焮諸公均持此說；也有少數學者認為屍鄉土室和陸渾

第三章　少年

莊是兩個地方。兩相比較，我附議前說。

土室，按我理解，很可能就是窯洞。屍鄉在哪裡呢？地圖上察看，偃師城裡有一處屍鄉溝商城遺址。

查閱資料時，讀到一篇許宏的文章。他認為，屍鄉溝商城遺址的稱謂是不確切的。根據他的調查，乃是商城發掘者為了將班固在《漢書·地理志》下的自注「屍鄉，殷湯所都」坐實，從而把原本被當地老百姓稱為石羊溝的低窪地，有意寫成屍鄉溝。

既然屍鄉溝不在地圖上標記的商城遺址一帶，那它又在哪裡？文獻自有答案。

嚴耕望在《唐代交通圖考》中考訂，屍鄉在偃師縣城以西二十里處，即陽渠、谷水之北。陽渠是一條早已乾涸的漢魏運河，也就是被今人誤為屍鄉溝實際上叫石羊溝的那片窪地。谷水是洛河支流，現與洛河合而為一。

更具體的位置，嚴耕望說：「即田橫乘傳詣洛陽自剄處。」這就涉及另一個地標：田橫墓。

田橫為齊國貴族，陳勝吳廣起義之際，他起兵自立，恢復齊國。楚漢爭霸中，先後被劉邦部將韓信和灌嬰打得大敗。其兄齊王田榮死後，田橫即位。不久，劉邦滅項羽稱帝，田橫只好帶了五百人逃到黃海的一座小島上。劉邦派使者召田橫入朝，田橫不得不帶著兩個門客赴洛陽。走到首陽山下的偃師，他想起伯夷叔齊義不食周粟的故事，自剄而死。兩個門客安葬田橫後，在田橫墓前各挖一洞，自剄於洞中。留在島上的門客們聽說田橫已死，也集體自殺。

直到今天，即墨附近海上還有田橫島。

透過導航查詢田橫墓。但是，我沒能找到墓地，我只看到了圍牆。牆內，是首陽山電廠——剛才在首陽山山頂，我看到過它修長的煙囪和吐向藍天深處的灰燼。

　　向路人打聽，果然和我預想一樣：因為修電廠，田橫墓早就沒有了。墓前的碑，有的說在博物館，有的說扔了。

　　儘管田橫也算風雲人物，生得**轟轟烈烈**，死得也**轟轟烈烈**，韓愈憑弔寫過〈祭田橫墓文〉，司馬光憑弔寫過〈田橫墓〉。但是，這麼一個兩千多年前的古人，他和現代人之間已經沒有必然關係——除了偶爾或許還有像我這種有考據癖的胡適之的徒子徒孫會前來尋訪並感慨一番，一抔黃土和黃土下的骨頭，存與否，都不打緊。

　　田橫墓不在了，大致位置還能確定。由是，杜甫時代的屍鄉也可以確定。它其實與杜甫墓直線距離不超過一公里，隔著一條杜甫路遙遙相望。在沒有高樓的唐代，從杜甫墓前可以清晰地看到近在咫尺的首陽山，從杜甫的土室前也如此。

　　屍鄉這個古怪的名字，它的來源，有幾種說法。

　　一種說法認為，這一帶「澤野負原，夾郭多墳隴」，有墳自然有屍，故名屍鄉。

　　另一種說法認為，這裡曾居住過姓屍的人家。中國姓氏千奇百怪，的確有屍姓，如戰國思想家屍佼，著有《屍子》，我們今天熟知的「四方上下曰宇，往古來今曰宙」就是他的手筆。

　　結婚、建新居後，杜甫在這一年還做了另一件事：祭祖。他要祭的就是他畢生最崇敬的第十三世祖杜預。

　　杜甫家在鞏縣南瑤灣村有窯洞，在洛陽可能也有公館，但他選擇了

第三章　少年

在首陽山下的屍鄉修築土室，在於他想離他的兩位偉大祖先──杜預和杜審言近些，再近些。彷彿只有這樣，來自祖先的昔日榮光才能溫暖他、照耀他、護佑他，讓他像他們那樣，成為家譜與史書中永遠閃耀的星辰。

這年寒食節，杜甫謹具三牲酒漿，來到首陽山麓的杜預墓前。

杜甫的遠祖杜篤也到過首陽山，還寫過一篇洛陽紙貴的〈首陽山賦〉。幾百年過去了，杜甫看到的首陽山與杜篤看到的首陽山並無太大區別──在日子緩慢的古代，一種生活方式、一種地理面貌完全可以幾百年如一日。他看到的依舊是「長松落落，卉木濛濛，青羅落漠而上覆，穴溜滴瀝而下通，高岫帶乎巖側，洞房隱於雲中」。

杜甫舉行了莊重的祭祀儀式。他高聲宣讀祭文，行禮如儀，並請石匠將祭文刻在碑上，再將碑立在墓前的大路邊。

這篇〈祭遠祖當陽君文〉雖然不到三百字，卻不僅文辭古雅優美，而且內容豐富。杜甫先寫杜預的家世傳說，再頌其畢生偉業：「克吳之功，造橋之業，立言之美。」最後哀悼遠祖，表示自己不敢忘卻先人之志，「不敢忘本，不敢違仁」。在對先祖的景慕中，隱然顯示出將以先祖為榜樣之意。

我把寒食祭祖看作杜甫人生中的一起代表性事件。這個三十歲的男人，好像要以這種極具儀式感的行動，向世人，也向自己表達一種願景：「三十而立。我也要像遠祖那樣真正立起來。」

同時，這起事件也是對即往生活的一次小結。它意味著，從少年時開始貫穿整個青春期的浪漫放蕩結束了，人生進入了新階段。在這哀樂中年，重點是建功立業，是他後來總結的平生理想：「致君堯舜上，再使風俗淳。」

3

現在，歐美青年在升學或畢業之後、工作之前，會花幾個月乃至一兩年時間，作一次長途旅行，稱為間隔年，英文叫 gap year。

古人也有自己的間隔年——凡是家庭條件允許的官宦或富商人家子弟，在他們入仕、就業之前，也會有一次或多次長途旅行，尤以漢唐為盛。

比如司馬遷，就有過他的間隔年——那是一次上萬里的旅行，用太史公的話說，他「二十而南遊江、淮，上會稽，探禹穴；窺九疑，浮於沅、湘；北涉汶、泗，講業齊、魯之都，觀孔子之遺風，鄉射鄒嶧；厄困鄱、薛、彭城，過梁、楚以歸」。

杜甫也有過不亞於司馬遷的間隔年。三十歲回到首陽山下祭祀杜預之前的十來年裡，杜甫有過三次漫遊。一次較長，一次很長，一次更長——較長那次幾個月，很長那次四年，更長那次超過五年——累計在一起，杜甫的間隔年長達十年。

哪怕是在以船隻、馬匹、驢子甚至雙腳為交通工具的唐代，十年時間，也足以行遍海內。

由於有唐一代不受重視，杜甫作品散佚甚多。韓愈稱為「流落人間者，泰山一毫芒」。據相關專家猜想，杜甫一生的詩作可能有三千多首，但我們現在還能看到的，只有一千四百多首。其中，他早年作品又散佚得特別嚴重。

四十三歲那年，杜甫向朝廷獻了一篇賦，叫〈雕賦〉。賦前附的表裡，他講到了自己的創作情況。他說他從七歲開始寫詩，到現在（即四十三歲），已寫了超過一千首。

第三章 少年

　　然而，我們現在能確定的杜甫三十歲以前的作品，還不到四十首。由於詩作散佚，我們沒法更為具體地重現他的三次漫遊，甚至，有的學者因找不到相應詩作，進而認為他的三次漫遊不存在。

　　幸好，杜甫晚年的一些唱和之作和回憶之作裡，有不少涉及早年的漫遊經歷。這樣，我們才可以確定：「詩聖年輕時候，的確走過千山萬水，的確把足跡印遍大江南北。」

4

　　五十九歲，這是杜甫生命的最後一年。他攜家帶口，打算北歸中原，卻又無法像他幾年前想像過的那樣「即從巴峽穿巫峽，便下襄陽向洛陽」。為造化小兒所苦，他漂泊湖湘，衣食俱成問題。這年春天，他從潭州溯湘江前往衡州，打算投奔一位老友。

　　然而，令杜甫極為沮喪的是，到了衡州，才知道老友已調往潭州——他們的船隻，在湘江上的某片水域擦肩而過。

　　是年夏天，更加不幸的消息傳來：杜甫想要依靠的這位老友，竟然在潭州去世了。

　　這位老友，便是杜甫一生交遊中，結識時間最早的韋之晉。

　　與韋之晉相識時，杜甫只有十九歲。韋之晉生卒年不詳，以常理度之，應與杜甫相去不遠。

　　十九歲那年，杜甫從洛陽前往河東道。這是他平生第一次離開老家河南，也是他平生第一次遠遊。

　　懷念韋之晉的詩裡，杜甫稱他們昔年訂交的地方，也即他的第一次漫遊的目的地為郇瑕。郇瑕，是郇和瑕氏兩地合稱，後來泛指今山西臨

猗一帶的晉國故地。

臨猗縣城設在猗氏鎮。猗氏歷代人物中，猗頓是最傳奇的一個。猗頓本是魯國人，家貧無依，聽說越王勾踐的謀臣范蠡滅吳後棄官經商竟成巨賈，便去向范蠡請求發財之道。范蠡指點他說：「子欲速富，當畜五牸。」牸，就是雌性牲畜。意思是讓他發展畜牧業。

猗頓聽了范蠡的勸告，到今臨猗一帶從事畜牧業。當時，這裡有一片水草豐茂的窪地，附近又有解池的鹽，是畜牧的上佳之選。果然，猗頓很快發達起來，極盛時，其產業「西抵桑泉，東跨鹽池，南條北嵋，皆其所有」。猗頓因在猗氏發達，便以猗氏為號，真姓反而淹沒不聞了。

臨猗屬運城市。歷史上，運城因位於黃河以東而稱河東。重要的地理位置和持續數千年的池鹽產業，使運城盛極一時。大堯、大舜均把都城建在這裡——上古時的都城，猜想規模不會比今天一座小鎮還大。

杜甫的唐代，朝廷在河東地區設有河東道，管轄今山西全境和河北西部。河東道下設有蒲州，蒲州又先後改稱河中府和河東郡，而河東道和蒲州（包括河中府、河東郡）的治所，均設在臨猗西南的縣級市永濟——唐朝時，永濟稱為河東縣。

十九歲出門遠行，杜甫是從哪裡出發的呢？猜想要麼是鞏縣，要麼是洛陽。

不論鞏縣還是洛陽，均在黃河以南，杜甫都要渡過黃河。

自青藏高原而下的黃河，挾雷霆萬鈞之勢滾滾東流，如同一柄神出鬼沒的利刃，將中原大地一剖為二。唐代，黃河幹流上，設有不少津渡。

這些津渡，大者用船和木頭搭成浮橋，小者用船隻擺渡。鞏縣西北，洛河匯入黃河的地方，古稱洛口。

第三章　少年

　　為了利用水利之便,隋朝時在洛口修築了一座糧倉:洛口倉。洛口倉附近有一個渡口,叫五社渡,又名五津渡。如果從鞏縣南瑤灣村出發,杜甫將在這裡渡河。

　　倘若杜甫從洛陽出發,則洛陽北面有一個遠比五社渡更知名也更重要的渡口,即河陽津。五社渡很有可能沒有浮橋,只有吱吱呀呀來回的擺渡船,河陽津卻有寬闊且快捷的浮橋連通兩岸。為了維護這座號稱巨梁的津渡,朝廷安排了一支多達二百五十人的水手隊伍。

表現杜甫少年時代遊獵生活的雕塑

　　此外,杜甫還可先從洛陽經陸路至陝州,再從陝州北部的大陽津渡河,之後北行。但北行需要翻山越嶺,山路險要,鮮有行者。是故,從大陽津過河後,他更可能沿著河岸自東向西至蒲州後北上。

　　總之,不管杜甫是從五社渡還是河陽津,抑或大陽津渡河,過河後他都得從黃河北岸的古道上西行後再折而北行,經蒲州再抵郇瑕。

　　經過比對,我認為,杜甫可能走的是另一條線路:無論他從鞏縣還是從洛陽出發,都陸路向西。唐代,居於天下之中的洛陽曾是武周首都。即便不是武周時代,每逢關中災荒之年,皇帝多半會帶著文武百官前往洛陽,稱為就食。洛陽也因之成為唐代僅次於長安的第二大城市,稱為東都。長安與洛陽之間的官道,屬於唐朝首屈一指的大路驛的一部

分——比杜甫更晚的唐德宗總結說：「從上都至汴州為大路驛。」

杜甫一生中，多次往來於大路驛，包括他最為後人稱頌的「三吏」、「三別」，其創作靈感便來自大路驛上的所見所聞。這一點，後面再細說。

杜甫經大路驛西行至潼關。潼關扼今陝、豫、晉三省要衝，《水經注》解釋其得名由來：「河在關內南流潼激關山，因謂之潼關。」

潼關一帶，平坦的八百里秦川已到盡頭。南邊是高峻連綿的秦嶺支脈華山，北面是如同屏障一樣的中條山。華山與中條山對峙的夾縫裡，黃河見縫插針，疾速東下。潼關，就位於黃河南岸的黃土塬上。

潼關始建於東漢末年，後來南移數里，屢毀屢建。所以，我看到的潼關竟然是一座嶄新的古城——許多地方還未完工，空氣中飄浮著一股若有若無的油漆味。因為沒完工，作為景區也就不收門票。景區外面，依附修建了眾多兩三層的仿古商舖，卻沒有一家營業。古潼醬園、果蔬沙拉、肥腸米線、菠菜面、永紅餐廳、陝西名優特產……全都關門閉戶。唯一開著門的是關中民俗麵坊，不過也沒營業，一個肥胖男子，正對著嗚嗚作響的風扇午睡，發出驚天動地的鼾聲。

杜甫見到的潼關當然不是這個樣子。儘管他少年時的遠遊沒有留下詩篇，但很多年後，當杜甫歷盡滄桑，曾多次經行潼關的他，忍不住在詩裡感嘆「丈人視要處，窄狹容單車。艱難奮長戟，萬古用一夫」。

那時的潼關，還是一夫當關，萬夫莫開的雄關。羊腸小道之上，飛鳥雙翼之下，巍然屹立於帝國首都東方。

我站在潼關城樓一側的山坡上眺望。

幾公里外的山腳下，黃河從西北方向而來，拐出一個大彎。大彎處，渭河一頭扎進黃河懷抱，兩水交會，水流變得更加遲緩，河床上堆

第三章　少年

積出一道淡黃色的沙洲，恰好與岸邊青綠的莊稼形成色彩鮮明的對比。

半個小時後，我沿著山路下山。山下的黃河南岸為秦東鎮。像所有小鎮一樣雜亂而又生機勃勃。行駛途中，我瞥見路邊有一塊黑底白字的石碑，碑後是一道兩公尺多高的圍牆，圍著一棵枝葉繁茂的大樹。

停車細看，碑上的文字是：「馬超刺曹古槐遺址」。

東漢末年，曹操平定馬超、韓遂時，兩軍在潼關激戰。不過，馬超刺曹操不中而中樹之事，並不見於正史，而是《三國演義》的小說家言。書中寫道：「看看趕上，馬超從後使槍搠來。操繞樹而走，超一槍搠在樹上；急拔下時，操已走遠。」

秦東鎮外大橋橫臥，只需一分鐘便從南岸到了北岸。而杜甫時代，他自東向西走到潼關，將從關下的渡口經浮橋過河。

過了河，便是山西 —— 風陵渡到了。

風陵渡因傳說女媧埋葬於此而得名 —— 據說女媧姓風。唐時稱風陵津，並在風陵津旁的山上設有風陵關，恰與潼關遙遙相望，共同扼住了中條山與華山之間的這道縫隙。

從地理沙盤上可以看出，略呈東北 —— 西南走向的中條山到了風陵渡東側戛然而止，山地變為沖積平原，古時的驛道和今天的高速公路都穿過平原，溯黃河向北延伸。我的車窗左側，是平坦的平原，平原中間，黃河像是壓在大地上的一條細長黃線；我的車窗右側，是中條山餘脈，山不高，樹不深，大大小小的石頭像巨人捏碎的餅乾渣，入目俱是。在這個草木葳蕤的七月，也有幾分荒涼。

風陵渡北行不到十公里，便是永濟。永濟最南邊的首陽鄉，父老相傳，是楊貴妃故里。楊貴妃與杜甫係同時代人，小杜甫七歲。當十九歲的杜甫出門遠行時，楊貴妃還是一個十二歲的女孩。那時，楊貴妃的父

親在蜀州做官，她多半隨父入蜀了。

永濟古稱蒲坂，是傳說中大舜王都所在。不過，這個古老的地方，最有名的其實是一座始建於北周的樓臺：鸛雀樓。

地處黃河之濱的永濟，在唐代，顯然遠比今天更重要。它既是河東道治所，也是蒲州治所。

蒲州一帶的黃河，流淌於一馬平川的平原上，黃河河床時常漫流改道，故而誕生了一個諺語：「三十年河東，三十年河西」。

鸛雀樓西邊是黃河，樓與河不到兩公里，其間是平坦的原野；鸛雀樓東邊是蒲州——今天，它是永濟下屬的一座普通小鎮。至於蒲州古城，只剩下不多的幾處殘垣斷壁了。

鸛雀樓下的黃河邊，有一座古渡，名為蒲津渡。

《讀史方輿紀要》將蒲津渡列為山西重險之地。歷史上，黃河常成為不同勢力的天險，蒲津則是兵家必爭之地。張說稱之為「隔秦稱塞，臨晉名關，關西之要衝衛，河東之輻輳」。先秦以降的兩三千年間，這裡發生過大大小小數十次戰爭。秦昭襄王第一個在蒲津渡架設浮橋；漢武帝第一個在河西修築關隘。到了唐朝，蒲津渡處於長安至太原的重要驛道上。其時國力昌盛，遠邁前代，於是，開元十九年（西元731年），一個超級工程動工了——工程耗費了全國年鐵產量的五分之四，鑄造了八條各重八萬斤的鐵牛，以及牽鐵牛的鐵人、固定船隻的鐵柱和鐵山、絞盤等物。八條鐵牛分置兩岸，將波濤中的浮橋牢牢牽挽。行人邁步浮橋，如履平地。到了宋朝，一場大洪水將鐵牛衝進河裡，於是發生了「懷丙撈鐵牛」的故事。

杜甫前往郇瑕，必然經過蒲州；經過蒲州，必然登鸛雀樓。遺憾的是，他沒能見識大唐第一橋的雄偉——浮橋竣工於開元十九年（西元

第三章 少年

731 年),即杜甫遠遊郾瑕次年。

這麼浩大的工程,恐怕不是一年半載能夠完成的。所以,我們可以推測的是,杜甫雖然沒見到浮橋竣工,但一定看到了壯觀的施工現場。

在蒲津渡遺址,十幾年前修建了博物館,從黃河淤泥裡打撈出來的鐵牛和鐵人陳列於一座高出地面四公尺的平台上。陽光下,鐵牛和鐵人青黑中帶著褐黃,雖然鏽跡斑斑,依舊氣勢恢宏,昭示著大唐帝國,尤其是開元盛世之際的富庶強盛。

兩百公里長的涑水是黃河的一級支流,它從蒲州古城下流過,於幾公里外注入黃河。涑水上游的夏縣,是北宋史學家司馬光的故鄉。司馬光的一部著作,就以涑水為名,叫《涑水紀聞》。後世也稱司馬光為涑水先生。杜甫到達蒲州城,登臨了鸛雀樓後,他多半會在城外僱一條客船,溯流而上——幾十里外,便是他此行的目的地:郾瑕。

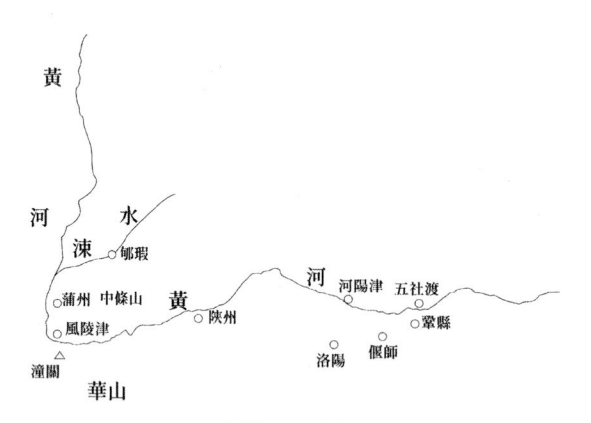

杜甫郾瑕行路線

今天,從鞏義到臨猗不到三百公里,開車也就三個多小時而已。但在杜甫的唐朝,這段路程超過四百公里。即便路上不耽擱,單是趕路,也需要好幾天。如果沿途尋幽探勝,訪古問遺,則這一趟短途旅行,也將耗時一個月以上。

不過，古人似乎有的是時間，儘管他們的生命比我們更短暫。但那是一個慢時代。就像木心的詩說的那樣：

從前的日色變得慢
車，馬，郵件都慢

5

杜甫和韋之晉如何在美好的年齡裡相遇並相交，史料闕如。

韋之晉也是京兆杜陵人，與杜甫郡望相同。根據韋之晉之父韋求的墓誌所述，韋家是漢代丞相韋賢後裔。總之，韋家也像杜家一樣，祖上出過不少大人物。

韋之晉在玄宗朝先後擔任監察御史、吏部員外郎和吏部郎中。監察御史為正八品上，級別不算高，權力卻頗大，大抵從新進的士人中擇取剛強果斷者充任。吏部名列六部第一，掌管組織人事，員外郎相當於副司長，郎中則是司長。前者從六品上，後者從五品上，與杜甫相比，韋之晉的職務和權力都要大得多。

肅宗朝，韋之晉外放地方任蘇州刺史，因劉展之亂，蘇州失陷，韋之晉被追責，貶饒州別駕。後又升婺州刺史。大曆二年（西元767年），再升湖南觀察使兼衡州刺史，加御史大夫；又兩年，轉潭州刺史兼湖南觀察使。

據吳汝煜《唐五代人交往詩索引》統計表明：「以現存杜詩為據，杜甫交遊計四百一十二人，交往詩計七百四十七首，超過他全部作品的一半。如果剔除幾個與他並無直接往來者如郭元振、張旭等，以及在他生前即已去世者如陳子昂、宋之問，則真正意義上的交遊者計四百零二人，交遊詩七百三十六首。平均每個朋友將近兩首。」

第三章 少年

所有朋友中，除了孩提時就在一起玩耍的總角之交路六外——杜甫有詩贈路六稱：「童稚情親四十年，中間消息兩茫然。」——韋之晉和寇錫是杜甫最早的朋友。杜甫送韋之晉的詩有三首，送寇錫的詩有一首。

杜甫與韋之晉在郇瑕訂交，此後十多年，杜甫或漫遊吳越、齊趙，或耕讀屍鄉，與韋之晉應該沒有再見面。一直要等到杜甫三十五歲赴長安，並斷續居長安十年，而韋之晉此時正好在長安任職，他們的生命軌跡再次相交，兩人才有見面的時間和機會。意外的是，這期間杜甫有頗多交往詩、記遊詩，卻沒有一首寫給韋之晉或提到他。一個是行情看漲的重要部門的中高級官員，一個是「朝扣富兒門，暮隨肥馬塵」，應試、干謁、獻賦三條通往仕途之路都走不通的風塵淪落人，兩個人沒有交往或交往極淺，也在情理之中。

年輕時的友誼在越來越大的地位落差之下就像一甕不斷注水的酒，酒味越來越淡，終至若有若無。

戲劇性的轉機來自多年以後。那時，杜甫已經對政治前途徹底失望。嚴武死後，他離開西川，打算回北方。然而，由於種種原因，卻又不得不滯留川峽小城夔州。此時，韋之晉也在經歷了貶饒州別駕的失意後，升任婺州刺史。婺州刺史之後，從杜甫詩中所謂「峽內憶行春」分析，韋之晉曾在川峽間某地任職——不是夔州，而是夔州附近某處，諸如忠州、萬州、涪州。

川峽間任職不久，韋之晉時來運轉，調往湖南，升任湖南觀察使兼衡州刺史。這樣，當他從川峽間的某地順流而下前往湖南履新時，途經杜甫客居的夔州，兩個少年時代的朋友就這樣悲欣交集地重逢了。

這是大曆二年（西元 767 年）的事情。這時，距他們的少年遊已經過去了整整三十七年。也許，當兩位老友秉燭夜話，把盞相勸並回憶青春歲

月的遠遊時，他們誰也不曾想到，只消再過三年，他們都將客死異鄉。

因為難以預料，所以才叫命運。

杜甫寫給韋之晉的三首詩，除了夔州重逢那首係送別詩外，另兩首都是悼亡詩。

原本一心奔往衡州投奔韋之晉的杜甫，既沒料到會在湘江上與韋之晉錯過，更沒料到僅僅兩個月後就傳來故人物故的噩耗——之前，杜甫自洞庭湖南下，很有可能便是他與韋之晉在夔州重逢時，韋之晉許諾幫助他；而杜甫，把他當作另一個可以依靠的嚴武。

噩耗是一次沉重打擊，杜甫當即寫下長詩〈哭韋大夫之晉〉。

詩一開篇，杜甫就回憶了三十多年前兩人的相交：「悽愴郇瑕邑，差池弱冠年。」

杜甫為什麼要在郇瑕邑前面加上悽愴的定語呢？那僅僅因為，郇瑕是他們訂交的昔遊之地，如今韋之晉駕鶴西去，老杜回憶前塵往事，想起三晉大地上那座小小的城池，物是人非，一種溫暖而又悽愴的情懷油然而生。當年冬天，韋之晉的靈柩從潭州送歸老家長安。很巧，護送靈柩的官員，係韋之晉下屬盧嶽，而他，是杜甫祖母盧氏的姪孫，即杜甫的表弟。靈柩啟程那天，杜甫到碼頭送別。其時，駟馬悲鳴，眾人揮淚，杜甫佇立岸邊，默默遙望漸漸遠去的船隻，直到船頂上高高懸掛的銘旌也消失在煙水之間才黯然歸去。

十九歲的短暫遠遊，韋之晉外，杜甫還結識了另一個朋友。那就是寇錫。

寇錫排行老十，上穀人，早年做過滎陽尉——滎陽是唐代另一位大詩人李商隱的故鄉。之後到長安，做過豐王府參軍、右領軍衛騎曹及左威衛倉曹等職——都是一些不值一提的芝麻官。安史之亂後，他接受偽

第三章 少年

職。亂平，受處分，貶虔州。爾後，升任監察御史。大曆五年（西元770年），巡按嶺南。

杜甫與寇錫的交往，似乎也不多。兩人應該有一段時間同在長安，但杜甫的詩沒有涉及。唯一一首贈寇錫的詩，題為〈奉酬寇十侍御錫見寄四韻復寄寇〉。從題目及內容分析，大曆五年，寇錫前往嶺南時途經潭州，與流落此地的杜甫重逢——不知是同在異鄉還是大家都已進入暮年，幾乎熄滅的友誼之火重新燃燒起來。飲宴分手後，寇錫率先寫詩贈杜甫，杜甫遂回贈。終其一生，杜甫送出去七百多首詩，卻只收到十八個人贈送的二十七首詩——不過，寇錫的詩沒有流傳下來，不在統計之列。

杜甫與韋、寇二人少年訂交，然後在漫長的中年時代，幾無交往。當他們步入晚歲，卻又因意外重逢而重溫舊情。這裡面，既有對昔年壯遊的美好追憶——經過時光過濾，過去的小美好被放大，過去的大苦難被縮小；還有人之將老，更為珍念舊情的因素在內。

對杜甫而言，不論是在夔州與韋之晉把盞，還是在潭州與寇錫陷入回憶，其情其景，固然溫馨撲面。更多的，卻是一種「白頭宮女在，閒坐說玄宗」的淒涼——青春早就遠去，奈何老去的人還在唸念不忘那些似水年華。

6

郇瑕之遊次年，年甫若冠的杜甫第二次遠行。這一次，他的目的地是吳越，即今江蘇、浙江一帶。

杜甫晚年，寫下了一系列帶有濃厚自傳色彩的長詩，其中，〈壯遊〉最具代表性。所以，雖然杜甫漫遊吳越的詩作沒有留下來，但透過〈壯

遊〉等作品透露的雪泥鴻爪，仍然可以大體覆盤杜甫在路上的美好時光。

陝西寶雞市有一座青銅器博物館。館裡，珍藏著一隻稱為何尊的青銅器。尊，是古代酒器。

經考古人員研究確認，這是一件西周時期鑄造的青銅酒器，從銅器上的銘文看，係一個叫何的貴族所制，因而命名為何尊。

何尊銘文共計一百二十二字，記載了西周初年的一段歷史：「周成王遵循周武王遺旨在成周營建都城，竣工後，舉行祭祀儀式並對貴族訓話。」一百二十二字的銘文裡，最引人注目的是四個字：「宅茲中國」。

宅意為居住，茲意為這裡；宅茲中國，就是居住於中國。很顯然，當時的中國和我們今天說的中國完全不是一回事。

何尊所說的中國，指的是位於中原大地的成周，即洛河北面的雒邑。雒邑，就是後來的洛陽。

今天的洛陽是一座普通城市，如果說它以什麼區別於全中國的另外幾百座城市的話，無疑是它極為悠久、燦爛的歷史，以及難以計數的遺跡遺存。

上古的夏都斟鄩和商都西亳，都在洛陽境內；西周初年，在這裡興建成周，作為陪都和王國備胎——後來，備胎果然派上用場：周幽王被犬戎殺死後，其子平王東遷，建都洛陽，拉開了東周序幕。

劉邦建漢，初都洛陽，後聽從謀士婁敬建議，遷都長安。東漢建立，漢光武劉秀定都洛陽。逮至魏晉，洛陽都是首都的不二之選。南北朝時期，鮮卑族所建的北魏，原本定都平城，但雄才大略的孝文帝拓跋宏，費盡周折，衝破重重阻力，成功地將首都遷往洛陽。隋朝時，文帝早有都洛陽的設想，但未及實施；等到煬帝即位，大力營造東都。

第三章 少年

　　有唐一代，除了如同一首突如其來的插曲那樣的武周以洛陽為國都外，其餘時間裡，洛陽都是陪都之一，稱為東都。

　　唐以後，後梁、後唐、後晉均建都洛陽。北宋及滅亡北宋的金朝，也以洛陽為陪都，一曰西京，一曰中京。

　　考察洛陽發展史，這座城市最美麗的花樣年華在隋唐時代。那時，洛陽是天下僅次於首都的重要城市。甚至可以說，在不少方面，首都長安的重要性還不如洛陽。

　　洛陽因地處洛水之北得名，在廣大西部地區，尤其是西北地區未得到開發時，洛陽是中國地理版圖的中心，就像周公營建雒邑時說的那樣：「此天下之中，四方入貢道裡均。」

　　隋朝是一個短命王朝，後人常批評隋煬帝濫用民力，濫造工程，導致民不聊生，天下大亂。其實，隋朝就像一支蠟燭，它燃燒了自己，照亮了唐朝。

　　比如對中國影響深遠的大運河。

　　開皇四年（西元584年），開廣通渠，自大興城至潼關入黃河。開皇七年（西元587年），開山陽瀆，北起山陽，南至江都，連通淮河與長江。

　　大業元年（西元605年），開通濟渠，通濟渠分為西、中、東三段。西段起自洛陽城西，引谷、洛二水，經漢代所建陽渠故道而入黃河──前文提到過的石羊溝就是陽渠在偃師的一段；中段利用洛口至滎陽東北的黃河水道；東段從板渚引黃河水入汴渠，至盱眙入淮，連通黃河與淮河。

　　大業四年（西元608年），開永濟渠，引沁水入黃河，循白溝、清河故道至德州再至天津，沿桑乾水通涿郡，連通黃河與海河。

大運河蘇州段

　　大業六年（西元 610 年），開江南河，北起京口，中經蘇州，南達餘杭，連通長江與錢塘江。

　　至此，大運河全部竣工。這條世界上最長的運河，它將海河、黃河、淮河、長江、錢塘江五大水系悉數連通，並將長安、洛陽、幽州、汴州、宋州、楚州、揚州、杭州等重要城市連綴在一起，形成了一個跨越東西，縱貫南北的水路交通網。

　　而洛陽，就居於交通網的中心。

　　以大運河水系作依託，唐朝水路交通空前發達。武則天時代，崔融在奏疏中描繪當時的盛況乃是：「天下諸津，舟航所聚，旁通巴漢，前指閩越，七澤十藪，三江五湖，控引河洛，兼包淮海，弘舸巨艦，千軸萬艘，交貿往還，昧旦永日。」

　　與水路交通相比，旅途相對更辛苦，但更能通達四面八方的是陸路交通。

　　如果說隋唐的水路交通以洛陽為中心的話，那麼陸路交通則以長安和洛陽為中心。

第三章　少年

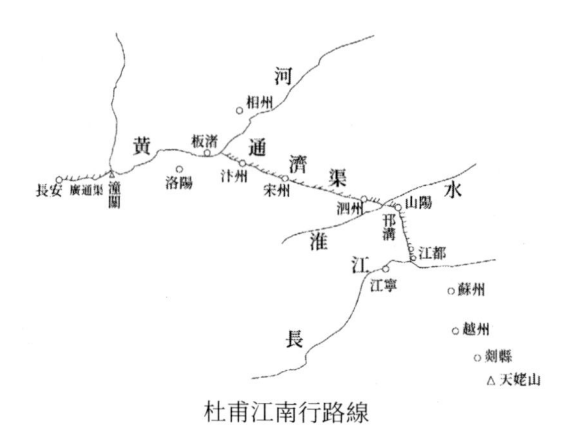

杜甫江南行路線

《元和郡縣誌》是9世紀初宰相李吉甫撰寫的一部唐朝全國地理總志。每一州內容裡均有「八到」，即該州四面八方通往哪裡。無論哪一州，首先要記錄的是該州到長安的里程，其次要記錄的是該州到洛陽的里程。

根據學者估算，盛唐時，全國陸路幹線，全長在五萬到七萬里；如果加上沒有納入國家驛站系統管理的普通道路，這個數據會大很多。

為了管理幹線道路和水路，唐代朝廷每隔三十里設一個驛站。盛唐時，全國有水驛二百六十個，陸驛一千二百九十七個，專門從事驛務的人員有兩萬多。

根據《唐書·地理志》和柳宗元的《館驛使壁記》等文獻可知，唐朝陸路交通中，有七條以長安為中心輻射全國的重要幹線。

第一條，從長安到西域。中經涇州、會州、蘭州、鄯州、涼州、瓜州、沙州而抵安西都護府。

第二條，從長安到西南。中經興元、利州、劍州、成都、彭州、邛州，抵川藏邊界。

第三條，從長安到嶺南。中經襄州、鄂州、洪州、吉州、虔州，抵廣州。

第四條，從長安至閩越。中經洛陽、汴州、泗州、揚州、蘇州、杭州、越州、衢州，抵泉州。

第五條，從長安至北方草原地區。中經同州、河中府、晉州、代州、朔州，抵單于都護府。

第六條，從長安至山東。中經洛陽、汴州、兗州、齊州、萊州，抵登州。

第七條，從長安至遼東。中經洛陽、相州、恆州、易州、幽州、營州，抵遼城州都督府。這七條幹線雖然都以長安為起點，但多條必經洛陽。因此，洛陽其實是唐朝水陸交通的總樞紐。

驛站──不論水驛還是陸驛，只為來往官員或其他公務人員服務，兼具有朝廷招待所和郵政功能。至於非公務人員，他們在旅途中，有完善的逆旅提供服務。

逆者，迎也；逆旅，就是迎接來往客人。這些由私人開設的逆旅，相當於現代的旅館、飯店，一般都落址於驛路沿線村鎮，為來往旅人提供住宿、飲食，有的還可僱傭車輛、馬騾或船隻。

盛唐時，逆旅如同驛站一樣遍及全國各地，甚至比驛站數量還要多。杜甫的本家杜佑曾寫道：「南詣荊襄，北至太原、范陽，西至蜀川、涼府，皆有店肆以供商旅。遠適數千里，不持寸刃。」不僅沿途有方便的食宿條件，社會治安也非常好，不用擔心人身安全。

在一些人煙稀少或道路險阻的地方，出於成本考慮，沒人願意開設逆旅，而朝廷的驛站又不對外開放。這時候，由慈善組織或個人興建的義堂和義井，就免費為來往旅人提供自助服務──有房間可供休息，有水井提供水源，有柴火和爐灶做飯。

第三章 少年

7

乾元元年（西元 758 年），四十七歲的杜甫在長安參加了一場餞別宴。餞別宴的主角叫許登，杜甫依唐人習慣，稱其許八。許八時任拾遺，得到天子批准，打算回家探望老母。

許八的老家在南方的江寧，即今南京。

在寫給許八的詩中，杜甫回憶起弱冠之年的南遊，並透露出一個資訊——正如猜想的那樣，杜甫是透過大動脈般的運河從河南前往吳越的。杜甫回憶了旅途中印象深刻的兩個地方，一個是淮陰，一個是京口：「淮陰清夜驛，京口渡江航。」杜甫從洛陽順流而下，在滎陽附近的坂渚，他的船進入了隋朝修建的通濟渠。連通黃河與淮河的通濟渠又稱汴河，也就是宋人張擇端〈清明上河圖〉中描繪的那條帆檣雲集，從開封城中心流淌而過的河。舟次宋州、永城等地後，在泗州入淮河。沿淮河行進到楚州，進入了另一條更古老的運河，那就是始鑿於春秋時的邗溝。邗溝連接的是淮河和長江。之後，杜甫溯長江而上，抵達了長江之濱的江寧。

非常巧，如同上一年在郾瑕結識了韋之晉和寇錫兩個終生好友一樣，在江寧，杜甫認識了另外兩個人，同樣成為交往一生的好友。一個是許登，一個是杜甫稱為旻上人的和尚。

秦淮河從南京市區流淌而過，在市中心形成一個 U 字形，U 字形內，有一系列差不多等同於南京地標的古蹟：夫子廟、貢院、桃葉古渡、白鷺洲、烏衣巷、寸花門、南唐城牆⋯⋯

與這些古蹟相比，古瓦官寺的名氣和規模都要小得多，並且，雖然它的名字前冠了一個古字，看上去卻沒多少古意。

如今藏身小街深處的古瓦官寺，建於東晉興寧年間，已有近一千七百年了。瓦官寺的得名，源於該寺寺址，原是朝廷管理陶業的瓦官的辦公地。南朝梁時，寺裡修建了一座高達二百四十尺的瓦官閣，成為南京最壯觀的建築。

　　瓦官寺南面和西面均為秦淮河，直線距離不到五百公尺。自從瓦官閣落成後，就成為登臨送目的絕佳去處。

　　曾任溧陽主簿的康仁杰（又作庸仁杰）登臨後賦詩稱：「雲散便凝千里望，日斜常占半城陰。」

　　杜甫遊歷江南之前六年，與他同為唐詩雙子星的李白，也在江南漫遊。他同樣登上了瓦官閣。那是一個清晨，從瓦官寺裡傳出一陣陣法鼓聲。李白極目遠眺，但見「鐘山對北戶，淮水入南榮」；他感覺高聳的瓦官閣，「杳出霄漢上，仰攀日月行」。

　　杜甫也登上了瓦官閣，並遊覽了閣下的瓦官寺。與他同遊的，就是新結識的朋友許登。

　　杜甫擅長書法，但不能確認他是否也擅長丹青。不過，一個不爭的事實是，他非常喜歡賞畫，並留下了多首題畫或詠畫詩。

　　在瓦官寺，杜甫欣賞到了顧愷之的作品。東晉人顧愷之乃中國繪畫史上最偉大的人物之一，人稱畫、才、痴三絕，尤擅人像和佛像。張僧繇、陸探微皆學顧愷之，並稱「南朝三傑」。唐代文藝理論家張懷瓘評論說：「像人之美，張得其肉，陸得其骨，顧得其神。神妙無方，以顧為最。」

　　顧愷之的作品繪在瓦官寺北邊牆壁上，題為〈維摩詰變相圖〉。由於實在太喜歡此畫，許登便送了杜甫一幅他收藏的臨摹本。將近三十年後，杜甫依然記憶猶新。他除了在寫給許登的詩裡舊事重提外，晚年流落成都和夔州時，又分別在兩首詩裡提及。

第三章　少年

　　縱觀杜甫一生，他對顧愷之、曹霸等畫家的畫作，對張旭、懷素等書家的書作，以及對公孫大娘師徒的劍器舞和對李龜年的歌聲的由衷讚美，以及內行而獨到的評價，都向我們暗示了一個必然事實：杜甫有著廣泛的愛好和全面的藝術修養。這種愛好與修養，對他的詩歌，是一種潛滋暗長的幫助。

　　唐代，不僅文人能詩，帝王將相乃至僧尼方道，都不乏吟哦之士。古人把能作詩的和尚稱為詩僧。

　　杜甫在江寧結識的新朋友旻上人，便是一個熱愛詩歌的詩僧──分別二十八年後，在為許登舉行的餞別宴上，杜甫知道許登回去一定會和旻上人見面，因而寫了一首詩，託許登帶給旻上人。詩中，杜甫很關心的問題是：「旻上人年事漸高，還寫詩嗎？如果還寫的話，誰能把他的作品轉交給我讀讀？」──「舊來好事今能否？老去新詩誰與傳？」

　　二十八年前舊遊的點點滴滴，一幕幕浮現在杜甫眼前，於是他把它們寫入詩中：「棋局動隨尋澗竹，袈裟憶上泛湖船。」

　　杜甫喜歡下棋──後來閒居成都西郊浣花草堂，有時沒有對手，他就把夫人楊氏拉來充數，所以有「老妻畫紙作棋局」之事。這位旻上人也喜歡下棋。旻上人修行的精舍雅緻安靜：那是江寧城外的一道山谷，谷中，有一條幽涼的山澗。澗邊，翠竹亭亭，二人就在面澗的窗下對弈。日頭移動，翠竹修長的影子變幻著角度投進房間。

　　兩人還一同遊湖。他們一僧一俗，一袈裟，一青衫，划著一條小船盪舟湖上──詩歌、圍棋，都是他們的談資。

　　因許登還鄉，杜甫想起多年未見的旻上人，想起青春年少的風雅浪漫，而今老之將至，不由泫然淚下：「不見旻公三十年，封書寄與淚潺潺。」

8

唐代，江陰以下即為長江口。長江口是一片巨大的喇叭狀水域，江海相接，潮湧潮落，十分壯觀。是故，從江寧東下前往蘇州的杜甫，一度打算坐上海船，航海去日本，「東下姑蘇臺，已具浮海航」。不過，杜甫到底還是沒有出海，「到今有遺恨，不得窮扶桑」。畢竟，在唐代，出海是一件有相當風險的事。儘管那時候，中國東部地區的諸多港口，已有駛往日本、新羅等地的商船。

蘇州是杜甫江南行的第二個目的地。

唐代的地方行政機構，本為州、縣兩級；然而，等到原係監察機構的道漸漸成為行政實體後，便演變成了道、州、縣三級。同時，在重要的政治、經濟、軍事中心又設府，府分為大都督府、都督府。

蘇州的級別為州。唐代的州，按各州的政治地位、軍事要害、人口多寡等標準，劃為七個等級：輔、雄、望、緊、上、中、下。

輔州僅四個，均環繞長安，相當於首都的衛星城，即同州、華州、岐州和蒲州。

雄州有六，在東都洛陽周圍，即鄭州、汴州、陝州、絳州、魏州和懷州。望州有十（中唐後有所增加），都處於中原膏腴之地，如宋州、當州、許州、衛州、相州等。

緊州多是地處要衝，治理緊要之地，如徐州、蔡州、楚州、鄂州、彭州、蜀州。

上、中、下三州則主要以人口劃分：四萬戶以上為上州，二萬五千戶以上為中州，不及二萬戶為下州。

七個等級中，蘇州屬於緊州。雖然只屬第四等，但前三等的總數也

第三章　少年

只有二十個，因而蘇州在幾百個州中的地位非常重要。

　　王謝風流遠，闔閭丘墓荒。

　　劍池石壁仄，長洲芰荷香。

　　嵯峨閶門北，清廟映回塘。

　　每趨吳太伯，撫事淚浪浪。

　　……

　　蒸魚聞匕首，除道哂要章。

這是杜甫長詩〈壯遊〉中的句子，幾句詩中，除第一句「王謝風流遠」說的是江寧，最後一句「除道哂要章」說的是會稽外，其餘幾句說的都是蘇州——蘇州的人，蘇州的事，蘇州的遺跡與歷史煙霞。很明顯，杜甫遊歷了他詩中提到的這些蘇州名勝，聯想起發生在這裡的諸多舊事，憑弔之際，感慨萬千。

紹興老街，杜甫時代紹興屬越州

與他國文人相比，中國文人最顯著的特徵就是喜歡懷古。不知是悠久的歷史傳承使之然，還是六經皆史、文史哲不分家的習慣使之然。總而言之，中國文人喜歡憑弔，喜歡懷古，喜歡在古人的故事裡，掉自己的眼淚。

蘇州城的橫空出世，可以追溯到先周時期，相當於商季。當時，生息在今陝西岐山周原一帶的周人，其部落首領為公亶父（又稱古公亶父）。公亶父有三個兒子：太伯（又作泰伯）、虞仲和季歷（又作姬歷）。

　　季歷的兒子叫姬昌，「有聖瑞」，公亶父經常唸叨：「我世當有興者，其在昌乎？」流露出想將君位傳給小兒子季歷，以便再傳姬昌的念頭。

　　太伯和虞仲看出父親心事後，為了成全父親，兄弟倆離開周原，前往當時還屬於蠻荒之地的江南，以太湖流域為核心建立了吳國，又稱勾吳、天吳。

　　第一個在蘇州築城的，據說就是太伯。

　　太伯之後，他的後裔闔閭令勇士專諸將匕首藏在燒熟的大魚裡，趁著為他的堂弟吳王僚上菜的機會，從魚腹裡抓出匕首，把吳王僚殺死，從而登上吳國王位。這就是詩裡說的「蒸魚聞匕首。」

　　闔閭即位為吳王後，在伍子胥、孫武兩位得力重臣的輔佐下，勵精圖治，富國強兵。闔閭之前，吳國都城在吳縣。闔閭上臺後，令伍子胥修築了兩座城：一座稱為大闔閭城，做吳國國都，在今蘇州木瀆；一座稱為小闔閭城，做軍事堡壘，在今無錫。

　　崛起的吳國先後擊敗楚國和越國，為了北上爭霸，費盡精神開鑿了後來成為隋唐大運河一部分的邗溝——杜甫南遊的船隻，便從邗溝駛過。闔閭也躋身春秋五霸之列——關於春秋五霸，不同學者有不同說法，除了齊桓公、晉文公兩人是每說均有外，另外三人則各說不同。其中，墨子提出的五霸，即有吳王闔閭。

　　蘇州古城西北部，平坦的平原上，隆起一座樹木幽深的小山，那就是虎丘。

第三章　少年

　　闔閭去世後，安葬於虎丘。虎丘名字的由來有兩說：一說闔閭葬後第三天，一頭白虎蹲在墳上，故名虎丘；一說山的形狀如同一隻蹲著的老虎，於是以形為名，稱為虎丘。

　　虎丘山上，有一座略微傾斜的塔，俗稱虎丘塔，本名雲巖寺塔。虎丘高四十來公尺，塔高近五十公尺，在沒有高樓大廈的古代，虎丘塔便成為從西面前往蘇州城的旅人們最早看到的蘇州建築，故有「先見虎丘塔，後見蘇州城」之說。杜甫沒有看到虎丘塔，因為虎丘塔修建於五代後周顯德六年（西元959年），那時，杜甫去世快兩百年了，墓木早拱。

　　不過，虎丘本身和虎丘上的劍池，杜甫卻一定尋訪過。

　　通往虎丘的山路盡頭，巨石兀立，稱為千人石。站在千人石旁向北望，「別有洞天」月門一側有「虎丘劍池」四個遒勁的大字，係大書法家顏真卿的兒子顏頵所書。顏頵比杜甫小三十七歲，要等到杜甫遊江南之後十七年才出生。那麼，杜甫注目過的劍池，肯定沒有今天我們看到的這四個大字。

　　圓洞內，右壁刻「風壑雲泉」，行書，係宋代書法家米芾手筆。當然，杜甫也不可能見到。左壁，刻「劍池」，篆書。這個，杜甫見過的，出自王羲之。

　　石壁下一汪潭水，即為劍池，長四十餘公尺，深度據說有六公尺，終年不乾，清澈見底。這就是杜詩中說的「劍池石壁仄」。

　　相傳，曾經叱吒風雲的闔閭，他的墳墓就在劍池下面。

　　伍子胥所築的大闔閭城，周遭共八道城門。八道城門中，數西北門最為壯觀雄偉，名為閶門。所謂閶門，原是神話中所說的天門。以閶門命名，極言高大，乃至直通天上。闔閭西征楚國，大軍從閶門而出。為了表示必勝信心，他將此門稱為破楚門。

閶門外，東漢年間建有紀念太伯的祠廟。從杜甫詩中可以看出，他自江寧而來，先抵蘇州西門外，在虎丘憑弔了闔閭後，向南到太湖之濱的長洲賞荷——由此可知他是夏天來的。之後，他在閶門外的太伯廟裡祭祀了太伯，然後從閶門進入蘇州。杜甫邊走邊看，發生在這片古老土地上的往事歷歷在目：太伯奔吳，專諸刺僚，子胥築城，闔閭爭霸……這些往事裡，品性高尚的太伯最令他感動。他應該不止一次去過太伯祠，不然就不會用「每趨」的說法，而每一次去太伯祠，他都感動得熱淚盈眶。

9

下一站是會稽，即今浙江紹興。春秋時，蘇州屬吳國，會稽屬越國。吳越爭霸數十年，闔閭征越受傷而死，遺令太子夫差復仇。夫差果然大敗越國，但占領越都後，卻不聽從伍子胥的建議一舉吞併越國，而是養虎遺患，終被臥薪嘗膽的勾踐擊敗。夫差自殺身死，吳國滅亡。

吳越也是秦始皇東巡過的地方。有一種說法認為，虎丘的劍池就和他有關。據說，秦始皇想得到闔閭用於陪葬的魚腸劍，下令掘開闔閭墓，但最終他既沒找到闔閭墓，更沒得到魚腸劍，而是在掘墓過程中，留下一個大坑。這個大坑就是劍池。

杜甫熟讀經史，對這些故事瞭然於胸，因而浮想聯翩：「枕戈憶勾踐，渡浙想秦皇。」

今天的紹興無論政治、經濟、文化，各個方面都遠在杭州之下。不過，唐時紹興屬越州，而越州的地位卻在杭州之上。當時，越州係都督府建制，級別在道與州之間，同時還是浙東觀察使駐地，開元中有戶十萬七千六百四十五，屬望州；杭州開元中有戶八萬四千二百五十二，屬上州。

第三章　少年

紹興又稱會稽，得名由來，據說是因為大禹在此大會諸侯，探討國家大事。《吳越春秋》說：「禹巡行天下，會計修國之道，因以會計名山，仍為地號。」最先是將一座山命名為會計山，後來將這座山周邊的地區都稱作會計，後來寫作了會稽。

「越女天下白，鏡湖五月涼」，「越女天下白」大概是老杜一生中寫過的最香豔的詩句了。鏡湖水面寬闊，杜甫感到涼爽，反過來也證明，越州的其他地方，不一定就那麼涼爽。自然大方的越地女子，穿戴得比較清涼──從初唐到盛唐，女性著裝的總體趨勢，就是由遮掩到暴露，由少露到多露──與北方女子相比，南方女子更顯水靈、白皙。青春年少的杜甫怦然心動，幾十年後依然記憶猶新。

變換觀察視角，熟悉的東西也會變得陌生。藉助衛星地圖可以清晰看出，黛黑的群山連綿成弧形，環繞在紹興南面；北面則是開口巨大的杭州灣。山與海之間，是由錢塘江、曹娥江、奉化江等河流沖積成的狹長的寧紹平原。

隨著衛星地圖不斷放大，我看到，寧紹平原上，密集的城鎮村落之間，到處都是縱橫交錯的河流湖泊，呈現出典型的水鄉風貌。

鏡湖就是眾多湖泊中的一個。

鏡湖又名鑑湖──紹興人秋瑾自號鑑湖女俠，即源自她家鄉的這汪湖。鏡湖之濱，有一座不太起眼的古廟，叫馬太守廟。馬太守是誰呢？他就是鏡湖的開鑿者，東漢和帝時期的會稽太守馬臻。

馬臻乃茂陵人──與杜甫的遠祖杜周是老鄉。他任太守期間，將山陰和會稽兩縣幾十座大大小小的湖泊以及流經其間的小河開鑿連通，擴展為一個面積超過兩百平方公里的大湖。竣工後，《元和郡縣誌》稱它「水高丈餘，田又高海丈餘，若水少則洩湖灌田，如水多則閉湖洩田中水

入海……堤塘周迴三百一十里，溉田九千頃」，從此山陰、會稽兩縣無凶年。

這麼一個造福萬代的民生工程，帶給馬臻的卻是災難——由於鏡湖淹沒了不少地主大戶的農田，他遭到誣陷，而昏庸的朝廷竟將他處死。

馬臻慘死後，會稽百姓想方設法將他的遺骸運回，安葬於湖濱——馬太守廟附近，便是儲存至今的馬臻墓。宋仁宗時，朝廷追封他為利濟王。是故，馬臻墓碑上的文字是：「敕封利濟王東漢會稽太守馬公之墓」。係清朝康熙年間所立。

馬太守廟建於開元年間——杜甫遊江南時，馬太守廟很有可能剛好落成。杜甫到越州，鏡湖是必然要遊的，而喜歡憑弔追懷的杜甫，也應該造訪過馬臻墓和太守廟。

另外，杜甫看到的鏡湖遠比我看到的更為遼闊浩渺——北宋以後，由於圍湖造田，鏡湖大大縮水。

杜甫的爺爺杜審言的好友宋之問，在杜甫遊鏡湖前二十多年貶越州長史。他曾在一個早春泛舟鏡湖並留有詩作。對這位前輩的作品，杜甫是熟悉的。那麼，遊湖之時，他或許會想起這位人品不那麼高潔的前輩的詩句：

蘆人收晚釣，棹女弄春歌。野外寒事少，湖間芳意多。雜花同爛熳，暄柳日逶迤。

司馬遷在《史記》裡描寫江南生活時用了一個詞：「飯稻羹魚」。意思是以稻米做飯，以魚做菜。

在越中，來自北方的杜甫品嘗到了南方水鄉的河鮮，並令他留下了深刻印象。很多年後，當他在長安與鄭虔同遊何將軍山林，並在何將軍府上吃飯時，席間恰好有在他早年留下了美好記憶的河鮮：「鮮鯽銀絲

第三章　少年

鱠，香芹碧澗羹。」也就是把鮮活的鯽魚切成銀絲，澆上芹菜熬成的汁水。味蕾的記憶如此牢固，他一下子就想起了越中：「翻疑舵樓底，晚飯越中行。」──我懷疑這不是在長安的舵樓下吃飯，而像在越中用餐。

根據杜甫晚年追憶，少時，他開始與當時的文壇名士魏啟心、崔尚等人交往，這些人不因其年幼輕看他，反而極力讚揚，稱他的才華足以和班固、揚雄相提並論──「往昔十四五，出入翰墨場。斯文崔魏徒，以我似班揚。」

其時，比他年長十一歲的李白正在漫遊。或者說，李白在漫遊中，來到了一個此後他多次讚不絕口的地方──這個地方，就是剡中。

李白一生四入浙江，三進剡中，留下了一大批歌詠剡中的詩作。此後，只要遇到奇山異水，他總會下意識地以剡中作比喻。晚年，他甚至想終老剡中。可見其對剡中的喜愛。

李白初遊剡中五六年後，杜甫也來到了剡中。

春秋時，剡中屬越國。漢景帝四年（西元前 153 年），置剡縣，屬會稽郡。剡縣建縣後，除了新莽時曾短期改名盡忠縣外，一直到宋朝，都稱剡縣。

北宋的一場戰亂，讓剡縣改了名字。這種改名原因，通觀中國歷史，也不多見。

原來，北宋宣和年間，方臘在青溪起義，受其影響，剡縣人裘日新也起兵響應。後來，起義遭到鎮壓。參與鎮壓的越州統帥劉述古認為，剡縣動盪不安與「剡字兩火一刀，有兵火象」有關，於是奏請朝廷，把剡縣改名嵊縣。嵊縣的得名，緣於縣境東部一列青幽的山峰：嵊山。

嵊縣存續了八百七十四年，一直到 1995 年，嵊縣撤縣設市，改名嵊州市。

嵊縣的名字來自青山，剡縣的名字來自綠水。

嵊州城區地處盆地邊緣，城中四望，都能望見起伏的山巒。市區內，兩條源自山間的小河交會後，始稱剡溪。一條是南來的澄潭江，一條是西來的長樂江。澄潭江因江底坡度大，水流湍急，又稱雄江；長樂江因江底較平，水流緩慢，又稱雌江。

每年夏天，洪水來時，雄雌兩江匯合後，中間會夾有一條細長的銀色帶狀水流，兩江涇渭分明：雄江渾濁，雌江清澈，直到遠處才融成一色。發源於山地又流經山區的剡溪，在嵊州境內有三十多公里。流入鄰近的上虞市後，稱曹娥江，是為錢塘江最大支流。三十多公里的剡溪，江流迂迴曲折，夾岸青山，形成了剡溪九曲勝景。

作為唐詩之路的精華部分，剡溪只是一條山間小河，它的長度僅為長江的百分之三。但是，唐代竟有包括李白、杜甫、王維、孟浩然、白居易、杜牧在內的四百多位詩人到此遊歷，寫下了上千首作品。其中，直接有剡字的就有一百六十八首之多。剡縣、剡溪、剡中、剡江、剡山這些詞語時常出現，而出產於此的剡藤紙、剡茗等特產和發生在這裡的一系列典故，在詩中屢見不鮮。

可惜，由於時代久遠，杜甫為剡溪所寫的詩歌沒有任何一首完整地留下來，我們僅僅知道的是，在追憶性的自傳作品裡，他為剡溪寫下了兩句詩，十個字：

剡溪蘊秀異，欲罷不能忘。

白居易說：「東南山水以越為首，剡為面，沃洲、天姥為眉目。」

遊歷了剡溪之後，杜甫繼續南行，來到了與今嵊州相鄰的浙江新昌。不過，杜甫時代，新昌尚屬剡縣轄地，他只不過是從縣城來到了山區。

第三章　少年

　　他前往的那座山，因李白一首詩聞名遐邇。

　　四十六歲那年，客居瑕丘的李白在與杜甫分手後做了一個夢，他夢見了一座南方的山。李白對這座山的了解，有三種可能：一是他早年時曾遊歷剡中，而此山就在剡縣；二是賀知章是會稽人，在長安時他與李白交厚，兩個著名的酒客可能在酒桌上聊起過各自的故鄉，賀知章向他講述了這座山；三是杜甫向李白提及過這座山。

　　總之，無論哪種可能最接近真相，李白夢見了這座山，並為這座山寫了一首長詩。

　　這座山就是天姥山，這首詩就是〈夢遊天姥吟留別〉。

　　天姥山是浙東主要山脈天臺山的一部分，地方志稱它：「蒼然天表，千姿萬狀，為一邑主山。」

　　在李白夢中，它更是一座氣象萬千的聖山：「天姥連天向天橫，勢拔五嶽掩赤城。天臺四萬八千丈，對此欲倒東南傾。」

　　但杜甫只留下了五個字：「歸帆拂天姥」。

　　也就是說，天姥山是他此次少年遊的最後一個點。游完天姥山，他就踏上了歸途。

第四章　放蕩

放蕩齊趙間，裘馬頗清狂。

—— 杜甫

當你醒來時，它已消失無蹤。

—— 威廉・莎士比亞（William Shakespeare）

1

「歸帆拂天姥，中歲貢舊鄉。」杜甫的自述表明，他的歸程從天姥山出發，他回到老家洛陽，是為了參加考試。

隋朝不僅結束了南北對峙的分裂局面，又一次建立起大一統的大帝國，也不僅開鑿完善了作為帝國大動脈的大運河，它還有另一項偉大發明，一直影響了中國一千多年，可稱為世界上建立時間最早、使用時間最長，相對也最合理的人才選拔制度：科舉。

發軔於隋朝、成熟於唐朝的科舉制是中國歷史上的一大創舉，它使出身寒微的底層子弟，也有了透過讀書考試進而躋身官場並改換門庭的可能。不論是此前的世祿制、察舉制還是九品中正制，絕大多數時候，決定一個人前途的主要因素是出身，是門第，因此才會出現「以彼徑寸莖，蔭此百尺條」的不公。一直要等到科舉發表，才徹底打破了這種局面。

在唐代，科舉考試分為兩大類，一類是制科，一類是常科。

第四章 放蕩

皇帝的命令稱為制,皇帝特別召集一些人舉行考試,稱為制科,亦名制舉。制科是沒有確定時間限制的臨時性考試,參加考試的考生一般也沒有限制。何時舉行,間隔多久舉行,稱賢良方正也好,叫直言極諫也罷,總之,一切看皇帝的興趣。

常科又稱常舉,即定時定科目的考試,因是每年舉行,故曰常。與制科相比,常科是常態,也是科舉考試的主體。

常科的科目相當複雜,但是最重要、最為世人看重的是進士科。在唐人看來,「國家取士,遠法前代,進士之科,得人為盛」。宋人則說:「李唐設科舉以網羅天下英雄豪傑,三百年間,號為得人者,莫盛於進士。」

由於對進士出身的極度看重,乃至於「縉紳雖位極人臣,不由進士者,終不為美」。

流風所及,千年如斯。清季名臣左宗棠中舉人後,三次進京會試,均落第,與進士無緣,左宗棠視為平生憾事。光緒元年(西元1875年),他任欽差大臣前往新疆督辦軍務期間,時值會試,他突然向朝廷請假,提出要進京考試。朝廷正是用人之際,只好賜他同進士出身,圓了他的進士夢。

唐制,有資格參加常科考試的考生,來源有二:

其一稱為生徒。即在中央官學與地方州學、縣學上學的在校生。他們只要在學校考試合格,就可以直接參加尚書省下屬的禮部主持的考試,稱為省試。

其二稱為鄉貢。即不在各類學校上學的其他讀書人。他們要參加科考,必須向所在州、縣報考,並經過州、縣的逐級考試,合格後,由地方官舉行鄉飲酒禮為之餞行,送往京城參加省試。

不論生徒還是鄉貢，都必須向朝廷提供自己的身分證明和履歷資料，送到尚書省報到後，還得填寫姓名履歷並找一個擔保人，由戶部審查後，送吏部考試。按唐代朝廷規定，凡是觸犯過大唐法令的人、從事工商業的商賈之子以及州縣衙門的小吏不得參加——這也是作為胡商之子的李白從沒進過考場的原因。

擔任主考官的吏部考功員外郎級別較低。有一年考試時，竟發生了考生侮辱主考官的鬧劇。於是，唐玄宗下令，從開元二十四年（西元736年）起，改由禮部侍郎主持考試。

宋、明、清三朝，中了進士即授官。唐朝卻不同，在透過了禮部的考試，取得進士身分後，還必須透過吏部考試，合格後，才有資格做官。並且，吏部的考試並不是簡單的考察，而是有相當難度——大名鼎鼎的韓愈，參加了四次進士考試中士後，又參加了四次吏部考試才釋褐為官。

據傅璇琮統計，每年前往京城應試的讀書人有一千六百人左右。又據徐松《登科記考》統計，有唐二百八十九年間，貢舉進士二百六十六次，及第進士六千四百四十二人，而整個唐代參加過進士科考試的人數約五十萬，平均每年及第人數不過二十三四個，這與唐詩中所說的「桂樹只生三十枝」、「三十人中最少年」，即每年錄取人數不超過三十名是吻合的。

以往注杜的學者大抵把杜甫此次考試的地點定在首都長安，說他是赴京兆考試，實則不然。據《舊唐書》載，開元二十二年（西元734年），唐玄宗「正月己巳，如東都」，一直到兩年多後的開元二十四年十月才返回長安。

洛陽本是唐朝陪都，唐朝皇帝經常率文武百官長駐洛陽。杜甫參加

第四章 放蕩

科考的開元二十三年（西元 735 年），皇帝恰好東巡，是故，這場省試是在洛陽進行的。

參加省試前，杜甫還得參加縣和州的選拔，而省試時間一般是在春天。也就是說，如果杜甫等到開元二十三年才從吳越回洛，他就來不及參加當年的省試了。因此，他應該是開元二十二年回洛的。這一年，他先透過了縣和州的預選，於是才有了開元二十三年春天的省試。

結果如何呢？

多年以後，杜甫仍然為自己的才華驕傲，「氣劘屈賈壘，目短曹劉牆」。屈是屈原，賈是賈誼，曹是曹植，劉是劉楨，四人俱以文采知名。可在杜甫眼裡，他的文章可以和屈原、賈誼相匹敵而高於曹植、劉楨。

以杜甫畢生成就而言，他沒有說大話。

然而，儘管才高八斗，學富五車，杜甫還是落榜了：「忤下考功第，獨辭京尹堂。」

以才華自負的杜甫竟然鎩羽而歸，讓人有些小小的驚訝——與杜甫同年參加省試並中士的，有兩個詩人，一是蕭穎士，一是李頎。

杜甫的落第，讓我想起很多年以後，另一個同樣以才華自負卻也同樣名落孫山的年輕人。

此人即晚明四公子之一侯方域。崇禎十二年（西元 1639 年），二十二歲的侯方域趕到南京參加秋試。此時的侯方域年少輕狂，這位風度翩翩的英俊少年把這次考試看作表現才華、結交名流的絕好時機。在南京，他與吳應箕、夏允彝等人秋日登金山，酒至半酣，侯方域指點江山，臧否人物，同行者為之氣奪，把他比喻為三國的周瑜和前秦的王猛。

然而，志在必得的侯方域竟在秋試中名落孫山，這不僅大出他的意

料，也大出時人意料。

　　落榜是侯方域平生遭受的第一樁打擊，對此，他的反應相當激烈。他在一篇送朋友的隨筆裡，不無誇張地寫道：「侯子既放，涉江返棹，棲乎高陽之舊廬，日召酒徒飲醇酒，醉則仰天而歌〈猛虎行〉。戒門者曰：『有冠儒冠、服儒服，而以儒術請問者，固拒之。』於是侯子之庭，無儒者跡。」

　　還好，雖然落第，杜甫的反應遠不像侯方域那麼激烈，激烈得有幾分偏執。

　　畢竟，杜甫還年輕，年輕就意味著擁有未來，而未來，則意味著無限可能。

　　於是，杜甫又一次啟程遠行，拉開了他的齊趙漫遊序幕。

　　這是他一生中最幸福、最快樂的時光，他稱之為：「放蕩齊趙間，裘馬頗清狂」、「快意八九年」。之後，命運峰迴路轉，年輕時的幸福與快樂終將遠去，如同隔山隔水的青春，每一次遙望，都是惆悵與傷感。

2

　　由於史料闕如，我們已經無法考證，為什麼杜甫要把第一次漫遊的目的地定為郾瑕。但他第二次漫遊吳越和第三次漫遊齊趙，之所以會是這些地方而不是另一些地方，大體而言是解釋得清的。

　　先說吳越。對吳越山水人文的嚮往固然是內在動因之一，但外在動因也有。那就是杜甫有兩位生活在吳越地區的親人。

　　一個是他的叔父，即杜閒同父異母的弟弟杜登。

　　杜登時任武康尉。武康縣，距杭州不過三四十公里。另一個是他的

第四章　放蕩

姑父，即杜閒同父異母的四妹的丈夫賀酰。賀酰曾任常熟主簿，常熟屬蘇州，在蘇州以北。賀酰老家在會稽，世代居此。

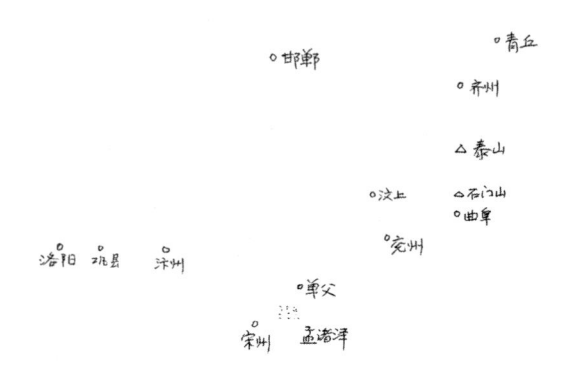

杜甫齊趙漫遊地

是故，馮至認為，杜甫青年時期前往江南不是沒有人事上的原因。此外，杜甫的江南行耗時長達四年。他曾經前往的那些景點和城市，哪怕步行，也完全不需要如此漫長的時間。那麼，遊歷之外，杜甫去了哪裡？聯想到他的兩位身居江南的親人，答案不言而喻。

再說齊趙。

杜甫去往齊趙，最大的原因在於，他的父親杜閒時任兗州司馬。在探望父親期間，杜甫順帶漫遊了與兗州相鄰的諸多地區。這一段光陰，杜甫說是七八年，乃是含了兩個跨年的虛數，實則五年多。

五年多裡，二十來歲的杜甫以州司馬公子的身分，錦衣玉食，肥馬輕裘——杜甫後來流落川峽，日落孤城，草木風悲，想起當年那些故交舊遊，一個個輕裘肥馬，不由在詩裡揶揄說：「同學少年多不賤，五陵衣馬自輕肥。」那時，不知道他是否想起，他其實也有過肥馬輕裘的昨天。

自十九歲遊山西，到二十歲遊吳越，再到二十四歲遊齊趙，杜甫的漫遊生涯超過十年。十年裡，他不治生計，不問稼穡，而客居或漫遊，

總是要花錢的;何況他還經常呼朋喚友,或酒肆泥飲,或山野射獵,或馴鷹調馬,或遊山玩水——這些,更要花錢,要花大筆大筆的錢。

那些年,杜甫的錢從哪裡來?

回答是:來自父親杜閑。

杜甫前往兗州時,杜閑任兗州司馬。如前所述,唐代地方行政區劃比較複雜,既有原屬監察區後來漸漸演變為行政區的道,也有州和府——普通地區設州,重要地區設都督府,邊疆地區設都護府。府的級別比州高,但並不管州,而是像州一樣管縣。兗州屬中都督府,司馬為正五品下。

唐制,官員既有職事官——就是具體做工作的職務,還有散官——就是享受待遇的表明級別的官階。職事官凡九品,九品各分正、從,自四品以下,又有上、下之分,總計三十個等級。但正一品不設,實際上只有二十九個等級。從高到低,即:正一品,從一品;正二品,從二品;正三品,從三品;正四品上,正四品下,從四品上,從四品下;正五品上,正五品下,從五品上,從五品下;正六品上,正六品下,從六品上,從六品下;正七品上,正七品下,從七品上,從七品下;正八品上,正八品下,從八品上,從八品下;正九品上,正九品下,從九品上,從九品下。

散官又稱散階,有文武之分。文官的散官計二十九等,自上而下,分別是:從一品,開府儀同三司;正二品,特進;從二品,光祿大夫;正三品,金紫光祿大夫;從三品,銀青光祿大夫;正四品上,正議大夫;正四品下,通議大夫;從四品上,太中大夫;從四品下,中大夫;正五品上,中散大夫;正五品下,朝議大夫;從五品上,朝請大夫;從五品下,朝散大夫;正六品上,朝議郎;正六品下,承議郎;從六品上,奉議郎;

第四章　放蕩

從六品下，通直郎；正七品上，朝請郎；正七品下，宣德郎；從七品上，朝散郎；從七品下，宣議郎；正八品上，給事郎；正八品下，征事郎；從八品上，承奉郎；從八品下，承務郎；正九品上，儒林郎；正九品下，登仕郎；從九品上，文林郎；從九品下，將仕郎。

唐朝官員在領取俸祿時，正常情況下都比照官員的散官，特殊情況下也有根據職事官的。不過，杜閒的職事官為兗州司馬，屬於正五品下，他的散官為朝議大夫，同樣也是正五品下，兩者正好相同。所以，他按這一級別享受相應待遇。

唐朝官員的薪俸，京官和地方官並不一致。大致說來，京官略高一些，地方官則視各地情況不同有所區別。此外，唐朝享國近三百年，其間制度變化非常繁複，各個時期的官員收入也有很大差距，我且以開元、天寶年間的標準來計算。

像唐朝其他官員一樣，杜閒每年的收入，由四部分構成：

第一部分是祿，也就是朝廷發放給官員的實物收入，以稻米支付。這一部分，杜閒每年可領到稻米一百八十石。

第二部分是俸，也就是朝廷發放給官員的貨幣收入，以銅錢支付。俸的發放標準，不僅有唐一代各時期有不小區別，即便同時代，不同地區的發放標準也參差不齊。為了方便計算，我取一個可能的約數：每月十貫。

第三部分是雜用。按規定，不同級別的官員享有數量不同的白直和執衣的服務。白直和執衣都屬於勞役，白直掌護衛，執衣掌侍從。杜閒這個正五品下的帝國中級官員，按規定，朝廷要為他配備十六個白直和九個執衣。

一般情況下，這些勞役都是折算成貨幣支付給官員。為此，杜閒每

月可以收入五貫。

　　第四部分是職田。職田又分永業田和職分田。永業田即國家按標準將土地分給官員，官員可以繼承、買賣，國家不再收回。正五品下的永業田為八頃，唐時百畝為頃，故等於八百畝——相當於大城市裡很大的一個小區的面積。有一種說法是，杜甫家的永業田就在今鞏義康店鎮龍窩溝。

　　職分田是官員在職時分得的土地，離任時要交給下一任。依此，則杜閑的職分田在他就職的兗州。職分田標準，五品不分正從上下，俱為六頃，即六百畝。

　　不論永業田還是職分田，世代做官的杜甫家族都不可能親自耕種，而是把它出租給農民，收取地租。地租數量，有一個規定標準。如玄宗開元十九年（西元731年）四月敕文說：「天下諸州縣，並府鎮戍官等職田頃畝籍帳，仍依允租價對定，無過六斗。地不毛者，畝給二斗。」根據土地條件，大致在每畝二斗到六斗之間，如果以中間數計，每畝收四斗，則杜閑的職田收入一年有五千六百斗。

　　除了以上這些正常收入，唐朝還允許官員經商，當然，沒有資料顯示杜閑也經商，這部分收入無法預估。不予考慮。

　　此外，官宦人家還享有免徵賦稅和免服兵役、勞役的特權。這是題外話。我們繼續計算杜閑的收入。為了方便，把他的所有收入都折算成價格相對穩定的稻米。

　　杜閑的俸為每月十貫，一年計一百二十貫，也就是十二萬文。唐玄宗開元十三年（西元725年），洛陽稻米每斗十文，杜閑的俸可買稻米一萬二千斗。杜閑的雜用收入為每月五貫，一年計六十貫，也就是六萬文，可買稻米六千斗。

第四章　放蕩

　　杜閒的祿為每年一百六十石，也就是一千六百斗。此外，職田收入五千六百斗。

　　四者相加，杜閒一年可收入二萬五千二百斗。唐制，十斗為一石，一石等於一百二十斤，故一斗等於十二斤。考古研究顯示，唐人一斤相當於今天六百六十一克。

　　所以，杜閒全年的收入折算成稻米，約相當於二十萬公斤。按今天稻米每公斤五十元左右計，則杜閒年收入約一千萬。

　　以這樣的高收入，每年拿出一兩百萬供兒子遊學，杜閒完全做得到。有了父親經濟上的強大支持，年輕的、沒有遭受過生活打擊的杜甫才能放心而愉快地漫遊，充分享受以後再也不會有的快意人生。

3

　　從洛陽到兗州州治瑕丘縣，《元和郡縣誌》與《通典》等古籍的記載略有不同，然差異不大，約一千里。高速公路裁彎取直後，里程略有減少，約四百七十公里。

　　時光遷延，唐代的驛道與今天的高速公路，其走向基本上還是一致，都是自西向東，經鄭州、汴州、曹州，進而折向東北。

　　我是從開封前往兗州的——今天的兗州，是濟寧市下轄區。連日高溫晴天後，前一晚下了一場大雨。上午，以陰以雨的天空，突然大雨傾盆。高速公路的低窪處，一會兒便積起深深淺淺的水坑，汽車駛過，濺起大片大片水花，來來往往的車輛都打開霧燈，小心翼翼地龜速向前。

　　濟寧主城區，那是李白客居過的地方，與兗州區相距三十來公里。

　　不過，還要等上一些日子，杜甫才會與李白相識訂交，並成為牽掛

一生的知音。

在任城區，或者說濟寧市中心，我停好車，沿林蔭道，一路走過下棋的老人、唱歌的老人、跳舞的老人、發呆的老人。折而向右，再經運河音樂廳，終於看到一座高聳於街道旁的仿古建築——青磚之間嵌以白灰，建成一道微型的城牆。城牆上，是深紅色的壁柱支起的青瓦屋簷。

這就是太白樓，也是濟寧市李白紀念館館址。既然從李太白的地盤路過，我沒有理由不停車拜謁。

但是，入口處卻是藍底白字擋板：正在施工。

作為對正在施工的呼應，旁邊鐵門緊閉。烈日下，發出刺眼的光。

田野考察不是跟團旅行，吃閉門羹是常有的事。雖然遺憾，卻也沒法。

地處北國，濟寧卻頗有幾分江南水鄉的模樣。太白樓對面是太白廣場，廣場背後，一條幾十公尺寬的河靜靜流過，沿岸柳樹成蔭。這條河便是杜甫時代的大運河，不過，如今人們稱它老運河。

黃河以南到南四湖之間——南四湖包括南陽湖、獨山湖、昭陽湖和微山湖，四湖首尾相連，是為大運河利用的天然水道之一。因緊鄰濟寧，且在濟寧之南，故名南四湖。

大概就是濟寧城中心那一段老運河，唐時，也是任城的護城河。當時，水量更為豐沛，河面像湖一樣遼闊，稱為南池。今天的濟寧城區，還有一座南池公園。公園裡，也有一汪湖，稱為王母閣湖。極有可能，唐時，從今天太白樓下的老運河，直到南池公園，都是相接的一片浩渺水域。

杜甫在這片稱為南池的水域有過一次輕鬆的出遊。同遊者姓許，是

第四章　放蕩

任城主簿。那是白露後的一個秋日早晨，兩人坐著小船進入南池。秋水豐盈，城牆下的角落，停著不少船隻。天氣已經涼下來了，有人在池邊拿著刷子為馬洗澡。茂密的樹蔭裡，傳來一陣陣蟬鳴。他們的小船慢慢劃過了長滿菱角和香蒲的水面。回望城門，宛在水中央。這個微涼而恬淡的早晨，杜甫忽然有些思念家鄉——

秋水通溝洫，城隅進小船。晚涼看洗馬，森木亂鳴蟬。菱熟經時雨，蒲荒八月天。晨朝降白露，遙憶舊青氈。

杜甫留下了兩首和許主簿有關的詩，除了這首〈與任城許主簿遊南池〉外，還有一首〈對雨書懷走邀許主簿〉。這說明，杜甫在任城待了些時日。一個雨天，杜甫邀請了許主簿前來飲酒，可能因為雨大，許主簿沒來，杜甫只好獨飲。

值得一提的是，自古以來作詩最多的乾隆皇帝，如今除了專家，大概沒有幾個民眾記得他哪怕一首詩。他對杜甫一直心儀不已。乾隆南巡期間曾遊南池，並作詩多首，其中一首寫道：

幾株古樹護澄池，池畔三間老杜祠。便弗叩還應下拜，此人詩合是吾師。

這說明，直到清代中期，南池依然是舊時模樣，並且，池邊還有祭祀杜甫的祠廟。

然而，時光如同白駒過隙，大地也經歷著滄海桑田的變化，昔日碧波蕩漾的南池，如今是街巷與高樓。而那種杜甫曾有過的慢生活，業已不復存在——或者說，只存在於線裝的古籍中。

4

　　開元二十四年（西元 736 年），二十五歲的杜甫來到了父親杜閑任職的兗州。初到兗州的他，在某一天登上了兗州城南樓。在建築普遍低矮的古代，高大的城樓是縱目遠眺，以抒胸臆的絕佳之地，尤其在一望無際的平原上。

　　這次登樓，杜甫留下了他最早的詩作，詩題直接明瞭：〈登兗州城樓〉。

　　東郡趨庭日，南樓縱目初。浮雲連海岱，平野入青徐。孤嶂秦碑在，荒城魯殿餘。從來多古意，臨眺獨躊躇。

　　登上南樓，憑欄而望，杜甫看到天邊浮雲飄飛，想像它們一直連接了東海和泰山——儘管大海離兗州足有四百多里，泰山離兗州也有兩百多里，但天馬行空的想像卻精騖八極，心遊萬仞。

　　兗州直線距離六十里外的東南方，平原上有一座突起的山峰，名為嶧山，也就是杜詩裡說的孤嶂。當年，秦始皇東巡登嶧山，下旨勒石頌秦德——杜甫時代，那塊碑還在；漢時，魯恭王在曲阜東北修築宮殿，年代久遠，只餘下一片廢墟。

　　事實上，哪怕有高倍望遠鏡，也無法從兗州南樓看到幾十里外的秦碑和魯王宮殿廢墟。因此，這些都出自杜甫的想像。

　　弔古傷今的想像，讓他略感惆悵。

　　杜甫登的南樓在哪裡呢？兗州市區，有兩座少陵臺。

　　按導航指引，我透過車窗看到，那是一座很不起眼的磚臺，上面有三個字：「少陵臺」。

　　明朝初年，朱元璋第十子朱檀封魯王，封地在兗州。兗州擴修城池

第四章　放蕩

時，為了紀念杜甫登臨的南樓，特意將南樓附近城牆保留了一段，並改建為臺，稱少陵臺。清朝時，臺上建有八角形涼亭，並有杜公造像碑立於亭中。1950年代，涼亭拆毀，臺下挖成防空洞。然後，就是我看到的蕭索模樣了。

廣場四周全是高大的楊樹，這種北方最常見的樹種有一個顯著特點，那就是並不太大的風，都會讓它的葉片發出有幾分誇張的嘩嘩聲。古人說高樹多悲風，大概就是這個原因吧。此外，風起時，楊樹的葉片被吹起，陽光照射較少的背陽面紛紛翻上來，由於要比面陽面更白，宛如一瞬間開出了一樹白花。

登兗州城樓是一次難忘的眺望，有意思的是，剛到兗州的杜甫，還有一次更加難忘的眺望。那就是眺望泰山。

兗州少陵臺旁邊的大禹雕塑

泰山地位崇高，古人是這樣說的：「泰山，山之尊者。一曰岱宗。岱者，始也；宗者，長也。萬物之始，陰陽交代，雲觸石而出，膚寸而合，不崇朝而遍雨天下，其唯泰山乎？」

泰山屬河南道兗州乾封縣。唐麟德三年（西元666年）正月，唐高宗封禪泰山，作為紀念，改元乾封，並將管轄泰山的博城縣易名乾封縣，治所設今泰安東南。

杜甫身後，後人為他編選的眾多選本，儘管取捨有異，但大多把〈望嶽〉作為開篇。這也是青年杜甫留下的不多的作品中最優秀的一首。年輕的詩人顯露出了駕輕就熟的詩歌技藝，豐沛綿長的情感如流泉飛瀑。即便把它放到唐詩一流作品中，也絲毫不遜色。那年，杜甫只有二十五歲。

　　岱宗夫如何？齊魯青未了。造化鍾神秀，陰陽割昏曉。蕩胸生曾雲，決眥入歸鳥。會當凌絕頂，一覽眾山小。

　　寫〈望嶽〉時，杜甫到底有沒有登上過泰山？這個問題，歷代聚訟不已。我贊成清代學者查慎行等人的觀點：未登。

　　詩題作〈望嶽〉，則顯然不在山上，而是於遠方遙望；而「會當凌絕頂」的說法，意味著他還沒有凌絕頂。所以，如同〈登兗州城樓〉中的孤嶂、魯殿一樣，〈望嶽〉也是遙望泰山的想像之詞。

　　當然，杜甫後來肯定登上了泰山，凌了絕頂，這有他晚年居夔州時的〈又上後園山腳〉為證：「昔我遊山東，憶戲東嶽陽。窮秋立日觀，矯首望八荒。朱崖著毫髮，碧海吹衣裳。」

　　可以斷定，當杜甫登上泰山，一定會有詩作，只是，由於諸種原因沒能儲存下來。

5

　　大曆元年（西元 766 年），客居夔州的杜甫五十五歲了。這年秋天，杜甫檢點往事，為八位逝者各寫了一首詩，總題為〈八哀詩〉。

　　杜甫自稱寫這組詩的目的是嘆舊懷賢。後人據此解釋：「嘆舊者，謂其存日原為莫逆，今追憶之而不能忘也。懷賢者，則不必其有舊，而但

第四章　放蕩

惓懷其功德之盛，足令人嘆美而不置。」

杜甫追懷的八個人中，司空王思禮、司徒李光弼和右僕射賀知章雖與杜甫屬同時代人，但是與杜甫並無交往，屬於懷賢；而包括李璡、嚴武在內的另外五個人，都與杜甫有著深淺不一的交情，屬於嘆舊。

其中，有一個是杜甫青年時期訂交的老友蘇源明。

不過，當他們在泰山之麓相識時，蘇源明還不叫蘇源明。那時，他叫蘇預。許多年後，為了避唐代宗李豫之諱，蘇預改名蘇源明。

蘇源明係武功人，少孤。這是一個頗有狠勁的少年，他認為「齊、兗為文學邦，東嶽多古人跡」，於是從老家一路步行，走到了兩千多里外的泰山，在泰山附近客居讀書，一讀就是十年。

大概就在杜甫遊歷泰山期間，兩人認識了。爾後，蘇源明成了杜甫齊趙漫遊的同伴——蘇源明原本「忍饑浮雲」，窮得常常半飢不飽，出遊費用，多半由杜甫承擔。

對於和蘇源明的同遊，杜甫詩中稱：

春歌叢台上，冬獵青丘旁。呼鷹皂櫪林，逐獸雲雪岡。射飛曾縱鞚，引臂落鶖鶬。蘇侯據鞍喜，忽如攜葛強。

那首追述平生的長詩〈壯遊〉，杜甫原本用語洗鍊，但寫到他和蘇源明的壯遊，卻用了整整八句。由此或可窺測，晚年老杜的內心，依然對年輕時那次縱情任性的漫遊異常懷念，對那位與自己一同呼鷹走馬的夥伴異常珍惜。

打獵的地方在青丘。那是雪花飄飛的冬季，他們縱馬奔馳，穿過了一片陰暗的櫟樹林，登上積著薄雪的山岡。在那裡，他們張弓搭箭，射擊天空中飛過的鳥兒。他們所帶的獵鷹盤旋飛舞，發出尖利的叫聲。

杜甫中、晚年愁苦悲悶的詩篇，令一般讀者留下的印象就是，好像杜甫從出生起，就是一個不苟言笑且手無縛雞之力的迂腐書生。其實不然。至少，在他的少年時代，在他被「朝扣富兒門，暮隨肥馬塵。殘杯與冷炙，到處潛悲辛」的坎坷命運打擊之前，他也曾是一個陽光的人，一個活力四射的人，一個生機勃勃的人。

甚至，即便到了生命的高處，在他客居夔州的暮年，在酒的作用下，他也會老夫聊發少年狂——有一次酒後，他可能想起了年少時縱馬疾馳的瀟灑，不顧年邁體衰，強行策馬狂奔。結果卻非常悲慘：他從馬上摔下來，受了傷。

那麼，青丘在哪裡呢？

在今山東廣饒。《讀史方輿紀要》記載，齊景公曾在青丘打獵。司馬相如的〈子虛賦〉中也有「秋田於青丘」的說法。可見，自古以來，青丘就是一個狩獵場。

青丘瀕臨渤海，杜甫吳越之遊時，距大海咫尺之遙。在青丘，他會去渤海之濱看看嗎？如果去的話，那將是他一生中，唯一一次與大海的親密接觸。

河北南部的邯鄲是一座古城。周安王十六年（西元前 386 年），趙敬侯將趙國首都遷於此。漢代，邯鄲是全國除首都長安之外的五大都會之一——另外四座是：洛陽、臨淄、成都、宛。

到了杜甫的唐朝，邯鄲設定了大都督府級別的魏州，以後又成為河北採訪使和魏博節度使治所。

今天的邯鄲，除了以歷史名城著稱外，它還是成語典故之鄉。據當地資料介紹，和邯鄲有關的成語竟有一千五百多條，我們熟知的邯鄲學步、負荊請罪、黃粱一夢、完璧歸趙、毛遂自薦、奇貨可居等都出自這座城市。

第四章　放蕩

邯鄲市中心，近年新建的高樓大廈與早年所修的低矮建築雜亂交錯，街道兩旁多是碗口粗的梧桐樹，濃蔭匝地，正好為來往行人遮擋頭頂的烈日。

叢台公園的大門，就坐落在一條桐蔭翻湧的大街深處。

如果站在叢台公園旁邊的高樓上鳥瞰，可見叢台公園內，湖水曲折縈迴。初秋時節，木葉泛黃，朝陽下，它們修長的陰影涉過水面，跌落在水中的一座橢圓形樓臺上。

那就是叢台。

歷時一百多年的趙國都城史，為邯鄲留下了頗多趙國記憶。叢台即其一。叢台又名武靈叢台，因其修築者為以胡服騎射而留名青史的趙武靈王。叢台的功能，不外乎軍事操練和宴飲遊樂。

不過，今天我看到的叢台，並非趙武靈王所築，而是清人所修。也就是說，它是時隔兩千多年後，後人用想像復原的。

因而，我和杜甫登臨的叢台其實不是同一座叢台。人不可能第二次踏進同一條河流，兩個時代的人，也難以登臨同一座高臺。

也許，只有叢台四周吹拂的微風才是相同的。

6

如前所述，杜甫一生交遊廣泛，上至王侯將相，下到農夫吏卒，都有他的朋友。他與這些朋友的交情或深或淺，並為其中四百多人寫了七百多首詩。

得到杜甫贈詩的大多數人，都只有一首——其中一些詩，不過是某次宴席上的酬酢之作。至於贈詩五首以上，堪稱緊密層朋友的，只有

二十多人──包括剛剛說過的蘇源明。

那麼，贈詩數量名列前茅的都是哪些人呢？

第一名嚴武，三十首。這個好理解，杜甫與嚴武的父親嚴挺之就有交往，其年齡介於嚴挺之與嚴武之間。他與嚴武訂交也很早，還曾同朝為官，都被視作房琯一黨。更重要的是，嚴武鎮劍南時，是杜甫晚年最主要的依靠對象。

第三名三人並列，各十三首：李白、鄭虔、章彝。

介於三十首和十三首之間的第二名，獲贈二十首，即高適。

大曆五年（西元 770 年）正月二十一日，貧病無依的杜甫漂流於潭州的一條客船上。他已進入生命的倒數計時。再過幾個月，身患多種疾病的他就將歸於永寂。這一天，他偶然翻找書箱，發現了九年前正月初七，也就是人日那天，時任蜀州刺史的高適寫給他的一首詩。詩題為〈人日寄杜二拾遺〉。此時，高適去世五年多了。撫今追昔，昨日重現，杜甫讀完故人詩篇，已然淚灑詩箋。

一生中，高適是杜甫最重要的朋友之一。他們友誼的小船，就從杜甫齊趙之遊時啟航。

濟寧城區正北為汶上縣。汶上是孔子擔任中都宰的地方，是故，唐朝時，汶上一度稱中都，是兗州下轄縣。汶上境內，大汶河、小汶河流淌而過，河水寧靜，夾岸多黑楊，茂密的枝葉間隱藏著一個個碩大的鳥巢，遠遠望去，像一枚枚奇怪的果實。

汶上，就是杜甫與高適相遇並成為終生好友的地方。

高適生於西元 704 年，小李白三歲而長杜甫八歲。字逸夫，排行三十五，渤海蓨人，後人又稱高渤海。

第四章 放蕩

　　高適出身貧苦——讓人想起蘇源明。與蘇源明相比，高適可能還要窮一些，他前半生幾乎不事生業。有一段時間，他客遊梁宋，甚至淪落到討飯的地步。二十歲，高適前往長安，希望能有一番際遇。然而，對這個窮困潦倒的京漂，長安就如同後來顧況調侃白居易的那樣：「長安米貴，居大不易。」未幾，高適回到宋州。

　　開元二十七年（西元 739 年）秋天，高適從宋州東下，來到汶上。這有他的詩為證：「扁舟向何處，吾愛汶陽中。」到汶上或者說齊魯的目的，他的詩中也有所透露：「明時好畫策，動欲干王公。」他想干謁高官，希望用才華打動他們，以便獲得他們的推薦或任用，從而走上仕途。

　　在唐朝，除了科舉這條正途外，讀書人求取功名還有另外兩個途徑：干謁和獻賦。

　　三種方式，高適嘗試過一種，即干謁，並因此成功。李白嘗試過兩種，即干謁和獻賦，在一定程度上成功。

　　杜甫嘗試過三種，即科舉、干謁和獻賦。科舉和干謁如同鏡花水月，獻賦取得了十分有限的成功。

　　這是後話。

　　汶水奔流的汶上某地，杜甫與高適相遇了。高適已經三十六歲，窮困潦倒，滿腹牢騷，甚至吃飯都成問題。與之相比，杜甫只有二十八歲，並且，他出身世代為官的仕宦家庭。在父親庇蔭下，肥馬輕裘，衣食無憂。旁人眼裡，誰的前途更光明，誰的未來之路更寬闊，顯而易見，當然是杜甫。

　　意想不到的是，二十多年後，兩個人的地位判若雲泥。一個，一步步升遷為封疆大吏，一個，一步步淪落到寄人籬下的惆悵清客。

汶上結交二十四年後，六十歲的高適升任劍南西川節度使。次年，調回長安，任刑部侍郎，旋轉左散騎常侍，加銀青光祿大夫，進封渤海縣侯，食邑七百戶，成為從三品上的高官，且食土封侯，可謂富貴至極。消息傳來，杜甫在寫給高適的詩裡感慨：「汶上相逢年頗多，飛騰無那故人何。」——對這位青年時期同遊共飲的好友，他的飛黃騰達，杜甫固然與有榮焉，表示強烈祝賀；然而內心深處，故人的飛黃騰達，反襯了自身的鬱鬱不得志，故而，又未免自傷自艾。

7

三十歲，杜甫結束了以省親為由的歷時五年的齊趙漫遊，回到故鄉河南，並在首陽山下築室而居。

這一年，是為開元二十九年（西元 741 年），明年，即為天寶元年。上一年，唐玄宗把自己的兒媳婦壽王妃楊玉環納入後宮，意味著久居至尊的皇帝已然倦政，將由勵精圖治轉為秉燭夜遊。

這一年，無論對帝國還是對杜甫而言，都是一個重要轉捩點。

只是，就像居住於地球上的人感覺不到地球的自轉與公轉一樣，生活於某個特定歷史時期的人，往往也感覺不到他們生存的世界正在發生某些見微知著的變化。必須等上好些年，等到時光劃出了距離，後人才能洞察這一切。

杜甫結束漫遊返家，他將和楊氏結婚。

杜甫家除了在鞏縣有祖居外，在偃師可能也有住所 —— 不包括杜甫後來所築的土室，另外，在洛陽還有居所。

所以，我們搞不清楚，杜甫與楊氏的婚禮到底是在哪裡舉辦的，也

第四章　放蕩

不知道都有哪些人出席了婚禮。

結婚這年，杜甫三十歲了，放在今天，也算晚婚；在人均壽命遠短於今天的唐朝，更是少見的晚婚。

結婚次年，杜甫的二姑逝世了。杜甫生母早逝，二姑充當了母親的角色。杜甫對她感情很深。二姑家住洛陽仁風里。仁風里位於洛河以南，靠近洛陽東大門建春門。建春門外，便是通往東方——包括埋葬了杜甫眾多親人的首陽山，包括他的出生地鞏縣，以及更為遙遠的汴京和齊趙——的漫漫長路。

接連兩年，家裡都有大事。直到天寶二年（西元743年），也就是杜甫三十二歲那年，日子才平靜下來。這一年，杜甫與楊氏應該是在屍鄉土室度過的——可以想像得出二人世界的甜蜜與溫馨。這樣的時光，對每個人來說，都是不朽的記憶。杜甫與楊氏畢生相濡以沫，早年莫逆於心的共同生活打下了良好且必要的基礎。

天寶元年（西元742年），即杜甫在洛陽為安葬二姑而忙碌的那一年，李白滿懷「仰天大笑出門去，我輩豈是蓬蒿人」的激情，奉旨西入長安，自以為出將入相，匡扶社稷的高光時刻已然來臨。然而，現實卻很打臉：唐玄宗任命他為翰林院學士。官職聽上去很神聖，其實不過是唐朝時養在內庭的一種級別很低的從官，只要有一才一藝——鬥雞養狗、寫詩作畫都算——就有可能授予這一頭銜。嚴格地講，它根本不算官，其地位和宮中供皇帝解悶逗樂的小丑並沒有太大的區別。

李白的失望可想而知，其情其景，好比你追求半生的女人終於請你夜半前往後花園赴約，沒想到不是她接受了你的愛，而是要把你介紹給她家嫁不出去的老丫鬟。

李白越來越失望，而唐玄宗大概也對個性倨傲張揚的詩人越來越不

待見，兩年後，將他賜金放還 —— 讓他比較體面地滾蛋。

李白辭別長安，一路東行，來到洛陽。在洛陽，李白和杜甫相遇了。

大師與大師的相遇為蒼白的歷史增添了一道靚麗的紅暈。

漫流兩千多年的中華文化之河，共有三次大師與大師的相遇值得永久追懷：一次是春秋時代孔子與老子的見面，兩位大哲的思想在交鋒，如同兩道光照千秋的火焰。

一次是宋乾道三年（西元1167年），同為理學大師的朱熹和張栻在風景秀麗的嶽麓書院，以理學為中心持續對話兩個月，一千多名知識分子有幸共沾雨露。

還有一次就是李白與杜甫的握手。兩雙托起唐詩天空的大手在洛陽相握，聞一多將之比喻為太陽與月亮的會面，說是千載難逢的祥瑞。

幾場劇飲、幾番夜談後，兩人分手了。按後來情況推測，他們在洛陽約定了此後的同遊。

沒想到，前腳送走李白，後腳杜家又辦起了喪事：杜甫的繼祖母，即杜審言的繼室盧氏在陳留去世。杜審言與髮妻薛氏生有三個兒子，老二杜並少年橫死，成年兩個。此時，老三杜專已去世，只留下老大杜閒。杜審言與續室盧氏另育有一子杜登。作為家中老大，杜閒年事已高，杜甫得充當棟梁。他替父親為繼祖母撰寫了墓誌。這篇墓誌，保留了杜甫家族許多真實而準確的一手資料。比如有一種觀點認為，杜閒在天寶元年（西元742年），也就是杜甫的二姑去世那年即物故。但是，墓誌表明，此時杜閒尚在。再比如繼祖母的墳，仍然選在了偃師。這進一步說明，偃師首陽山，就是杜甫家族的祖塋。盧氏因杜閒官至正五品下，按慣例授以縣君稱號。

第四章　放蕩

料理完繼祖母喪事，轉眼已是八月，杜甫匆匆踏上旅途，開始了他與李白約定的漫遊。

這是抓住青春尾巴的狂歡，一如日之將夕，歌者一邊哀嘆光陰疾速，一邊利用最後時光縱聲高歌。

因為，以後再也不會有這樣浪漫這樣快活的好時光了。

以後，對如今這些浪漫快活好時光的回憶與咀嚼，將成為射入黯淡餘生的一道光芒。

只是，必得多年以後，當塵埃落定，杜甫才能明白。

8

開封是一座活在往事裡的城。

這座城，它有過太多的繁華與豔麗。七朝古都，南北通衢，北宋時期全世界最大的都市⋯⋯這些都是它的曾經。但是，千古繁華一夢，換了人間。而今，這座灰白的城市並不比周圍其他城市多一些亮色——除了難以計數的古蹟表明它在歷史上的確「比你闊多了」。

禹王臺是開封城眾多古蹟中的一個，它還有另一個有些古怪的名字：吹臺。相傳春秋時期，晉國有一位像荷馬那樣盲了雙眼的音樂家，叫師曠。此人常常跑到今天的禹王臺一帶吹奏，那時候的禹王臺只是平原上乳房般隆起的土丘。久而久之，人們把這裡叫做吹臺或古吹臺，一直沿用至今。師曠太久遠，吹臺最真實的歷史其實和杜甫、李白、高適有關——他們已成為吹臺最值得驕傲的過往。

《唐才子傳》高適條目下，記載了三位大詩人和吹臺的故事：「嘗過汴州，與李白、杜甫會，酒酣登吹臺，慷慨悲歌，臨風懷古，人莫測也。」

遙想當年，杜、李、高三位詩人光臨吹臺，他們在風中悲歌長嘯，讓當地人感到十分不解——對生活經驗以外的陌生事物，普通人通常條件反射地投以懷疑的目光。

吹臺卻是幸運的，它幸運地聆聽了三位大詩人酒後的高歌，見證了他們如何在蟬聲如雨的夕陽下欄杆拍遍，直到又大又圓的月亮從吹臺一側的平原上慢騰騰地挪到天頂。

三人之間的友誼之所以令後人眼熱，在於他們是真正的道義之交和文字之交。這種至高無上的友誼別無他求，像源自深山的清泉，因純潔而熠熠生輝。

開封古吹臺　　　　　　　　開封三賢祠。三賢即杜甫、李白和高適

所以，不少後人為此感動。三賢祠就是感動的產物——明朝開封巡撫毛伯溫有感於三人遊吹臺的事蹟，修建了一座名為三賢祠的祠堂。這座建於明正德十二年（西元 1517 年）的小院，位於禹王臺大殿東側。在紀念治水英雄大禹的地方，詩人們也有了一席之地。

杜甫與李、高二人的梁宋之遊，一般認為，梁指開封。開封在戰國時稱大梁，唐時稱汴州，至於汴梁之謂，要等到元朝以後。宋指宋州，即今河南商丘。春秋戰國時，宋州是宋國首都。唐朝時，中原地區較今日更為溫暖，普遍栽桑養蠶，宋州是當時重要的絲織品產地和交易中心。

第四章　放蕩

尤其重要的是，貫穿了半個中國的大運河就從宋州境內流過，宋州所轄十縣，有一半得運河之便──大運河通濟渠段自汴州雍丘入宋州界，經宋州之襄邑、寧陵、谷熟、宋城（宋城同時也是宋州治所）和夏邑五縣，進入當時屬亳州的永城。

此外，就陸路交通來說，宋州處於兩京通往徐州、海州，以及兩京通往江浙的驛路交叉點上。

物資豐饒又得水陸交通便利，宋州一躍而為當時最重要的望州之一，開元時，有戶達十萬多。

杜甫注意到了宋州的繁華──那時雖已改元天寶，但安史之亂的潘朵拉盒子尚未打開，天下依然是開元以來的盛世景象：

邑中九萬家，高棟照通衢。舟車半天下，主客多歡娛。

古人把多水的低窪地帶稱為澤。如雲夢澤、孟諸澤、雞澤。這些布滿沼澤湖泊，生息著諸多鳥獸的地方，在古人眼裡頗為神祕，認為那是龍與蛇的家園。不過，隨著氣候變化與人類活動影響，不少遠古大澤紛紛消失──比如我想要尋找一些蛛絲馬跡的孟諸澤。

高適早年流落梁宋，乞食江湖，後來他出任封丘縣尉時在詩裡說，「我本漁樵孟諸野，一生自是悠悠者」──我本來在孟諸澤裡以打魚砍柴為生，是一個悠然自得的閒人。

《尚書·禹貢》稱，大禹治水時曾經「導菏澤，被孟豬」。孟豬即孟諸，又作孟渚。意指大禹為了治水，曾經疏通了菏澤──菏澤為上古九澤之一，後來演變為今天山東菏澤市名，並在孟諸築起了堤防。

菏澤距虞城只有七八十公里，孟諸澤的地望，大致就在虞城北部靠菏澤市一帶。

出虞城縣城，平原廣闊，綠意盎然的莊稼如同奔跑的綠浪，一直奔向遙遠的天邊，偶爾會有一些村落，像是從天上掉落在綠浪中，砸出了一個個灰白的或褐黃的坑。

黃河是一條多災多難的河，它經常人為或非人為地決口改道，從而在中原大地上留下了多處故道。以商丘來說，就有兩條。

黃河故道一帶，大地平曠低窪，水源豐富，這裡，很可能就是當年的孟諸澤。

孟諸澤，乃是杜甫與高、李二人漫遊打獵的地方。李白詩裡，生動而真實地記載了這次秋獵：

駿發跨名駒，雕弓控鳴弦。鷹豪魯草白，狐兔多肥鮮。邀遮相馳逐，遂出城東田。一掃四野空，喧呼鞍馬前。

孟諸澤自古以來就是田獵之地。漢時，商丘屬梁國，梁王劉武權傾天下，在商丘周邊建了頗多離宮別苑。《漢書》稱：「築東苑，方三百里，廣睢陽城七十里，大治宮室，為複道，自宮連屬於平台三十餘里。」

杜甫三人在孟諸澤狩獵時，光陰已去劉武八百多年，梁王宮殿園林自然早已毀棄，只有一些遺址孑留人間。

比如高適詩裡所說的高臺：

梁王昔全盛，賓客復多才。悠悠一千年，陳跡唯高臺。寂寞向秋草，悲風千里來。

昔時的榮華富貴，只留得了秋草吹拂的破舊高臺，三人憑弔一番，感慨一番。下得臺來，天色已晚，於是帶著打獵所獲，一路東北而去。

他們去了鄰近的單父縣，即今山東單縣。

去單父做什麼？

第四章　放蕩

　　簡單說：吃燒烤、喝酒。

　　燒烤的食材，是孟諸澤打得的鳥獸。喝酒的地方，是單父城裡的東樓。更為吸睛的是，他們還召了兩名妓女陪酒。

　　美酒，美食，美人，再加上激情澎湃的詩歌，這場歡聚一直持續到凌晨才興盡。

　　這一切，都有李白的詩為證，這首詩的題目就叫〈秋獵孟諸夜歸置酒單父東樓觀妓〉：

　　歸來獻所獲，炮炙宜霜天。出舞兩美人，飄颻若雲仙。留歡不知疲，清曉方來旋。

　　像虞城一樣，單縣也地處平原。並且，與虞城相比，單縣街頭的行人和車輛還要稀，還要少，進一步襯托出大街的空闊。筆直的南環路上，兩旁是長勢良好的綠化樹，梧桐、香樟、楊樹，全都鉚足了勁向著天空攀升，彷彿長得慢一些，就會被剎去巨傘般的頭。

　　「昔者與高李，同登單父臺。寒蕪際碣石，萬里風雲來。」單縣城中心，我找到了那座數層臺階托起的方形平台。平台上，有青石砌成的琴桌和琴凳。平台名為琴臺，即杜詩中說的單父臺。

　　單父，指孔子的弟子宓子賤，他出任單父宰時，把單父治理得井然有序。公餘，宓子賤常到城邊的一處高地上彈琴。後人為了紀念他，遂修築了一座高臺，名單父臺，又稱宓子臺、子賤臺。

　　三人中，杜甫只到過單父一次，李白到過四次，高適很可能在單父客居過一段時間。故此，李白和高適各為單父寫了八首詩，杜甫只是在詩中提及單父。

　　對一個普普通通的小縣而言，有如此重要的詩人為它寫下如此多的

詩篇，也是一種可遇不可求的殊榮。

在杜甫晚年的追憶裡，與李白、高適的同遊愜意而瀟灑。那個深秋的向晚，他們登上單父臺時，從遙遠北方刮來的秋風一個勁兒地吹，桑樹與柘樹葉落如雨，夾雜著田野間的豆葉一同旋轉飛舞。下霜後的孟諸澤更加寒冷，大澤中的鳥獸發出陣陣悲鳴……

也是在這首〈昔遊〉裡，杜甫描繪了歷歷在目的昔年歡樂後，感嘆那是一個難以再現的盛世──唯有這樣的盛世，才會有這樣不可復得的人生好境。

這盛世，正如《新唐書‧食貨志》說的那樣：「是時，海內富實，米斗之價錢十三，青、齊間斗才三錢，絹一匹錢二百。道路列肆，具酒食以待行人，店有驛驢，行千里不持尺兵。天下歲入之物，租錢二百餘萬緡，粟千九百八十餘萬斛，庸、調、絹七百四十萬匹，綿百八十餘萬屯，布千三十五萬餘端。」

杜甫總結自己的早歲經歷時，頗為自己的早慧驕傲。他直言不諱地宣稱：「讀書破萬卷，下筆如有神。賦料揚雄敵，詩看子建親。」夙慧早熟，幼有聲名，以至於「李邕求識面，王翰願卜鄰。」

王翰就是那位以「葡萄美酒夜光杯」著稱的邊塞詩人。李邕是誰呢？他不是詩人，影響卻比普通詩人大得多。

李邕的父親叫李善，注《文選》六十卷，是當時最有名的學者。李邕少年知名，增補了父親所注《文選》，二書並行於世。更為重要的是，李邕是有唐一代優秀的書法家，擅長行楷，官宦人家或寺廟樓觀，往往請他書寫碑文。他一生寫碑八百多件，獲得潤筆數萬金。《宣和書譜》稱：「（邕）精於翰墨，行草之名尤著……邕初學變右軍行法，頓挫起伏，既得其妙，復乃擺脫舊習，筆力一新。」

第四章 放蕩

　　李邕生於儀鳳三年（西元678年），長杜甫三十四歲，比杜閒的年齡還大；並且，李邕似與杜審言亦有交往。杜詩記載，李邕把杜審言稱為玉山之桂，相當推崇。

　　李邕有一位族孫，叫李之芳，與杜甫是交往頗深的朋友。杜甫寫給他的詩有十首之多，足證兩人情誼。

　　梁宋之遊次年夏天，李之芳由駕部員外郎轉任齊州司馬。駕部是兵部下屬四司之一，掌輿輦、郵驛、車乘等，員外郎即該司副司長。員外郎與州司馬級別相同。不過，唐時重京官輕外官，李之芳外放，相當於貶職。齊州即今山東省會濟南，天寶年間一度改名臨淄郡。齊州城內有一面湖，那就是至今仍被視為濟南地標的大明湖。

　　李之芳到任不久，就在大明湖畔修建了一座亭子，因其位於歷山之下，故命名為歷下亭。亭成，他邀請杜甫一遊。於是，杜甫、李白和高適都欣然前往。

　　與此同時，李之芳還邀請了本家長輩李邕——當時，李邕任北海太守。北海即青州，距齊州三百餘里。以唐朝的交通條件，約需兩天時間。李邕雖年事已高，仍欣然赴約——其中，顯然有衝著杜甫而來的成分。

　　順便說，李邕一向賞識杜甫而輕視李白。年輕時，李白從家鄉江油前往渝州，干謁當時任渝州刺史的李邕。李邕好像對他的作品沒什麼特別表示，僅讓手下一個姓宇文的官員把他打發走了——宇文送了李白一個桃竹製作的書筒。

　　時值夏天，大明湖的荷花想必迫不及待地開了，坐在湖濱亭子裡飲酒劇談，清風徐來，荷香遠送，確乃賞心樂事。參加聚會的，除了主人李之芳之外，還有齊州刺史李某。作為李之芳的上司，他是以主人身分

出席的。客人則是李邕、杜甫、李白、高適,以及幾位齊州本地文人。本地文人中有一個姓蹇的,杜甫稱他蹇處士。

相聚時,李邕和杜甫談論起幾年前在洛陽的交往,李邕由衷地稱讚杜審言的詩歌。這一點,讓一輩子十分推崇祖父的杜甫心存感激。多年後,當他在寫作列傳般的長詩〈八哀詩〉時,猶自念念不忘。

這次相聚,還引發了一個有趣的問題:以今天行政區劃來說,杜甫是河南人,李白是四川人,高適是河北人,李邕是湖北人,李之芳是陝西人,在座的那位處士是山東人。如此天南地北幾個人,各講各的方言,他們如何順暢地溝通交流呢?

不用為古人擔心。自古以來,為了方便分居各地的民眾交流,朝廷都在推行共同語,即相當於我們的國語。夏、商稱為夏言,周、秦、漢稱為雅言,南北朝及隋、唐稱為正音,明、清稱為官話。

這四種古代「國語」雖然叫法不同,相互也並不完全一致,卻有著明顯的繼承關係,即雅言來源於夏言,正音脫胎於雅言,官話則是正音的延續。

古代的四種國語,它們的標準音是洛陽讀書音。

說到洛陽讀書音,就必須說到一所非常偉大的學校:「洛陽太學」。

洛陽太學歷漢、魏、兩晉、南北朝,歷時達數百年,中間雖曾因戰亂而讒棄,但總是不斷恢復。極盛時,學生數以萬計。唐朝的正音,就是所謂的洛陽讀書音;而洛陽讀書音,就是洛陽太學裡教學採用的標準音。

洛陽太學出現在漢代,在漢代以前的先秦時期,還沒有洛陽讀書音的說法,但當時通行的夏言也好,雅言也罷,同樣是以洛陽為中心的中原語言作基礎的。其原因在於,洛陽居天下之中,就像語言學家鄭張尚

第四章　放蕩

芳說的那樣：「漢族的先民最初就是生活在豫西、晉南一帶的『華夏族』，他們活動的中心地區就在洛陽一帶。漢語最初就誕生在中原地區，當然以『洛陽音』為標準音創造漢字。」

據一些筆記記載，可知唐時官方或正式場合，都通行洛陽讀書音。只有普通民眾私下交流時才用方言。否則會為人恥笑。

如《大唐新語》中講，武后時有一酷吏，叫侯思止，小販出身。目不識丁的文盲，自然不會洛陽讀書音。他以告發起家，受武后寵信，升任御史。有段時間，武后禁屠。侯思止與同事們閒聊時說：「今斷屠宰，雞魚豬驢俱不得吃，空吃米麵，如何得飽？」他不會說洛陽讀書音，雞、豬、魚、驢，以及俱、吃、空等字的音發得都與正音完全不同，一個叫霍獻可的官員聽了大笑不止。侯思止很生氣，認為霍獻可對他不敬，便到武后跟前告狀。武后把霍獻可招來，責備他說：「我知道侯思止不識字，但我已用了他，你為什麼還要笑話他？」霍獻可便把侯思止怪腔怪調的發音演示了一遍給武后聽，武后聽了，也忍不住哈哈大笑。

另一個故事出自李昉的《太平廣記》。故事講，南朝齊太祖蕭道成時期，他手下一個叫胡諧之的江西官員不會正音，齊太祖就派了些宮女到他家，教他和家人說國語。過了兩年，齊太祖問他學會了沒，胡回答說：「宮女人少，我家人多。家裡人沒學會正音，倒是宮女學會了江西話。」歷下亭之會的在座諸君，要麼出身官宦世家，要麼是讀書人，自然都會洛陽讀書音，大家都能熟練使用大唐國語，完全沒有交流障礙。

那麼，唐代洛陽讀書音或者說正音，到底是怎樣發音的呢？我聽過一些據說比較可靠的當代學者的演繹，聽起來，有些像粵語，偶爾有一兩個字能聽懂。比如下面這首詩，我聽了十來遍影片，盡量按其發音記下來：

笑子不修月，古打剝約攀。有以搖小隱，費災慶應端。

這說的是啥啊?這是李白的詩——

小時不識月,呼作白玉盤。又疑瑤臺鏡,飛在青雲端。

今天的歷下亭並不像古籍所載地處湖濱,而是位於湖心小島。因為,這並非唐代遺留,而是清朝製造。小島上,修竹照水,翠柳籠煙,古樸的亭子掩映在綠蔭深處。紅底金字的歷下亭三字,係乾隆所書。亭內有一聯,即杜甫當年所作詩句:「海右此亭古,濟南名士多。」

歷下亭這次雅聚,千百年後,仍為後代文人豔羨。如蒲松齡就感嘆:「遙羨當年賢太守,少陵嘉宴得追陪。」

然而,世事難料,歷下之聚後僅僅一年多,李邕就死了。

李邕行年七十,在唐代,已屬高壽。但是,他不是自然死亡,而是被陷害後以極其殘忍的方式「杖死」,即用木棍打死。

原來,李邕細行不檢,比如生活豪奢,比如曾兩次貪汙被查處。更兼恃才傲物,得罪了不少人,尤其是得罪了權傾天下的宰相李林甫。當時,左驍衛兵曹柳勣因「妄稱圖讖,交構東宮,指斥乘輿」而下獄。恰好,李邕與柳勣有交往,辦案人員秉承李林甫之意,令柳供認李邕和此案有關聯。於是,李林甫便以朝廷名義派出官員趕到青州,將李邕當庭活活打死。

9

自兗州城少陵臺向東,只需十多公里,便是曲阜市。

進入曲阜市區前,得跨越一條不太起眼的河:「泗水」。

這條不太起眼的河,在中國卻是神聖的象徵,象徵著文明與教化。古時,泗水自泗水縣而下,到了曲阜以北,分為洙、泗兩水。洙水在

第四章　放蕩

北，泗水在南，春秋時屬魯國。當年，孔子聚眾授徒，講學於洙泗之間。後人就以洙泗代指孔子及儒家和儒家教化。

比如，南宋詞人張孝祥在感慨北方落入金人之手時寫道：「洙泗上，絃歌地，亦羶腥。」

因為是孔子故里，因為是儒家文化發祥地，也是中國平民教育起源地。

杜甫曾到過聖人故鄉。並且，作為一個忠誠的儒者，杜甫也一定去過孔廟和孔林。孔廟始建於孔子去世後不久的魯哀公十七年（西元前478年），以後歷代都有增修。孔林則埋葬著包括孔子在內的諸多孔氏後裔。

至於孔府，那時候還不存在，自然無從遊觀。

並且，幾乎可以肯定，杜甫一定會為聖人和聖人故里留下詩篇，但由於嚴重散佚，這些作品沒能儲存到今天。

曲阜是一座平原邊緣上的城。出城向北，剛上高速公路不久，便看到前方突然橫起一脈青山。

歷下雅聚後，諸人各分東西。李白去求道，高適南下，李邕自然回北海，而杜甫去了附近的臨邑，探望在那裡做主簿的弟弟杜穎。

兩三個月後的秋天，杜甫與李白再次見面了，這一次是在曲阜。「醉眠秋共被，攜手日同行。」這別後的重逢，讓他們更加親密。這是兩位大師在一起的最後時光。當時當日，他們誰也不曾預料到，此後漫長的人生中，他們竟然再也不能相見，唯有在各自的記憶裡，深深銘記對方。

那列在平原深處微微隆起的山峰叫石門山。下了高速公路，我轉入一條兩旁長滿楊樹和柳樹的土路，從一道橋上跨過一座狹長的水庫。附近，是石製牌樓，正中行書：「石門勝蹟」。

穿過牌樓,離山近了。兩側田野上,出現了一些房屋。不是普通的農舍或民居,看樣子,都想做成鋪面或民宿,但幾乎九成以上的房屋關門落鎖,顯然還沒啟用。少數幾家啟用了的 —— 根據門前或牆上的招牌可知,也都大門緊閉。

　　山路蜿蜒如蛇,一會兒伸進林子,一會兒探出山脊。十分鐘後,我來到了大半山腰。

　　向遠處眺望,山上布滿石頭,山不陡,石頭是灰白的,在低矮的樹木中間,十分顯眼。兩座山峰對峙如門,這就是石門得名的來歷。這個名字簡單而普通,所以,有許多個叫石門的地方 —— 或者我們也可以說,以自然風光來說,石門山並沒有什麼殊勝之處,就是一座大江南北隨處可見的普通小山。

　　然而,這座小山因為一場大酒而有了沉甸甸的重量 —— 這是中國文學史應該銘記的大山。

　　那是杜甫與李白的第四次見面,也是他們的最後一次相聚。

　　相聚於魯郡 —— 其時,兗州改名魯郡 —— 的日子裡,杜甫和李白除了飲酒論文,還一同前往東蒙山訪道於元逸人和董鍊師,又同訪隱居城北的范十。在題為〈與李十二白同尋范十隱居〉一詩裡,杜甫由衷地讚美李白:「李侯有佳句,往往似陰鏗。」陰鏗是南朝梁、陳之際的著名詩人,以文才為陳文帝賞識,與何遜齊名,後世並稱陰何,杜甫對其詩一向十分推崇。

　　杜甫說他對李白,乃是「憐君如弟兄」。兩人在這段相處的日子裡「醉眠秋共被,攜手日同行」。

　　拜訪范十,李白也有詩為記。根據李詩可知,那是一個深秋,大雁南飛,天空無雲。兩人騎馬出城,卻在郊野迷了路,不小心誤入一片蒼

第四章 放蕩

耳中。蒼耳是一種藥材，果實有硬刺，人或動物不小心接近，就會沾在身上。兩人被蒼耳搞得十分狼狽，好不容易才找到范家，范十正在摘蒼耳。對他們的到來，范十很驚喜，立即做菜布酒，三人把盞言歡，各詠近作。

相聚的日子歡樂易逝，轉眼間，冬天到了，杜甫要回家了，他已經三十五歲了，必須謀一個前程。因為，他是一個有理想有抱負的人。

李白為杜甫餞行。餞行地點就在石門山。石門山因這場大酒而名垂青史。

不知道他們到底喝了多少杯。李白酒量眾所周知，他是被杜甫列入飲中八仙的著名酒客；至於杜甫，也善飲並好飲。

知交相別，必當大醉。大醉之先，他們互贈了詩作。杜甫贈李白的是一首七絕：

秋來相顧尚飄蓬，未就丹砂愧葛洪。痛飲狂歌空度日，飛揚跋扈為誰雄？

曲阜石門山，杜甫與李白在此分別

李白贈杜甫的是一首五律。正是這首詩，讓後人知道他們的分手是在石門，因為詩題就叫〈魯郡東石門送杜二甫〉：

醉別復幾日，登臨遍池臺。何時石門路，重有金樽開？秋波落泗水，海色明徂徠。飛蓬各自遠，且盡手中杯。

既然我們馬上就要像飛蓬那樣天各一方，相距遙遠，那麼，趁我們現在還在一起，把手中的酒乾了吧。

乾杯吧，兄弟。

齊魯別後，生活催迫，為了一個虛無縹緲的前途——這虛無縹緲的前途對荒誕人生來講卻是必需的，它像暗夜裡浮起的一盞盞晦暗的路燈，因為有了它，夜色中前行的人才有勇氣繼續走下去，杜甫、李白、高適三個一度出則連輿、止則同席的朋友從此天各一方。

雨水中的每一株植物都有自己的命運，大地上的每一個人更是如此。他們再也不曾聚首——唯杜甫和高適還會在蜀中相見，然而當時兩人都已垂垂老矣。尤其對老杜而言，白髮暗換了青絲，藥罐替代了酒甕，壯志入泥，理想墜地，富貴杳如黃鶴。斯時斯境，縱然簪花飲酒，擊節放歌，又如何得似那青春在手、放浪形骸的少年遊？

第四章　放蕩

第五章　首都

殘杯與冷炙，到處潛悲辛。

――杜甫

首都，萬裡河山，千代人物首都，萬世乾坤青雲路。

――羅大佑

1

　　無論什麼時代，首都總是一個莊嚴的詞語。它意味著森嚴的武備、肥馬輕裘的高官和從這裡發往國家版圖的一道道指令。早春二月，燕子斜飛，它們輕盈的翅膀搧動了護城河邊細長的柳絲，卻扇不動城樓上那一排排衛士從不斜視的目光。

　　這座一夢千年的古城，承載的是後人豔羨不已的大唐華章。它那恢宏的氣度表明，極盛時，這裡的居民至少有一百萬。

　　發掘勘測的結果還證明：唐代長安城的周長有七十多里，比今天的西安舊城（即明清西安城址）大五倍以上。向來被人稱道的北京舊城，其面積也僅和長安相差無幾，長安卻比它早好幾百年。

　　凝視專家們繪製的唐代長安城復原圖，我發現這座古老而奢華的城市就像一個巨大的棋盤：縱橫交錯的街道正中，一條叫朱雀大街的大道筆直地從北到南，把長安城切成東西兩部。這條朱雀大街，考古實測寬一百五十五公尺，足以並行四十五輛馬車。朱雀大街兩側各有五條平行

第五章　首都

大街,與十四條東西走向的大街垂直相交。每四條街道圍合成一個個居民里坊,里坊內部也有東西向和南北向的道路切割成住宅區。然後是無數條小一些的街道,它們也以筆直的線條硬朗地掠過城市。白居易描寫長安說:「百千家似圍棋局,十二街如種菜畦。」

顧炎武感嘆:「予見天下州之唐舊治者,其城郭必皆寬廣,街道必皆正直。廨舍之為唐舊創者,其基址必皆宏敞。宋以下所置,時彌近者制彌陋。」

盛唐偉大而深遠的影響不僅是它餘下的城郭寬廣和街道正直那麼簡單,它更以這些外在的、實際的東西提醒我們:中華歷史上,曾有那麼一個鮮明生動,富於青春與朝氣的自信時代和寬容時代。有人總結說:「盛世其實就是一種集體無意識的滿足感,一種在物質充盈前提下所產生的心境的寧靜與自豪,一種無處不在的,彷彿觸碰得到的富裕、繁榮和安全感。」有了豐厚的物質作為前提和基礎,盛唐才能在精神與藝術各個領域上演一出出精采的大唐華章。杜甫就生活在這樣一個千古難遇的盛世,並在由盛轉衰之際,躍升為大唐華章最絢爛的一部分。

那是一個大師如同繁星般交相輝映的時代。大唐天幕上,綴滿了一顆顆燦爛星辰。再也找不出另一個時代像它那樣密集了如此之多的大師。僅僅開元盛世期間,活躍於文化界的大師們就包括以下這些後人高山仰止的泰山北斗。

詩歌界:賀知章、張九齡、王翰、王之渙、孟浩然、王維、李白、高適、杜甫、岑參。

散文界:張說、蘇頲、李華、蕭穎士。

繪畫界:李思訓、吳道子、曹霸、韓幹、李湛然、張萱。

書法界:李邕、張旭、顏真卿、李陽冰、鄭遷、鄭虔。

音樂界：李龜年。

舞蹈界：公孫大娘。

科技界：僧一行、梁令瓚。

約翰‧沃夫岡‧馮‧歌德（Johann Wolfgang von Goethe）在為喬治‧戈登‧拜倫（George Gordon Byron）所寫的輓詞中道出了一個普世真理：「因為世界將不斷創造他們，就像他們自古以來不斷創造世界一樣。」

2

雄心勃勃的杜甫來到長安。

他躊躇滿志。他有理由躊躇滿志。作為早慧的詩人，到現在，他已經寫下了一千多首詩，受到了包括李邕、王翰在內的諸多文壇前輩的稱道。他在十年之間，遊郇瑕，遊吳越，遊齊趙，遊梁宋，遊東魯，對帝國江山勝蹟與社會生活都有了充分了解；他還和李白、高適、李之芳、韋之晉這樣的才俊結下了深厚的友誼。

海為龍世界，天是鶴家鄉，而首都，是每個時代胸懷大志的人才必須登臨的大舞臺。天下的城市都不重要，只有首都是重要的；天下的認可都不重要，只有首都的認可是重要的；天下的名聲都不重要，只有在首都獲取的名聲才是重要的。

這是天寶五載（西元746年），杜甫三十五歲了。到長安次年，杜甫又參加了一次考試。

上一次考試是十二年前。那一次，杜甫名落孫山，但他不以為意。因為那時他還年輕──他一定沒有想過要像張愛玲說的那樣：「出名要趁早。」

第五章　首都

這一次不同。這一次杜甫志在必得。

如前所述，唐代科舉分為常科和制科。常科年年舉行，其中最為人重的是進士科；制科是皇帝下詔並以皇帝名義舉行的，與常科相比，制科更受優待。

其一，考試時，對考生頗為禮遇。試前先由皇帝賜食，吃飽了再考；常科進士考試則是「分坐廡下，寒餘雪飛，席席在地」。

其二，許多時候，皇帝會親臨考場。

其三，常科登第後，並不會馬上授官，還得經過吏部銓選才能釋褐；制科考試一旦合格，馬上授官。並且，所授職務一般也較常科為高。

唐代慣例，制科考試成績分五等，但是一、二等從來沒有出現過，三等即為最高，稱為甲科、狀元——這一點，宋代制科也沿襲之。蘇東坡和弟弟蘇子由參加過宋仁宗的制科考試，蘇東坡得第三等，蘇子由得第四等。

葉夢得《石林燕語》解釋說：「制科分五等，上二等皆虛，唯以下三等取人。」也就是說，一等和二等不過虛應故事，不會產生，三等就成了實質上的最高等。而且，自宋朝開國到蘇東坡時代，制科考試考取三等的，只有蘇東坡和吳育兩人。

率先意識到杜甫的重要意義並大肆鼓吹杜詩的元稹也參加過制科考試，成績為第三等，授從八品上的左拾遺。杜牧中第四等，授弘文館校書郎。這些職務，都不是進士科出身者能立即獲得的。

顯然，在制科中勝出，其榮耀與前程都超過萬馬千軍過獨木橋的常科，既意味著光宗耀祖，更意味著錦繡前程已然徐徐打開。故此，世人認為，「男子榮進，莫若茲科」。

杜甫要參加的，就是這樣一場考試。渴求功名，渴求實現政治理

想，並且出身於「奉儒守官，未墜素業」家族的杜甫，他對這場考試的重視與期望可想而知。

然而，事後種種證明，這場打著為國求賢旗號的隆重考試，卻是一場鬧劇。

事情得從玄宗時代的一個人說起。此人即大名鼎鼎的奸相李林甫。

李林甫出自李唐皇族遠支，他從千牛直長起家——千牛本為刀名，言其鋒利可屠千牛。千牛備身即手執千牛刀侍立皇帝左右的警衛，直長則相當於警衛中的小頭目。總而言之，李林甫出身低微，教育程度很低，是個錯別字大王。史載，他的表弟生了兒子，古人把生兒子稱為弄璋之喜，李林甫手書大字去恭賀：「聞有弄獐之慶。」客視之掩口。他不認識杕字，見文書中有杕杜二字，便問手下：「這個杖杜是什麼意思？」手下人不敢糾正，只好俯首不言。

但是，李林甫有著異乎尋常的機敏。這機敏，就是揣測上意、秉承上意、迎合上意。

李林甫曾與張九齡同時為相，張九齡排名在前，李林甫深忌之。但兩人判若雲泥的操守與人品，很快就使李林甫取張而代之。

唐玄宗打算廢掉太子李瑛，張九齡極言不可，玄宗不悅。李林甫當面不說話，下來卻對玄宗身邊的宦官說：「這是皇上的家事，其他人的意見根本沒必要聽。」

牛仙客任朔方節度使，玄宗認為此人有才，想加封他為尚書。張九齡認為，牛仙客目不識丁，根本不具備擔任尚書的基礎條件。

李林甫卻說：「只要有才幹，何必有文化？再說，天子用人，有什麼不可以的？」

這些話傳到玄宗耳朵裡，自然對屢屢逆鱗的張九齡心生厭惡，而對

第五章　首都

善解君意的李林甫心生喜悅。

於是，張九齡貶謫，李林甫升職。

李林甫任右相長達十九年，史稱：「林甫久典樞衡，天下威權，並歸於己。」要命的是，創造了開元盛世的玄宗「在位多載，倦於萬機⋯⋯自得林甫，一以委成。故杜絕逆耳之言，恣行宴樂」。就好比一個公司的董事長，親自打理公司多年，家大業大後，他感到厭倦，於是物色到一個誤以為非常稱職的總經理，把公司大小事務都交由總經理處理，其他任何人對公司的建議與批評，一律不理不睬，忙著去享受，去娛樂。

李林甫這個總經理不僅不稱職，並且，是一個道道地地的偽君子。他以其所作所為，為後人留下了一個成語：「口蜜腹劍」。司馬光在《資治通鑑》中寫道：「李林甫為相，凡才望功業出己右及為上所厚，勢位將逼己者，必百計去之；尤忌文學之士，或陽與之善，啖以甘言而陰陷之。世謂李林甫『口有蜜，腹有劍』。」

李林甫的嫉賢妒能，可以說到了喪心病狂的地步。

比如，玄宗有一次偶然問他：「嚴挺之何在？這個人可以任用呀。」嚴挺之，即杜甫最好的朋友嚴武的父親。其時，嚴挺之為絳州刺史。李林甫擔心嚴挺之受重用，便找到嚴挺之的弟弟嚴損之說，陛下非常敬重你哥哥，你不如讓你哥哥上書，說得了風疾，請求回京就醫，這樣就可以順理成章地回京城了。嚴挺之不知是計，真的按李林甫之意上書玄宗。李林甫拿到奏章後對玄宗說，嚴挺之年老體弱，又得了風疾，不如為他安排一個閒職，讓他安心養病。「上嘆吒久之」，死了重用嚴挺之的心，把他安排到洛陽任詹事安享晚年。

再如，玄宗時，張嘉貞、張說等文臣以率軍戍邊且有戰功而入朝拜相，李林甫擔心以後會有這樣的人影響自己，便向玄宗提出：「文臣為

將,怯於戰陣,不如用寒族蕃人。蕃人驍勇善戰,而寒族在朝中沒有黨援。」玄宗採納了他的建議。其後,雖有高仙芝、哥舒翰等少數民族將領脫穎而出,卻也有安祿山專制河北,為安史之亂埋下禍根。

制科與常科的不同,除了上面說過的幾點外,還有一點是李林甫極為擔心的。

傅璇琮認為:「制舉科比起專講文辭藻麗的進士科、背誦帖括的明經科,更富有政治內容,更與現實鬥爭有關,因而也更可能為某些當權者所忌。」

出於擔心參加制科考試的士子們揭發、批判,李林甫向玄宗提出:「舉人多卑賤愚瞶,不識禮度,恐有俚言,汙濁聖聽。」建議玄宗不必按慣例親自監考,只需由尚書省長官考試,御史中丞監察就行了。

早就倦於政事、耽於享樂的玄宗聽到李林甫如此體貼的意見,很愉快地採納了。

這樣,杜甫參加的這次制科考試,皇帝沒有出場。並且,按規定,參加制科考試者,可由各地郡守推薦,也可自舉。但是李林甫不準自舉,他規定必須由郡縣長官精加試練,也就是用預選的方式,淘汰了一大批對於他來說潛在的危險分子。

更荒誕的是考試結果,李林甫代表朝廷宣布:「所有參考者,都不合格。」於是,天寶六載這場大張旗鼓的求賢考試,就以一個都不錄取收場,從而成為科舉考試史上空前絕後的一次。

更無恥的是,李林甫竟上表向玄宗表示祝賀:「野無遺賢」——既然一個都不合格,那說明民間的賢達之人都已蒐羅乾淨,都已在朝廷內為陛下服務了。

第五章 首都

可以說，李林甫侮辱的，不僅是高高在上的唐玄宗，更是整個帝國的讀書人。

當然也包括滿懷希望的杜甫。

然而，權力在他手裡，當權力與真理成正比時，千千萬萬個杜甫只能是默默承受的被侮辱者。在那個號稱盛世的年頭，杜甫們的遭遇已然如此，遑論其他原本就蠅營狗苟的季世、衰世和亂世呢？

說起來，杜甫和李林甫還有點沾親帶故的親戚關係。杜甫的遠房堂弟杜位，乃是李林甫的女婿。杜甫三十九歲那年除夕，就是在杜位家一起守歲度過的。

甚至，制科考試落第後，杜甫還曾寫詩給李林甫，希望得到李林甫的認可與舉薦——當然，這無異與虎謀皮。

不過，與其把這視作杜甫人品有虧，不如說他已經被殘酷的現實逼得走投無路了，異想天開地尋一條出路而已。

幾年後，李林甫死了，杜甫終於在詩裡出了一口惡氣，表達了對李林甫的憤慨與譴責：

破膽遭前政，陰謀獨秉鈞。微生沾忌刻，萬事益酸辛。

天寶十一載（西元752年）冬月，李林甫死後，帝國大權落到另一個奸臣楊國忠手裡——考唐玄宗後期，朝政要麼由李林甫操縱，要麼由楊國忠把持；一代英主，淪為只知梨園之趣、女色之樂的享受型動物。大唐帝國從盛世的巔峰飛流直下，並不意外。

楊國忠與李林甫素來不睦。李林甫剛死，他就聯合約樣與李林甫有隙的安祿山，共同構陷李林甫交結叛將阿布思謀反。李林甫的女婿——杜甫堂弟杜位的連襟楊齊宣擔心牽連自己，率先劃清界限，站出來附和

作證。於是，原本極具哀榮的李林甫被削奪官爵，抄沒家產，諸子流放嶺南和黔中，親黨五十餘人被貶竄。杜位也是其中之一，杜甫曾作詩相贈並安慰他。

此時，李林甫還未入土，玄宗下旨劈開棺木，取出嘴裡的明珠，剝下身上的金紫朝服，改用庶人禮草草安葬。

多年後，安史之亂起，玄宗倉皇幸蜀。在蜀期間，有一天，玄宗和給事中裴士淹閒談，他在評論列位宰相時批評李林甫：「是子妒賢嫉能，舉無比者。」裴士淹問：「陛下既然知道他是這種人，為什麼還讓他當了那麼長時間的宰相？」

唐玄宗唯有報以長時間的沉默。

周武王在常用的一隻盆子上刻了幾句話，作為自我警醒的座右銘：「與其溺於人也，寧溺於淵。溺於淵猶可遊也，溺於人不可救也。」玄宗便是溺於人，先溺於李林甫，後溺於楊國忠及楊貴妃。

如花似錦的大唐盛世，有如一件珍貴易脆的玉器，在不經意間跌落地上，摔得粉碎。

杜甫便是目睹了玉器打碎過程的旁觀者，他用沉鬱頓挫的詩篇，記下了這個過程。

是為詩史。

3

西安東南的秦嶺北麓，灞河、滻河、潏河及其各自支流形成網狀水系，自南向北流淌。河與河之間，川原相接，平坦的沖積平原上，點綴著一道道隆起的黃土原。

第五章　首都

　　東南部狹小，西北部寬大的少陵原如同一枚巨大的楔子，釘在了關中平原上。它南北長約二十公里，東西寬十公里，原面開闊起伏，由西北向東南呈三級階梯狀上升。

　　因為黃土原的高聳和寬闊，自古以來，包括少陵原在內的西安城郊大小川原，都是人們登高望遠的好去處。

　　埋葬了漢宣帝皇后許平君的少陵是少陵原上一座隆起的土臺，土臺呈覆斗形，數十公尺高。土臺周邊，大多是綠油油的莊稼地。小路可以通達土臺頂上，芳草萋萋，西漢時的美人就在黃土下長眠。

　　北面五六公里外，那座更大的土臺，便是漢宣帝杜陵。

　　如同洛陽邙山一樣，長安的少陵原也是荒塚纍纍，新墳疊舊墳。

　　2004年，發現了一片龐大的墓葬群——其中漢墓幾十座，西周墓四百七十座。

　　無名無姓的死者葬在這裡，有名有姓的死者也葬在這裡。少陵原上，除了漢宣帝夫婦、張安世家族、郭子儀家族外，單是唐代著名詩人，就有韋應物、杜牧、柳宗元等沉睡於此。

　　前面我們講過，杜甫自稱少陵野老，因為他在少陵居住過。杜甫的長安歲月達十年之久，十年間，他到底居住在哪裡呢？

　　歷來有不同意見，有杜曲說，有少陵說，有樊川說、下杜城說以及杜甫巷說。

　　諸說之中，杜甫巷可以肯定地排除。今天西安並無名為杜甫巷之街巷，查舊志，知其原在西安城內南四府街一帶。此地隋唐時乃朝廷官署，杜甫不可能居住於此。

　　至於杜曲、少陵、樊川和下杜，每一種說法都有證據支持。如杜甫

明白無誤地在詩裡說，他們家在杜曲一帶有田產：「杜曲幸有桑麻田，故將移往南山邊。」此外，在其他詩裡，他也經常提到杜曲，如「弔影夔州路，迴腸杜曲煎」、「杜曲花光濃似酒」，可見他對杜曲的熟稔與深情。

樊川是潏河淤積而成的沖積平原，因漢時為功臣樊噲食邑而得名。晚唐詩人杜牧在城中的長興里有官邸，在樊川有別業，故自號樊川居士，其文集也名《樊川集》。對於樊川，杜甫同樣熟悉，並且稱它為故里：「故里樊川菊，登高素滻源。」

下杜，即下杜城，也曾出現在杜詩中，如「軻辭下杜，飄颻凌濁涇」。聞一多極力主張杜甫在長安時居於下杜城。地方史料記載，下杜城在長安城南十五里，春秋時為杜伯國，秦為杜縣。漢宣帝葬於杜縣東南，縣治東遷，老縣城改稱下杜城。下杜城的大概位置，就在少陵原西北側的潏河支流皂河之濱。

雖然杜曲、少陵、樊川和下杜都有杜甫居住過的證據，但是一般情況下，以杜甫的經濟條件，不大可能，也沒有必要在同屬長安郊區的城東南置辦如此多的住宅。

所以，我認為杜曲、少陵、樊川和下杜都相距不遠，尤其是它們均以少陵為中心，那麼，眾多不同稱謂其實指向的是同一個地方。看起來好像是四個地方，其實就是一個地方的不同說法而已。

少陵一帶距長安城有幾十里路途，要是想經常參加城裡的各種社交活動，依靠一匹毛驢往還於川原與城市之間，不僅十分辛苦，也難以持久。因此，杜甫初到長安時，曾長年居住在客棧裡。這也有詩為證：「今夕何夕歲雲徂，更長燭明不可孤。咸陽客舍一事無，相與博塞為歡娛……」此詩題為〈今夕行〉，題下自注：「自齊趙西歸至咸陽作。」也就是天寶五載（西元 746 年），三十五歲的杜甫來到長安。當年年底，他住

第五章　首都

在客棧裡。無事可做，便與朋友一起玩六博之戲。玩到興頭上，敞懷赤腳，大呼小叫。

如果說剛到長安時住客棧尚可理解，那麼，他到長安五年後，仍然住客棧，則有些費解。杜甫的散文〈秋述〉寫於他四十歲那年秋天。當年，他「臥病長安旅次，多雨生魚，青苔及榻」。旅次就是旅館。多雨的秋天，到處漲潮，魚兒亂竄，青苔滿地，像要長到臥榻上來。杜甫身患瘧疾，寒熱交加，持續了百餘日。其同時期詩說：「瘧癘三秋孰可忍，寒熱百日相交戰。頭白眼暗坐有胝，肉黃皮皺命如線。」身患疾病而在旅次臥床百日，卻沒有回鄉下，我猜原因有兩個：一是發病突然，來不及；二是杜甫在長安城裡沒有房產。每次進城，都住旅館。

如是，少陵鄉下的居所，就是杜甫在長安唯一的家。並且，杜甫困居長安十年，早些年，其經濟來源，自然是父親接濟；父親去世後，家裡最重要的經濟支柱倒了，杜甫只得「賣藥都市，寄食友朋」──通讀杜甫詩作會發現，他從長安起，到後來的秦州、成都等地，一直都在採藥、賣藥。成都浣花草堂，甚至還闢有專門的藥圃種藥。

城裡無法採藥，也不可能種藥，而少陵是鄉下，採藥和種藥才現實。是故，長安期間，杜甫很有可能以少陵為主要居所，不時進城參加各種社交活動──進城期間，如果另有房產的話，自然住自家宅子；如果沒有的話，就只能住旅館。

我猜想，杜甫在城裡購置了房產的可能性較高。畢竟，當時杜閒還在世，並且於杜甫進京那年調任奉天縣令。奉天，即今陝西乾縣。唐時，隸屬京兆府，是僅次於赤縣的次赤縣。

種桑植麻的杜曲，相當於其別業──肯定不如王維的輞川別業或杜牧的樊川別業那樣規模宏大、布局精巧，可能就是幾間茅屋，但杜甫

畢竟在城裡城外都有落腳點。多年以後，他在漂泊夔州時稱：「兩京猶薄產。」說明他在洛陽和長安都有產業，至於長安杜曲的桑麻田及農舍，是其父杜閒任奉天令時所置，還是其祖杜審言當京官時所置，則無法斷言。

縱目遙看，黃昏時的少陵原暮色蒼茫。遠處，城市燈火次第亮起，把半邊天空映得緋紅。近處，卻是愈來愈濃的夜色，像是為古老的川原和年輕的樹木罩上了一件黑色外套。

杜甫在少陵的居所，到底是什麼樣子的呢？

除了身處少陵原上並天馬行空地想像外，其實還有一種更可靠的辦法，那就是從杜詩中尋找答案。

某年夏天，太子家令李炎前來拜訪杜甫，杜甫寫了一首詩記錄此事：〈夏日李公見訪〉。其中，有的版本，李公又作李家令。李炎任太子家令的時間，據考證，是天寶十三載（西元 754 年）。

這是一首五言古風，全詩共二十句，如下：

遠林暑氣薄，公子過我遊。貧居類村塢，僻近城南樓。傍舍頗淳樸，所須亦易求。隔屋喚西家，借問有酒不？牆頭過濁醪，展席俯長流。清風左右至，客意已驚秋。巢多眾鳥鬥，葉密鳴蟬稠。苦遭此物聒，孰謂吾廬幽？水花晚色靜，庶足充淹留。預恐樽中盡，更起為君謀。

詩中，杜甫說他的居所很偏僻，在靠近長安城南的鄉下。由於不近市肆，客人來了，只能從鄰居家借酒招待。杜甫所居的村莊，房屋高低錯落，不用出門，站在自家院子裡，就可以詢問比自家地勢低一些的西鄰。西鄰熱情回應，並把酒隔著牆遞上來。原上，樹木成行，枝葉間傳來一陣陣鳥啼與蟬鳴。杜甫與李家令坐在庭中的席上相對把盞，看到原

第五章　首都

下清澈的河水流淌而過。這河，便是潏水。時至今日，站在少陵原上，仍可看到潏水，只是早不像唐時那樣清澈。

唐代長安是一座舉世無匹的超級大都市。這座雄偉的城池，其正南門名為明德門。明德門以東兩三公里的開元廣場，則是長安城的東南門：啟夏門。當年居住於長安東南少陵原的杜甫，很有可能就經常從啟夏門進城出城。

啟夏門再往東，是曲江和芙蓉園。唐時，這裡是士人鍾情的郊遊踏青地。曲江這個美麗的名字，反覆出現在杜詩裡。曲江東南，便是少陵原。我從曲江遺址公園西南行，沿著繞城高速公路到長安立交，折而南行，經長安南路後便是樊川路。

樊川路邊，背對少陵原的黃土坡上，綠蔭如網，隱藏著小小的杜公祠——又稱杜甫紀念館。

杜甫的詩名在北宋得到了普遍的高度認可，各地紀念祠廟也就應運而生。不論是成都草堂還是甘肅成縣杜公祠，都興建於這一時期。據此可以推斷，作為杜甫祖籍和居住地之一的少陵，在北宋時很有可能也有祠廟。只是，或許規模較小，或許並非官方行為，祠廟在與時光的博弈中沒能儲存下來。

我前往拜謁的杜公祠建於明朝嘉靖年間，以後又有過多次修繕。正殿內，立著一尊杜甫像。著官服，捧朝笏，表情卻是按捺不住的憂鬱。

在杜甫五十多年的人生中，他在長安生活了十二年，從年富力強，志向遠大的三十五歲，到日漸衰弱，失意絕望的四十七歲。這是他人生中最重要的十二年。理想破滅，仕途失落，生活日益艱難，但他卻因之認清了時代和盛世的本質。文青杜甫化蛹為蝶，蛻變為詩聖杜甫。

4

　　杜甫到長安參加制科考試次年，他的父親杜閑很有可能就去世了。這樣，他一方面要將父親送回偃師首陽山下安葬；另一方面，他要按制為父親守孝三年——說是三年，一般是跨三個年頭，只需要一年多或兩年。天寶九載（西元 750 年），三十九歲的杜甫再次來到長安。首都依然壯麗，市井依然繁華。杜甫卻感到了前所未有的焦灼。父親去世，意味著再也沒有穩定的經濟收入了。此外，這一年，長子宗文出生，年將不惑的杜甫做了父親，肩膀上的擔子更加沉重。

　　儘管從小就懷著遠大政治理想，但美麗而汙穢的官場還在河的對岸，自己還在隔河相望。對政治前程的懷想與渴望，對世俗生活的擔憂與掙扎，其情其緒，恰如東晉劉琨在〈答盧諶書〉中說的那樣：「負杖行吟，則百憂俱至；塊然獨坐，則哀憤兩集。」

　　在參加了一次常科和一次制科考試後，以後的歲月裡，杜甫再也沒有參加過科考——至少，他沒有留下任何文字表明他參加過。與那些屢試屢敗卻一直堅持考試的讀書人不同，杜甫可能意識到了科考不是自己長項，不願意再去忍氣吞聲地敬陪末座。

　　這一年，杜甫轉換思路，企圖以另一種方式空降官場。

　　打個比方，如果說一條大河分開了白丁與官員，白丁想要渡過這條大河躋身官員行列，河上的船有四條。

　　第一條船叫科考。不論常科還是制科，都被視為出身最硬的正途。這條船，杜甫已經嘗試過兩次了，都沒能擠上去——何況第二次，由於船長李林甫作梗，這條船一個乘客也沒裝。

　　第二條船叫干謁。就是把詩文送給那些有權力、有影響、有名望的

第五章　首都

大人物，引起他們的關注，從而向官方推薦自己。推薦也有兩途：一是推薦參加考試。比如王維託了玉真公主，後來金榜題名，高中狀元。二是推薦入仕，從基層小官小吏做起。

第三條船叫獻賦。向朝廷獻賦，用那些鋪排得汪洋恣肆，實則空洞無物的大賦歌功頌德。如果馬屁拍得好的話，也有可能上船。

第四條船叫隱逸。隱逸的目的本是為了避世，但不少人身在江湖，心在魏闕。一旦隱逸名聲大了，就可能被朝廷徵召。

這四條船，除了最後一條船實在太過於非主流，杜甫沒有興趣外，其他三條，杜甫都嘗試過。

獻賦又稱奏賦，是指文人主動或受詔將自己創作的賦文進獻帝王，以為讚美或諷喻。獻賦起於漢代，此後綿延不絕。到了女皇武則天時代，獻賦被正式制度化。《資治通鑑》在垂拱二年三月條下記載：「太后命鑄銅為匭，其東曰延恩，獻賦頌求仕進者投之；南曰招諫，言政得失者投之；西曰伸冤，有冤抑者投之；北曰通玄，言天象災變及軍機祕計者投之。」匭就是盒子，武則天下令用銅製作了四個意見箱，一個供人告密，一個供人提建議，一個供人申冤，一個供人自薦——包括把獻給朝廷的賦投入其中。朝廷安排專人掌管。

因獻賦得到皇帝賞識的例子並不少，比如後來與杜甫相交頗深的房琯，就由此平步青雲：「開元十二年，玄宗將封岱嶽，琯撰〈封禪書〉一篇及箋啟以獻。中書令張說奇其才，奏授祕書省校書郎，調補同州馮翊尉。」

獻賦的訣竅不僅在於文采好，更在於把握時機，在恰當的時間裡，獻上恰當的賦。否則，哪怕拍馬屁，也可能拍到馬蹄上，輕則石沉大海，重則自啟禍端。比如開元六年（西元718年）四月，河南參軍鄭銑和

朱陽縣丞郭仙舟投匭獻詩，不料拍錯了馬屁，不僅沒升職，反而被貶去道觀做道士。

杜甫獻賦，很好地把握了時機。

天寶十一載（西元752年）正月，唐玄宗祠太清宮、太廟和南郊，稱為三大禮，是當時政治生活中的一樁大事。因緣際會，杜甫創作了〈朝獻太清宮賦〉、〈朝享太廟賦〉、和〈有事於南郊賦〉，後世合稱〈三大禮賦〉，並透過延恩匭投獻。

效果還不錯，「帝奇之，使待制集賢院，命宰相試文章」。玄宗讀了這些汪洋恣肆，實則粉飾吹捧的大賦，頗感新奇，命杜甫待制集賢院，又命宰相出面考試他的文章。

這便是杜甫一生都引以為豪的盛事，在以後孤苦無助的流落歲月中，回憶這樁盛事，總能為他蒼白的人生塗上一絲紅暈：「憶獻三賦蓬萊宮，自怪一日聲烜赫。集賢學士如堵牆，觀我落筆中書堂。」

考試的結果是，「仍狠以臣名實相副，送隸有司，參列選序」，意思是說主考官看了他的文章，認為他名實相稱，合格，將他的檔案送到吏部，得到了一個候缺選官的資格，即唐人說的守選。

杜甫獻賦，自然是希望得到皇帝青睞，立即授予美官要職，得到的卻只是守選，未免大失所望。

以往學者往往把這一結果說成是李林甫從中作崇，因為此時宰相仍然是他，另有陳希烈亦為相，卻只是仰李林甫鼻息而已；而李林甫向來以妒賢嫉能著稱，幾年前他能做出野無遺賢的荒唐事，此時再打壓一下杜甫也在情理之中。

但是，真實情況很可能並非如此，而是唐朝守選制度使之然。唐時，官位少而選人多，於是設立了守選制。

第五章　首都

王勳成在《唐代銓選與文學》中總結說：「進士及第守選三年，明經及第守選七年，明法及第守選五年，童子科及第守選十一年。守選期間，世稱他們為前進士、前明經、前明法等，及第舉子的守選自唐初貞觀年間就開始了。」

其實，不僅新中的進士要守選，六品以下的旨授官員，每一任期滿後，也得停官罷秩參加守選，稱為前資官，並各有一定守選年限，一般按官資大小確定。官越小，守選時間越長。以縣令來說，京城附近的赤縣縣令為三年，緊縣、上縣縣令為五年。後來，杜甫在華州司功參軍任上去職，論者大多認為是其主動辭職，其實也有可能是遵守守選規定，被動去職。這是後話。

當然，反過來說，玄宗對杜甫〈三大禮賦〉的「奇之」，也不過略有些驚訝罷了，並沒有把他當成什麼了不起的人才。否則，他完全可以下一道聖旨，立即給杜甫一個職務。比如李白，雖然被他當作御用的幫閒文人，可至少接見不久就任命為翰林學士。

失望的杜甫以後又繼續獻賦。獻了〈封西嶽賦〉又獻〈雕賦〉，然而，玄宗再也沒有「奇之」，這些華彩的文字如同一滴水落入海洋，無聲無息，無影無蹤，徒留給眼巴巴滿懷熱望的杜甫一次又一次失望。

獻賦同時，杜甫還在做另一種努力：干謁。

天寶十四載（西元755年），四十四歲的杜甫反思旅食京華的十年光陰時，用沉重的筆調寫道：「以茲悟生理，獨恥事干謁。」——他對這些年來的干謁深感恥辱。

但是，「朝扣富兒門，暮隨肥馬塵」的干謁，卻又如同一條無法抹去的線索，貫穿了杜甫的首都生涯。

士人希望透過向尊者展示自己的才華，從而得到援引擢拔，於是產

生了干謁詩。這是唐詩中一個非常獨特的品種。相關學者統計，全唐詩中的干謁詩，初唐五首，盛唐一百四十六首，中唐二百四十六首，晚唐二百四十七首。

杜甫現存詩作中，大概有十首屬於干謁詩。他干謁的尊者貴人，包括了汝陽王李璡，尚書省左丞韋濟，翰林學士、駙馬張垍，諫議大夫鄭審，京兆尹鮮于仲通，河西節度使、西平郡王哥舒翰，同中書門下平章事韋見素。這些人中，有人品端方者如李璡、鄭審，也有人品有虧的小人如張垍和鮮于仲通。

早在開元十八年（西元 730 年），當杜甫還是一個十九歲的小青年時，李白一入長安。其時，如同後來的杜甫一樣渴望出人頭地，渴望在首都混出錦繡前程的李白製作了一張奇特的名片：「海上釣鰲客」。

李白拿著這張名片去拜訪左相兼文壇領袖張說。張說一看名片，很好奇，便讓人將李白請進門，問他：「你要釣鰲魚，請問你用什麼作線？用什麼作鉤？」

李白長身玉立，侃侃而談，回答說：「我以虹霓為線，以明月為鉤。」張說又問：「用什麼為餌？」

李白答：「以天下無義丈夫為餌。」

李白的奇談怪論，旨在吸引張說關注他，進而提攜他。張說對李白印象說不上好，因為他並沒有提攜李白；但也說不上壞——他把兒子張垍介紹給了李白。

張垍尚寧親公主，是唐玄宗的女婿。玄宗一度非常器重他，甚至打算讓他接替陳希烈為相，但是由於楊國忠從中作梗，事遂寢。

李白與張垍結識後，認定這是一條通天捷徑，便向張垍獻詩，期待張垍引薦。張垍向李白講起了玉真公主——玉真公主是玄宗同父同母的

第五章　首都

妹妹，聖眷甚隆，包括王維等人，都走過她的門路。

張垍把李白送往終南山玉真公主的別墅時，李白充滿期待，他甚至能感覺得到，那條通天的彩虹正在降臨人間，他即將跨上彩虹，一步登天——從年輕時起，他就不屑於像普通官員那樣按部就班，而是立志要像姜子牙、諸葛亮那樣空降中樞，立抵卿相。

在終南山等待玉真公主的日子，李白為尚未謀面的公主寫詩，把公主尊稱為玉真仙人，想像她修煉習道，行蹤無定，如同傳說中的西王母那樣神祕莫測。

李白眼巴巴地盼著玉真仙人駕臨終南山，然而，一等數十天，玉真仙人毫無蹤影。後來，他從看守別墅的僕人那裡得知：玉真公主已經一兩年沒來過了。失望之餘，李白隱約感到被張垍騙了，可是他只能再寄兩首詩給張垍，含蓄地發發牢騷。張垍沒有回應。李白只好離開了「繁陰晝不開，空煙迷雨色」的終南山。

可以說，作為相府公子兼皇帝愛婿的張垍，口惠而實不至，把有求於己的李白忽悠了一把。

二十年後，如同當年的李白一樣，杜甫也眼巴巴地盼望張垍施以援手，助己一臂之力。秀才人情紙半張，杜甫送給張垍的，也只能是詩。

杜甫為張垍寫過兩首詩。一首寫於天寶九載（西元 750 年），題為〈贈翰林張四學士〉。

詩中，杜甫吹捧張垍「天上張公子，宮中漢客星」，說他文采出眾，學養深厚，負責為皇帝撰寫文誥。並且，身為皇帝信任的身邊人，舉薦人才一定有如「鯨力破滄溟」。末了，杜甫哀嘆自己「此生任春草，垂老獨飄萍」——我這一生就像任車馬踐踏的春草，又如同無根的浮萍，一把年紀了還在漂泊。

干謁詩的一大特色就是不遺餘力地吹捧對方，同時還常常把自己的處境說得相當悲慘，以期大人物心生惻隱。

杜甫此詩，兩方面都做到了，技藝上無可挑剔，然而千百年後讀來，卻是一種沉甸甸的辛酸。為了贏得達官貴人的賞識與舉薦，高潔自持的詩人不得不放下自尊去溜鬚，去拍馬。

非唯杜甫如此，天生狂放的李白做得更加誇張。比如，李白曾經吹捧一個姓裴的級別並不高的長史——這些吹捧今天讀來仍然令人起雞皮疙瘩：「伏唯君侯貴而且賢。鷹揚虎視，齒若編貝，膚如凝脂，昭昭乎若玉山上行，朗然映人也。而高義重諾，名飛天京。四方諸侯聞風暗許。」

吹捧是全方位不留死角的。但即便從李白帶有褒義的描寫看，裴長史也非善類：「月費千金，日宴群客。出躍駿馬，入羅紅顏。」——差不多就是一個不理政事，天天狂喝濫飲，左擁右抱的酒色之徒。但到了李白筆下，他不僅貴而且賢。更有甚者，李白還編造了一首民謠進一步吹捧：「賓朋何喧喧，日夜裴公門。願得裴公之一言，不須驅馬將華軒。」——頗像他後來吹捧韓朝宗時編造的另一句民謠：「生不用封萬戶侯，但願一識韓荊州。」

無須為尊者諱。海子詩云：「為了生存，你要流下屈辱的淚水，來澆灌家園。」古今中外，概同此理。

杜甫送張垍的第二首詩寫於四年後的天寶十三載（西元754年）。這時，張垍已升任正三品的太常卿，算是個高官。從這首〈奉贈太常張垍二十韻〉透露出的資訊看，張垍似乎推薦過杜甫——至少，曾經向人鼓吹過，所謂「吹噓人所羨」——你對我的獎掖稱許，那是其他人都很羨慕的啊。但是，不知張垍是虛與委蛇，還是張垍有段時間曾因楊國忠讒

第五章　首都

言貶往地方遠離京城，總之，沒起到什麼作用。於是杜甫在詩裡自我解嘲：「顧深慚鍛鍊，才小辱提攜。」——您對我的眷顧非常深，照顧非常多，但我自己磨練不夠，才疏學淺，簡直有辱您的提攜。

鮮于仲通名向，字仲通，以字行。此人祖籍漁陽，遷居閬州新政。鮮于仲通早年與楊國忠私交甚厚，當時，楊國忠尚未發跡，時任劍南採訪支使的鮮于仲通將他推薦給劍南節度使章仇兼瓊，得為推官。爾後，因楊貴妃受寵，而楊貴妃乃楊國忠族妹，有遠支血緣關係。得裙帶神助，楊國忠很快飛黃騰達，位極人臣。投桃報李，他也給了鮮于仲通豐厚的回報：天寶八載（西元749年），楊國忠薦其為蜀郡大都督府長史兼御史中丞，持節充劍南節度副大使。兩年後，南詔王閣羅鳳為雲南郡太守張虔陀所辱，憤而起兵反叛。鮮于仲通負責帶兵入雲南，所部六萬大軍死亡殆盡，他的兒子亦戰死，本人僅以身免。

唐軍遭此慘敗，鮮于仲通難辭其咎。但是在楊國忠協助下，大敗不彰，反以捷聞。為了調集軍隊與南詔再戰，兩京及河南等地到處徵兵。民眾對瘴氣瀰漫的南方叢林深為恐懼，以致無人應募。於是，楊國忠令御史分道捕人——也就是抓壯丁，抓到後戴上枷鎖編入行伍。

身在長安的杜甫目睹了各地抓來的壯丁被迫送往前線的慘狀：「車轔轔，馬蕭蕭，行人弓箭各在腰。耶孃妻子走相送，塵埃不見咸陽橋。牽衣頓足攔道哭，哭聲直上干雲霄。」

在杜甫這首早期代表作〈兵車行〉裡，杜甫對不義戰爭帶給民眾的苦難憂憤難解。他想像廣大的中原地區壯丁被強行抓走後，田地荒蕪，民生維艱：「君不見漢家山東二百州，千村萬落生荊杞。縱有健婦把鋤犁，禾生隴畝無東西。」至於那些被好戰分子送往前線的士兵，命運更為可悲：「君不見青海頭，古來白骨無人收。新鬼煩冤舊鬼哭，天陰雨溼聲啾啾。」

很顯然，杜甫對楊國忠和鮮于仲通勾結所導致的民間苦難十分清楚。

意想不到的是，次年，在楊國忠幫襯下，鮮于仲通升任京兆尹後，杜甫竟然向鮮于仲通獻詩干謁。

這首干謁長詩裡，杜甫稱頌鮮于仲通：「王國稱多士，賢良復幾人。異才應間出，爽氣必殊倫。」——大唐才士眾多，但像您這樣賢良的能有幾個？您這種間或出現的異才，氣概豪邁，與其他人完全不同。

稱頌了鮮于仲通才氣天下無雙後，又稱讚他位望特優，稱當時侯伯雖眾，但是都比不上鮮于仲通透過文章立身。最後，又稱讚鮮于仲通的兒子們也優秀：「鳳穴雛皆好。」——連繫到一年前杜甫對這位庸官的不點名批評，這些稱讚讓人深感彆扭。

稱頌完畢，杜甫開始講自身遭遇。既說到當年獻賦如何引起皇上重視，又說到由於李林甫作祟，自己至今沒得到任用。守選經年，進退失據，以致都快餓死了。末了，他請求鮮于仲通行行好，幫幫忙，在楊國忠面前說說好話，「交合丹青地，恩傾雨露辰」。

玄宗時代號稱盛世，但盛世的陽光也不可能平等地照進每一個陰暗角落。至少，它對杜甫這種忠君愛國者而言是不公平的。無計可施之下，或者說病急亂投醫之下，杜甫只好如此作踐自己，肉麻地吹捧一個個朋比為奸的昏官庸官，只為獲得一個進身之階。

後人常常站在道德制高點上批評杜甫，認為他不應該寫這些干謁詩，不應該遊走於達官貴人之間。後人置身事外，不免苛刻地要求前人。

幸而，錢謙益說得好：

少陵之投詩京兆，鄰於餓死；昌黎之上書宰相，迫於飢寒。當時不得已而姑為權宜之計，後世宜諒其苦心，不可以宋儒出處深責唐人也。

第五章　首都

但是，殘酷的現實證明：杜甫這些干謁詩全都白寫了。沒有任何達官顯貴對他施以援手。

夕陽西下，樓臺高聳的長安城投下嚴實的陰影。起風了，杜甫騎著那匹和他一樣消瘦的驢子，在陰影下踽踽獨行，有如夢魘。

這驚慌失措的中年，忍氣吞聲的中年——它距離飛鷹走犬的少年，狂歌痛飲的少年，其實僅僅十年之隔。

十年，三千六百多個日子，大地像陶輪一樣翻轉。十年前不敢相信十年後是真的，就像十年後也不敢相信十年前是真的。

可它們都是真的。

剛過四十，杜甫頭髮半白，「遊子空嗟垂二毛」、「昭代將垂白」。那年，瘧疾好不容易好了，又染上肺病——不知是不是瘧疾留下的後遺症。從此，肺病一直伴隨他此後的人生，而他最後，也很可能死於肺病。

事實上，從杜甫後來的詩看，他的瘧疾並沒有痊癒，而是經常復發。

「三年猶瘧疾，一鬼不銷亡」、「峽中一臥病，瘧癘終冬春」。當年那個一日上樹能千回的健壯少年，此時未老先衰，已成愁苦虛弱的多病之翁。初次得瘧疾那年秋天，他病後過友人王倚家，王倚為他的枯瘦而震驚，旋即置酒款待。在寫給王倚的詩裡，杜甫表示：「但使殘年飽吃飯，只願無事長相見。」

一連串的打擊和病痛，似乎擊垮了杜甫，他不再高唱「致君堯舜上，再使風俗淳」的理想之歌，而是把如何生存下去，如何不餓肚子放到了首要位置。

這，既是無奈的調侃，也是無力的祈禱。

5

唐代長安的地標是一座佛塔。在大多數建築不高於二十公尺的時代，六十四公尺的高度使它如同闖入雞群的鶴：突出，特殊，玉樹臨風。從長安城的各個方向，人們抬起頭，總能看到它高大的身影。

塔的正式名字叫大慈恩寺塔，因為它矗立於大慈恩寺內。不過，民間總是親切地稱它大雁塔。從唐時到今天，一千多年裡，大雁塔一直是西安的名勝。

唐太宗貞觀二十二年（西元648年），太子李治，即後來的唐高宗為了追念其母文德皇后長孫氏而修建了大慈恩寺。史料上說：「寺成，高宗親倖，佛像幡華，並從宮中所出，太常九部樂送額至寺，寺南臨黃渠，水竹森邃，為京都之最。」

大慈恩寺中的浮屠，即大雁塔，始建於唐高宗永徽三年（西元652年）。當時，大雁塔為夯土所築，外面砌以青磚，高五層。武后長安年間（西元701年至西元704年），塔傾。包括武則天在內的政要均布施錢財，把塔重修為十層。五代時期，大雁塔為兵火所毀，後來再次重建，終成我們看到的七層塔。

也就是說，杜甫時的大雁塔要比今天的大雁塔多出三層，還要高一些。自大雁塔建成之日起，「長安士庶，每歲春時遊者，道路相屬」──每當溫暖的陽春來臨，長安人民總是呼朋喚友走出陰暗的庭院去郊遊。那時，大慈恩寺以及周邊的曲江池、芙蓉苑，以及曲江東北的樂遊原，都是位於長安城東南的最重要的遊樂地。而高聳入雲的大慈恩寺塔，倚終南，望滻河，俯秦川，遠近風光盡收眼底，更是他們必不可缺的目的地，以至於通往寺裡的道路總是人滿為患。

第五章　首都

不過，那卻是一次秋天的登臨。

想起了天寶十一載（西元752年）秋日的某一天，大雁塔迎來了五位詩人。他們是：高適、岑參、儲光羲、薛據和杜甫。

五位詩人遊覽了大慈恩寺，並登上大雁塔。事後，每個人都作了一首詩——略相當於今天詩會後的同題詩。五人的作品，除薛據所作失傳外，其餘四首都保留了下來。

細讀四首關於大雁塔的詩，會有一些耐人尋味的發現。

五人之中，薛據五十一，高適四十九，儲光羲四十六，杜甫四十一，都是標準的中老年，只有岑參年輕一些，三十六。

儘管年齡參差，但五個人的處境都不理想——或者說，五個人都處於憂鬱不得志的困境中。

高適於三年前透過制科考試，授封丘縣尉，那是一個雞肋般的職務，高適為之痛苦。此時，他已棄官居長安，重尋出路。

薛據後來做到了水部郎中，但那是大曆年間的事了。此時，他大概在司議郎任上，用杜甫後來的詩說：「伊昔貧皆甚，同憂歲不寧。」

儲光羲時任監察御史，為正八品上的小官，他的詩作裡，也常流露出不得志的牢騷。

岑參十九歲中進士，按理說屬於少年得志，但是只授了兵曹參軍。後來，他跟隨高仙芝遠走瀚海，不想高仙芝兵敗，他只好回到長安賦閒。

杜甫的情況更不用說，他要說他第二慘，猜想沒人敢說自己第一慘。五個心情同樣鬱悶的中老年詩人，以同一座大雁塔為酒杯，澆自家胸中不同的鬱結。

大慈恩寺和大雁塔都與佛教有關，而在中國文化傳統裡，文人與僧侶及佛教好像有一種天然契合。

岑參和儲光羲的詩，最大特點是把登塔所見與佛教教義聯繫在一起，表達出了對佛門清寂無為的嚮往。

高適不同，高適雖然也在詩中流露了佛家思想，結尾卻是希望為國家效力。

杜甫的詩則與三者都不同——「高標跨蒼穹，烈風無時休。自非曠士懷，登茲翻百憂。」他不談玄說佛，而是借題發揮，將高塔之上的大風與時代的風雲變幻聯繫在一起。換言之，當那些錦衣玉食的達官貴人還沉醉於盛世迷幻時，杜甫這個十年間跌落底層的草根詩人，卻有一種山雨欲來風滿樓的不祥預感：

泰山忽破碎，涇渭不可求。俯視但一氣，焉能辯皇州。

杜詩一開篇就點出了他登塔而百憂交集：泰山破碎寓意大亂將至，國將不國；涇渭不可求意味著當政者清濁不分，忠奸不辨。個人際遇的不堪在國家命運的不祥面前退居其次。杜甫身為布衣，心憂社稷；家無餘糧，情繫蒼生。用浦起龍的話說：「只一憑眺間，覺山河無恙，塵昏滿目。於是追想國初政治之隆，預憂日後荒淫之禍，而有高舉遠患之思焉。」

至於四個人四首詩的高下，我很贊同莫礪鋒的意見：「岑參、儲光羲所看到的是佛寺浮圖的崇麗，所感到的是佛教義理的精微。高適所看到的與岑、儲同，所感到的是個人命運的蹭蹬。而杜甫除了高塔遠景之外還看到了『塵昏滿目』，除了個人命運蹭蹬之外還感到了國家命運的危機。這就是杜甫的獨特之處。」

第五章 首都

6

〈秋興八首〉是杜甫代表作之一,也是中國七律的最高峰。這組創作於夔州的作品,其中一首,深情地回憶了壯年時在長安的郊遊之樂——那是他日益苦悶地旅食京華期間難得的賞心樂事:

昆吾御宿自逶迤,紫閣峰陰入渼陂。香稻啄餘鸚鵡粒,碧梧棲老鳳凰枝。佳人拾翠春相問,仙侶同舟晚更移。彩筆昔遊干氣象,白頭吟望苦低垂。

如果意譯一下,大意是這樣:

從長安到渼陂,昆吾和御宿諸峰之間山路逶迤,渼陂之南的紫閣峰倒映在湖水中。渼陂這個地方,出產香稻,那都是鸚鵡啄餘之粒;林多碧梧,那都是鳳凰長棲之枝。春遊的佳人們撿拾鳥羽嬉戲,與我同遊的朋友們不顧時間已晚,還要把船划到其他地方以盡遊興。那時我曾以華彩的文筆,贏得了皇上賞識,而今白髮衰翁,在悵望長安吟詩之後,只能痛苦地低下頭去回憶。

既然一個人生下來並不是為了永遠吃苦、永遠受難,那麼,他對短暫歡樂的追求便是理所當然的。

杜甫也不例外。

鄠邑作為西安的一個區,位於市區西南。站在澇峪大街上,抬頭就能看到起伏的終南山。只是,我分不清哪一座是紫閣峰。澇峪大街一側,便是渼陂湖。

杜甫曾經兩遊或三遊渼陂。這方終南山腳下的湖泊,令他留下了相當美好的印象。諸多蛛絲馬跡表明,那時的渼陂湖遠比今天更寬闊——今天只相當於普通公園裡供遊人划船的人工湖,繞湖一周不超過兩公

里。並且，地方志記載，由終南山溪澗積水而成的渼陂湖，出產一種味道鮮美的魚。唐敬宗寶曆年間（西元 825 年至西元 826 年），朝廷曾禁止民眾捕食，只能由尚使監經管，作為大內特供。反過來說，杜甫時代是任由民眾捕撈的。那麼，一輩子極喜吃魚的杜甫，除了吃香稻米飯外，一定還吃到了新鮮魚肉。

杜甫第一次到渼陂，是應岑參兄弟之邀。從杜詩可知，那是一個有月亮的夜晚，他們在湖上盪舟，「波濤萬頃堆琉璃」，雖是詩人誇張，但如果是一汪幾百畝的小湖，再誇張也不會有如此壯觀的景象。

第一次出遊在春天，不久的夏日，杜甫二遊渼陂。湖的西南，有一座高臺，上次未曾登臨，這次特意補上。高臺面水，近處，水面長滿了翠綠的蒹葭；遠處，天空與水面相接處有打魚的小船劃過來，但要仔細分辨才認得出。—— 這又一次暗示我們，唐代的渼陂是一面大湖。終南山映入水中，山上的白塔影子倒立。

這是愁苦人生中難得的歡樂。事實上，我發現，儘管杜甫中年以後，愁苦日甚，但他同樣是一個善於排解愁苦的人，他在有限的空間裡尋找屬於他的歡樂，哪怕歡樂轉瞬即逝，如同無法把握的手中沙。但在尋找歡樂並享受歡樂的過程中，愁苦暫時遠去了，而他也像得到短暫休息的駿馬，很快就會恢復力氣，繼續馳騁縱橫。

所以，我覺得莎士比亞借他筆下的人物之口說出的一句名言很適合杜甫：

上帝啊，即便你把我關在一個胡桃核裡，我也能把自己當作擁有無限疆土的君王。

渼陂之遊，時為天寶十三載（西元 754 年），杜甫四十三歲。這一年，大唐盛世的繁榮登峰造極 —— 全國有州郡三百二十一，縣

第五章　首都

一千五百三十八,鄉將近一萬七,戶九百餘萬,口近五千三百萬——戶與口的數量均為唐代最高紀錄。

然而,月盈則虧,水滿則溢,大唐帝國表面的繁榮與強盛之下,日積月累的種種危機已經暴露,帝國如同坐在火山口上;而種種太平盛世的幻象,均不過是清歌漏舟之中,痛飲焚屋之下。

在內,繼李林甫擅權亂政後,楊國忠有過之而無不及;在外,安祿山為首的軍閥擁兵自重,尾大不掉,即將演變為驚天動地的安史之亂。

大自然似乎也在示警。《資治通鑑》稱:「自去歲水旱相繼,關中大飢。」關中屬京兆尹管轄,京兆尹李峴素來不肯依附楊國忠,楊國忠便把關中大飢的責任推給他,貶長沙太守。

玄宗聽說雨水傷稼,有幾分擔憂,楊國忠「取禾之善者獻之」,並說:「雨水雖然下得多,但對莊稼並沒有損害。」如此隨口敷衍,原本精明的玄宗居然深信不疑。其時,房琯任扶風太守,扶風也地處關中,同樣是災區。房琯將扶風的災情報給朝廷,楊國忠聞之大怒,立即派御史去調查房琯。於是,「天下無敢言災者」。——這是一個奇怪而又耐人尋味的現象:國家天災不斷,卻沒有任何官員向上級反映。大家都心照不宣地沉默,彷彿天災根本就不曾發生。

有一天,玄宗對他一向信任的高力士說:「淫雨成災這事,你知道的儘管說。」高力士坦言:「自從陛下您把權力下放給宰相楊國忠後,賞罰無章,陰陽失度,我哪裡還敢說。」玄宗為之默然。

對國家來說,這一年是各種危機露頭的一年;對杜甫來說,這是極為艱難的一年。

首先,繼獻〈三大禮賦〉後,杜甫又先後兩次獻賦。在〈進雕賦表〉中,他自稱此時已是「衣不蓋體,常寄食於人,奔走不暇,只恐轉死溝

塹」，因而「安敢望仕進乎」？接下來他話鋒一轉：「伏唯明主哀憐之，倘使執先祖之故事，拔泥塗之久辱，則臣之述作，雖不足以鼓吹六經，先鳴數子，至於沉鬱頓挫，隨時敏捷，而揚雄、枚皋之徒，庶可跂及也。」所謂「先祖之故事」，是指他希望朝廷授予他當年祖父杜審言的職務。杜審言曾任著作佐郎，去世後贈著作郎，前者從六品上，後者從五品上。杜甫伸手向玄宗要官，不論指的是祖父生前所任的著作佐郎，還是死後追贈的著作郎，都是唐朝中級官員。這，根本不可能。

　　果然，杜甫唯有失望——賦獻上去後，石沉大海。

　　其次，年底，被玄宗外放地方的張垍回京，升任太常卿，杜甫又指望他幫自己說話，於是寫詩相送——前面已經講過。可仍然沒有什麼結果。第三，杜甫一度動了入幕從軍的念頭。恰好哥舒翰手下的判官田梁丘進京辦事，與杜甫結識，杜甫贈詩與田。接著，他又直接寫詩獻給哥舒翰，希望到哥舒翰軍中效力。不巧的是，獻詩不久，哥舒翰中風，還京養病。

　　從軍計劃也流產了。

　　第四，杜甫把楊氏從老家接到長安，居住於少陵鄉下。秋天，次子宗武出生，家裡又添了一張嘴巴。

　　第五，該年秋，東都洛陽「瀍、洛暴漲，漂沒一十九坊」。不知楊氏離開河南前往關中，是否就是因為大水。若是，那楊氏也真倒楣——她來到長安，長安雖然洪水不大，但連續下了六十多天雨，「京城垣屋頹壞殆盡，物價暴貴，人多乏食」。為了救濟災民，朝廷下令出太倉米一百萬石，在長安設了十個出售點，以低價賣給災民。

　　太倉米都是陳米，霉爛難吃，富貴人家不屑也不需要。可憐的杜甫，「日糴太倉五升米」，天天騎著驢子去糴米點，擠在一長串排隊買米

第五章　首都

的災民中，買回限量的五升米，供一家人填飽無底洞一樣的肚皮。

然而，即便如此清貧的日子眼看著也難以為繼。萬般無奈之下，杜甫不得不把剛到長安不久的妻兒送往奉先，投靠楊氏的一個遠房親戚，此親戚即在奉先做縣令的楊蕙。這就是杜甫後來在詩裡聲淚俱下所說的「老妻寄異縣，十口隔風雪」。

杜甫一生交往的數以百計的朋友中，論關係親密度，鄭虔可列前五。鄭虔係滎陽人，生於垂拱元年（西元685年），比杜甫年長二十多歲，足有一代人差距，但這一點也不妨礙他們成為情投意合的忘年交。

鄭虔家貧而好學，年輕時，他學書法買不起紙，偶然得知大慈恩寺裡有柿葉數屋，於是借居寺中，日取柿葉習書，直到把幾間屋子的柿葉都用光。成年後，鄭虔詩、書、畫俱精，他將作品送呈玄宗，玄宗御筆親題：「鄭虔三絕」。天寶九載（西元750年），玄宗專門設廣文館，任命鄭虔為博士，廣文博士由此始，故世稱鄭廣文或廣文先生。

其時，與杜甫年輕時同遊齊趙的蘇源明任國子司業，而鄭虔與蘇源明相交甚深，可能正是透過蘇源明介紹，杜甫與鄭虔也成了好友。

鄭虔才名雖高，卻於生計無補，貧窮潦倒，與杜甫不相上下。他家的房屋極為破爛，從下望去，漏洞相接，如同天上七星。

在詩裡，杜甫描繪了自己與鄭虔這對窮朋友的窘迫：「甲第紛紛厭粱肉，廣文先生飯不足……杜陵野老更嗤，被褐短窄鬢如絲。」——達官貴人好酒好肉都吃厭了，鄭廣文卻連粗茶淡飯都不能滿足……我杜甫更是被人嘲笑，穿著破舊短衣，頂著滿頭白髮。

貧窮的日子像看不到頭的爛田埂，窮朋友唯有相互鼓勵、相互安慰。他們經常聚在一起談詩說文，偶有餘錢，便沽酒共謀一醉。醉後，兩人愈加親密，「忘形到爾汝，痛飲真吾師」——鄭虔的酒量似在杜甫之

上。並且，據杜甫詩中稱，鄭虔到官署上班時，把馬繫在堂前階下，喝得大醉後，偏偏倒倒地騎馬回家，為此，「頗遭官長罵」。當然，窮人注定不可能有太多餘錢沽酒。好在少年時代的好友蘇源明宦囊稍豐，經常接濟他們，「賴有蘇司業，時時乞酒錢」。

鄭虔有個姪子叫鄭審，鄭審雖是鄭虔之姪，但從年齡來看，似比杜甫更長。開元二十五年（西元 737 年），杜甫二十六歲，鄭審已任監察御史。天寶初，鄭審轉任司勳員外郎，復轉吏部員外郎，遷吏部郎中。唐制，司勳司屬吏部，與吏部司、司封司、考功司合為吏部四司。司勳員外郎，相當於副司長。吏部郎中，則相當於司長。前者為從六品上，後者為從五品上。幾年後，又改任諫議大夫。諫議大夫職掌乃是「諫諭得失，侍從贊相」，不僅地位尊崇，為正四品下高官，且是皇帝近臣。

故此，從交往輩分上說，杜甫與鄭審的叔叔情投莫逆，但叔叔的好友在高官姪兒面前也不得不放低身段。杜甫送給鄭審的詩，標題叫〈敬贈鄭諫議十韻〉。詩一開篇，便稱讚鄭審「諫官非不達，詩義早知名」——您不僅做到了諫議大夫這樣的高官，並且，詩名早就天下皆知了。接著，繼續花式誇獎鄭審寫詩如箭矢中靶，似先鋒勇戰，「破的由來事，先鋒孰敢爭」。又說他思窮高遠，巧奪化工，「思飄雲物外，律中鬼神驚」——這兩句，讓人想起杜甫對李白的稱道：「筆落驚風雨，詩成泣鬼神。」兩者的意思相差不多，但李白是真正有才華有作品的天才，而鄭審的水平，從《全唐詩》收錄的兩首作品看，非常一般。

稱讚對方後，按干謁詩的套路，下面就是自述悽慘，希望從對方借得青雲之梯。詩聖也未能免俗。並且，隨著在京華時間越長，隨著年齡越大，隨著世事越艱難，隨著生計越荒唐，杜甫的焦慮在不斷放大。在這種放大的焦慮驅使下，他只得像沒頭蒼蠅似的尋找出路，一會兒獻

第五章　首都

賦，一會兒干謁。無數個清晨，他從少陵草廬前騎上驢子往城裡走，有時候，內心一片茫然，不知道今天該去找哪位達官貴人求助：「平明騎驢出，未知適誰門。」

希望有多大，失望就有多大。依舊是徒勞無功。

黯淡而悽楚的歲月無窮無盡：「長安苦寒誰獨悲，杜陵野老骨欲折。」

第六章　喪亂

少陵野老吞聲哭，春日潛行曲江曲。

———— 杜甫

你愛這個國家，可這個國家愛你嗎？

———— 白樺

1

全國都在傳言安祿山必反的時候，唯一一個不相信的，是這錦繡山河的主宰 —— 天子唐玄宗。

之前，已有不少人提醒過他。對這些忠言，玄宗輕則駁斥，重則將提醒者押到安祿山處，任由安祿山處置。

如此一來，敢在玄宗面前說安祿山不是的人幾乎絕跡了。

楊國忠也是預言安祿山必反者之一，不過，他不是出於對唐王朝的忠誠，而是擔心在玄宗那裡，安祿山的寵信超過自己。於是「屢於上前言其悖逆之狀」；然而，一向對他言聽計從的玄宗卻「不之信」。

《舊唐書》認為，鑒於玄宗對己甚厚，安祿山雖然雄鎮北方，厲兵秣馬，但一直沒有行動。他想等玄宗駕崩後再動手。「及見國忠用事，慮不利於己」，才在玄宗在世時叛亂。

天寶十三載（西元754年）春，安祿山到長安晉見玄宗。之前，楊國忠曾警告玄宗說，安祿山必反。並說：陛下您試著把他召到長安來，他

第六章　喪亂

肯定不來。沒想到，聖旨一下，安祿山馬上來了。華清宮裡，安祿山伏在玄宗面前哭訴：「我本是胡人，受陛下寵擢才有今天，現在為楊國忠忌恨，臣死無日矣。」由是，「上憐之，賞賜鉅萬」，更加寵信安祿山。楊國忠之外，另一個更重要的大人物，即太子李亨也預言安祿山必反，「言於上」，但「上不聽」。由是觀之，安史之亂原本可以消弭於事發之先，只是，玄宗一意孤行，終至完全不可收拾。

由於唐玄宗對楊貴妃無與倫比的寵溺，一人得道，雞犬升天，楊氏成為全天下權勢最炙手可熱，生活最驕奢淫逸的豪族。

楊國忠有四個兒子，其中一個叫楊暄，參加了某年的明經考試，不及格。當時還未實行糊名制，禮部侍郎達奚珣是考試負責人，他看到楊暄的答卷後，畏於楊國忠權勢，打算為楊暄黑箱作業。為此，他派兒子達奚撫先去與楊國忠通個氣。達奚撫等楊國忠出門上朝時，趨至馬前。楊國忠看到達奚撫，以為兒子中選了，面有喜色。及至聽了達奚撫的話，變臉作色，罵道：「我兒子哪愁沒富貴？用不著你們這些鼠輩賣人情。」說罷，「策馬不顧而去」。達奚撫惶恐不已，回去告訴達奚珣說：「彼恃挾貴勢，令人慘嗟，安可復與論曲直？」達奚無奈，「遂置暄上第」。

明擺著，在楊國忠這種超一流權貴那裡，朝廷規章、國家制度、人間道德，通通一文不值，必須為他和他的家族大開方便之門。這對杜甫之類眼巴巴期望透過考試改變命運的普通讀書人而言，無疑是巨大的不公。

但是，人間從來就沒有真正的公正，相對的公正也要有一個清明的政治大環境才能保證。

由於乃父之蔭，楊暄很快爬到了戶部侍郎的高位 —— 相當於財政部加內政部副部長，正四品下。

按唐制，透過科考及第後獲得做官資格的前進士，必須透過守選。守選由吏部主持，三注三唱，自春及夏，方終其事。總而言之，極其慎重。但楊國忠竟把那些守選的候任者及主持守選的高級官員叫到自己家裡，他的家眷們在簾子後面觀看、品評這些人的衣飾相貌，以為笑料，竟至「笑語之聲，朗聞於外」。並且，他所親信的鮮于仲通等人，還要求這些選人在朝廷公署門前立碑，「以頌國忠銓綜之能」。其時，杜甫也在守選行列，極有可能也被叫到富麗堂皇的楊府，並在歌頌楊國忠的碑文後署名。

　　權傾天下的必然結果，一方面，「自公卿已下，皆頤指氣使，無不讋憚」；另一方面，則是權力為權力擁有者帶來大量財富，所謂的升官發財是也。史稱楊國忠「構連甲第，土木被綈繡，棟宇之盛，兩都莫比，晝會夜集，無復禮度」。

　　長安冬日天寒，楊國忠家中妻妾美僕成群，每出行，他必選婢妾中的肥胖者把他團團包圍，為其遮風，同時借人體之氣取暖，稱為肉陣。到了夏天，他把冬季精心收藏於地窖的大冰塊取出來，令工匠雕琢成鳥獸或大山形狀，裝飾以金環綵帶，羅列在宴會廳周圍。大夏天，客人竟冷得面有寒色。此外，他還把這些大冰塊送給王公大臣。所有受贈者中，只有張九齡卻而不受。

　　除了在驪山等地有別墅外，楊國忠在長安城中有兩座大宅子。一座在長安城偏南的宣義裡，一座在宮城東南的宣陽裡。猜想後者是他常居之地，因為這裡離宮城更近。

　　宣陽裡是唐時高尚社區，坊裡居住過不少有頭有臉的大人物。比如楊貴妃的大姐韓國夫人、三姐虢國夫人和八姐秦國夫人，大將軍高仙芝，京兆尹李齊物，駙馬獨孤明，以及更早些時候的兵部尚書郭元振和

第六章　喪亂

著名詩人陳子昂。

有意思的是，安史之亂時，叛軍攻入長安，王維、鄭虔等人基於種種原因，不得不接受安祿山安排的偽職。及至唐軍收復長安，王維和鄭虔等人因之被繫，就關押在楊國忠的前宰相府——那時候，楊國忠早已在馬嵬坡身首異處，他的四個兒子，以及包括楊貴妃在內的四個從妹，也都死於非命。至於虢國夫人的豪宅，不久就改作寺廟。

這正是：眼見他起高樓，眼見他宴賓客，眼見他樓塌了。

2

山雨欲來、大亂將作的天寶十四載（西元755年），杜甫四十四歲。

這年秋天，他到奉先探望已經闊別近一年的妻兒，並與楊氏的族兄楊蕙以及他的遠房舅舅崔某相聚。崔某時任明水縣主簿。

十月，杜甫返回長安。

就在此時，關於他的任職，終於有消息傳來——在經過了漫長的四年多守選後，杜甫被任命為河西尉。

但是，杜甫拒絕接受。

天天都想要入仕的杜甫，為什麼拒絕呢？原因是多方面的。

這得與官方的改任連起來說——不就河西尉後，很快，朝廷改任他為右衛率府冑曹參軍。這一次，杜甫接受了。

拒絕河西尉而接受右衛率府冑曹參軍，對此，杜甫本人作出的解釋是：「不作河西尉，淒涼為折腰。老夫怕趨走，率府且逍遙。」

在唐代，縣的長官為縣令，其下依次為縣丞、主簿和縣尉，這四者都是由中央除授的九品三十階流內職事官，縣尉位於流內職事官的最底

層。再下面，就是非流內官的吏員如縣錄事、縣司功佐和典獄了。

縣尉是一個尷尬的職位。一縣之中，縣令為主官，其下有縣丞、主簿等佐官，縣尉的地位在縣丞和主簿之下。就職責來說，縣尉主要負責治安，需要直接與民眾打交道。高適做過封丘縣尉，他對拜迎官長、鞭撻黎庶的工作深惡痛絕。晚唐詩人李商隱做過弘農縣尉，也有詩大倒苦水：「黃昏封印點刑徒，愧負荊山入座隅。卻羨卞和雙刖足，一生無復沒階趨。」——作為縣尉，每天黃昏時都要封存縣印，清點刑徒，事務繁忙且無聊。李商隱以至羨慕被砍了雙腳的卞和，不用像自己一樣為公事趨走。這當然是氣話。此外，白居易做過盩厔縣尉。白居易對此不滿，但沒像高適那樣辭職，而是消極怠工——縣令讓他抓人催賦，他裝病不上班。這個雞肋般的職務，白居易譏之為趨走吏：「一為趨走吏，塵土不開顏。」

王勃有一首詩〈送杜少府之任蜀州〉，裡面的名句，是他安慰他的朋友杜少府的：「海內存知己，天涯若比鄰。」

少府，就是唐時對縣尉的別稱。王勃這位朋友，到偏遠的蜀州當縣尉，自然愁腸滿腹，鬱鬱寡歡，王勃才會如此安慰。

那麼，杜甫是不是因為縣尉一職的瑣屑無聊而拒絕接受呢？不全是。

如同州分七等一樣，唐代的縣也有等級之分。其分法，有十等說和七等說諸種。今按《元和郡縣圖志》及《新唐書·地理志》，分十等：赤（又稱京）、次赤（又稱次京）、畿、次畿、望、緊、上、中、中下、下。等級不同，其長官的品秩、重要程度及升遷機率也不同。

以縣令來說，赤縣縣令為正五品上，在唐代官員的三十個品級中，算中高級了。上縣則為從六品上，下縣只有從七品下。赤縣到下縣，相

第六章　喪亂

差不可以道裡計。再看縣尉，赤縣縣尉為從八品下，有六人之多；上縣為從九品上，人數減為兩名；中縣以下為從九品下，僅一人。也就是說，縣的級別越低，縣尉不僅品級低，事務也將因人數減少而更加繁雜。

杜甫授縣尉的河西，舊說以為在今雲南蒙自或四川宜賓，皆誤。實則在今陝西。唐高祖時，析郃陽東部黃河沿岸一帶設縣，因地處黃河以西，故名河西，並充當西韓州治所。幾年後，西韓州遷治韓城。河西縣先屬西韓州，再屬同州，後又屬河中府，及後復歸同州。

河西縣的級別，屬望縣，望縣縣尉，為正九品下。

唐人觀念裡，地處京城大邑的赤縣、畿縣，其縣尉品級高，前途光明，被視作美官，乃是士人爭求的好位置，很少有人初仕就得到這個職務。望縣、緊縣和上縣，雖然比不上赤縣、畿縣，但比上不足，比下有餘，一般進士釋褐得到這個職務，也不算太壞。至於中縣、下縣，地方偏僻，遠離京城，戶數又少，窮鄉僻壤，進士們視為畏途。

就是說，河西尉這個職務並不是太壞，至少是不好不壞，杜甫為什麼要拒絕？

除了嫌縣尉工作需要趨走，需要對上笑臉，對下皮鞭，實在有違內心外，更在於杜甫不願意離開京城。

他在京城慘淡經營十年，儘管看了不少冷嘴臉，坐了不少冷板凳，卻也認識相當多的王公貴族、名人國士——想想他向玄宗請求的授予他著作郎的往事吧，他顯然希望留在京城，等待這樣的機會。當然，機會一輩子也沒來。

那麼，右衛率府冑曹參軍又是個什麼職務呢？

封建社會，太子為國之儲君，具有舉足輕重的地位。因而，太子手

下設有一大堆文武機構,並有大批文武官員,這就是東宮僚屬。左、右衛率乃是東宮下屬的軍事機構。與左、右衛率並列的,還有左、右司御率和左、右清道率,共計六支部隊,稱為東宮六率。六率各有軍號,其中,左、右衛率軍號為超乘。東宮六率的職掌是負責東宮警衛和太子儀仗。

杜甫任職的右衛率,即東宮六率之一,率府首長為衛率,正四品高官;下設副率二人,長史一人,錄事參軍事一人。下隸親府、勳府和翊府,三府各設中郎將一人,從四品;左、右郎將一人,正五品。三府乃是率府的主要機構,承擔了率府主要職責。三府之外,另設諸曹——相當於為這支部隊服務的各個後勤部門,如倉曹、兵曹、騎曹、冑曹,每曹長官稱參軍事,如杜甫的冑曹參軍事,簡稱冑曹參軍。各曹參軍下面有府史若干。冑曹主要掌管武器甲冑及公廨修建。因此,杜甫這個冑曹負責人,相當於太子下屬的一支部隊的武器庫兼營房總管。從級別上說,屬從八品下。

接到新任命後,杜甫寫了一首〈官定後戲贈〉:

不作河西尉,淒涼為折腰。老夫怕趨走,率府且逍遙。耽酒須微祿,狂歌託聖朝。故山歸興盡,回首向風飆。

——不作河西尉,是我年紀大了,害怕趨走,害怕淒涼地屈身事人。在右衛率府任這個閒職,我會比較清閒自在。俸祿雖微薄,尚能滿足我喝酒的愛好。為此,我要高歌讚美朝廷。回鄉歸隱的想法已經打消了,只是在風中回首時未免思緒飄蕩。

表面看,杜甫似乎對新任命還算滿意。細一品,不難發現他其實是在說反話,是在自我解嘲,滿懷無奈與激憤——十年奔走,十年困居,只得到這麼一個可有可無的芝麻官。

第六章　喪亂

王嗣奭在《杜臆》中說：「若論得錢，則為尉頗不淒涼，其云『淒涼』者，為折腰且怕趨走，不如率府兵曹且得逍遙；『逍遙』與『淒涼』反……『向風飆』，知率府亦非所欲，為貧而仕，不得已也。不平之意，具在言外。」

3

對杜詩，後人的評價大抵沒有太大差別，都認可他的詩是詩史，他的人是詩聖，他的成就是集大成。但是對杜甫的政治眼光和政治見解，卻頗有不同聲音。

杜甫一生沉淪下僚，政治上可以說沒有任何建樹。但是杜甫好議論，尤其好議軍政大事，哪怕贈別之作或悼亡之作，也常常情不自禁地牽涉到政治。從他的這些議論，不難判斷他的政治眼光和政治見解。

歐陽修與宋祁所修的《新唐書》認為：「甫曠放不自檢，好論天下事，高而不切。」這一論斷對後世影響甚大，乃至於范文瀾的《中國通史簡編》稱：「杜甫同李白一樣，對政治的看法，也十分天真，甚至比李白更天真。他自比稷和契，希望因自己文學出眾，『立登要路津』。他做大官的目的，倒不是為富貴享受，而是要『致君堯舜上，再使風俗淳』。」

一古一今兩種說法，都認為杜甫不具備政治眼光，非常天真。真的如此嗎？我認為不盡然。

如果從政治的具體運作來說，杜甫只當過幾年芝麻官，可能的確沒有政治運作的具體經驗。他希望透過自己出色的文學才華而受到君王重用，這在當代語境下，當然很荒唐——恐怕沒有任何一個作家因小說、散文寫得好，從而固執地認為他應該擔任部長或總理。但在杜甫時代，

卻不無可能。作為一個有思想的詩人，作為一個幾乎淪為社會底層因而對社會現實有著清醒認知的人，杜甫明顯具有超越許多高官的政治預見性。

天寶十四載（西元755年）十一月，改授右衛率府冑曹參軍後，杜甫第二次到奉先探望妻兒。這一路所見所聞，他寫成了〈自京赴奉先縣詠懷五百字〉。在杜甫的一千四百多首現存詩作裡，這是僅次於〈北征〉的第二長詩，也是一條通往杜甫心靈深處的隱祕小徑。

奉先在長安西北兩百餘里處，在唐代，長安通往太原的驛道自奉先經過。由長安到奉先，一般來說，正常情況下大約需要將近兩天。

奉先原本是一個不出名的小地方，但自從杜甫把它寫進詩裡，它便成為詩聖心路歷程的一部分。在筆架山下的南瑤灣村杜甫景區的某間展廳一角，一個悲涼的男聲，一遍又一遍地朗誦這首詩。我站在暗處，聽著朗誦，看著投影畫面，突然有一種想要痛哭、想要吶喊的衝動。

〈自京赴奉先縣詠懷五百字〉這首長詩，可分為幾個段落——吳小如把它分為三段；我認為，如果細一點，分四段也行。

第一段，杜甫陳述自己的理想與追求理想的遭遇。詩題中的詠懷二字表明，詩人要用詩歌的方式坦露心事。

「杜陵有布衣，老大意轉拙。」時年四十四歲的杜甫剛任右衛率府冑曹參軍，剛剛走上仕途。此前四十多年，他一直是布衣。四十四歲，人生已過大半，按理，經歷了如此多的磨難曲折，理應像常人那樣被生活打磨得圓滑，可他卻更加笨拙和固執。

「許身一何愚，竊比稷與契。」——旁人眼中，我的笨拙和固執在於，我一輩子都把自己比作稷與契。稷乃周人先祖，教民稼穡，今天的武功尚有紀念他的教稼臺；契為大舜臣子，管民事。唐朝名相魏徵曾對

第六章　喪亂

唐太宗說過，最理想的時代應該是「君為堯舜，臣為稷契」。杜甫的理想是成為稷和契那樣忠誠而又能幹的大臣，輔佐堯、舜那樣的君王，實現再使風俗淳的大同理想。但如今，自己年過四旬，只是一個從八品下的芝麻官，在旁人看來，這理想簡直就是笑話。

但是，面對「居然成濩落」的現狀，杜甫卻「白首甘契闊」，並斷言「蓋棺事則已，此志常覬豁」。

濩落典出《莊子》，指大而無用，引申為淪落失意。面對無從實現的遠大理想，杜甫表示心甘情願，死而後已。

正因為懷此理想，他才在自身難保的情況下憂國憂民，「窮年憂黎元，嘆息腸內熱」。

面對那些飛黃騰達的同窗舊友的嘲笑或勸說，他的反應是「浩歌彌激烈」──我這種慷慨激昂的情感反而愈加強烈了。

「非無江海志，瀟灑送日月。生逢堯舜君，不忍便永訣。」杜甫進一步解釋：並不是我不想隱逸，不想回歸瀟灑的江海生活，而是我生逢堯、舜這樣的明君，不忍心與他永別，想在他的領導下做出一番事業。

創造了開元盛世之奇蹟，也打開了安史之亂之敗局的唐玄宗在後人心中毀譽參半，甚至毀多於譽。但是，在生活於開、天之際並見證了中國幾千年來罕有盛世的杜甫心中，玄宗固然有諸多值得規諫之處，卻仍然無損他是一個明君。安史之亂後，杜甫回憶起當年的盛世時依然一往情深：

憶昔開元全盛日，小邑猶藏萬家室。稻米流脂粟米白，公私倉廩俱豐實。

所以，杜甫在詩中把玄宗尊為堯、舜，固然有為今上美化的成分，卻不是全無根據的浮誇。

正因為對明君與盛世的迷戀，杜甫忠君憂國的行為就像葵、藿之類的趨光植物一樣永遠向著太陽，它是一種本性、一種本能：「葵藿傾太陽，物性固莫奪。」

　　「顧唯螻蟻輩，但自求其穴。胡為慕大鯨，輒擬偃溟渤。」——我本來只是螻蟻般無足輕重的讀書人，只管像其他人那樣自營其穴，自己過得去就行了，為什麼要羨慕大海裡的長鯨，想像它們那樣在波濤之中橫渡汪洋呢？

　　這樣的疑問其實是一種回答：「我不願如螻蟻庸常一生，我要像長鯨滄海擊水。」

　　「以茲誤生理，獨恥事干謁。兀兀遂至今，忍為塵埃沒？」——這種想法與生計無關，以致我沒能讓一家人過上幸福生活。我到處干謁，深感羞恥。轉眼間已到了四十幾歲的今天，難道要像塵埃一樣淹沒嗎？

　　「終愧巢與由，未能易其節。沉吟聊自遣，放歌破愁絕。」——然而，我始終不能像巢父和許由那樣，對天下大事視而不見，自在地去做隱士。這樣的志向從來沒有改變，這也是我淪落至今的原因。我只有用酒聊以自遣，但酒後的狂歌卻帶來了更深的憂愁。

　　長詩一波三折，在沉鬱頓挫的第一段裡，杜甫坦言了自己的人生志向與遭遇，並表達出了「亦餘心之所善兮，雖九死其猶未悔」的堅定信念。

　　第二段寫他從長安前往奉先時的所見所聞及所思，個中高潮，在他經行華清宮時。

　　這是一個百草凋零，疾風吹得山岡上的石頭也要破裂的嚴冬。半夜，長安還是一片冷寂的黑暗，杜甫出發了。長安距奉先兩百多里，自長安到太原的驛道從奉先附近的同州經過。當時有南北兩途，考杜詩可

第六章　喪亂

知，杜甫走的是南線，即沿途次第經過長樂驛、滋水驛、灞橋驛、東渭橋、高陵縣、櫟陽縣、下邽縣而至同州，然後折向西行，即是奉先。

杜甫半夜出發，是為了當天抵達奉先，回到親人身旁。

關中的冬天異常寒冷，尤其是半夜從熱被窩裡起來，冒著風霜趕路，更是辛苦無比。「霜嚴衣帶斷，指直不得結。」——嚴霜把衣帶凍斷了，想要打個結，手指卻不聽使喚。

凌晨時，杜甫已來到了長安東北幾十里外的昭應縣。昭應即今西安臨潼區。臨潼境內，有一座聞名遐邇的山峰：驪山。

驪山屬秦嶺支脈，橫亙於關中平原東部，與幾十公里外的華山遙相呼應。由於山中有溫泉，自秦、漢、隋、唐以來，「人主皆嘗遊幸」。所有人主中，對驪山情有獨鍾的是唐玄宗，他「即山建宮，百司庶府皆行各有寓止，自十月往，至歲盡乃還宮」。玄宗每年十月到驪山避寒，居數月之久。為此，文武百官也得跟著皇上去，便在山上修造了大量房舍。又因寵愛楊貴妃，「其奢蕩特為章著，大抵宮殿包裹驪山，而繚牆周遍，其外觀風樓下，又有夾城可通禁中」。

總之，作為大唐帝國玄宗時期的冬都，驪山是一個浮華而肉慾的花花世界。白居易在〈長恨歌〉裡，用香豔的文字描繪了玄宗和貴妃在驪山的幸福生活：「春寒賜浴華清池，溫泉水滑洗凝脂。侍兒扶起嬌無力，始是新承恩澤時。」

大名鼎鼎的華清池，便在驪山腳下。溫泉池畔，立著性感的楊貴妃的白色雕像，背後是一些仿唐式建築；再背後，便是青翠的驪山。玄宗與貴妃在湯池裡泡罷，又在長生殿裡發誓：「在天願為比翼鳥，在地願為連理枝。」時至今日，長生殿尚有遺址，圍牆圍成景點。帝王將相蹤影全無，只有來來往往的遊人指指點點。江山如同一座遼闊舞臺，你方唱罷我登場。

按照唐時線路，居於長安城南少陵的杜甫，應該不會從驪山經過，而是在離驪山還有一段距離的西邊就要轉向北行，以便從東渭橋過河。

日本平安時代著名僧人圓仁隨第十八次遣唐使來訪，就是從東渭橋進入長安城的，圓仁在他的《入唐求法巡禮行記》中有關於東渭橋的記載。1967 年，當地農民在挖土取沙時發現了〈東渭橋記〉殘碑，據碑上文字，該橋修建於唐玄宗開元九年（西元 721 年）。考古發現，東渭橋遺址長五百四十八公尺，寬十一公尺，橋南端有一條用石頭鋪設的連線橋梁的道路，寬度在十二至二十公尺。考古表明，橋基用青石條砌成，中間以鐵栓板相連，並隔有分水的金剛牆四處。

莫礪鋒推測，東渭橋是一座經常被洪水沖毀，又經常重建的便橋。但是依據考古發現來看，恐怕不確。有意思的是，如今的東渭橋遺址，即當年的東渭橋，並不在今天的渭河上，而是離渭河三公里左右。這說明，唐代至今的一千多年間，渭河河道北移了不少。

從東渭橋過河之前，杜甫先經過了驪山山麓。驪是黑色的馬，因驪山看上去像一匹黑馬而得名。

「凌晨過驪山，御榻在嵽嵲。」杜甫單人匹馬，從驪山西邊經過，他很自然地想起，時值隆冬，皇帝和一幫大臣正在驪山避寒。

「蚩尤塞寒空，蹴踏崖谷滑。瑤池氣鬱律，羽林相摩戛。」天快亮了，山谷中湧起一陣陣潮溼的霧氣，走在崖谷間，小路更加溼滑難行。遙遙可望的驪山行宮裡，熱騰騰的溫泉冒著水氣，宮外是大批巡邏的禁衛軍，他們手中的武器輕輕碰撞，發出一陣陣清脆的聲音傳到杜甫耳中。──這有可能是實寫，更可能是想像。

接下來，就全是杜甫的推測了。因為驛道和行宮還有一定距離，即便真的就從宮牆下經過，高高的宮牆也把牆內牆外分割成兩個迥異世

第六章　喪亂

界。牆外的杜甫，不可能看到牆內的幸福與豪奢：

君臣留歡娛，樂動殷膠葛。……彤庭所分帛，本自寒女出。鞭撻其夫家，聚斂貢城闕。聖人筐篚恩，實欲邦國活。臣如忽至理，君豈棄此物？多士盈朝廷，仁者宜戰慄。況聞內金盤，盡在衛霍室。

── 皇上和臣子一起極盡歡娛，響亮的樂聲連綿不絕。宴席上，皇上拿出大量絲帛賜給與會的臣子，這些絲帛本是貧苦人家的女子辛辛苦苦織出來的。朝廷為了將其奪取，鞭撻她們家裡的男人，從各地搜刮到手後再送到京師。皇上把絲帛賜給臣子，本是為了讓臣子幫助他把國家治理好，以求長治久安。做臣子的如果忽略了這個道理，那就等於皇上的財物白費了。袞袞諸公充斥朝廷，倘若稍有良知，也會為豐厚的賞賜感到不安。何況我聽說大內珍藏的寶物，如今幾乎都在衛青、霍去病這些皇親國戚府中。

天漸漸亮了，騎在馬上的杜甫眺望山林間壯麗的樓閣，他繼續想像牆內的情景 ── 那是與民間格格不入的另一種存在：

中堂舞神仙，煙霧蒙玉質。暖客貂鼠裘，悲管逐清瑟。勸客駝蹄羹，霜橙壓香橘。

── 大堂之上，香煙輕繞，玉一般的女子跳著神仙一樣的舞蹈。參加宴會的人身著貂皮大衣，怡然自得地欣賞歌舞。他們面前的幾案上，擺滿了各種珍稀食物，有用駱駝蹄子熬成的羹湯，有秋天儲存下來的柳丁和橘子。

寫到這裡，杜甫再也無法壓抑內心的悲憤，十個擲地有聲的漢字噴薄而出，如同十支呼嘯而過的響箭 ──

朱門酒肉臭，路有凍死骨。

悲憤的怒火後，杜甫又陷入了難以名狀的憂傷：「榮枯咫尺異，惆悵難再述。」──他和達官貴人之間，只有咫尺之遙，卻如同兩個平行宇宙那樣無法相通。一邊是榮，一邊是枯；一邊是溫暖，一邊是寒冷；一邊是富貴，一邊是清貧；一邊是飛黃騰達，一邊是報國無門；一邊是炙手可熱，一邊是寂寞悽清。

對驪山大牆內外作了真實而生動的對比後，第三段，杜甫回述他前往奉先的艱難路途。

向北經過了離涇河與渭河交會處不遠的東渭橋後，杜甫的前進方向由之前的向東變成向北，因為奉先在長安東北方。當他回首張望時，他看到奔騰的河水自西向東流淌，像是從天而降。浩大的水勢，讓杜甫擔心它會把傳說中支撐天空的柱頭沖毀。幸好，大橋安然無恙，只是橋柱發出了細碎的聲響。渭河寬廣，長長的大橋看上去很危險，來往行人只好互相攙扶壯膽。

過河後，杜甫繼續趕路。他感嘆世道艱難，家人也跟著受罪：「老妻寄異縣，十口隔風雪。誰能久不顧，庶往共飢渴。」──妻兒老小十口人，寄居在遠親做官的奉先，與我各在一方。作為妻子的丈夫和孩子的父親，怎麼能長久地不顧念他們呢？現在，我就要前往奉先，哪怕是飢餓寒冷，也要和他們在一起。

之下是第四段，寫他到家中後的所見及所思。那也是淚點和痛點之所在：「入門聞號咷，幼子餓已卒。」剛進門，就聽到家中傳出嚎啕大哭聲，驚疑急問，才知道幼子竟然餓死了。

這個餓死的幼子到底有多大？史料闕如，我來做一番推測。

按蕭滌非的《杜甫全集校注》所附年譜，杜甫次子宗武生於天寶十三載（西元754年）秋，即幼子餓死前一年。幼子餓死是在天寶十四載冬，

第六章　喪亂

那就意味著楊氏在大約十四個月裡，竟生育了兩個兒子。雖然不是沒有這種可能，但總覺得過於特殊了些。若此說成立，則幼子死時，最多不過兩三個月，尚屬嬰兒。嬰兒有母乳可食，當不致餓死。

不過，我發現，大曆三年正月，杜甫在夔州寫了一首〈又示宗武〉，詩中雲「十五男兒志」，即當年宗武十五歲。大曆三年即西元768年，倒推過去，則宗武可能生於天寶十二載，即西元753年——之所以說是可能，因古人用的是虛歲。倘如此，則楊氏在兩年多時間裡，先後生了宗武和幼子，而幼子的年齡，大概一歲。古代無奶粉之類的嬰幼兒食品，母乳斷絕，只能食米糊流食。猜想這才是幼子餓死的原因。

不管如何，風塵僕僕地進了家門，噩耗卻有如當頭一棒，敲打得杜甫呆若木雞。

唐時習俗，未成年的孩子夭折，做父母的不能哭泣。這是遵照《禮經》的要求。唐人於鵠在喪子後所作詩中就有「嬰孩無哭儀，禮經不可逾」的句子。

杜甫感嘆，就算我按《禮經》要求強忍不哭，奈何就連鄰居看到這樣的慘狀，也不由嗚咽淚下：「吾寧捨一哀，里巷亦嗚咽。」

杜甫自責：「所愧為人父，無食致夭折。」——我實在心中愧疚啊，身為人父，竟然讓孩子沒有飯吃，活活餓死。

驪山上狂歌痛飲的達官顯貴，他們哪裡知道，即便是在莊稼收穫不久之後，窮人家裡依然可能有人餓死。

再也沒有哪一種絕望比得上一個父親得知自己的兒子在豐年、在盛世，竟然活活餓死。

這樣的豐年和這樣的盛世不僅可疑，也可怖，可憎。

喪子之痛帶給杜甫的是推己及人的悲憫——這也正是杜甫的偉大與

可敬之處,當他的傷口還流著血,他在喊出自身疼痛之時,也沒忘了為同樣傷口流著血的他人吶喊。這正如他後來在茅屋為秋風所破時,猶自希望有廣廈千萬間,大庇天下寒士俱歡顏。

唐制,皇族貴戚及有品爵官職者,本人及其子孫都可免交租稅,免服勞役。杜甫當然也在豁免之列,與平民相比,屬於特權階層。因而,杜甫感嘆:「生常免租稅,名不隸征伐。撫跡猶酸辛,平人固騷屑。」——像我這種免租稅與賦役的家庭,遭遇尚且如此艱辛可悲,何況普通平民百姓,他們必將遇到更多的憂愁之事。

「默思失業徒,因念遠戍卒。憂端齊終南,澒不可掇。」——默然之中,我想到了那些失去土地的農民,想到了那些被迫遠戍邊疆的士卒,他們的痛苦與我相比,恐怕一點也不會少。國家如斯,世道如斯,我的憂愁如同終南山一樣高峻,如同浩瀚的大海一樣洶湧澎湃,無法收拾。

一個想做稷與契的人,幼子居然餓死;一個被稱頌為堯舜的明君執政的盛世,居然奸臣當道,人民流離。在杜甫大筆如椽之下,盛唐正在滑向不可挽救的深淵。

四十四歲之前,杜甫已經創作了不少名篇佳作,足以讓他成為優秀詩人之一。但是,要等到有了橫空出世的〈自京赴奉先縣詠懷五百字〉,他才得以成為一流詩人。

因為,這不是普通的詩,這是一個喪亂時代的痛苦吶喊。

4

自西安北上,不多時,高速公路便駛離了坦蕩如砥且生意盎然的關中平原,慢慢進入黃土高原。此後數百里行程,視野裡俱是黃土——黃

第六章　喪亂

土原、黃土梁、黃土溝、黃土峁，大地被縱橫的溝壑切割得支離破碎。

富縣就位於黃土高原深處。

春秋時，富縣屬晉國。三家分晉後，歸魏國。周顯王三十九年（西元前 330 年），秦敗魏，魏不得不將河西十五座城池獻於秦，其中包括富縣——秦在這裡設雕陰縣。

秦朝時，雕陰縣位於從首都咸陽到五原的直道上，是一個重要軍事據點。

隋開皇年間，設鄜城郡。到杜甫的唐代，又改設鄜州。無論郡還是州，當然都比縣級別高。

經過數十天的顛沛流離，杜甫一家來到了鄜州，將不成樣子的家安在了大申號村——那時，它叫羌村。

大申號村坐落在山間一個相對平坦的山坡上，幾十間房舍雜亂地分布於臺地，有的高，有的低，有廢棄的窯洞，也有破舊的院落。這一家的院壩，可能要高於另一家的屋頂——如是，則能理解杜詩說的「鄰人滿牆頭」了。可以肯定的是，當大申號村還叫羌村的杜甫時代，除了沒有電和諸種電器，沒有石棉瓦，其他應該都相差無幾。在那些偏僻之地，時光雖然還沒有凝固，但往往變得十分緩慢、遲疑。

富縣一帶的秦直道，
當年杜甫也許就是
沿著它回鄜州探親的

天寶十四載（西元755年）十一月，正當杜甫從京城到奉先探望家人，進門卻得知幼子剛剛餓死時，在距他千里之外的北方范陽，一場即將改寫帝國和帝國萬萬千千民眾命運的大事發生了：連年來反骨漸露的安祿山終於反唐。

　　當時，安祿山派到長安奏事的一位官員回到范陽後，安祿山便詐作敕書。他召集將領們說，朝廷向我發來密旨，令我帶兵入朝討楊國忠，「諸君宜即從軍」。手下將領們愕然相顧，無人敢有異議。當即，安祿山發所部兵及與之有勾結的同羅、奚、契丹、室韋等少數民族軍隊十五萬——號稱二十萬，扯旗造反。

　　安祿山在范陽舉行閱兵式，並宣布：「有異議並煽動軍人者，斬及三族」、「於是引兵而南，祿山乘鐵輿，步騎精銳，煙塵千里，鼓譟震地」。

　　安祿山造反的消息傳出，儘管之前很多人都預見他將要造反，但當頭上的達摩克利斯之劍終於掉下來，還是讓人震怖。史稱：「時海內久承平，百姓累世不識兵革，猝聞范陽兵起，遠近震駭。」荒唐的是，當太原和東受降城防軍將安祿山造反的消息十萬火急地送達長安時，深居禁中沉溺酒色的玄宗「猶以為惡祿山者詐為之，未之信也」。

　　過了幾天，各方面情況表明，安祿山真的反了。玄宗這才召集重臣商討對策。會上，其他人還未發言，楊國忠「揚揚有德色」——因爭寵爭權，他向來與安祿山不睦，並預言安必反。此時，事態的發展果然如他所言，身為首相，他不去考慮此事為江山社稷帶來的危害，卻因自己預言坐實而揚揚得意。他非常輕浮地下結論說：「今反者獨祿山耳，將士皆不欲也。不過旬日，必傳首詣行在。」楊國忠一番沒有根據的臆想之詞，玄宗卻深以為然，以致出席會議的大臣相顧失色。

　　當杜甫從奉先回到京城時，安祿山造反的消息早已傳播海內，而安

第六章　喪亂

祿山大軍，正從河北進攻河南，一路所向披靡。

在右衛率府胄曹參軍這個芝麻大的閒職上，杜甫沒能逍遙幾天。

很可能，天寶十五載（西元756年）春天，上自天子李隆基，下到普通黎民百姓，他們對安祿山造反將帶來的動盪和影響還缺乏必要認知。很可能，他們都一廂情願地相信，只要官軍奔赴前線，造反的亂臣賊子就將束手就擒。他們不會預料到，叛軍勢力竟如此強大，推進速度竟如此疾速，大帝國的崩潰竟如此令人目瞪口呆。不僅天子將不得不踏上逃亡之路，首都長安和東都洛陽也將落入叛軍之手。

當災難還沒成為活生生的現實，長安城如同風暴來臨前夕的天空，依舊溫情脈脈，歲月靜好。

沉淪下僚的杜甫雖然關心國家，關心社稷，但他不在其位，難謀其政，他永遠是一個清醒而痛苦的旁觀者。他的痛苦來自他的清醒，他的清醒加重了他的痛苦——愈是清醒，愈是痛苦。

這年春天，杜甫留下了三首詩。三首詩都和飲酒聚會有關，而觥籌交錯之間，杜甫總是不由自主地想起不知會如何收場的戰亂。

正月初一，杜甫參加了一場聚會。與會的多是青年才俊，其中最優秀的數蘇端和薛復——薛復生平失考，蘇端是吏部侍郎蘇晉的姪子。杜甫在〈飲中八仙歌〉中寫到了蘇晉：「蘇晉長齋繡佛前，醉中往往愛逃禪。」蘇端其時尚未中進士，入仕後累遷吏部郎中，因性情疏狂被代宗貶斥。

正月初一的長安冰雪未消，花草初萌，「愛客滿堂盡豪翰，開筵上日思芳草」。在一眾年少輕狂的青年才俊中，年過四十五的杜甫有一種不由自主的失落。浦起龍所謂：「蘇、薛諸生皆年少能文，公對之，動嘆老嗟卑之感。」嘆老之外，杜甫更為千里外的戰事憂心：「垂老惡聞戰鼓悲，

急觴為緩憂心搗。」──我老了，聽說戰事就很焦慮，為了緩解焦慮，只好不停喝酒。

農曆每個月的最後一天稱為晦日。正月晦日，稱初晦。古人在初晦要祛邪、避災、祈福。這一天，獨居長安的杜甫去找兩個新交的朋友。此兩人，一個叫崔戢，一個叫李封。崔戢於史無考，李封曾做過左補闕和侍御史。杜甫與崔、李相交時間不長，但是「晚定崔李交，會心真罕儔」。他們時常聚在一起飲酒，有時還在崔家或李家留宿。這一天，他們相聚於李家園子，園子裡長滿了青翠的竹子，淺草剛冒出地表，有蜜蜂在嗡嗡嗡地飛來飛去。

然而，酒至半酣，想起遠方的戰火，想起不知如何收場的大動亂，杜甫憂從中來。他想長歌當哭，又擔心一發不可收拾，只得含著眼淚繼續喝酒：「當歌欲一放，淚下恐莫收。濁醪有妙理，庶用慰沉浮。」

為一個姓程的同事餞行，應該是在這年春末。杜甫與這位同事的交往更短，是其到右衛率府任職後才相識的。其時，程錄事準備辭官還鄉──是為躲避正在迫近的叛軍嗎？杜甫說，他與程同事相遇雖然甚晚，但他發現程同事是一個特立獨行有風骨的人，他們之間的交情，有如管鮑。

春末，冰融雪消，化作一股股水流，將大地沖刷得一片泥濘。詩裡，杜甫一語雙關，以時景喻時事：「東風吹春冰，泱莽后土溼。」表面看是說雪水四溢，其實是說人民流離失所。

唐朝朝廷的平叛相當不力。

安祿山十一月起兵，十二月攻陷東都洛陽。唐軍敗退至陝州，為叛軍追擊，死傷無數。

次年正月，安祿山在洛陽稱帝，建號大燕。

第六章　喪亂

之前，安祿山之子安慶宗在朝任太僕卿，迎娶宗室之女榮義郡主。及至安祿山造反，唐玄宗怒殺安慶宗，賜郡主自盡。消息傳至安祿山處，安祿山剛打下陳留，降者數以萬計。安祿山慟哭說：「我何罪，而殺我子。」竟將近萬降卒殺之，以快其忿。

高仙芝和封常清受命指揮平叛，但是玄宗又以宦官邊令誠監軍。邊令誠「數以事干之，仙芝多不從。令誠入奏事，具言仙芝、常清橈敗之狀」。封常清的確三敗於叛軍，但邊令誠卻誣陷高仙芝盜減軍士糧草。之前，包括唐玄宗在內的袞袞諸公，都以為很快就能將安祿山平定，沒想到卻一敗再敗。玄宗震怒之餘，下旨將高仙芝和封常清處死。高仙芝一代名將，臨刑長嘆：「我遇敵而退，死則宜矣。今上戴天，下履地，謂我盜減糧賜則誣也。」

高仙芝伏誅後，改由哥舒翰統兵。此前，高適曾投到哥舒翰帳前效力，杜甫也一度有投靠哥舒翰的想法。

哥舒翰久經沙場，屢敗吐蕃，是唐代知名戰將之一。當時邊地有民歌稱頌他：「北斗七星高，哥舒夜帶刀。至今窺牧馬，不敢過臨洮。」

因戰功赫赫，哥舒翰不斷升遷，一直做到了河西節度使，並封西平郡王。但是他縱情酒色，身患風疾，只好長期在長安養病。

處死高、封二人後，玄宗決定起用哥舒翰。哥舒翰以病力辭，但「上借其威名，且素與祿山不協，召見，拜兵馬副元帥，將兵八萬以討祿山」。並加封哥舒翰為尚書左僕射、同中書門下平章事，親自為其餞行。

作為一流的軍事家，哥舒翰明白，唐軍與叛軍相比，實力懸殊。當下最好的辦法，就是固守潼關以待中原有變。他上書玄宗，認為安祿山雖然占據了河北等廣大地區，但手下盡是番將胡人，所到之地燒殺搶掠，百姓絕不會歸心。如果唐軍堅守潼關，叛軍久攻不下，一定會軍心

渙散，眾叛親離，屆時再趁勢出擊，大局可定。

原本，哥舒翰與楊國忠關係密切。但是安祿山之叛，時人都認為係楊國忠所逼，楊國忠最怕的就是朝廷將他作為替罪羊處死，以堵安祿山之口。偏偏就在哥舒翰固守潼關期間，哥舒翰手下將領王思禮就以此勸說他：「不如留兵三萬守潼關，其他精銳部隊回師長安，誅殺楊國忠，此漢挫七國之計也。」——漢朝時七國之亂，打的旗號是「清君側，誅晁錯」。安祿山起兵之初，也是以討楊國忠為藉口。如果把楊國忠殺了，就像當年漢景帝殺了晁錯一樣，可以堵叛軍之口。

哥舒翰對王思禮的建議「心許之，未發」。當他猶豫不決時，「有客洩其謀於國忠，國忠大懼」。於是，楊國忠經玄宗同意，將一萬多精銳部隊布置於灞上，令其心腹杜乾運率領，名為防叛軍，實為防哥舒翰。哥舒翰一眼就看出了楊國忠的用意，他竟以議事之名把杜乾運召到潼關，「斬之」。

至此，將相不和，勢同水火。楊國忠固然驚懼，哥舒翰也不自安，為後來的潼關失守埋下了禍根。

楊國忠生怕哥舒翰引軍西向，於是不斷向玄宗進言，要求哥舒翰與叛軍決戰。玄宗聽從了楊國忠的意見，「使使者趣戰，項背相望」。

一道道聖旨催逼下，天寶十五載（西元756年）六月四日，哥舒翰慟哭出關，次靈寶西原。

這是一場關係唐朝國運的大戰。結果，進入叛軍包圍圈的官軍水陸俱敗。其中掉進黃河淹死的就有幾萬人。潼關城外挖有三條壕溝，寬兩丈，深一丈，逃命回來的官軍掉入溝中，很快將溝填滿，後面的人馬就踏著同袍的軀體進入潼關。

第六章　喪亂

潼關古城遺址

　　清點隊伍，原本達二十萬之眾的官軍，只剩下可憐巴巴的八千。哥舒翰召集殘兵敗將，打算繼續固守潼關。然而，番將火拔歸仁等卻將哥舒翰劫持後向叛軍投降。

　　至此，固若金湯的潼關輕易落入叛軍之手，長安以及關中無險可恃，京師的陷落成為必然。

　　哥舒翰被押送到洛陽，安祿山見到他後，得意揚揚地指著他說：「你過去一直看不起我，現在怎麼樣呢？」

　　哥舒翰早就沒了昔年的英雄氣概，他竟然伏地請罪說：「臣肉眼不識聖人。陛下是撥亂之主，現在天下未平，李光弼在土門，來瑱在河南，魯炅在南陽，臣願寫信為陛下招降他們，一舉就能平定三方。」

　　安祿山大喜，封哥舒翰為司空、同中書門下平章事。然而，哥舒翰高估了自己的影響力，也低估了將領們對唐王朝的忠誠度。沒有一個人響應他的號召而投降，安祿山大為失望，便將他關押起來。到了安祿山的兒子安慶緒時，隨著戰場上節節失利，安慶緒將包括哥舒翰在內的三十多名唐朝高級官員全部處死。

　　不過，唐朝對這位大節有虧的戰將還不薄，不僅沒有清算他的家人，還追贈他為太尉，諡武愍。

哥舒翰的兒子哥舒曜，在德宗朝為節度使，並率兵討伐李希烈。德宗對他說：「爾父在開元時，朝廷無西憂。」

當哥舒翰與叛軍在潼關相峙時，叛軍若不破關而入，還可從蒲津一帶西渡黃河，自長安東北進軍。若如此，處於河西附近的奉先就岌岌可危。而杜甫的家小，正客居奉先。

於是，潼關大戰前夕，即天寶十五載（西元756年）五月，杜甫匆匆離開長安，前往奉先。

他要帶著一家老小去逃難。

逃難第一站是奉先以北的白水。

白水因渭河支流白水河得名。黃土高原上的這座普通小縣，最值得一說的，我以為非倉頡廟莫屬。

白水縣城東北有一小鎮，名史官。鎮上，有全中國唯一的紀念倉頡的廟宇。現存建築為元代及以後所建，不過，史料稱，早在東漢年間，就有廟存在。真如此，那麼，好古好遊的杜甫或許來過。廟內，數十株古柏虯枝挺立，樹齡均在千年以上。

白水儘管與奉先毗鄰，但它偏離了太原至長安的驛道，因而被兵火波及的可能性要小一些。並且，杜甫的舅氏崔頊在此任縣尉，舉家逃難，也就有了依靠。

杜甫一家到達當時純屬窮鄉僻壤的白水時，他的舅舅和其他長輩都來迎接。晚上，舅舅治酒相待，席間，有杜甫一輩子最愛吃的雕胡飯。

崔頊的居所，在城邊一座高崗上。從門口望出去，樹梢都伏在腳下。房舍背後，重巒疊嶂，山勢連綿，泉水淙淙，清風徐來，令在初夏五月裡狼狼奔波的杜甫感到清涼而溫馨。

第六章　喪亂

在白水舅氏家，杜甫一家待了一個月左右。六月，潼關失守的消息傳來，白水也不再安全。杜甫只好帶著家人，再次踏上逃難之路。

大曆五年（西元 770 年），這是杜甫人生的最後一年。這年春天，流寓湘江客舟上的他，與一位多年不見的老親戚相遇了。從血緣上講，這個老親戚和老杜已經很疏遠了。從感情上講，杜甫一生都對他心懷感激。

因為，十四年前的逃難之旅，他曾得到過這個老親戚真誠無私的幫助。大曆五年的意外邂逅，令年邁的杜甫意緒難平，他撫今追昔，寫下長詩〈送重表姪王砯評事使南海〉。

王砯是太宗朝宰相王珪的六世孫，而王珪的妻子，前面講過，她是杜甫的曾祖姑杜柔政。

從輩分上說，杜甫比王砯高兩輩——從杜詩「我之曾老姑，爾之高祖母」而言，杜甫似只比王砯高一輩，然詩題中的重表姪卻表明，杜甫比王砯高兩輩。這並非老杜的詩題與內容自相矛盾，而是杜柔政係王砯的高高祖母，即六世祖母。按古人習俗，高祖母以上可籠統地稱為高祖母，因而杜甫才說「爾之高祖母」。

天寶十五載（西元 756 年）夏天，潼關既破，杜甫一家又踏上了逃難之路。與他家同行的，就有重表姪王砯及家人。按今天習慣，杜甫稱王砯姪孫，王砯叫杜甫表公。

剛上路時，兩家人都有馬或騾子之類的牲口代步。誰知走到半路，杜甫的牲口竟被人乘亂搶走，他不得不擠在流民隊伍裡，徒步而行，漸漸與王砯走散了。行至山道，杜甫又不幸摔倒在路基下的亂草叢中。就在狼狽不堪時，已走出十餘里的王砯見表公沒有跟上來，騎著馬，一邊高呼杜甫的名字，一邊溯了人群往回趕。及至找到杜甫，他把杜甫救

起，還把自己的馬讓給杜甫騎，自己一手牽馬韁，一手執刀護衛。

這些生動真實的細節，杜甫都寫在了詩裡：「吾客左馮翊，爾家同遁逃。爭奪至徒步，塊獨委蓬蒿。逗留熱爾腸，十里卻呼號。自下所騎馬，右持腰間刀。左牽紫遊韁，飛走使我高。」

時隔多年，杜甫再次向王砅表達了發自內心的感激：「苟活到今日，寸心銘佩牢。」

在王砅的護衛下，兩家人重又會合。當天深夜，他們在白水縣的彭衙堡一帶趕路。山深人靜，月朗星稀，空谷裡傳來陣陣鳥啼。杜甫背負著小女兒，小女兒飢餓難耐，急得用牙咬他的肩膀。杜甫害怕女兒的哭聲被虎豹聽見，只好抱在懷中，伸手摀住她的嘴巴，哪知她拚命掙扎，哭鬧得更凶了。兒子更懂事一些，不時採摘路旁的野果子給妹妹吃。只是，那些酸澀的野果子，根本沒法下嘴。

那段時間，一連下了好多天雨，杜甫一行只好在泥濘中掙扎前行，不得不相互攙扶或是抓住路旁的樹木，小心翼翼才免於跌倒。身上的衣服打溼了，又冷又重。有時走了大半天，才走出幾里路。沒有吃的，只好採摘野果子充飢，清晨蹚著石徑上雨後亂流的洪水出發，晚上就在荒無人煙的野地露營。

又一個趕路的夜晚，杜甫一行作了不速之客，去投奔一位叫孫宰的朋友。孫宰聞訊出來，張燈開門，熱情迎接。進屋後，先為杜甫一行燒熱水燙腳，又剪紙為旐，為受到驚嚇的孩子們招魂。忙碌一番後，孫宰的妻兒也出來和客人見禮。燈下，彼此相對，問起近況，熱淚縱橫。夜深了，豐盛的晚餐終於燒好了，孩子們已因疲倦而入睡，又把他們一個個叫起來吃飯。飯後，孫宰把堂屋讓出來，供客人們休息。

一年後，杜甫再次經行彭衙，想起一年前的往事，心潮澎湃，卻無

第六章　喪亂

法間道相訪，只好寫詩遙寄。他在詩中感嘆：「誰肯艱難際，豁達藏心肝？別來歲月周，胡羯仍構患。何當有翅翎，飛去墮爾前。」

在孫宰家小住後，杜甫一行又經華原、三川，抵達了鄜州羌村。

為什麼會選擇這樣一個偏僻的小村莊避難？是因為這裡有朋友或親戚嗎？杜詩沒說，猜想多半沒有。那就意味著，選擇羌村或許並不是逃難之初的預設，而是隨遇而安的臨時起意。

5

邊遠的羌村雖然偏僻，倒也因偏僻遠離了戰爭烽火，是一個相對安全的小地方。加上一家人團聚在一起，按理，杜甫應該在這裡長久地客居下去，直到外面那個沸騰的世界不再沸騰。

然而，縱觀杜甫一生，只要他的處境稍微安寧，他就會不由自主地替國家擔憂，替君王擔憂。換言之，「天下興亡，匹夫有責」這種說法，在多數人那裡，不過是空洞的口號；唯有杜甫，把它當作終生身體力行的人生準則。

儘管偏遠，畢竟也不是「不知有漢，無論魏晉」的世外桃源，外面的消息——政局與戰事，仍然不時傳到羌村。

這年夏天，最重大的消息無疑兩個：

第一，六月，玄宗以親征名義逃出長安，奔赴劍南。行至馬嵬，軍隊譁變，楊國忠伏誅，楊貴妃賜死。

第二，七月，領兵在外平叛的太子李亨於靈武即位，改元至德，是為唐肅宗。

杜甫聞訊作詩，他既傷時嘆遇，感慨叛軍帶給民眾的苦痛，又希望

新皇帝即位，能夠迅速光復舊物。當然，他更渴望奔赴行在，為新皇帝效力。

杜甫心中重又燃燒起希望之火——今上新立，行在草創，一定需要人才，尤其需要像他這種對唐王朝忠心耿耿的人才。而對於江山社稷的與生俱來的責任感與使命感，更讓杜甫感到這既是仕途的一級臺階，也是實現自己政治理想的一次機遇。

他決定拋妻別子，奔赴行在。

肅宗登基的靈州，即今寧夏靈武，距杜甫所在的鄜州羌村千里之遙。自隋及唐，靈州都是北方強敵入侵中原的孔道，策略意義十分重要。

唐貞觀年間，太宗親臨靈州，招撫北方諸部，被尊為天可汗。安史之亂後，朝廷向回紇借兵，靈州成為物資轉運中心。

杜甫與依依不捨的妻兒灑淚相別，獨自踏上了前往靈州的路。

延安城裡，一條小河從南往北而流，在寶塔山下匯入延河。這條小河，名叫南河，舊名杜甫川。南河東岸，一座小山前，便是紀念杜甫的杜公祠。依山面河的杜公祠，占地很小，大門緊鄰大街。眾多樓房與鋪面之間，擠著一座仿古建築，那便是杜公祠的大門。察看十年前的老照片，卻沒有這道大門。

據地方史料記載，杜甫時代，此地名為七里鋪，意為距延州城區七里。杜公祠所在位置是一座石灣。據說，杜甫奔赴靈州時，曾經以鞋作枕，在石灣裡休息過一夜。為了紀念詩聖行蹤，後人建造了杜公祠。

又據說，杜公祠裡，原有范仲淹所書杜甫川三字，後來遭到毀壞，業已不存。今天能看到的，有清朝膚施縣知事陳炳林所書的「少陵川」以及於右任所書的「安得廣廈千萬間，大庇天下寒士俱歡顏，風雨不動

第六章　喪亂

安如山」。崖壁前還另立一石碑，上書〈嚴公九日南山詩〉，傳為杜甫手跡，真偽存疑。

杜甫來到延州，打算從這裡經蘆子關，再經今吳起、定邊、鹽池而達靈州。然而，當他在延州城外七里鋪的石灣草草歇息一晚，再次踏上路途時，卻不知此時的今陝、晉北部，均為叛軍控制。

於是，杜甫自投羅網，做了叛軍俘虜，被叛軍押往長安。所幸者，杜甫官職低微，叛軍把他押回長安後，並沒有繼續關押他，他尚有人身自由。

此時，承平多年後，長安這座獨領風騷的繁華古都，遭遇了一場大劫。叛軍還未進入長安前，玄宗已率眾逃離，長安成為權力真空。在從長安通往蜀中的驛道上，兩百里之間，「宮嬪散匿行哭」——這些除了美麗就一無所有的原本養尊處優的宮廷女子，大禍臨頭，無人看護，只好躲起來痛哭；「將相第家委寶貨不齎」——達官貴人逃跑了，府中留下大量財物。沒逃走的大膽民眾，「爭取之，累日不能盡」。達官貴人府第搬空後，嘗到甜頭的暴民又聚眾打開國庫，把國庫也洗劫一空。等到叛軍到長安，「怒，乃大索三日」，不管有沒有參與搶劫的市民，都成了叛軍洗劫對象，「民間財貨盡掠之」。此外，「府縣因株根牽連，句剝苛急，百姓愈騷」。

安祿山對唐玄宗殺死他的兒子安慶宗一直耿耿於懷，這時也終於找到了報復機會——來不及跑路的天潢貴冑遭到了安祿山的血腥鎮壓：「乃取帝近屬自霍國長公主、諸王妃妾、子孫姻婿等百餘人害之，以祭慶宗」、「殺霍國長公主及王妃、駙馬等於崇仁坊，刳其心，以祭安慶宗」、「又殺皇孫及郡、縣主二十餘人」。

跟隨玄宗奔蜀的大臣，其來不及逃走的家屬也在誅殺之列，「群臣從

天子者，誅滅其家」，「凡楊國忠、高力士之黨及祿山素所惡者皆殺之，凡八十三人，或以鐵棓揭其腦蓋，流血滿街。」

此前，安祿山無數次參加玄宗舉行的盛大宴會。宴會上，設雅樂，分為立部、坐部，同時又有伶人牽馬、象和犀牛入內表演，安祿山非常羨慕。及至長安在手，他下令將伶人和馴服調養的各種獸類悉數送往洛陽。

安祿山學著唐玄宗的樣子大宴部眾，席間，令昔日的宮廷樂師們奏樂，不少樂師潸然淚下，安祿山便令士兵手執刀斧守候在側。有一個樂師叫雷海青，是當時非常有名的宮廷音樂家，特別善於演奏琵琶。他忍無可忍，將手中的樂器向安祿山砸去。安怒山大怒，下令將他凌遲處死。後來，玄宗聞知其事蹟，追封為天下梨園都總管。再後來，慢慢演變成閩、臺一帶藝人供奉的戲神，成為當地重要神祇。

被叛軍押回長安的杜甫目睹了皇室被誅殺的血腥場面，並遇到一位流落街頭、改名換姓的倖存者。他在〈哀王孫〉裡寫道：「長安城頭頭白烏，夜飛延秋門上呼。又向人家啄大屋，屋底達官走避胡。金鞭折斷九馬死，骨肉不得同馳驅。腰下寶玦青珊瑚，可憐王孫泣路隅。問之不肯道姓名，但道困苦乞為奴。」那些從前高高在上的皇子王孫，何曾想到過居然有如此狼狽如此悲慘的一天呢？然而，在高岸為陵、深谷為岸的驚天巨變中，生逢其間的每一個人，都只是一棵無法自主的急流中的浮萍。

杜甫對這位不幸的王孫好言相勸，告訴他新天子已在靈州即位並得到了回紇相助，早晚會收復京師。他還提醒王孫，一定要小心謹慎，不要走漏消息，以免招來叛軍誅殺。

沒能追隨玄宗幸蜀的唐朝大臣，一部分被殺，一部分自行逃走，一

第六章 喪亂

部分被安祿山逼任偽職——後來，官軍收復兩京，曾任偽職者都被處分。其中，就有杜甫的兩位朋友：王維和鄭虔。王維受偽職期間寫過一首詩，詩中有「萬戶傷心生紫煙，百官何日再朝天」的句子，得以從輕處理。鄭虔卻被貶竄。至於以各種理由沒有接受偽職的，則受到重用和提拔。比如與杜甫年輕時同遊齊趙的蘇源明。

除了被迫接受偽職者外，也有欣然接受偽職的。比如前宰相陳希烈，以及杜甫三次贈詩盼其舉薦的玄宗女婿張垍與其兄張均。

欲投奔行在，卻不幸做了俘虜，而長安的所見所聞，俱令人痛心疾首。心事浩茫，前程黯淡，一個月光皎潔如水的夜晚，月下徘徊太息的杜甫想起了遠在羌村的妻兒：

今夜鄜州月，閨中只獨看。遙憐小兒女，未解憶長安。香霧雲鬟溼，清輝玉臂寒。何時倚虛幌，雙照淚痕乾。

傳統文化語境裡，月亮代表了歡聚和團圓，也代表了兩地的相思與悵望。在這個清輝匝地的夜晚，杜甫想到千山之外的鄜州，也當如長安一樣月色溫柔。但是，兒女們還小，還不知道思念父親。唯有為自己擔憂的妻子，會在庭院裡望月相思。什麼時候才能回到她的身旁，與她同坐在透光的簾子下面，讓月光擦乾我們思念的淚呢？

6

咸陽市區南部，渭河帶著高原的泥沙自西南向東北流淌。

唐時，出長安渡渭水有三座橋，即東渭橋、中渭橋和西渭橋。其中，西渭橋的地望一直有爭議。有人認為前些年發現的沙河古橋即為西渭橋，但考諸史料，很難成立。以辛德勇為主的學者認為，西渭橋在咸

陽市東南，由於渭河改道，它的原址應該在今天的灃河入渭附近——咸陽古渡恰好近在咫尺。

確定西渭橋較為具體的地址，是為了確定另一個地址。那個地址見之於古書，卻語焉不詳：陳濤斜。

陳濤斜，又作陳陶斜。古籍稱，它位於西渭橋以北約五里處。

困居長安幾個月，杜甫得到的大多是壞消息。

其中一個壞消息，就是官軍在陳濤斜被叛軍打得大敗；而官軍的總指揮，是他十分欽敬的朋友房琯。

房琯是杜甫的河南老鄉，出身於官宦家庭。他透過獻賦被宰相張說起用，奏為校書郎，以後又在地方上做過縣令和司戶參軍。調回中央後，玄宗興建驪山行宮，房琯「資機算」，被任命為工程總負責人。工程還沒竣工，因受李適之牽連，貶宜春太守。在地方上轉了一圈後，回朝任憲部侍郎。憲部即刑部，天寶十一載（西元 752 年），玄宗改吏部為文部，兵部為武部，刑部為憲部。這時，房琯做到了副部長高位——那時只有六個部，副部長的含金量遠非後世可比。

及至安史之亂，叛軍攻破潼關，玄宗倉皇幸蜀，房琯並未與玄宗同行。玄宗趕到咸陽後，與高力士閒談。他問高力士：「朝臣中，哪些人會來，哪些人不會來？」高力士回答說：「張均、張垍父子受陛下恩最深，且有親戚關係，一定會來。輿論都認為房琯該當宰相，陛下卻沒提拔他，而安祿山舉薦過他，他多半是不會來的。」玄宗說：「恐怕不一定。」

結果證明，高力士看人很不準。深受國恩且與玄宗有親戚關係的張均、張垍不但不來護駕，反而歸順了安祿山；而安祿山曾舉薦過，玄宗卻沒有任用的房琯，反倒一路追尋而來，直到普安才追上玄宗。對房琯的忠誠，玄宗十分欣慰，當天就任命他為文部尚書、同中書門下平章事。

第六章　喪亂

　　護送玄宗到成都不久，玄宗派房琯、韋見素和崔渙到靈州輔佐肅宗。當時，房琯名望非常高，且他與肅宗的一席之談，「因道當時利病，鉗索虜情，辭吐華暢」，令肅宗為之改容，並傾意待之。「機務一二與琯參決，諸將相莫敢望。」可以說，在肅宗心中，房琯是值得信賴和重用的第一人。

　　不久，北海太守賀蘭進明從河南到行在，被任命為嶺南節度使，攝御史大夫，攝就是代理。他入謝面見肅宗，肅宗略有點驚訝地問：「朕是讓你除正大夫，怎麼會是攝呢？」——這一問一下子暴露了房琯打壓賀蘭進明的小心思。賀蘭進明也不是善茬，馬上就在肅宗那裡替房琯上眼藥。

　　賀蘭進明對肅宗說：「陛下您知道東晉為什麼那麼亂嗎？都是因為崇尚虛名啊。王衍為相，卻不做實事，作風浮華，所以才有東晉敗亡。現在正是中興之際，應當任用踏實的幹才，而房琯性情疏闊，大言無當，並不是做宰相的料。」

　　肅宗問他為什麼這麼說，賀蘭進明於是抖出房琯此前在成都時向玄宗提的建議。房琯建議，把包括當時還是太子的肅宗以及他的弟弟永王李璘等四人實行諸王分鎮：太子李亨為天下兵馬元帥，領朔方、河東、河北、平盧等地節度使，南取長安、洛陽；永王李璘充山南東道、嶺南、黔中、江南西道等地節度使；盛王李琦充廣陵大都督，領江南東路及淮南、河南等地節度使；豐王李珙充武威都督，領河西、隴右、安西、北庭等地節度使。

　　諸王分鎮不利於太子李亨，卻使永王李璘有了擁兵自重、窺探神器的機會。後來永王果然叛亂，李白踩了這趟渾水。

　　賀蘭進明認為，房琯的提議，「於聖皇似忠，於陛下非忠也」。聖

皇，指已做太上皇的玄宗。賀蘭進明分析，房琯這樣做，在於無論哪一位皇子繼承大統，他都「身不失恩」，都有功勞。此外，賀蘭進明還指責房琯「多樹私黨，以副戎權」，「推此而言，豈肯盡誠於陛下乎」？

肅宗本是一個耳軟心活沒多少主見的人，聽了賀蘭進明一席話，對房琯起了疑心和戒意，他重新任命賀蘭進明為御史大夫兼河南節度使。

大約是房琯察覺到了肅宗態度的變化，他渴求用戰功來證明自己的能力。於是，他主動請纓收復長安。肅宗對他的能力還是相當迷信的，便令房琯持節詔討西京，全權負責收復長安的戰役。

房琯兵分三路，自西向東出擊長安。

賀蘭進明在肅宗面前所說的房琯的弱點，並非向壁虛構或厚誣之詞。房琯文采斐然，好談老子與佛法，精通音樂。然而，就像《新唐書》給他的評語一樣：「高談有餘，而不切事」、「盛名之下，為難居矣」。如果是在承平時代，他或許是一個不錯的太平宰相；但生逢板蕩亂世，當天下陷於兵火之中，他「用違所長，遂無成功」。

一個從來沒有打過仗的文人，突然成了一支大軍的統帥，而他手下最重要的幾個助手，幾乎也同樣是白面書生。這仗還沒打，勝負已經很明朗了。

天寶十五載（西元756年）十月二十一日，房琯率軍進抵咸陽與長安之間的陳濤斜——具體位置，就在西渭橋以北約五里。這一帶山原平曠，不遠處渭河與灃河交會。

在陳濤斜，官軍與叛軍安守忠部相遇。陳濤斜之戰拉開大幕。

令人吃驚的是，自視甚高的房琯竟搬出了古書上的車戰法。他以牛車兩千乘居中，兩側傍以步兵和騎兵，在原野上排開陣勢。叛軍居於上風，播鼓吶喊，聲震四野。從來沒有經過軍事訓練的牛聞聲驚駭，不聽

第六章　喪亂

招呼地相互碰撞、擠壓，亂成一團。趁著官軍陣腳大亂，叛軍發動火攻。大火順風撲來，追著官軍燃燒。大火之後，是叛軍的箭矢與刀槍。

陳濤斜大戰後兩日，房琯再次率軍與叛軍戰於陳濤斜附近的青坂，又一次毫無懸念地被打得丟盔卸甲，連南軍主將楊希文和中軍主將劉貴哲都投降了叛軍。

長安城中的杜甫得知陳濤斜戰敗的消息，憂心如焚。他擠在市民中，看到出城作戰的叛軍得勝而歸，武器像在血水裡洗過。叛軍招搖過市，痛飲叫嚷，唱著杜甫聽不懂的胡歌。市民得知王師敗績，紛紛面北哭泣。

大敵當前，百無一用是書生，杜甫能做的，只有用文字去記錄，用詩行來療傷：

孟冬十郡良家子，血作陳陶澤中水。野曠天清無戰聲，四萬義軍同日死。群胡歸來血洗箭，仍唱胡歌飲都市。都人回面向北啼，日夜更望官軍至。

7

日月盈昃，四季輪迴，大自然的草木不管人間的憂傷與歡樂，只要時令到了，該開的就開，該放的就放。轉眼間，幾個月過去了，杜甫在鬱悶與焦灼中迎來了至德二載（西元 757 年）春天，是年，杜甫四十六歲。

早在秦朝，曲江一帶就是皇家園林，稱為宜春苑。隋朝統一中國後，隋文帝迷信風水，採取所謂厭勝之法，把曲江深掘為池，稱芙蓉園。

到了唐朝，芙蓉園又改名曲江池，並在曲江之濱修建了大量亭臺樓閣，漸漸形成了曲江流飲、杏園關宴、樂遊原登高等一系列長安人的遊樂方式。唐玄宗晚年，醉心享樂，花費很多力氣繼續打造，曲江園林之盛達於巔峰。

　　每逢春暖花開，皇帝必遊曲江，與之相伴的是最受其寵信的妃嬪、國戚和重臣。以唐玄宗為例，天寶十二載（西元753年），杜甫在曲江看到了出遊的玄宗及楊貴妃姐妹，為此，他在〈麗人行〉中說：「三月三日天氣新，長安水邊多麗人。態濃意遠淑且真，肌理細膩骨肉勻。繡羅衣裳照暮春，蹙金孔雀銀麒麟。頭上何所有？翠微葉垂鬢唇。背後何所見？珠壓腰衱穩稱身。」皇室如此，普通官員及市民也紛紛效仿。他們往往在園子裡支撐起打了蠟油的帳篷，舉行小型冷餐會。史稱：「都人士女，每至正月半後，各乘車跨馬，供帳於園圃，或郊野中，為探春之宴。」

　　至德二載（西元757年）的春天如期到來時，杜甫從他居住的少陵，躲開幾乎無處不在的叛軍士兵，悄悄來到了十多里外的曲江畔。杜甫看到，江邊那些深宮重院，大門緊鎖，而岸邊的柳樹與水中的菖蒲競相生長，已經從冬天的枯黃變成初春的碧綠。杜甫不由得想起，如果在往年，如此春光大好，天子的儀仗一定自南苑而下，鮮亮的旌旗似乎令園子裡的萬物都生出了光輝。與皇上同遊的楊貴妃隨侍在皇帝身旁。車前的女官手持弓箭，白馬套著鑲以黃金的馬勒。她們反扭身子向天上的雲層射去，嬌笑聲中，鳥兒中箭落地。

　　然而，春光依舊，楊柳與菖蒲依舊，昔年出遊的人卻不見蹤影。明眸皓齒的楊貴妃已淪為血汙中無法招回的亡魂，皇上不得不遠赴蜀中，走的和留的都沒有消息。物是人非，杜甫不由吞聲啜泣。黃昏時分，叛軍四出，杜甫的家在城南，倉促間，他竟不辨方向，向城北走去。

第六章　喪亂

　　這個春天是殘酷的，就像湯瑪斯・史登斯・艾略特（Thomas Stearns Eliot）的詩說的那樣：「四月是最殘忍的季節，荒地上長著丁香，把回憶和慾望摻合起來。」

　　這個春天，在少陵到曲江的路上，眼看著春天一天天深起來，亮起來，辣起來，花枝招展起來，杜甫寫下了他的名篇〈春望〉：

　　國破山河在，城春草木深。感時花濺淚，恨別鳥驚心。烽火連三月，家書抵萬金。白頭搔更短，渾欲不勝簪。

　　杜甫的本家晚輩杜牧在登樂遊原時有一首七絕，其中有云：「清時有味是無能，閒愛孤雲靜愛僧。」前一句顯然在發牢騷，後一句卻大抵是事實。蓋唐宋文人有個傳統，都喜歡與方外之士——佛家的和尚、道家的道人——交朋友。而方外之人，大凡自認有點文化的，也樂意與文人做朋友。兩相情願之下，這朋友便做得水到渠成、水乳交融。如蘇東坡與佛印、與維琳、與楊世昌均如此。

　　杜甫也不例外，杜甫也有不少方外之交。其中，有一個沒留下俗家姓名，甚至就連法號也不全的和尚，與杜甫交遊最密，友情最深。此人就是杜詩中所說的贊上人。上人，本是對持戒嚴格並精於佛學的僧侶的尊稱。有時候，杜甫也把贊上人稱為贊公。

　　陷居長安時，杜甫品級低微，叛軍既沒有把他押到洛陽去見安祿山，也沒在長安逼授偽職，甚至沒把他關起來。他的行動是自由的，只是到處都有叛軍，出於人身安全，他到曲江時只好「春日潛行曲江曲」。杜甫一直有逃出城的機會，猜想他擔心叛軍，尤其是零散的叛軍——他們更有可能乘興作亂，殺人越貨。他耐心而又焦灼地待在長安城裡，等待時機。

　　幾個月裡，贊上人給了他不少安慰和幫助。

唐代長安城主要由皇帝起居的宮城、朝廷辦公的皇城和居民生活的外郭城三部分構成。宮城位於全城北部正中，皇城在宮城以南，外郭城以宮城和皇城為中心，向東西南三面布局。其中，面積最大的是外郭城。整個長安，有南北向大街十一條、東西向大街十四條，它們把城市分割成許多坊。坊又稱里，即居民居住區。

　　贊上人是一座知名廟宇的主持，廟宇原名光明寺，位於長安城南北中軸線朱雀大街以西的懷遠坊附近 —— 陳貽焮認為是在朱雀大街以南，但考之《增訂唐兩京城坊考》等史料，陳說有誤。

　　武則天時代，光明寺有一個和尚，向朝廷進獻了一部《大雲經》。據他指稱，經書中有女主之符，象徵著女皇君臨天下。醉心製造讖緯以便為唐周更替作輿論宣傳的武后大喜，賜光明寺更名大雲經寺，簡稱大雲寺。並且，除了京城大雲寺外，全國各地每一州均建大雲寺。

　　這年春天，杜甫數次前往大雲寺。大雲寺有三絕，即隋文帝立寺所建之塔、高十丈的寶閣和精美的佛像。杜甫或與贊上人相聚閒談，或小住寺內。 —— 他們沒有預料到的是，幾年後，他們還將在偏遠的秦州再次執手相慰。

　　正月，叛軍方面發生了驚天動地的突變：安祿山眼疾日益嚴重，漸漸雙目失明，同時又患了背疽，性情變得暴躁，「左右使令，小不如意，動加棰撻，或時殺之」。他稱帝以來，深居禁中，外人要見他一面，都得透過他身邊的近臣嚴莊。嚴莊雖然很受重用，也經常捱打。侍候安祿山的貼身宦官叫李豬兒，被打更是家常便飯。如此一來，「左右人不自保」。

　　安祿山寵愛段氏，段氏有一子叫安慶恩，安祿山一直想讓安慶恩為儲君。如此，長子安慶緒便處於一個極其危險的位置：「慶緒常懼死，不知所出。」

第六章　喪亂

嚴莊洞悉個中奧妙，有一天，他對安慶緒說：「事有不得已者，時不可失。」

安慶緒說：「兄有所為，敢不敬從。」

嚴莊又對李豬兒說，你前後所受的毒打，簡直數不清了。不行大事，死無日矣。李豬兒也與嚴莊結成同盟。

晚上，安慶緒與嚴莊手執兵刃，站在安祿山帳外——安祿山雖在洛陽登基做了皇帝，猶自按其游牧習俗，慣居帳中。李豬兒趁機執刀入帳，向安祿山的肚腹砍去。左右雖有宮人，俱不敢動。安祿山伸手去枕下摸他的佩刀，那刀早就被李豬兒藏了起來，安祿山只得拔下帳竿抵擋，大喊：「一定是家賊。」

呼叫聲中，安祿山腸子流得滿地都是，就以這種極不雅觀的方式死去。及後，嚴莊等人在床下挖了個坑，用氈子把屍體裹起來埋了，密令宮中不準洩漏消息，然後對外宣稱安祿山病重，立安慶緒為太子。安慶緒旋即帝位，尊安祿山為太上皇。之後，再為安祿山發喪。

安慶緒昏庸懦弱，說話語無倫次，完全沒有人君素質。嚴莊怕他不服眾，就讓他深居宮中，日夜縱酒作樂。朝廷大事，皆由嚴莊操縱。

可能正因為安氏父子忙於內訌，對那些從長安抓到洛陽逼任偽職的官員管束也就較為鬆散。這樣，杜甫的老朋友鄭虔得以從洛陽逃出，回到長安。

從杜甫居住的少陵原往西南，是另一個長十多公里，寬一公里多的黃土臺原，即神禾原。據說，李世民巡遊時，看到一莖禾苗生雙穗而呼為神穗，後遂作為地名。

神禾原比少陵原更接近終南山，兼之潏水與滈河左右流過，其地幽靜，景色宜人。唐朝時，這一帶建有不少別墅。

鄭駙馬的別墅也建在這裡。

鄭虔雖然仕途不彰，屢遭挫折，他的兩個姪子卻官運亨通。其中一個，就是前面講過的鄭審。另一個則是鄭駙馬。

鄭駙馬名叫鄭潛曜，與其父鄭萬鈞父子兩代均為駙馬——其父尚代國長公主。代國長公主是睿宗之女，玄宗之妹。從這層關係上講，鄭潛曜管玄宗叫舅舅。鄭潛曜成人後，尚臨晉公主。臨晉公主是玄宗之女。從這層關係上講，鄭潛曜管玄宗叫岳父。

鄭潛曜與玄宗的親戚關係，顯然比另一個駙馬張垍更親。鄭潛曜官至太僕卿，承嗣滎陽郡公，進特進。特進是文官散階中的從二品，級別非常高，與之相比，各部尚書為正三品。

鄭潛曜的岳母——唐玄宗之妃——複姓皇甫。玄宗時期，懲舊制之弊，對後宮嬪妃大量裁撤，規定：妃三人，正一品；六儀六人，正二品；美人四人，正三品；才人七人，正四品。皇甫氏生前為德儀，即六儀之一；死後贈淑妃，即三妃之一。

皇甫氏死時，鄭潛曜尚未與臨晉公主結婚。過了好些年，臨晉公主為其母立碑，邀請杜甫撰寫碑文。由此可見，杜甫與鄭駙馬私交相當不錯。這個百感交集的春天，杜甫又一次造訪鄭駙馬別墅。

令杜甫又驚又喜的是，他意外地遇到了老朋友鄭虔。遭逢亂世，歷盡艱險，而且在全無心理準備的情況下，乍見老友，互訴別後種種，既令人傷懷，也令人欣慰。他們談起安祿山的橫死，如同董卓死後屍體被點燈燃脂那樣大快人心；杜甫讚揚鄭虔如同漢朝的蘇武那樣有氣節——鄭虔被叛軍帶到洛陽後，逼授水部郎中，「雖身在賊庭，而志存王室」，一旦有機會，就從狼窩裡逃了出來。不過，遺憾的是，後來朝廷光復兩京，追究附逆者，鄭虔仍然被處分，貶到台州，並死在那裡。夜深了，

第六章　喪亂

他們還在燈前一邊飲酒，一邊談心，不時掉淚。

斯時，叛軍作惡，不得人心，民間日益思念唐室。而安祿山父子相煎，安慶緒對部將的控制能力也遠不如其父，故叛軍對長安等地的防控越來越鬆懈。基於此，再加上鄭虔成功從洛陽逃歸長安的鼓舞，初夏時，杜甫做出一個大膽的決定：他要逃出叛軍占據的長安，前往行在鳳翔。

8

今天的鳳翔是寶雞下轄的一個區，與寶雞市中心還有幾十公里路程。自寶雞市區北行，公路穿行在關中平原上，鳳翔漸近，在平原的北部和西部，已經有連綿的山脈突起。那是千山山脈餘脈，當地稱為北山。

背千山面平原的鳳翔，古稱雍，乃是周、秦發祥地。從秦德西元年（西元前 677 年）始，到秦獻公二年（西元前 383 年）止，秦國建都雍城二百九十五年，先後有十九位國君在此世代相續。近三百年間，秦人在雍城大地上，留下了難以計數的遺址遺跡。秦景公大墓就是其中最龐大也最令人嘆為觀止的一個。整座墓全長達三百公尺，墓室寬近四十公尺，深近二十五公尺。墓室四壁，有三級當年施工留下的臺階，使整座墓室呈倒金字塔狀。

資料介紹說，秦公一號大墓創下了迄今為止發掘規模最大、殉人最多（一百八十六人）、墓具等級最高等五個中國考古之最。雖然漢唐以來，大墓就遭到了兩百多次盜掘，仍出土三千五百多件文物。

玄宗天寶年間，設扶風郡，治所在雍縣。至德元載（西元 756 年）取

「鳳鳴於岐，翔於雍」之意，改扶風郡為鳳翔郡，雍縣相應改名鳳翔縣。次年，升鳳翔郡為鳳翔府，稱西京——東京洛陽，北京太原，南京成都，中京長安，鳳翔一下子成為全中國最重要的五座城市之一。

　　遺憾的是，鳳翔雖留下了許多周秦時代的遺址遺跡，但比周秦晚得多的唐代，反而無跡可尋。

　　今天，西安西二環路與豐慶路交界處，唐朝時，是長安西面三座城門正中那座：金光門。杜甫曾經熟悉的巍峨城樓已變身為繁華的現代都市，他若從唐朝來到今天，能夠喚起記憶的，只有金光門這個名字了。至德二載（西元757年）四月底的一天，杜甫腳上穿著一雙麻鞋，經小路由金光門逃出長安。

鳳翔東湖

　　從金光門到鳳翔，路程三百餘里，以杜甫的速度——假設他全程步行的話，再加上還要避開叛軍，猜想要花六七天時間。

　　「疾風知勁草，板蕩識誠臣。」當杜甫趕到鳳翔，這個頭髮花白，體態羸弱的風塵僕僕的中年男子，終於見到了天子唐肅宗。朝廷正是艱危之際，杜甫冒著被叛軍捕殺的危險，走了幾百里路來投奔，肅宗感動了。

　　五月十六日，肅宗下旨，授杜甫為左拾遺。

第六章　喪亂

　　這是杜甫一生中離權力中樞及政治理想最近的時刻。雖然和他想像中的「立登要路津」還相差甚遠，但是，與河西尉或是右衛率府冑曹參軍相比，左拾遺的級別雖然不高，只有從八品上，卻是皇上身邊人，職位清要，隨時可以上達天聽。

　　杜甫對這個安排很滿意，他也希望能為漂泊中的朝廷貢獻力量。他相信，他的國家雖然還在戰亂中，中興卻是注定了的：「今朝漢社稷，新數中興年。」

第七章　朝野

舊犬知愁恨，垂頭傍我床。

—— 杜甫

我們命該遇到這樣的時代。

—— 史蒂芬・褚威格（Stefan Zweig）

1

杜甫風塵僕僕地奔往行在鳳翔，面容憔悴，病骨支離，與他相識的人都震驚於他的蒼老消瘦：「所親驚老瘦，辛苦賊中來。」

是時，為至德二載（西元757年）五月初。等到他被肅宗任命為左拾遺，是五月十六日。由是，杜甫錯過了彰顯皇恩浩蕩的端午例賜。

自玄宗開元二十五年（西元737年）始，每年端午節，皇帝照例要「賜宰臣丞相尚書兩省官衣服各一襲」。杜甫所任左拾遺，級別不高，卻在受賜之例。不過，這一年端午節已過去十一天，杜甫與例賜錯過了。要等到第二年，即至德三載（西元758年）端午，他才得到了端午賜衣。為此，他寫詩說：

宮衣亦有名，端午被恩榮。細葛含風軟，香羅疊雪輕。自天題處溼，當暑著來清。意內稱長短，終身荷聖情。

端午一過，意味著炎夏來臨。聖上所賜細葛白色單衣，輕薄涼爽，宜度苦夏。每件衣服上都寫著官員的名字 —— 猜想另附一紙貼上。杜甫

第七章　朝野

領到衣服時，紙上的字墨跡未乾。衣服長短，勻稱合身。杜甫想到這是來自聖上的恩典，不由充滿感激之情。

縱使杜甫已經明白，聖上正在日益疏遠他，他的左拾遺將在端午節後做到了頭，但一輩子只領這麼一回端午例賜，還是有些出乎他的意料。

原來，剛做左拾遺不到半個月，杜甫就惹惱肅宗，並招來大禍。

先說左拾遺是個什麼職務。

唐代的許多官，都有左右之分。拾遺也一樣，有左拾遺和右拾遺。杜甫做過左拾遺，他的前輩詩人陳子昂做過右拾遺。左右拾遺分屬不同部門——拾遺係武后於垂拱元年（西元685年）設立，左拾遺屬門下省，右拾遺屬中書省，均為從八品上。各設兩人。其職掌，如同拾遺的字面意思一樣，就是把遺失了的東西撿起來。遺失的是什麼呢？是指朝廷政策的缺失或不當之處。《新唐書》歸納為「掌供奉諷諫，大事廷議，小則上封事」。有人把拾遺比喻為後代的監察官，有一定道理。但拾遺的職掌除了有監察性質外，還有向皇帝建議的責任。

在上有諸位宰相、尚書、侍郎，下有各部郎中、員外郎的朝廷中，從八品上的左拾遺是一個芝麻大的小官，卻能得到來自聖上與宰相同等的例賜，原因在於，古代極重台諫，而左拾遺即是所謂的台諫之職，有規勸皇帝乃至批評皇帝的權力與義務。

不過，在李林甫當政時期，包括拾遺在內的諫官幾乎沒人敢發出與朝廷——事實上就是李林甫不同的聲音。

李林甫擔任宰相十九年，獨攬朝政，矇蔽皇帝耳目。他曾召集諫官，對他們說：「如今聖明天子在上，群臣順從聖意都來不及，還需要什麼勸諫？你們難道沒見過那些立仗馬嗎？它們整日默不作聲，就能得到

上等的糧草飼養，但只要有一聲嘶鳴，就會立即被剔除出去。就算後來不亂叫了，也不可能再被徵用。」當時，比拾遺級別稍高的同屬諫官的補闕杜璡上書言事，李林甫一怒之下，把他貶為下邽縣令。從此，朝中諫官再也無人敢直言相諍。

這些剛過去不久的朝中故事，杜甫肯定是清楚的。

然而，他認為，致力於中興的今上非晚年沉醉酒色的太上皇可比，而自己受到今上重用，就一定得食君之祿，忠君之事。

於是乎，便發生了房琯事件。

志大才疏的房琯三天之內兩敗於叛軍，好不容易招募的幾萬朝廷軍悲慘地戰死於陳陶斜和附近的青坂。杜甫聞訊，為之痛心疾首，作詩兩首，詩題就叫〈悲陳陶〉、〈悲青坂〉。

房琯敗後，不得不與手下「奔赴行在，肉袒請罪」。肅宗為人寬厚，原諒了他，沒有追究他的責任，令他收拾殘兵，再圖進取。

然而，房琯卻是典型名士風範。國家多難之際，作為一人之下萬人之上的宰相，他不以職事為意，每天總是與劉秩、李揖等人高談佛道。房琯又酷愛音樂，有一個叫董庭蘭的琴師，投到房府為門客。房琯特別喜歡董庭蘭，乃至於董庭蘭利用與房琯的關係，大肆收受賄賂，做了不少違法勾當。

杜甫與房琯的交往始於何時，並無明確記載。考房琯生平，他的仕途不時在京師與地方之間切換。其中，天寶元年（西元742年），在京任主客員外郎、給事中，天寶五載（西元746年）貶宜春太守。而天寶五載，恰好也是杜甫到長安的第一年。很可能，他們就是在這一年相識並訂交的。此後，要等到天寶十四載（西元755年），房琯才調回京城。

有一種說法是，安祿山叛亂不久，房琯向玄宗提出的諸王分鎮建

第七章 朝野

議，就出自他與杜甫等人的謀劃，杜甫的〈有感五首〉之四即指此事。若此說屬實，那杜甫與房琯顯然不可能等到天寶十四載才相識，他們應是天寶五載杜甫剛進京時就相當親密了。

終其一生，杜甫對房琯都抱有深厚的感情，杜甫本人的仕途沉浮，也與房琯密切相關。

房琯的做派，招致了許多官員不滿，朝廷裡議論紛紛。諫官雖不敢直斥房琯，但指控董庭蘭卻不無敲山震虎之意。房琯向肅宗自訴，肅宗此時對房琯已失去信心，遂「叱出之」。隨即，肅宗下詔，貶房琯為太子少師。

杜甫在左拾遺位子上屁股還沒坐熱。他看到這道詔書，堅決反對，上奏力陳不可，他宣稱：「房琯有大臣度，真宰相器，聖朝不容。」肅宗一看，火冒三丈——朕剛降職的官員，你卻稱道他有大臣氣度，是真宰相材料，這不是指斥朕善惡不分沒有知人之明嗎？

對房琯這樣的重臣，即使損兵折將，肅宗也還優禮有加；對杜甫這種剛上任的小臣，居然如此狂悖無禮，那就必須給他點顏色看。肅宗下令，將杜甫下獄，詔三司推問——也就是讓司法部門審訊他。

旬日之間，杜甫從皇帝近臣跌為階下囚犯。人生落差之大，簡直可以用來發電。

幸好，關鍵時刻，一個耿直的重臣站出來說話了。此人即接替房琯為相的張鎬。

張鎬是博州人，史稱其「風儀魁岸，廓落有大志，涉獵經史」。張鎬的第一個職務，也是左拾遺——他的仕途起步，甩杜甫幾條街。玄宗幸蜀，他徒步追隨。肅宗立，玄宗派其到行在輔佐，先拜諫議大夫——諫議大夫侍從規諫，也屬諫官，為正五品上。房琯被貶前後，張鎬升任

中書侍郎、同中書門下平章事——前者是中書省副職，正四品上；後者又稱同平章事。唐制，門下省的侍中，中書省的中書令和尚書省的尚書令，即三省首長，均為宰相。其他非此三職者加同平章事，也是事實上的宰相，但排名靠後。所謂同平章事，就是與侍中、中書令和尚書令協商處理政務之意。高宗時，因太宗李世民曾出任過尚書令，故下旨將該職廢除，以後便只有侍中與中書令。

張鎬對肅宗要將杜甫下獄的處分不以為然，他對肅宗說，「甫若抵罪，絕言者路」——杜甫如果因言獲罪，那麼，這是自絕言路，以後再沒人敢說話敢表達不同意見了。

肅宗終非昏暴之君，聽了張鎬的話，他覺得有理，便收回成命——杜甫得以倖免於難。

張鎬此人，不但直言救了杜甫，還救過李白，並為王昌齡報了殺身之仇——前者，李白因入永王李璘幕而下獄，幸得張鎬出手，才得以重罪輕處，僅流放夜郎。流放途中，張鎬還託人替李白捎去衣服。李白有詩記錄此事：「慚君錦繡段，贈我慰相思。」後者，王昌齡做校書郎時，「不護細行」，小事不檢點，得罪權貴，貶往龍標。安史之亂起，他逃回老家太原，卻被刺史閭丘曉杖殺。後來，張鎬任中書侍郎兼河南節度使，率軍平叛，閭丘曉畏敵不前，導致宋州失守，張鎬下令將其杖殺。刑前，閭丘曉求饒說家裡有老人要贍養。張鎬回敬道：「那當年王昌齡的老人，你又交給誰在贍養？」

張鎬「自入仕凡三年，致位宰相」，這在現代社會，完全是不可想像的事。史家認為，他之所以資歷淺而升遷快，乃是他「居身清廉，不營資產，謙恭下士，善談論，多識大體，故天下具瞻，雖考秩至淺，推為舊德雲」。

第七章　朝野

被赦免後，按慣例，杜甫上了一道奏章謝恩。然而，謝恩疏裡，杜甫的固執與不識時務表露無遺——他再次為房琯鳴不平。杜甫稱，「竊見房琯，以宰相子，少自樹立，晚為醇儒，有大臣體。時論許琯，必位至公輔，康清元元」——房琯出身高貴，少年成名，現在更是有名望的大儒，有大臣之風。社會輿論都認為他做宰相，會使海內清明。

接著，他又替房琯辯解，認為房琯只是小事情上不太檢點，酷愛鼓琴，看到董庭蘭貧病無依，收留了他，從而受到牽連：「琯之愛惜人情，一至於玷汙。」

為此，杜甫請求肅宗「棄細錄大」，就是不要計較小事，要看房琯大體上是好的，優秀的，應恢復他的相位。

肅宗看到杜甫的謝恩疏會是怎樣的反應呢？也許是哭笑不得，也許是再次怒火中燒。總之，儘管杜甫冒死相救，房琯的相位還是失去了。並且，在肅宗心目中，杜甫是一個固執迂闊的人，是房琯的死黨，這一點，無論如何也洗刷不掉了。

2

東湖古稱飲鳳池。相傳周文王時，有代表祥瑞的鳳凰飛來雍城，並在湖中飲水，故此得名。那就是說，東湖是天然湖，且在先秦時就有了。因之，無端地，我認定那場秋天裡的餞行宴，很有可能就是在飲鳳池畔舉行的。

由誰做東不太清楚。客人卻是清楚的，即杜甫。出席者至少有兩人可以確定，一個是賈至，一個是嚴武。此外，可能還有岑參和韋少遊。

賈至時任中書舍人。明清時的中書舍人級別低微，為從七品。唐宋

時的中書舍人，地位卻很顯赫，為正五品上，步入了準高官行列。其職責為掌詔誥文表，可以理解為皇帝身邊負責重要公文的機要祕書。

賈至比杜甫年輕六歲。當三十歲的杜甫自齊趙歸洛，築室首陽山並祭祀遠祖杜預時，二十四歲的賈至已透過了明經科考試，釋褐為官，任校書郎。此後不久，調宋州單父尉——單父，正是杜甫與李白、高適喝大酒的地方。四人成為朋友，也從那時起。後來，賈至調回朝廷，漸漸升至中書舍人。玄宗幸蜀，他追隨左右。玄宗決定禪位兒子時，令賈至草擬傳位冊文。玄宗看了冊文，感嘆說：「以前先帝遜位於朕，冊文出自你父親之手。現在朕以神器付儲君，又由你來冊文，『累朝盛典，出卿父子之手，可謂難矣』。」

賈至雖受房琯影響而左遷地方，但終其一生，也算官運亨通，後來一直做到從三品的右散騎常侍，封信都縣伯，死後追贈禮部尚書，諡文。

賈至可以算是少年得志，但是與嚴武比，還是有相當的差距。

嚴武比杜甫少十四歲，是中書侍郎嚴挺之的兒子，乃不折不扣的官二代。二十多歲時，嚴武在哥舒翰手下做判官，與高適是同事。天寶十四載（西元 755 年），杜甫好不容易盼來朝廷任命，卻只是令他大失所望的河西尉時，嚴武已是殿中侍御史了——此職為從七品上，負責殿廷供奉之儀，糾察文武百官在正式場合的禮儀舉止。安史之亂後，嚴武先追隨玄宗於蜀中，復由玄宗派往肅宗行在。經房琯舉薦，出任給事中。唐代的給事中為正五品上，負責監察，是門下省重要職務。這時候，嚴武才三十歲，可以說前途無量——杜甫的左拾遺也屬門下省，級別要低得多，所以，嚴武算杜甫的上司。

不過，由於杜甫與嚴武的父親嚴挺之有交情，年齡又介於嚴武及其

第七章　朝野

父之間，嚴武對杜甫相當客氣，沒把他當下屬，而是待以客禮。杜甫呢，有時也不免擺擺老資格，比如自稱老夫。

賈至和嚴武為杜甫餞行，席間，照例分韻作詩，杜甫拈得雲字：

田園須暫住，戎馬惜離群。去遠留詩別，愁多任酒醺。一秋常苦雨，今日始無雲。山路時吹角，那堪處處聞。

這個秋天多雨，一連下了好長時間，到聚會那天，天氣難得地放晴了。聚會時，遠處傳來隱隱的號角聲，像在提醒他們，現在正是兵荒馬亂的戰爭年代。杜甫的愁多，其實不僅因為即將去遠；更因為，他之所以要離群，是聖上安排——杜甫為房琯說話惹來大禍後，不久又舉薦岑參為右補闕。對杜甫而言，他覺得這是在其位，謀其政，是臣子為國家和君王分憂。在肅宗看來，可能就是不安分，愛找事。於是，肅宗就為杜甫放了省親假，讓他回羌村省親。

杜甫與妻兒分別一年了，此前曾寫過幾首懷念妻兒的詩作。一方面，他當然想回家看看，另一方面，卻又對被聖上冷落心有不甘，才會生出「愁多任酒醺」的感慨。

從鳳翔到羌村，今天幾乎都是高速公路，雖繞行西安，也不過四百公里，不到五個小時就能抵達。但是在杜甫時代，他要從鳳翔回羌村，需經過今麟遊、彬州、宜君等地，方向為從西南往東北，故杜甫記錄此次行程的長詩，題目就叫〈北征〉。由於路上還順便遊覽了九成宮、玉華宮等名勝，猜想杜甫的行程當在十到十五天。

如果是承平時代，杜甫這種朝廷官員，又是皇上近臣，自然可以享受帝國發達的驛站系統。但是，當半個國家都陷於戰火中，驛站系統幾乎全癱瘓了。更要命的是，冷兵器時代，馬匹是重要的軍用物資，當時官軍正準備反攻，到處徵集馬匹。行在鳳翔府，文武百官雲集，雖然能

吃飽飯，但幾乎都沒有馬，即杜詩所謂「鳳翔千官且飽飯，衣馬不復能輕肥」。

至德二載（西元 757 年）閏八月初一，杜甫踏上了前往羌村的探親之旅。由於沒有馬匹，他只能步行。跟隨他的，至少有一名僕人——可能就是家人杜安。

出鳳翔城不到四十里，平原變成山地，杜甫腳下的路開始崎嶇難行，他只得一步步沿著古老的驛道翻越山梁。等到他登上第一道山梁回望鳳翔城時，天色已晚，隱約可望見城牆上的旗幟在晚風中飄蕩：「回首鳳翔縣，旌旗晚明滅。」

山區原本人煙稀少，加上戰亂，更是杳無人跡。杜甫在山路上踽踽而行，半天也看不到一個人影。時值仲秋，山間菊花怒放，各種野果成熟了，有的紅如丹砂，有的黑似點漆。抬起頭，天上飄著黛色的雲朵；低下頭，青石板古道上，深深淺淺的車轍伸向遠方。這本是風景怡人的秋日，但荒野之間，卻埋伏著殺機：「猛虎立我前，蒼崖吼時裂。」

老虎真的立到了詩人面前嗎？這可能係杜甫的誇大之詞。不然，他一個手無縛雞之力的書生，早就成老虎的點心了。可以猜測的情況是，從遠處傳來了各種野獸的嘯叫，讓杜甫擔心突然有老虎竄出來，一聲巨吼，好像要把崖石都震裂。山路極為崎嶇，忽高忽低，杜甫與僕人一前一後行走，「我行已水濱，我僕猶木末」——我走到水邊了，僕人還走在樹梢上。什麼意思呢？山路直上直下，杜甫走在前面，沒背行李，走得快，迅速下到了山路下方的溪澗邊。負重的僕人走得慢，回頭看時，他還在巖上。從溪澗邊長出的樹，樹梢伸到高處，僕人就像行走在樹梢上。

彬州是一片古老而深沉的土地。彬、邠、豳，三個字，可以追溯和

第七章　朝野

概括它三千年以上的歷史。

彬州地處黃土高原溝壑區，塬面破碎，深邃的黃土溝如同大地的皺紋。涇河從西北向東南斜穿而過，將它分割成了東北和西南兩塬夾一川的地理格局。城區就位於低緩的涇河沖積平原上。站在彬州城區的大多數地方，都能望見縣城四周起伏的山巒。

涇河河谷宜於農耕，周人的先祖公劉就帶領族人在這一帶耕種，並建立了豳國。這也是後來的邠州和今天的彬州的來歷。《詩經》收錄了流傳於豳國的詩篇計七首，其中兩首非常知名——以至於由麟遊進入彬州地界，我總想透過車窗，尋找那種被《詩經》時代的先民歌吟過的鳥兒——鵙鵙，以及鵙鵙的叫聲裡，長得水靈靈的柔嫩桑枝和採桑姑娘：

七月流火，九月授衣。春日載陽，有鳴倉庚。
女執懿筐，遵彼微行，爰求柔桑。

在一座已經能望見縣城的山上，我的確聽到了附近林子裡，傳來一陣陣鳥鳴。只是，它不是鵙鵙，當然也沒有桑枝和採桑姑娘。兩三千年後，氣候變了，黃土高原不再像當年那樣宜於栽桑養蠶。

飽讀詩書的杜甫經過邠州時，肯定也會想起《詩經》，想起〈豳風〉。不過，我認為，他嘴裡隨口吟出的，應該不是這首輕柔的〈七月〉，而是沉重的〈東山〉——那位遠征的士兵渴望早日回家，又擔心可能發生的種種意外。這一點，恰好與杜甫的心情相吻合：

我徂東山，慆慆不歸。我來自東，零雨其濛。我東曰歸，我心西悲。

3

抵達邠州時，路程還很遙遠，杜甫才走了三分之一左右。

這樣徒步而行，速度既慢，也很辛苦。於是，杜甫寫了一首詩，呈給駐紮於邠州的一位將軍。這首詩其實是一張借條。杜甫要向將軍借一匹馬──把借條寫成詩，這大約是世界上最獨特也最風雅的借條了。

贈詩裡，杜甫稱這位將軍為李特進。特進是散階中的從二品，級別非常高，居各部尚書之上。李特進大名李嗣業，是一個絕對的大人物。他身高七尺，英勇善戰，「軍中初用陌刀，而嗣業尤善，每戰必為先鋒，所向摧北」。因戰功，李嗣業升至驃騎左金吾大將軍，故杜甫在天寶十四載（西元755年）與其飲酒時，作詩稱「醉歸應犯夜，可怕李金吾」。

李嗣業身為大軍統帥，戰馬再缺，也不會缺一匹兩匹，他對杜甫應該有好感，且杜甫所贈之詩，寫得也相當哀婉，讓人同情：「妻子山中哭向天，須公櫪上追風驃。」──我的妻兒在山中仰天痛哭，盼著我回家，我需要借您馬廄裡一匹快馬。

有了馬，旅途變得輕快。杜甫的心情也漸漸好起來。晚上，他一個人燈下獨酌。路過去年與重表姪一家逃難經行的彭衙時，想起曾經熱情相助的孫宰，前塵往事，恍若隔世。他很想去看望孫宰，又急著返家，只好打消了這一念頭。

一個彩霞滿天的傍晚，小院門前的樹叢間，歸巢的鳥雀叫個不停時，杜甫終於走到了鄜州城外的羌村。

「妻孥怪我在，驚定還拭淚。」分別一年多以來，儘管杜甫曾收到過妻兒家書──妻兒想必也收到過他的家書。但戰亂年代，人命如草，九死一生。妻子乍見杜甫，沒想到他真的還在人世，不由驚得呆了。等到

第七章　朝野

由驚轉喜，她不由自主地哭了起來。杜甫感嘆：「世亂遭飄蕩，生還偶然遂。」在這樣的大亂世，能夠活著回家，能夠活著與親人見面，完全是一種偶然。鶉衣百結的妻子蓬頭垢面。天氣涼了，兒子們連襪子也沒穿。一年不見，他們對父親已感陌生，紛紛轉過頭去哭。更小的兩個女兒，穿著打了許多補丁的衣服，扶床而立，好奇地看著父親，不知道這個風塵僕僕的陌生人是誰。杜甫與妻子抱頭痛哭，哭聲中，夾雜著外面擠進來的松濤聲。

左鄰右舍聽到杜甫家的各種動靜，都紛紛出來觀看，他們趴在自家牆頭，遠遠地和杜甫打招呼，一個個唏噓不已。夜裡，夫妻倆剪燭夜話，說起分離後的種種遭遇，懷疑此刻相逢在夢中。

杜甫一家在羌村住了一年多，當然杜甫住的時間很短。他的妻兒，與鄰居們相當熟悉了。第二天，樸實的鄰居們上門看望他，各自帶了些酒食，與杜甫一起在院中飲酒。各家的酒有清有濁，有好有劣，他們一再向杜甫致歉，說是酒味太薄，緣於缺少勞動力去種植釀酒的高粱。那麼，年輕勞動力去了哪裡呢？「兵革既未息，兒童盡東征。」年輕人都上戰場了，生死未卜，村裡只餘下年邁的老人，過著慘淡的日子。家庭種種，國家種種，自身種種，他人種種，借酒澆愁，杜甫不由長歌當哭。歌罷，復又仰天長嘆，在座的鄰居也涕泗縱橫——對這些在開元盛世生活了幾十年的大唐子民來說，今昔對比，帶來的是難以排解的憂悶和愁苦。

閒居一個多月後，轉眼到了十月，天氣愈加寒涼，杜甫一家離開了羌村。一種說法是，杜甫去了鳳翔，並從鳳翔跟隨肅宗入長安；另一種說法是，杜甫直接去了長安。考官軍收復長安在當年九月，肅宗歸長安在此後不久的十月中旬，故可能後說為是。

「嬌兒不離膝，畏我復卻去。」孩子們坐在杜甫膝頭不肯下來，生怕父親一會兒又走了。不過，這一次，杜甫帶上了家小，一家人打點行裝，告別了善良的羌村父老，去往首都長安。

杜甫及家小回到長安，時為至德二載（西元757年）十月，杜甫四十六歲。從這年十月到次年六月的八個多月，作為一名在皇帝身邊服務的京官，杜甫的生活相對祥和而舒適。當然，這祥和和舒適放在他一生中看，不僅占比少得可憐，並且，它更像是暴風雨來臨之前的短暫寧靜。

十一月，老朋友鄭虔因出任過安祿山的偽職——儘管是迫不得已並且還中途逃走——受到處罰。

關於如何處理附逆就任偽職者，肅宗令禮部尚書李峴與御史大夫崔器等人組成專案組。崔器主張，所有附逆官員全部處死。之前，他曾將附逆官員三百餘人集合於含元殿前，令他們脫掉頭巾鞋襪，捶胸請罪，文武百官在旁觀看，作為對不忠誠者的羞辱。杜甫有兩個朋友受到了羞辱，一個是鄭虔，一個是王維。

肅宗有意採納崔器的建議，即將附逆者悉數處死——如是，則王維晚年的詩篇我們就沒法看到了。李峴堅決不同意。他認為，叛軍攻陷兩京，天子南巡，人各逃生，情有可原。其中，不少人是皇親國戚或功臣子孫，一律處死，有違仁恕之道。更重要的是，如果將他們全殺了，現在河北還在叛軍手裡，那些還在出任偽職的官員，就會鐵了心跟著叛軍。不如首惡必究，脅從不問。肅宗不同意，李峴據理力爭，「爭之累日」，肅宗終於被說服了。於是，對附逆人員按罪行輕重，分六等處理：重者刑之於市，次賜自盡，次重杖一百，次三等流、貶不一。

按六等處理後，被斬首的有達奚珣等十八人，賜自盡的有陳希烈等

第七章 朝野

七人。王維因陷賊期間寫有「萬戶傷心生野煙，百官何日再朝天」的詩句而減罪，加之其弟王縉請以其所任憲部侍郎為兄贖罪，只受到降職處分。

鄭虔卻沒那麼幸運。他受的處分比王維重得多：貶台州司戶參軍。台州即今浙江台州，唐時，台州因境內有天臺山而得名，開元中有戶五萬，上州，在七個等級中，屬中下。總體來說，當時的台州地處海隅，遠離政治中心，閉塞落後，文教不彰。司戶參軍掌戶口、籍帳、田宅、雜役等事務，是州府長官的佐吏。

至德二、三載間（西元 757 年底至西元 758 年初），鄭虔踏上了前往台州的流貶之路。作為老友，杜甫按理應為他餞行，但不知出於什麼緣故，杜甫沒能出席餞行宴。他寫了一首詩送給鄭虔。詩寫得極為沉痛，其中有云：「萬里傷心嚴譴日，百年垂死中興時……便與先生應永訣，九重泉路盡交期。」——這時候，杜甫四十六七歲了，而鄭虔比他足足年長二十歲，早已是風燭殘年。杜甫悲哀地預言：「我們此生再也沒有機會見面了。這輩子的情誼，只能帶到九泉之下。」

鄭虔到了台州，迷茫過一段時間，後來在州城臨海設學館，授生徒，使得文化落後的台州風氣為之一開。以後，鄭虔因病死於台州。

鄭虔離京不久，杜甫從其故居經過，故宅依然，故人不再，杜甫感而賦詩：

台州地闊海冥冥，雲水長和島嶼青。亂後故人雙別淚，春深逐客一浮萍。酒酣懶舞誰相拽，詩罷能吟不復聽。第五橋東流恨水，皇陂岸北結愁亭。

以後的日子，杜甫還會經常想起鄭虔，想起他在自己落拓時所給予的關心和幫助，想起兩人潦倒時那些濁酒相勸的日子。鄭虔去世後，杜

甫傷痛無盡，直到晚年，還在詩裡一再提及他。

　　杜甫與鄭虔及兩個姪子都是過從甚密的朋友，但看得出，他與鄭虔更為知心。一方面，固然因鄭虔年長，杜甫敬事之；另一方面，更因與兩個攀龍附鳳、飛黃騰達的姪子相比，畢生窮困潦倒、仕途無望的鄭虔，更像一面鏡子，杜甫從他身上照見了自己。嘆惜鄭虔，其實就是嘆惜自己；哀悼鄭虔，其實就是哀悼自己。

　　回京任左拾遺期間，杜甫一家老小沒有住在城外的少陵原。畢竟，現在他是天子近臣，需要上朝，需要值班，住在城外，委實不便。那住哪裡呢？從杜詩透露的蛛絲馬跡看，他應該在城裡租了房子。

　　杜甫有個故交，叫畢曜（有的史料又寫作畢耀），排行老四，祖籍今山東東平，後來遷居河南偃師，算杜甫老鄉，杜甫親切地稱他畢四。畢四做過縣尉，天寶十三載（西元 754 年），任司經局正字。司經局屬於太子東宮組織，是詹事府下屬機構，主管四庫圖書刊輯。正字是司經局負責刊正文字的小官，從九品上。安史之亂，長安失陷，畢曜為叛軍所執，但因級別太低，無人授他偽職。然而，長安收復後，朝廷遲遲不替他安排工作，以致窮困潦倒。

　　按杜詩所記，杜甫帶著家小從鳳翔來到長安後，與畢曜成了鄰居——他們同居於一條逼仄的陋巷：「我居巷南子巷北。」儘管同居一巷，相距最多不過幾百上公里，但兩人並不經常見面，「十日不一見顏色」。杜甫原本向李嗣業借了一匹馬，後來還人家了，再也搞不到馬騎。身為朝廷命官，又不能步行。上朝時，他只好向房東借驢子。春天多風多雨，一場雨後，道路泥濘，杜甫怕摔跤，向上司請了假。他想起同居陋巷的畢四，想找他喝酒。可自己剛請了假，不方便出門，就寫信給畢四，希望他能來自己家裡，「速宜相就飲一斗」。

第七章　朝野

次年，畢曜時來運轉，升任位高權重的監察御史。那時，杜甫已經流寓到了秦州，他看到邸報上的消息，很為老友高興。意料不到的是，後來的畢曜竟然成了有名的酷吏——最終，他也因政治鬥爭而遭清算，流貶黔中，死於路途。時位之移人，於畢曜可窺一斑。

4

唐朝的皇宮由三部分組成。即西內、東內和南內，合稱三內。西內即長安城正北面居中的宮城，其主體部分為太極宮，因位置靠西，故稱西內。東內在長安城東北角，並突出城牆向郊外延伸於龍首原，因位置在東北隅，故稱東內，其主體部分為大明宮。長安城東邊春明門內的興慶宮，位置相較西內和東內，在東南，故稱南內，其主體部分即興慶宮。

有唐一代近三百年間，皇帝多達二十餘位，除卻就食洛陽和武周時期以洛陽為都，以及其他少數特殊時期外，朝會都在三大內舉行。作為左拾遺，三大內都留下了杜甫的足跡。其中，杜甫對大明宮有著悠遠而深沉的記憶。

首先，天寶十載（西元751年），在獻了〈三大禮賦〉後，玄宗在大明宮召見杜甫，並讓他待制集賢院。及後，宰相面試他時，考場也在大明宮。他晚年回憶此事時有詩說，「憶獻三賦蓬萊宮，自怪一日聲輝赫。集賢學士如堵牆，觀我落筆中書堂」。

等到長安收復，左拾遺任上的杜甫成了道地的京官，包括大明宮在內的三內，是他經常前去上朝、議事、開會、值班的地方——不過，蕭滌非等人所著《訪古學詩萬里行》稱，「杜甫又以左拾遺官職隨肅宗回京，每天早上五鼓在莊嚴肅穆的大明宮中隨班朝見皇帝」，此說不確。

不同品級的官員參加朝會，晉見皇帝的頻率並不相同。品級越高，朝參越頻繁。據《唐會要》載，唐時，在京職事官九品以上者，朔、望日朝，即每月初一、十五參加朝會。職事官五品以上及監察御史、員外郎、太常博士，每日常參。弘文館、崇文館和國子監學生，每季參。外官每年分批，限一月二十五日到京，十一月一日覲見。嶺南五府及甘、肅、瓜、沙等邊遠州不在此例。由此可見，杜甫雖然是左拾遺，是台省諫官，但品級太低，並不在每日常參之列，只能參加每月初一和十五的規模龐大的朝會。

從杜詩可以看出，杜甫很享受他的京官生活。他不厭其煩地書寫這種生活：在十五天才有一次的朝會中，他努力觀察聖上的臉，企圖從他的臉上看出喜怒哀樂——「晝漏稀聞高閣報，天顏有喜近臣知」；在辦公室起草檔案後按規定將草稿焚毀——「避人焚諫草，騎馬欲雞棲」；在門下省值夜班，因有公事需要彙報，多次向勤雜人員打聽時間——「明朝有封事，數問夜如何」；加班晚了乘夜歸家，表明他很敬業——「侍臣緩步歸青瑣，退食從容出每遲」。

這段時間，他與另外幾個詩人成了同事，經常聚在一起，他們是王維、岑參、賈至。有一次，賈至寫了一首以大明宮早朝為題材的詩，王維、岑參和杜甫紛紛唱和，後人認為，四詩之中，杜甫的為高。

轉眼間，杜甫做左拾遺近一年了。上一年五月，他趕到鳳翔，錯過端午，沒能得到皇上的例賜。這一年，例賜自然有他一份。這就是前面所說的端午賜衣。

對浩蕩皇恩無限感激的杜甫，其實已經能夠感覺得到，聖上的眷顧早已不復存在。只是，他很可能沒有預料到，下一個月，對他和他的朋友們的打擊將會接連不斷地降臨。

第七章　朝野

　　原來，房琯罷相後，朝廷中有不少他的支持者認為，房琯「謀包文武，可複用」。房琯自己當然也如此認為。當時，房琯天天與他的一些走得近的支持者喝酒劇談，卻向朝廷稱病不朝。——那些一起喝酒劇談的官員，史書中只舉了劉秩和嚴武兩個。按理，杜甫也應在其中。只不過，他級別太低，史書不屑記錄。

　　房琯的所作所為，再次激怒了肅宗，「上聞而惡之」，「下制數琯罪」，斥責他：「虛言浮誕，內鞅鞅，挾黨背公，非大臣體。」乾元元年（西元758年），房琯東山再起的迷夢徹底破碎：貶邠州刺史。與此同時，嚴武貶巴州刺史，劉秩貶閬州刺史，杜甫貶華州司功參軍。

　　昔年大唐帝國的心臟——大明宮——在地下沉睡多年以後，如今已建成了大明宮國家遺址公園。這座世界上曾經面積最大、設施最豪華的皇宮，千萬間宮闕都做了土。除了少數復原建築外，其他都是宮殿基址、遺址，以及大片大片的綠地和廣場。行走在這片古老厚重的土地上，有如夢迴大唐，讓人疑心在下一個路口，就會遇到那位鬍鬚微微上揚，面容瘦削的老者——他便是那個逝去時代最忠實的記錄者、反思者和批判者。

　　他的名字叫杜甫。

　　大明宮遺址公園裡，一株高大的黑楊樹亭亭如華蓋，我從背包裡取出一瓶杜甫酒，擰開瓶蓋，把一瓶甘冽的美酒，緩緩倒進腳下乾澀的黃土。

5

　　自西安沿連霍高速東行，過臨潼、渭南，即是華州。現在的華州係渭南下轄區，由鄭縣改名而來。唐代的華州，因境內有著名的華山而得名，下轄鄭縣、華陰和下邽三縣，治所在鄭縣。

司功參軍係州佐吏，刺史屬官，主管官吏考課、祭祀、禮樂、學校、選舉、佛道和表疏公文等事宜。州的等級不同，其參軍的品級亦不同。以華州而言，司功參軍為從七品下。與之前的左拾遺相比，表面看，杜甫級別有所提升，但前途與影響卻不可相提並論。

所以，杜甫完全沒有心情去華州履新。然而，皇命在身，他不得不上路。前往華州的前一天晚上，一個叫孟雲卿的朋友為杜甫餞行。杜甫的命運已經夠坎坷了，而孟雲卿竟比杜甫還要有過之而無不及。他出身貧寒，天寶末年就到長安應試，數年未能及第，一直是布衣之身。他稱自己「貧賤少情慾，借荒種南陂」。多年失意之後，孟雲卿也即將離開讓他不堪回首的首都，回到嵩陽繼續躬耕壟畝的田園生活。

一對老朋友，兩個失意人，樽前燭下，相對把盞，訴不盡的衷腸與離愁。用杜詩來說，那是「樂極傷頭白，更長愛燭紅」——老友相逢，自然快樂，然而想到即將分手，而兩人都已頭髮花白，不再年輕，不知下一次相逢將是何時，心中又湧起無限憂愁；更深人靜，讓人倍加珍愛相聚的時光，就連燃燒的紅燭也顯得無比可愛。

「明朝牽世務，揮淚各西東」，無論多麼相契的朋友，都必須分離。天亮時，兩人灑淚而別。別有一番滋味的是，杜甫是從金光門出城的——去年，他間道出長安前往行在投奔肅宗，也由金光門而出。按理，華州在長安之東，金光門係長安西門，杜甫不應該經過此門。有一種可能是，他當時租住的房子在金光門一帶，或是他與孟雲卿聚飲的地方在金光門附近。

兩出金光門，杜甫感慨萬端，以詩抒胸臆：

此道昔歸順，西郊胡正繁。至今殘破膽，應有未招魂。近侍歸京邑，移官豈至尊？無才日衰老，駐馬望千門。

第七章　朝野

——這是我從前投奔行在的路，那時整個城市的西郊到處是叛亂的胡軍。想起來我至今還膽寒，可能嚇掉的魂還沒招回來。作為聖上的近侍我隨同他一起回到京師，今天卻被調往華州。這根本不是聖上的決定。我既沒有才華又日益衰老，以後再也不可能重回京城了。想到這裡，我不由停下馬來，再次回望千門萬戶的長安……

華州的生活令人絕望。

初到華州，杜甫尚有興致遊覽了周邊幾個景點。但華州主官——即時任刺史郭某——不僅安排了大量的工作給杜甫，還對他十分無禮。王嗣奭認為，杜甫厚於情誼，「雖邂逅間一飲一食之惠，必賦詩以致其銘佩之私，俾垂名後世」。但這個郭刺史，杜甫在他手下做了整整一年，卻沒有一句詩寫過他。郭刺史的為人可想而知。

關中平原東端的華州，夏秋氣候極為炎熱。如果站在陽光下，一陣陣熱浪讓人有喘不過氣之感。杜甫在〈早秋苦熱堆案相仍〉中對華州司功參軍任上的苦惱描繪得淋漓盡致：

七月六日苦炎蒸，對食暫餐還不能。每愁夜中自足蠍，況乃秋後轉多蠅。束帶發狂欲大叫，簿書何急來相仍。南望青松架短壑，安得赤腳踏層冰。

暑氣蒸騰，炎夏煎熬，以至吃飯都成了一件苦差事。晚上，有毒的蠍子到處亂爬，蒼蠅成群結隊。坐在堂上辦公，各種要處理的文書如同雪片一樣飛來，讓人忍不住要崩潰大叫。透過窗戶南望，南方的山上溝壑縱橫，長滿鬱鬱青松，不能到那清涼的地方去避一避，那有沒有什麼辦法可以赤腳踩在冰塊上涼爽一下呢？

儘管要待到明年，杜甫才正式離華州司功參軍任，但是剛剛履新，他就對這個新職務充滿了牴觸和厭倦。

好不容易熬到了年底，這年冬天，杜甫由長安回了老家，在偃師陸渾莊處理家務——終其一生，他在偃師、鞏縣、洛陽和長安都有些資產。但在交通不便，資訊不暢，甚至貨幣經濟也不發達的唐代，如何處理這些資產——比如，如何收取土地的田租，如何把收來的糧食變現，這些都是無比煩瑣的令人頭痛的問題。後來，杜甫流落蜀中，一直想即從巴峽穿巫峽，便下襄陽向洛陽，除卻人老了希望葉落歸根外，恐怕也不無另一個十分現實的考量：回老家處理祖業。

有唐一代，長安至汴州為大驛路，即帝國第一大道。華州、洛陽、偃師都處於大驛路上。長安往來洛陽，自周至唐，除極少數時間外，一直是中原最繁忙的交通要道。到了陝州，分為南北兩線。北線經澠池、新安至洛陽，此為漢魏故道。沿途所置驛站較少，路程相對較近。南線經永寧、壽安而至洛陽，此為唐道。驛站多，路程相對較遠。

杜甫從華州出發，一路沿黃河南岸經敷水驛、長城驛而至華陰縣，再經潼關驛出關，漸漸進入了河南地界。

杜甫東行一千二百六十多年後的一個盛夏黃昏，我在憑弔了潼關和風陵渡後，沿著寬闊的連霍高速自西向東疾馳。從靈寶西收費站出站後，又順著國道，自東向西回走了近十公里。公路兩旁不時可見起伏的黃土丘陵，覆蓋著鬱鬱蔥蔥的林子和莊稼。在兩條幾乎平行的道路突然交叉的地方——我所經行的國道，硬生生從一座黃土丘陵正中穿過。在我的右手邊，小山坡上，矗立著一座高大的牌坊。

停好車拾級而上，牌坊正中是兩個大字：「閿鄉」。牌坊兩側，各有一座簡陋的長方形亭子，其中一座亭子裡，坐著幾個納涼的老人，一律有著黃土一樣深的膚色。牌坊正下面，是一座小型廣場，尚未竣工，鋪著大大小小的石頭——小的如拳頭，大的超過飯碗。一旁是莊稼地，修

第七章　朝野

長的玉米遮掩了莊稼深處的村落，房屋只露出不多的紅色或黑色的頂，像漂浮在綠色海洋上的一頂頂草帽。

牌坊下面，我尋找到了兩塊鑲進堡坎的不大的碑，黑底白字，一塊的標題是〈閿鄉縣城始末〉，一塊是〈閿鄉村門樓記〉。兩塊碑，數百個文字，清晰地還原了一個業已不存在的古縣的歷史軌跡。

閿鄉設縣，起於西漢，歷兩千多年到1954年時，併入靈寶，但縣衙等老建築一直儲存完好。1959年，黃河三門峽水庫蓄水，閿鄉縣城從此淹沒。在決定修建水庫前，閿鄉人開始搬遷——一支移民甘肅敦煌（後遷出），一支移至靠近靈寶的閿東，更大部分移到了閿鄉村。

儘管閿鄉村距三門峽大壩還有八十多公里，但登上牌樓附近的山頂向北遙望，三四公里外的黃河因回水而變得十分開闊。就在那邊某一個業已沉入水底的地方，曾經，杜甫住過一宿，並留下兩首詩。

閿鄉牌樓，杜甫曾在閿鄉吃魚

到了閿鄉，杜甫就從今天的陝西進入了河南。不過，其時的閿鄉縣及虢州，不屬東邊的河南道，而屬北邊的河東道。

杜甫行到閿鄉境內，天氣異常寒冷，整天颳著凜冽的北風，黃河結冰封凍，天地間一派肅殺。在閿鄉，杜甫有一個朋友，姓秦，名不詳，時任閿鄉縣尉。秦縣尉一年前在鳳翔時，與杜甫同舍，關係密切，且對杜甫詩文頗為敬佩，稱杜甫是文章伯。

那晚的酒宴，卻不是秦縣尉做東。做東的是另一個縣尉，姓姜，名

不詳——唐制，上縣可設縣尉兩名，閿鄉屬望縣，比上縣等級還高。秦縣尉是杜甫的老朋友，姜縣尉卻是杜甫的新朋友。

姜縣尉令人敲開黃河河面的冰塊，很費力地捕獲了一條大魚。

一條剛從水中捕上的大魚，到了廚師手裡，只要片刻工夫，就能變成一盤又白又細的魚片。半透明的魚片輕薄似紙，隱隱透過燈光。把魚片放進由芥末、豆豉、蒜泥和醬油混合成的調料中略微一蘸，入口的魚片爽滑清甜，極為鮮美。由於沒有經過炒、炸、蒸等加工，魚片的營養成分完全沒有流失。

這種食用方法叫魚膾。早在先秦時期，魚膾就是一道令人垂涎的美食。傳入日本後，慢慢演變為今天的刺身。

在唐朝，製作魚膾的魚類首推鯉魚，而黃河大鯉魚古今都是珍貴食材。我猜測，姜縣尉令人捕撈的，多半就是一條活蹦亂跳的黃河鯉。唐朝皇帝姓李，李、鯉同音，鯉魚成了國姓魚，一度禁止食用。儘管由於這道命令執行起來頗為困難，僅是一紙空文，但杜甫畢竟是朝廷命官，也不好明目張膽地把食鯉魚寫進詩裡。

杜甫詩中說，「河凍未漁不易得，鑿冰恐侵河伯宮」——時值冬末，北方天寒地凍，獲取河魚實在不易；「無聲細下飛碎雪，有骨已剁觜春蔥」——廚師刀工極好，白嫩的魚片如同雪片一樣；「偏勸腹腴愧年少，軟炊香飯緣老翁」——姜七這個年輕朋友特意用魚肚子上肥美的魚片來敬我，又因我年老牙不好，吩咐把米飯煮得很鬆軟；「落砧何曾白紙溼，放箸未覺金盤空」——面對這落在紙上也不會把紙沾溼的魚片，我吃得很高興，不知不覺一盤子都吃空了。

閿鄉以東，曾有另一個為時更短的古縣，即湖城縣。湖城縣原名湖縣，漢置，南朝宋改名湖城。其縣治，史書稱其在閿鄉以東。元朝時，

第七章　朝野

湖城併入閿鄉。

　　一夜歡聚，次日，杜甫告別了熱情款待的姜縣尉——杜甫贈詩中親切地稱他為姜七少府——以及作陪的秦縣尉，繼續趕路。沒走多久——三四十里路，大半天工夫，便進入了湖城縣境。湖城有他一個朋友，叫劉顥。當晚，他借住劉家。令他喜出望外的是，告別劉顥後，他才走到湖城縣東門外不遠的地方，卻與一個熟悉的身影不期而遇。

　　這就是此前在長安為他餞行的孟雲卿。

　　既是老友又同為行路人，並在異鄉邂逅，兩人都又驚又喜。當即，杜甫帶著孟雲卿一起返回剛剛辭別的劉顥家。劉顥也意外而喜悅。劉家立即張燈設宴。那天晚上，室內爐火通紅，酒食相陳，室外有一輪潔白的月亮。三人通宵歡飲，直到雞鳴天曉，才不得不灑淚而別。杜甫感嘆：「人生會合不可常，庭樹雞鳴淚如線。」

　　杜甫回到洛陽後，應該在洛陽小住了一段時間；然後，又去了洛陽東邊的偃師。那裡，既有他的先人廬墓，還有他十幾年前築的土室，以及他家的田產和莊院。到了老家，很自然地想念親人——是時父母俱逝，親人便是幾個弟弟和妹妹。其中一個弟弟杜穎，早年在齊州臨邑做主簿，杜甫漫遊齊趙時曾去看望過他。兩兄弟分別多年，此時山東尚未收復，生死暌違，他的家人一直留在偃師陸渾莊。杜甫與弟弟家人相見，哀嘆兩家人「兩京三十口，雖在命如絲」。在偃師期間，有一天，杜甫忽然收到了杜穎家書，興奮之餘，卻又產生了欲見不能的苦惱：

　　亂後誰歸得？他鄉勝故鄉。直為心厄苦，久念與存亡。汝書猶在壁，汝妾已辭房。舊犬知愁恨，垂頭傍我床。

　　——戰亂之後難以歸鄉，在他鄉客居久了，反倒覺得他鄉比故鄉還好，因為故鄉比他鄉還要凋敝。做哥哥的一直為弟弟的安危而擔心痛

苦，常唸叨亂世之中生死相依。你當年寫的字還掛在老家牆上，你的妾因你多年未歸已經離去。我們家那條老狗似乎也明白人間的愁恨，低著頭，憂傷地依靠在我的床前。

6

就在杜甫居停老家期間，風雲突變，時局一下子又緊張起來。

上年六月，即杜甫貶華州司功參軍時，原本已歸順唐朝的安祿山部將史思明再次反叛。九月，朝廷集中主力部隊，以宦官魚朝恩為觀軍容使，令九節度使各率所部兵馬，包圍了安慶緒占據的相州。九節度使包括朔方節度使郭子儀和河東節度使李光弼等名將。

相州被圍，官軍「築壘再重，穿塹三重」，又引漳河水灌城，「城中井泉皆溢」，糧食耗盡，一隻老鼠也要賣四千錢。當時，天下人均以為相州城破只在旦夕，而相州一旦攻克，則河北可定，叛亂可平。幾百里外的杜甫得知，激動不已，寫下長詩〈洗兵馬〉。他樂觀地認為，叛亂即將終結，天下即將太平：「安得壯士挽天河，淨洗甲兵長不用。」

實際情況卻不容樂觀——安慶緒苦守相州，等待史思明救援。城中部分失去鬥志的叛軍想出城投降，「礙水深，不得出」。肅宗在調遣九節度使圍相州時，因郭子儀和李光弼「皆元勳，難相統屬」，不方便指定哪一個為元帥，只是任命了宦官魚朝恩為觀軍容使，負責協調。如是，九支軍隊互不統屬，群龍無首，「諸軍既無統帥，進退無所稟」。

乾元二年（西元759年）正月，史思明在魏州稱大聖燕王；同月，相州之圍中，那位曾借馬給杜甫的猛將李嗣業為流矢所中，不治身死。

二月，史思明率軍赴相州，救援安慶緒。官軍多達六十萬之眾，而

第七章　朝野

史思明僅有五萬人。這是一場從數字上看幾乎沒有懸念的戰爭。然而，狡猾的史思明避免與官軍交戰。他不斷派出遊騎，四處打擊官軍的後勤部隊，以至於官軍竟然連打柴火都困難。至於從江南運來的糧餉，更是屢遭叛軍劫持。就在官軍糧食匱乏之際，三月，史思明發起了與官軍的決戰。

官軍並未將叛軍放在眼裡，還以為史思明的主力只是一些散兵遊勇。當史思明全力拚殺而來時，九節度使中僅李光弼和王思禮率部抵抗，雙方均死傷慘重。郭子儀率部跟著上場。沒想到，郭子儀部還沒來得及擺開陣勢，突然狂風大作，飛沙走石，戰場上一片昏沉黑暗的末日景象。叛軍自然驚駭，官軍卻更甚，雙方各自後撤——叛軍向北，官軍向南。要命的是，儘管郭子儀乃一代名將，但在如同潮水一般後退的大軍面前，依然無能為力。郭子儀部戰馬原有萬匹以上，戰後僅存三千；甲仗十萬，幾乎全部丟棄。

出洛陽城北行，只需三十多公里，便到了黃河之濱。以黃河為界，河南為洛陽孟津縣，河北為洛陽吉利區——2021年，孟津縣與吉利區合併，改稱孟津區。

孟津一帶，自古即為洛陽通往河北和山西的必經之地，商周時期，孟津設有往來於黃河兩岸的古渡。漢末黃巾起義，大將軍何進在孟津置孟津關，是為拱衛京師洛陽的八關之一。北魏時，在孟津附近的黃河南岸、北岸以及沙洲上築了三座關城，稱為河陽三城，成為洛陽的北方門戶。故此，孟津關又稱河陽關，孟津又稱河陽。

第一個在孟津黃河上建橋的，便是杜甫的遠祖杜預。他建的浮橋，大概就在我看到的沙洲附近——更準確的位置，難以考證。到了唐朝，被稱為河陽橋的孟津浮橋，策略意義更加顯著。一旦河陽橋失守，洛陽

便無險可峙。

相州戰敗後,洛陽吏民已如驚弓之鳥。「士民驚駭,散奔山谷」,負有守土之責的東都留守崔圓、河南尹蘇震逃到了幾百里外的襄州和鄧州,其餘節度使各自率軍退避,只有郭子儀還在苦撐。

正是意識到了河陽橋的重要性,相州城下被叛軍所敗的郭子儀才收拾殘部,退守河陽橋以保東京。

既可能是假期已滿,更可能是擔憂洛陽不保,閒居偃師的杜甫踏上了前往華州的路途 —— 這以後,有生之年,他再也沒有回來過。故鄉 —— 鞏縣也好,偃師也好,洛陽也罷,從此都只是一個個虛幻的夢境。一直要等上五十多年,他已經烏黑的骨頭才將由孫子歷盡艱辛地送回河南。

沿著蜿蜒的鄉道行駛了十幾分鐘,公路旁出現了一條更窄的岔路,黑楊變成了柳樹。一座已經十分斑駁的牌樓出現在岔路口,上面有三個電腦體的大字:「石壕村」。

大部分稍有文學常識的人,或者說只要上過國中的人都知道石壕村,它與杜甫不朽的敘事詩〈石壕吏〉緊緊相連。

我前往石壕村,既是為了看看誕生〈石壕吏〉的地方如今什麼模樣,還因為據地方史料所說,當年杜甫住過一宿的窯洞,居然儲存至今 —— 想想也不奇怪,既然杜甫誕生的窯洞都還在,他四十八歲時住過的窯洞儲存了下來,也是順理成章的事。

穿過牌坊,順著細細的鄉路行駛了兩百公尺,便是石壕村村口。

與其他村莊村口不同的是,石壕村正對大路的地方,有一方高大的照壁。照壁上,海碗大的字刻寫著那首耳熟能詳的長詩:〈石壕吏〉。

第七章　朝野

　　石壕村位於兩山之間的溝谷裡，山不高，至多兩三百公尺。村子順著溝谷而建，兩邊是房舍，中間是公路，與大多呈長方形或正方形的北方村莊迥異。房子多是一層或兩層的磚房，房前種著零亂的花草，大門兩側，有的貼著春聯，風吹雨打過後，紅色的春聯褪成灰白，彷彿洗過多年的舊衣服。村民方言極為難懂，十句倒有八句不知所云。在他們熱情而又不明所以的指點下，我沿著村子正中間唯一的那條路往前走，尋找杜甫住過的窯洞。

　　村子至多只有兩三百公尺，出了村，我終於看到村外的山坡上似有兩個孔洞，像是廢棄的窯洞——但是，根據事前查閱的資料，杜甫住過的窯洞在村裡，且還有人居住。這兩孔廢窯，顯然不是。繼續向前，公路變得更加粗糙，漸漸蜿蜒上了村子背後的小山，再也看不到房屋。

　　於是，我又回到了山下的村子。我把車停在路旁，走進公路內側的一座小院，院子裡只有一個七八歲的孩子，好奇地看著我。問他杜甫窯，他搖頭。靈機一動，又問他：「你家大人呢？」他向另一間屋子指了指。這時，從屋子裡走出一個似乎剛剛午睡醒來的大媽。

　　五分鐘後，在熱心大媽帶領下，我走到了公路後面數十公尺的小山坡下，那裡，有一座院子，大門緊閉，從外面無論如何也看不到窯洞。

　　石頭砌成的牆壁刷成白色，兩塊白色中間是一小塊紅色——院門。

　　半分鐘後，我順利進了門。

　　是一座兩進小院。左右兩邊是磚砌的平房，中間是狹窄的水泥地院子，擺放著水桶、水盆之類的用具。穿過一道月門，便是後院。後院院子更大一些。有兩棵樹和一架葡萄。一座嵌有瓷磚的房子與前院的房子垂直。目光越過房頂，能看到背後的小山。主人家姓雷，當我向他打聽杜甫投宿的窯洞時，他把我帶進後院靠左的一道門前。從外面看，就

是一座普通平房，並無窯洞外觀。疑惑間走進門，才發現裡面別有洞天——屋子分為三部分，前面兩部分，就是普通平房，第一間和第二間的櫃子上擺放著清油桶和炊具，似乎是雷家的廚房。第三間半塌了，顯然已經廢棄不用，裡面堆放著一些木頭。泥地、泥牆和泥的屋頂——正是一孔窯洞。也就是說，昔年杜甫借宿的地方就是這裡了。只是，後人在窯洞外擴修了平房，圍成了小院，窯洞便蜷縮在小院深處，從而在不經意中被保護下來。

雷大爺約莫七十歲樣子，他說他家在這裡已經生活了七八代人。七八代人大約兩百年時間，足夠漫長了。但與杜甫距今一千二百多年比，依然十分短暫。雷大爺的孩子們進城了，只有他和老妻還守在村裡。生活寧靜、安詳，一日如同一年，一年也如同一日。和他告別時，他熱情地把我送到院門外。院門在身後吱呀一聲闔上。我頂著烈日，慢慢行走在空無一人的村道上。蟬兒一個勁兒地叫，微風吹拂，空氣中傳來田野裡

石壕村古窯，
相傳杜甫曾借宿於此

特有的混合了青草、莊稼和泥土的氣味。我登上高處想為石壕村拍一幅全景圖時，猛然想起，從杜甫時代到今天的十二個世紀裡，這座北方村莊，名字未變，村址未移，然而人歌人哭，一代代人就在這裡走完了他們短短的一生。

杜甫沿著古老的崤函道從洛陽前往關中。

在距石壕村不到四公里的西邊山坳裡，松林間有一片平地，一個名為崤函古道石壕段遺址文物保護管理所的機構大門緊閉。看門的年輕人

第七章　朝野

在玻璃後面擺手：不開放，不開放。就在管理所背後不遠處，曾經人來人往了兩千多年的崤函道蛇行於山巒間。堅硬的石質路面，被經年累月的車輛軋出深深的車轍，最深的足有二三十公分。像用鑿子鑿出了溝槽，用以流淌歲月。

杜甫自洛陽而來，經新安——在新安，杜甫聽到人聲喧譁，近前一看，原來是縣吏在村裡點名徵兵。他看到，不少年輕人也被抓了壯丁，準備送往前線。據此，他寫成了「三吏」之一的〈新安吏〉。過新安後，大約還需要兩天，杜甫走到了石壕村。崤函古道從村外的山上穿過，天色漸晚，杜甫下到山谷中的石壕村，找了一戶人家借宿。這戶人家有一對老夫妻、一個年輕的媳婦和一個還在吃奶的嬰兒。

睡到半夜，杜甫聽到了惡狠狠的打門聲，他披衣下床，得知是縣吏趁夜來抓丁。老翁嚇得翻牆逃走，老婦只好上前應付。老婦告訴縣吏，她家三個兒子都上了前線。前幾天，一個兒子捎家書回來，說兩個弟兄已經戰死了——在三丁抽一、五丁抽二的規定下，這家人三個兒子全都應徵，且兩個戰死，按理，不僅不應該再到他家抓丁，還應該把他僅存的兒子送回來。但是，由於相州之戰失利，為了守衛河陽，守衛東都，朝廷不得不自壞規矩，而具體辦事的縣吏，更是如狼似虎。

老婦冷靜而沉痛地訴說了她家的遭遇，「三男鄴城戍。一男附書至，二男新戰死」的巨大犧牲之下，「存者且偷生，死者長已矣」。死了的也就算了，活著的人只能苟且偷生，活一天算一天。家中也沒其他人了，只有一個正在吃奶的孫子，有孫子在，他的母親還沒有離去，但進進出出連一件完整的衣服也沒有。最後，老婦說，我雖然力氣已衰，但一定要抓丁的話，就讓我連夜跟你一起走，趕快到河陽軍營裡去，說不定還能為軍隊準備早餐呢。

這一段描寫，有學者異想天開地認為老婦是個愛國者，為了國家，在奉獻了三個兒子的情況下，還主動請纓到軍隊服務。此種說法，可謂誅心。

對朝廷抓丁，杜甫有一種極為矛盾的心理。之前，他曾有〈兵車行〉等作品，透露出明顯的反戰情緒。那時，他認為朝廷抓丁是錯誤的，是反人性的，因為那時的戰爭乃唐朝主動挑起的邊疆紛爭，係不義之戰。但在新安和石壕村見到的抓丁，是為了平定叛軍，而杜甫一生忠於唐室，在他心中，便表現為一種矛盾：一方面，為了平叛，的確需要有人上前線；另一方面，基層官吏沒有人性地抓丁，又使同情民眾的他感到憤怒。因此，在新安，他只好勸慰那些應徵的士兵。而在石壕村，目睹了這悲慘的一幕，杜甫也無能為力。──按我的理解，老婦的那一番話，明顯是義憤之詞：「我的三個兒子，戰死了兩個，家中再也沒有人了。那是不是要把我抓到軍營裡去服役，去替他們煮早餐？」

萬萬沒想到的是，老婦的義憤之詞竟然提醒了縣吏，他們真的把老婦抓走湊數去了。天明，當逾牆而逃的老翁回家時，老婦已被帶走，「天明登前途，獨與老翁別」。

安史之亂已經四年。如果說此前杜甫見證了叛軍的凶殘和王朝面臨傾覆的大危機的話，那麼，為期十幾天的自洛陽歸華州途中的所見所聞，更多的是戰亂帶給人民的極大苦難。人民如同洪流中的浮萍一樣掙扎，沉浮，無以自主。及後，杜甫把沿途見聞寫成詩歌，這就是杜詩中最知名的「三吏」和「三別」，即〈新安吏〉、〈石壕吏〉、〈潼關吏〉，〈新婚別〉、〈無家別〉、〈垂老別〉。

〈新安吏〉與〈石壕吏〉寫不合理之兵役──違制強徵未成年的「中男」和趁夜抓人服役；〈潼關吏〉既寫士卒之辛苦，更憂慮三年前潼關失

第七章　朝野

守的敗局再次發生；〈新婚別〉寫新婚男子被迫奔赴河陽，乃至新娘子感嘆，「嫁女與征夫，不如棄路旁」；〈垂老別〉寫衰翁兒孫俱已陣亡，他竟不得不投杖從軍，與妻子生離死別；〈無家別〉寫一個獨身男子，早年從軍，戰敗後回鄉，家中面目全非。如今河陽吃緊，再次徵發上前線。他想起之前臥病多年的母親葬身溝壑已有五年，生不能養，死不能葬，於是憤怒質問：「人生無家別，何以為蒸黎？」

對於「三吏」、「三別」，盧元昌評論說：「先王以六族安萬民，使民有室家之樂。今〈新安〉無丁，〈石壕〉遣嫗，〈新婚〉有怨曠之夫婦，〈垂老〉痛陣亡之子孫，至戰敗逃歸者，又復不免。河北生靈，幾於靡有孑遺矣。」

無論當時還是現在來看，唐代朝廷的平叛戰爭都是必要的，屬於正義的一方，但在平叛戰爭中，付出慘痛代價的卻是底層民眾。高高在上的肉食者只管發號施令，而基層官吏則胡作非為。對民眾，杜甫是無限的同情與心酸；對官吏，是無限的憤怒與鞭撻。成都杜甫草堂詩史堂前，懸掛著郭沫若的一副對聯，對聯內容，我以為，恰到好處地總結了杜甫為何被後人尊為人民詩人：

世上瘡痍，詩中聖哲；民間疾苦，筆底波瀾。

7

旅途也不全是艱辛與悲憤，否則，那樣的旅途將令行者崩潰。

旅途之中，偶爾也會有突如其來的愉悅，這樣的小美好如同古道旁岩石縫隙裡的花朵，雖然細小，微不足道，卻是必需的。一如岩石縫隙裡的花朵使堅硬而滄桑的古道有了三分柔情，旅途中突如其來的愉悅，

也令漫漫長路有了期待。

　　這個春天的黃昏，天黑得很快，儘管沿途有驛站，以及可以投宿的民戶，但這個晚上，杜甫造訪了一位老友。老友的具體居住地點不太清楚，甚至，連老友的名字也充滿疑團——一種說法是，他姓衛，叫衛賓。但也有人認為，這個名字是後人附會的。我們能夠確定的是，他姓衛，排行老八，一輩子——至少在杜甫寫這首詩時——沒有做過官，杜甫親切地稱他衛八處士。

　　與衛八處士的相見，讓杜甫發自內心地感嘆：「人生不相見，動如參與商。」參與商都是天上的星名，它們此出彼沒，兩不相見。而自己與老友，似乎也是如此。《唐史拾遺》說，杜甫和李白、高適、衛賓相友善，而賓年紀最少，稱為小友。這從杜甫詩中也能看出端倪：「昔別君未婚。」衛賓既然比杜甫還小得多，猜想就十幾二十歲，還沒成婚。二十年過去了，「兒女忽成行」。世事變遷，時光流走，年近半百的杜甫，他的親朋舊友中，已經有不少人去世了，因而在「訪舊半為鬼」的悽惶之下，衛八處士見面時的驚呼，更使人溫暖之，感喟之。「焉知二十載，重上君子堂」——我完全沒有想到，時過二十年，還會到你家做客。

　　二十年前的老友來訪，衛八處士意外又興奮。時間已晚，衛八處士家已吃過晚飯了，趕路的杜甫還餓著肚子。山居清貧，也沒什麼好東西招待老友，天上又下起了濛濛細雨，衛八處士跑到園子裡去剪回帶著雨水的韭菜，家人忙著蒸黃粱米飯。飯菜上桌，衛八處士與老杜相對把盞。衛八處士感嘆見面太難，一連拉著杜甫喝了十來杯。「十觴亦不醉，感子故意長。」對江湖漂泊的旅人來說，如此悽風冷雨的迷茫春夜，難道還有比老友的老酒更讓人溫暖沉醉的嗎？然而，短暫的相逢卻是為了長久的分別：「明日隔山岳，世事兩茫茫。」

第七章　朝野

　　春韭、黃粱和米酒溫暖的夜晚轉瞬即逝,一如四十多載的悲欣人生。次日晨曦匝地時,兩人把手相別。峰迴路轉,杜甫回過頭,山谷裡的茅屋已變成了遠方的一個小點;而佇立在茅屋前的衛八處士,望著杜甫的身影隨著山路轉彎抹角漸漸消失。之後,他們這一生,再也不曾相逢。那個美好的春夜,已屬前生。

　　魚兒相忘於江湖,老友相忘在人海。在那些告別的年代。

第八章 行役

我生苦漂盪，何時有終極？

―― 杜甫

一個逝者和一座廢園有什麼關係
一個唐代的老人和一群當代的遊人有什麼關係

―― 聶作平

1

乾元二年（西元 759 年），立秋次日，杜甫寫了一首〈立秋後題〉：

日月不相饒，節敘昨夜隔。玄蟬無停號，秋燕已如客。平生獨往願，惆悵年半百。罷官亦由人，何事拘形役？

在傷感光陰易逝，人生倏忽之餘，杜甫還透露出他在這內外孤苦的日子裡做出的重大決定：換一種活法。

詩中明確有罷官二字，表明此時杜甫已經不再是華州司功參軍。但「罷官亦由人」句中的人，到底是指自己還是指他人，亦即杜甫去職，到底是主動辭職還是被動免職？傳統學者一般認為，是杜甫主動辭職。「罷官亦由人」句中的人，就是他自己。詩中也隱隱表露出厭倦下僚，希望歸隱的意思。並且，後人總結了杜甫辭職的幾個原因：

其一，與華州刺史郭某關係不睦。兩人同事一年，杜甫無一句詩贈他，且連他的名字也沒留下即為明證。

第八章　行役

其二，低賤而繁忙的職務，看不到前途。

其三，是年夏天關中大旱，秋後饑饉。

但是，如果研究一下唐人的守選制度，則杜甫去職華州，很有可能是被動的。

前文已介紹過守選制，即除了中進士後必須守選外，在職官員，凡五品以下的，也要參加守選。主要目的還是為了解決官多位少的難題。具體做法是，官員每年一考，三考或四考，也就是三到四年為一任，任滿後，去職參加守選。級別不同，守選時間也不一樣。基本規則是官越卑，守選時間越長。以縣令為例，做滿一任後，需要守選三年。比如張三當了四年藍田縣令，就必須免去職務，至少要賦閒三年，才由朝廷另外安排工作。杜甫於天寶十四載（西元755年）秋除右衛率府冑曹參軍，以後又遷左拾遺和華州司功參軍，到乾元二年（西元759年），正好四年，所以，他得參加守選。杜甫所任的州司功參軍，其級別比上縣縣令更低，意味著他的守選期，也就是賦閒時間，至少也得三年。

天下兵荒馬亂，關中米珠薪桂，洛陽再陷叛軍，身為一家之主，杜甫該如何安排一家老小未來的生活？

此時，長安雖已收復，安史之亂卻仍在繼續，大唐早已不復開元盛世的繁榮。至於杜甫，他年近半百，體弱多病——四十歲後，杜甫即患風疾。這是一種心血管問題引起的眩暈、痙攣、肢體麻木甚至半身不遂的重病。更重要的是，他對仕途已然絕望。他漸漸明白，今生今世，致君堯舜的理想壓根兒就是一個笑話。雪上加霜的是，遭遇大旱的關中，謀食困難，「無錢居帝里，盡室在邊疆」。

他想換一種生活方式。他想找一個平靜的地方歸隱，在耕讀中了此殘生。

理想的歸隱之地在哪裡呢？杜甫想到了長安以西的某個地方。

　　就像朱東潤說的那樣：「杜甫對於圍城的生活是有所認知的，何況大亂之中的佐貳官更是一飽不易呢？因此他決定掛冠出走。走向哪裡去呢？向東是中原大戰的戰場，當然去不得。向南是襄陽的大道，也不夠安全。向北的危險不多，但是正是回紇出兵來往的大道，『田家正恐懼，麥倒桑枝折』，也不夠妥當。」

　　既然東、南、北三個方向都去不得，那就只有向西一個選項了。向西的目的地是秦州，即今甘肅天水。

　　秦州既是相對寧靜的遠離戰亂之地，同時，那裡還有朋友和親人。朋友就是在長安時來往頻繁的大雲寺主持贊上人；親人就是遠房姪子杜佐。更何況，杜甫祖上早在幾百年前，就因關中大亂而到秦州一帶避居，對家族歷史瞭如指掌的杜甫，顯然會對那片未曾涉足過的土地多一份好感和期待。

　　今天的甘肅天水，先秦時為一支稱為邽戎的少數民族的地盤。西元前 688 年，秦武公取其地，置邽縣——這是中國歷史上最早的兩個縣之一，後改名上邽縣。秦始皇置三十六郡，其中一郡名為隴西郡，上邽縣即屬隴西郡轄地。漢武帝時，設天水郡，上邽屬天水郡管轄。唐初，改天水郡為秦州，玄宗天寶元年（西元 742 年），又改天水郡。肅宗至德元載（西元 756 年），再改秦州。寶應二年（西元 763 年），因安史之亂而國力大衰的唐朝對西部邊疆漸漸失控，秦州被吐蕃攻占。幸好，其時杜甫已入蜀。倘若一直留在秦州，杜甫將淪為吐蕃子民。

第八章　行役

雪後的隴右

　　千河原名汧河，係渭河支流。汧渭交會地帶，是秦人最初的發祥地之一，所謂非子牧馬於汧渭之會是也。因隴山得名的隴縣，地處隴山之麓，千河及其支流在縣城中心匯合，形成工字形。

　　初春，城郊的河谷平壩上，青色的麥苗掛著雨水，微風吹動，有一種說不出的嬌柔。城區四周山上，有的地方還依稀可見殘餘的冰雪，這些山其實不算高峻，它們起伏不大，看起來更像黃土塬。

　　出隴縣城區向西，公路與千河相伴而行，它們都選擇了地勢平緩的山谷。西行至曹家灣鎮後，公路與河流忽然折向北方，順著隴山的走向蜿蜒。大約在距離隴縣城區三十公里，同樣由千河沖積出的河谷平壩上，有一座小鎮，名固關鎮。

　　固關，又稱隴關、故關、大震關。

　　固關鎮西數公里之遙，關山連綿，群峰之上，便是大震關舊址所在。始建於漢代的關城，因位於隴山之巔，得名隴關。又因漢武帝劉徹登山至此遇雷震，得名大震關。晚唐宣宗大中年間，在隴關附近新設安戎關，稱新關；相應的，隴關稱故關，不知何時，故寫作了固，便成了固關——不過，在杜甫時代，還沒有故關或固關之說。杜甫只知道隴關、大震關。

隴關一帶，隴山高峻迂迴，稱為「其坂九回，欲上者七日乃越高處」。七日固是誇張之詞，但山路曲折難行倒是不爭的事實。登上隴山高處，回望關中，帝京已遠；眺望前程，山巒環堵，其情其景，便是古人所謂「隴關流水，流離山下。念吾一身，飄然曠野」、「隴頭流水，鳴聲嗚咽。遙望秦川，心肝斷絕」。

　　儘管是主動離開關中前往隴右，但這主動也包含著被動，包含著嚴重的身不由己。故此，自華州一路而來，登上隴關時，杜甫心中也生出無數憂愁與焦慮：

　　滿目悲生事，因人作遠遊。遲迴度隴怯，浩蕩及關愁。水落魚龍夜，山空鳥鼠秋。西征問烽火，心折此淹留。

　　——滿目都是讓人傷悲的事啊，為了有個依靠不得不舉家遠遊。在遲疑與徘徊中翻越了隴山，在浩蕩愁思中抵達了隴關。千河的夜晚，魚龍混雜；鳥鼠山的秋天，空寂落寞。西行途中，向人問起河北戰事，心中牽掛，傷感難禁。

　　「因人作遠遊」，這個人是誰呢？歷來有諸多不同解釋。我以為，就是杜甫覺得將來可以依靠的贊上人和族姪杜佐。然而，美好的期望卻是鏡花水月。

2

　　每一個優秀的詩人，都用他們的作品，為後人留下了一幅他們的肖像。這肖像，既是精神的，也是物質的。比如李白，他的作品讓我認定他一定骨骼清奇，舉止飄逸。至於杜甫，他那一系列憂國憂民的作品和沉鬱頓挫的詩風，讓我一直以為他如同成都杜甫草堂裡葉毓山雕刻的銅

第八章　行役

像：清瘦，憂鬱，似乎每一道皺紋裡都潛伏著過多的風霜與困苦。

經歷了十多年來自生活的打擊，少年時頗為健壯，「一日上樹能千回」的杜甫，雖然還不滿五十，卻已老態龍鍾，疾病纏身。

在今陝、甘之間的隴山道上，這支小小的隊伍緩緩前行。多半是沒有馬匹的，應該有驢子，有手推車。一個家庭再貧窮，總還有些家產——大件的粗笨家具當然不可能隨身帶走，但四季衣服、被褥，隨身生活用具，以及必不可少的，杜甫不多的幾卷書，都得搬運上路。

其時，杜甫家中可能有八口人：

妻子楊氏。這個出身名門的千金小姐，自從嫁給杜甫後，歡樂的時候少，憂愁的日子多。並且，還多次與杜甫分別，天各一方，生死不明。好在，從今往後，即便還將有更多苦難與狼狽等著他們，但他們從此再也不會長時間分開了——除了不能拒絕的死亡。

兩個兒子，即宗文和宗武。宗文九歲，宗武五歲。都是虛歲。兩個女兒。比宗武更小，大約三歲。

弟弟杜占。杜甫有四個弟弟，即穎、觀、豐、占。不過，四個弟弟均非同父同母，而是同父異母。小弟杜占，其時二十來歲，血氣方剛的青年。

家人杜安。杜安十歲時父母雙亡，杜甫的父親杜閑將其收留養大。此後，他一直追隨杜甫，「我行已水濱，我僕猶木末」，此僕，大概為杜安。

唐朝疆域極為遼闊，鼎盛時，西包鹹海，北囊勒拿河流域，東及庫頁島，南達越南。但是，其西南邊疆卻因青藏高原上崛起的吐蕃而不斷內縮，很長時間，大抵以岷山山脈和邛崍山山脈為界。如此一來，秦州便成了與吐蕃近在咫尺的邊城。加之秦州乃是由中原通往西域乃至歐洲

的陸上絲綢之路的重要節點,這座城市便華夷雜處,呈現出令杜甫十分新奇的異域風情。

秦州城裡,時時有胡人吹奏胡笳與羌笛。因是邊城,駐軍不少,黃昏時,軍營裡響起了悲壯的畫角聲,與胡笳聲和羌笛聲混成一片。從西域各地來秦州定居或是經行的胡人,到處搭起帳篷。其中一些胡人,額頭塗成顯眼的白色。杜甫一生都很喜歡馬,他驚訝地發現,這些胡人,有不少人騎乘的竟然是名貴的汗血馬 —— 大概正因為秦州馬多,不久杜甫也買了一匹。不是縱橫馳騁的汗血馬,而是用來拉車下力的普通馬。

秦州南北兩側都是山,中間是渭水的支流耤河,秦州城池就建在河谷平壩上。杜甫登上秦州城樓,縱目遠眺,遠處駐軍大營裡,煙火升騰;更遠處的嶺上,牛羊成群,那是羌人的地盤。晚風凜冽,雲氣瀰漫,天還沒黑,一輪涼月掛在天上,映照著空蕩蕩的孤城。想著還沒有平息跡象的戰亂,想著似乎永無止境的漂泊,再想到自己正一天天不可抑止地老去,欄杆拍遍,杜甫潸然淚下。

剛到秦州,杜甫住在城裡。這從他詩裡提到更鼓可資證明。若是鄉間,則不可能有更鼓。

異域風情帶給了詩人創作的衝動,在秦州三個月,杜甫竟寫了九十七首詩,相當於一天一首。

秦州作品中,有不少是記遊詩,從而讓我們在千年之後,還能追隨詩聖當年的遊步,再次走近他走近過的山水與古蹟。

沿著彎曲的盤山公路行至山頂俯瞰,東西長、南北狹的城區一線鋪開。今天的天水市區如同唐代秦州一樣,儘管面積肯定大了許多倍,但仍然處於兩列青山的夾峙中,這與杜甫看到的那座矩形城池依稀彷彿。

我站立的山巒,鋪滿了各種知名或不知名的樹,昨天下了一場小

第八章　行役

雪，背陰處，雪還沒化，陰陰地閃著微光。偶爾有兩隻烏鴉落下來，像是一張潔白的宣紙滴了兩滴墨。

不遠處的樹林間，隱藏著詩聖流連過的古寺：南郭寺。

始建於南北朝的南郭寺，曾是秦州的地標。如今的南郭寺，建築古樸莊嚴，曲徑通幽，然而遊人稀少。杜甫看到的南郭寺卻要凌亂得多。原來，杜甫遊寺之前二十五年，秦州發生了一次大地震，死者達四千餘人，廟宇被嚴重毀壞，沉重的寺鐘掉落地上，倒塌的磚石間，生長出一叢叢野花——「秋花危石底，晚景臥鍾邊。」

庭中的古樹，是杜甫看到過並在詩裡寫過的：「老樹空庭得，清渠一邑傳。」這是一株柏樹，據測算，樹齡已有兩千多年，栽種於春秋時期。這株詩聖注視過的柏樹，至今長勢良好，如果不出意外，它還將繼續在這座古老的寺廟裡生存數百年乃至上千年。為了紀念杜甫曾經到此一遊，寺裡建有一座小小的少陵祠。少陵祠旁石碑上的文字表明，建祠是在清朝末年，距今也有一百多年了。

南郭寺所在的慧音山，屬於南山中的一匹小山。我從慧音山上遠眺的，是天水城區北面那列山，稱為北山。天水城區就在南山與北山的陷落地帶。有意思的是，杜甫尋訪過的另一處古蹟，同樣是一座寺廟，並且，正好隔著城區，與南郭寺遙遙相對——一個在南山，一個在北山。

那就是城北寺。

城北寺和一個叫隗囂的割據者密切相關。

隗囂本是天水郡吏，王莽新朝時期，天下大亂，他占據天水一帶，向割據蜀中的公孫述稱臣，公孫述封其為朔寧王。後來，漢光武帝劉秀派軍進逼隴右，隗囂憤恨而死，其子降漢。

城北寺的舊址，據說就是東漢初年隗囂割據稱王時避暑的行宮。但是，時過境遷，不僅隗囂宮蕩然無存，就連城北寺也只有一個大概方位而已。杜甫遊城北寺，一直待到了晚上——他在詩的開篇就講了城北寺的來歷：「秦州城北寺，勝蹟隗囂宮。」他看到的是一座淒涼的古寺：破舊的山門爬滿了苔蘚；荒廢的大殿裡，早年繪的丹青已失去光澤。月光淡掃，露水滴落到樹葉上，從山溪對面吹過來的風與雲相互追逐……悽清的景象令杜甫惆悵莫名，不由得惱恨山腳下的河水：「清渭無情極，愁時獨向東。」

天水是甘肅下轄城市，麥積區位於市區東部。

麥積區名，源自境內的麥積山。麥積山一帶，山巒起伏，其中一座孤峰，如同鶴立雞群，形似麥堆，故稱麥積山。與周圍其他平緩的山巒不同，陡直高峻的麥積山，四面都是刀砍斧削的褐色岩石。於是，從十六國時期的西元 384 年開始，歷此後的北朝及隋朝，信徒在麥積山上開鑿出近兩百個窟龕，雕刻了七千多尊佛教造像，繪製了上千平方公尺的壁畫，以後歷朝歷代又不斷維修，從而成為享譽世界的雕塑藝術寶庫。

杜甫有沒有遊覽過麥積山石窟呢？

杜詩裡沒有直接提到過麥積山，但他在秦州的一首題為〈山寺〉的詩，很有可能，寫的就是麥積山。那麼，他是來過麥積山的。想想也是，杜甫一生好遊，豈會與麥積山這麼個名聞遠近的佛教聖地失之交臂？

野寺殘僧少，山園細路高。麝香眠石竹，鸚鵡啄金桃。亂水通人過，懸崖置屋牢。上方重閣晚，百里見秋毫。

第八章　行役

麥積山石窟及寺廟，距東柯谷很近

　　詩中所說的懸崖上有房屋，又有一層層的洞閣，秦州一帶，只有麥積山才有這樣的景象。但是，與如今遊人如織的興旺相比，杜甫時代的麥積山及麥積寺卻十分冷清。戰亂頻仍，寺破僧少，窄窄的山路將它與外面的世界相連。香麕在石竹叢中愜意安睡，鸚鵡啄食著金桃。一切都如此蕭條，完全沒有一點名剎古寺應有的人氣。

　　如今，麥積山石窟下方就是瑞應寺，門匾上的文字表明，這是1955年3月重建的。院門緊閉，紅牆托起的門樓，琉璃瓦上積滿白雪。站在寺前小廣場上，壁立千仞的麥積山就聳立在寺後，幾尊高大的佛像頂著風雪，不動聲色地凝視人間。

　　我相信杜甫是一定來過麥積山的，不僅在於這首詩暴露了他的行蹤。還有一個原因在於，他肯定到過距離麥積山不過二十里的山腳下的一座村莊。

　　村莊叫西枝村。

　　水土涵養很好的麥積山北麓，發源了一條叫穎川河的小河。穎川河在麥積山下，很可能有過一片寬闊的淺灘，杜甫前往麥積山時，才會「亂水通人過」。穎川河與東柯河一樣，都是渭水支流，都發源於麥積山，大體呈平行狀，從東南流向西北。穎川河在西，東柯河在東。

3

杜甫到秦州想依靠的人，一個是贊上人，即贊公和尚。

如同杜甫被視作房黨一樣，置身方外的贊上人也被視作房黨。房琯貶竄，嚴武及杜甫跟著貶官，身為僧人的贊上人也被貶謫。

如前所述，武則天時代，曾下令全國各州都要建一所大雲寺，而贊上人原本是京城大雲寺的住持，那就不是一般的出家人，而是朝廷任命的僧官。既是官，就有可能被貶——於是，他貶到了秦州。雖然秦州也叫大雲寺，但這個偏遠州郡的寺廟，自然無法與京城的皇家寺廟相提並論。

天水大雲寺舊址在哪裡？雖然查閱了相當多的資料，卻沒找到答案，只好付諸闕如。

儘管無法考訂出天水大雲寺的具體地址，大概位置卻幾乎可以推定，那就是西枝村一帶。

今天的西枝村屬天水市麥積區甘泉鎮，就在穎川河之濱。天水的有關舊志記載說：「（甘泉鎮）南五裡為西枝村，村後有贊公土室，龜鳳山在其西北。」既然贊公所居住的土室就在西枝村，那他出家的大雲寺應該就在左近——比較難以理解的是，贊上人此時被貶秦州，雖然不知道他是否還做住持，但按常理，既是出家人，理應住在寺裡，為什麼會有土室另居？又或者因為他是貶謫，寺裡不能居住，得另行安置？

另，關於土室。一般而言，指窯洞。如杜甫在他老家偃師所築土室，即為窯洞。但據天水本地學者講，天水一帶，素無窯居習俗。若是，則贊上人在秦州的土室，當指以夯土築牆的房屋。修造這種房屋時，用兩長兩短四塊木板，合攏為一長方體，中間實以潮溼泥土，再用

第八章　行役

木杵夯實，一段一段地連起來，不斷升高延長，成為牆體。

不管如何，在秦州城裡小住不久後，大約乾元二年（西元759年）九月十五日前後，杜甫從城裡來到大雲寺尋訪贊上人，並在贊上人那裡住了一晚。回城後，贊上人替杜甫捎來他的詩作，詩中「盛論巖中趣」，即大談隱居林巖的樂趣。杜甫為之心動，再次拜訪贊上人——杜甫有一個明確目的，希望在西枝村一帶尋找可以久居的隱逸之地。

九月十八日左右，杜甫一大早就出了秦州城，興致勃勃地向東南而來，那是一條小路，到處生長著荊榛，路邊溪水彎彎——大概就是穎川河。由於溪流忽左忽右，他幾次涉水透過。這些情景，杜甫都記在詩中：「出郭眄細岑，披榛得微路。溪行一流水，曲折方屢渡。」

到大雲寺見到贊上人並講明來意後，二人手挽著手走了很長的路。有的地方，他們攀著藤蘿登上高處，回過頭看時，由於太高而感到頭暈目眩。行走山中，背陰的地方很冷，向陽的地方，則暖和得多。一路上，每當看到老藤或古樹，二人就要坐下來歇一歇，徘徊沉吟。一直到太陽下山，草葉上開始凝結露珠時，他們才返回。一會兒，天黑了，倦鳥歸巢，明月在天，他們終於回到了贊上人居住的土室。這時候，月光透過門窗照進屋子，門外松樹的影子斑駁雜亂。兩人引火煮茗，作竟夕之談。杜甫感嘆說：「大師京國舊，德業天機秉。從來支許遊，興趣江湖迥。數奇謫關塞，道廣存筐篋。何知戎馬間，復接塵事屏。」意思是說，贊上人是京中高僧大德，也是我交往多年的老朋友。我和他的交情，就像東晉時的高僧支道林與好遊山水的許詢一樣深厚。誰知道他的命運不好，被貶謫到了這關塞之地，但他泰然處之。那是因為他道行深廣，像許由那樣有隱逸之志。我是何等幸運，在這兵火戰亂的年代，還能與這樣高尚的人相親相近。

尋訪隱居之地，看起來更像一次興致勃勃的秋遊，結果卻沒找到滿意的地方。

看得出，杜甫到秦州，是真的動了在這裡久居之意。他既想造屋，還想買點土地，像他的姪子杜佐那樣，做一個自給自足的小地主。這一點，他給贊上人的詩中說得很明確：「茅屋買兼土，斯焉心所求。」是故，西枝村沒找到合適的地方，他聽人說西枝更西的西谷不錯，「重岡北面起，竟日陽光留」、「亭午頗和暖，石田又足收」。於是，他寄詩讚上人，希望他再陪自己去西谷看看，如果順利的話，就在那裡買地置屋，「與子成二老，來往亦風流」。但不知為什麼，尋訪西谷似未成行。

西枝村未找到理想居所，杜甫還有另一個希望，那就是杜佐居住的東柯村。

發源於鳥鼠山的渭河是黃河最大支流，東柯河則是渭河眾多支流中名不見經傳的一條。從東柯河與渭河交會附近的潘家寨村出發，沿東柯大道溯流而上約十公里，便是街亭古鎮。

原來，杜甫的姪兒杜佐就住在這裡，這也是杜甫在秦州期間暫住過的地方之一。唐時，包括今天街亭及附近的潘集寨、吳家寺、子美村在內的地方，統稱東柯谷。杜甫眼中，東柯谷無疑是一個風景殊勝的宜居之地，他一再在詩中寫到這個只有幾十戶人家的小村莊：「東柯好崖谷，不與眾峰群」、「滿谷山雲起，侵籬澗水懸」、「對門藤蓋瓦，映竹水穿沙。瘦地翻宜粟，陽坡可種瓜」。

當地朋友告訴我，為了紀念杜甫在東柯的短暫居留，這裡曾建有全中國最早的草堂之一，惜乎已毀。

杜佐是杜甫的從子，也就是姪兒，具體血緣情況，有待考證。杜佐與岑參有交往，關係還不錯。杜佐在天寶十二載（西元753年）應進士落

第八章 行役

第後,岑參有詩贈他,勸他:「還須及秋賦,莫即隱嵩萊。」岑參比杜甫小三歲,杜佐與之遊,如年齡相仿或稍小的話,則他與杜甫之間相差不過十來歲,輩分上晚一輩,年齡上為同代人。

杜佐源出襄陽杜氏,在偃師陸渾莊有產業,不知是否為避安史之亂,寓居秦州。他在秦州寓居時間也無法考證,但在東柯有草堂,有竹林,有土地,小日子過得蠻不錯。

之前,杜甫住在秦州城裡,杜佐前去看望他。杜甫頗覺溫暖,「多病秋風落,君來慰眼前」。杜佐向杜甫講起他在城外的草堂和莊園,那裡的茅屋與竹林,菜畦與果園,山雲與澗水,都令杜甫怦然心動,進而誇獎杜佐,「嗣宗諸子姪,早覺仲容賢」——我的諸多子姪中,我早就認為你是最賢能的。

杜佐回去不久,杜甫又迫不及待地寫了三首詩給他:第一首說杜佐走的那天天色已晚,他一直擔心杜佐迷路;末了,又表示,自己生性疏懶,想在秦州隱居,還得仰仗杜佐幫助。第二首希望杜佐送米給他。九月收穫黃粱,杜佐此前拜訪杜甫時,說起自家地裡種有黃粱,並許諾送一些給杜甫。過了段時間沒有動靜,杜甫忍不住寫詩去催。第三首要求杜佐送薤白給他。

陳貽焮認為,秦州之行,杜甫一直沒有去過東柯,所有關於東柯的詩作都是想像之詞。此觀點我難以認同。竊以為,綜合諸種材料,推及人情世故,杜甫到秦州後,先是居於城裡,至少兩度訪贊上人,並留宿贊上人處。其間,杜佐來城裡探望杜甫,講起東柯諸種好處,杜甫興致勃勃地來到東柯並小住時日。

可以說,東柯令杜甫留下了極為美好的印象,顯然是親身所歷,而非想像之詞:

東柯好崖谷，不與眾峰群。落日邀雙鳥，晴天養片雲。野人矜險絕，水竹會平分。採藥吾將老，兒童未遣聞。

採藥之謂，並非杜甫真到東柯採藥，而是化用龐德公隱居鹿門山採藥為生的典故。「兒童未遣聞」，則他卜居東柯的打算，他的孩子們還不太清楚。

出人意料的是，儘管東柯如此美好，姪子有侍弄莊園的成功典範，杜甫又有選擇東柯終老的強烈意願，但是最終，杜甫並未能像想像過的那樣結廬東柯，過他的隱居生活。

在秦州三個多月後，他不得不離開，不得不前往秦州以南的同谷。

離開的原因，千百年來有各種揣測——比如，有論者認為，杜佐對杜甫表現得比較冷淡敷衍，沒有真正幫杜甫。這一說，也算其來有自：杜甫曾寫詩向杜佐索要薤頭。與此相比，杜甫到秦州後新交的朋友阮昉卻主動送薤頭三十束，裝了滿滿一筐。杜甫詩裡說：「盈筐承露薤，不待致書求」——自己的姪子，需寫信索求才送，而新認識的外人，卻不求而送。言語之間，隱約透露出對杜佐的不滿。這也反過來證明，杜佐對這位潦倒的族叔多半口惠而實不至。

秦州期間，杜甫詩中出現的居住在本地的可考人物共三個，即他曾想依靠的贊上人、族姪杜佐和新朋友阮昉。杜甫離開秦州前夕，有詩贈別贊上人，但對姪子杜佐卻闕如。這個意味深長的舉動，更表明了杜佐如何對待杜甫以及杜甫的反應。

當然，最真實最深刻，也最讓人尷尬的原因其實永遠只有一個：貧窮。隨杜甫前往秦州的，除夫人外，尚有兩個兒子、兩個女兒和弟弟杜占，以及家人杜安。一家數口，坐吃山空，何況杜甫本身宦囊不豐。至於他原想依靠的姪兒杜佐以及舊交贊公和尚，再加上新朋友阮昉等人，

第八章　行役

他們除了送些菜蔬瓜果給杜甫外，也沒有能力做更有力的救濟。

杜甫憂心忡忡地寫道：

翠柏苦猶食，晨霞高可餐。世人共鹵莽，吾道屬艱難。不爨井晨凍，無衣床夜寒。囊空恐羞澀，留得一錢看。

就在憂貧畏老之際，一個陌生人突然來信了。杜甫沒有記下陌生人的名字，只在詩裡稱他佳主人：「邑有佳主人，情如已會面。來書語絕妙，遠客驚深眷。」

這個神祕的佳主人到底是誰，歷來頗多猜測。總之，他是杜甫的超級粉絲，雖然素未謀面，卻熱情邀請杜甫去他所在的同谷。

杜甫欣喜若狂，甚至迫切到連夜就要出發。

可以說，這個陌生人的來信改變了杜甫的後半生。倘不是陌生的人來信，秦州雖不盡如人意，杜甫多半還會繼續堅守。

但是，既然距離秦州不遠就有一個比秦州諸公更可依託的人，詩人天性的杜甫易於輕信，易於幻想，於是，帶著家人匆匆前往同谷。

親朋的消息時有所聞，尤其是那些本在官場的朋友，他們的近況，杜甫都能獲知。

杜甫獲知消息的管道，在於他多半能在秦州官府看到邸報。萌芽於漢代的邸報到了唐朝，基本成形。作為朝廷的「機關報」，邸報由專業人員邸吏傳發，故得名邸報；又稱邸抄、朝報、雜報、條報、報狀。當時的邸報由幾十張分散的單頁資料構成，「係日條事，不立首末」，按日期記事，各條之間沒有連貫。邸報的一大內容為敕目，即任免官員名單——正是透過它，杜甫知道朋友們的仕途沉浮。

秦州期間，杜甫得悉，薛據任司議郎，畢曜任監察御史；稍早，岑

參任虢州長史，高適任彭州刺史。對朋友們的升遷，杜甫一方面作詩稱賀；另一方面，沉舟側畔，病樹前頭，祝賀之餘，內心未免愈加失落。

人在天涯，杜甫也更為思念那些失散的沒有消息的朋友，尤其是李白和鄭虔。兩年前，李白因入永王李璘幕，受李璘謀反牽連，繫獄，面臨不測之禍。一年前，因多方活動，終於從輕處分，流放夜郎。今年二月，當杜甫閒居老家偃師時，行至三峽的李白遇赦東還。到杜甫客寓秦州，已過大半年，但音問隔絕，杜甫還不知道李白近況，還在為李白擔憂──杜甫就是這種人，哪怕自己命運難測，前途未卜，仍然會固執地擔心國家，擔心黎庶，擔心朋友和親人。詩聖之聖，除了聖在高明的文字外，更聖在這種悲憫的聖人心。

杜甫一連三夜夢見李白，心中惴惴，寫下了〈夢李白二首〉；其後，又分別寫有〈天末懷李白〉和〈寄李十二白二十韻〉。

鄭虔被貶到大海之濱的台州，年老體衰而遠適異地他鄉，兼之天性清高，為時所惡，杜甫擔心他凶多吉少，想像他生活的地方環境惡劣：「山鬼獨一腳，蝮蛇長如樹。」可憐的老友無依無靠，「呼號傍孤城，歲月誰與度？」然而，相去萬里，書信都難通達，也只有徒勞地遙寄祝福與思念罷了。

白露是二十四節氣之一，它意味著仲秋的開始，意味著天氣漸漸轉涼。白露那晚，明月的清輝籠罩著秦州，戍鼓聲聲，從城樓上散開。街上已經沒有了行人，沉悶的鼓聲中，偶爾夾雜著一兩聲清脆的雁鳴。杜甫不由得懷念他的弟弟們──四個弟弟，除了小弟跟隨身邊，另外三個，已經很久沒有他們的消息了──當時的中原，正是血流成河的戰場：

戍鼓斷人行，邊秋一雁聲。露從今夜白，月是故鄉明。有弟皆分散，無家問死生。寄書長不達，況乃未休兵。

第八章　行役

秦州的落日鳥啼，夕烽羌笛，以及秋後雪白的蒹葭與悲鳴的促織，這一切既陌生又似曾相識的事物，隨著漸漸變冷的天氣，讓曾經對秦州滿懷熱忱的杜甫心灰意冷。文人本就對秋天特別敏感，自屈宋以來就有悲秋的傳統，更何況像杜甫這樣舉家漂泊，衣食無靠，深陷於北國的肅殺之秋呢？

4

同谷即今甘肅成縣，屬隴南市。唐初，置西康州，同谷為其下轄縣。後，改西康州為成州，隸隴右道。天寶元年（西元742年），改成州為同谷郡；乾元元年（西元758年），復名成州，治同谷縣。

從天水秦州區到成縣最遠也就一百七十公里，駕車僅需兩個多小時。

這一百多公里，杜甫一家走了整整一個月。最重要的原因有兩個。一是剛出發不久，拉車的馬就在渡河時骨折了：「水寒長冰橫，我馬骨正折。」杜甫沒說馬骨折後怎麼辦，但既然人在荒野，猜想再買一匹馬的可能性很小，不得不人拉——身強力壯的弟弟杜占和忠心耿耿的家人杜安，只能由他們來肩負這一重任了。二是路途難行。秦州和同谷之間，橫亙著西秦嶺的千山萬壑，驛路只能沿著河谷迂迴前行。不僅路程遠比今天更遙遠，艱險難行恐怕百倍於今。

離開秦州前往同谷，是乾元二年（西元759年）農曆十月底，地處北方的隴右地區已經非常寒冷了，山間的小河，早晚結上了一層薄冰。

河邊，白色的蘆花在風中舞動。這條河叫西漢水，那一年，杜甫家的馬就是涉過西漢水時骨折的。這個地方，杜甫在他的詩裡有明確記

載：「鐵堂峽」。

鐵堂峽因兩岸富含鐵礦，岩壁呈鐵青色而得名。兩列山峰平行遠去，兩山之間夾著的便是繩索般的西漢水。

西漢水是嘉陵江的支流，雖然本身並不寬也不長，歷史上卻曾相當重要。秦始皇的先祖就是從西漢水流域起家並一步步向東發展，最終消滅六國，一統天下的。至於《詩經》裡膾炙人口的詩句「蒹葭蒼蒼，白露為霜。所謂伊人，在水一方」，也誕生於西漢水。

憑高眺望，鐵堂峽四周山巒起伏。草木搖落的秋季，大地裸露出褐黃的肌膚。一級級的山路，讓一個個山巒如同一個個巨大的花捲。

穿過鐵堂峽，順著西漢水奔往嘉陵江的方向而行，不到二十公里——對杜甫一家來說，這二十公里足以讓他們奔波大半天乃至一整天——就是另一個曾經赫赫有名的地方：鹽官。

抵達鹽官前，我多次想像過杜甫行經此地時，他詩中描繪過的場景：「鹵中草木白，青者官鹽煙。官作既有程，煮鹽煙在川。汲井歲搯搯，出車日連連。」

天水境內的西漢水，杜甫前往成都時經行

禮縣鹽官鎮鹽神廟一角

第八章　行役

　　但是我沒看到過杜甫時代汲鹵煮鹽的盛況。既沒看到煮鹽的青煙，也沒看到被鹵氣燻得發白的草木，更沒看到汲鹵的工匠和運鹽的馬車。我只看到一座普通的、零亂的西北小鎮。

　　鹽官這個名字，顧名思義，和鹽以及管理鹽政的機構有關。鹽官原名鹵城，因這裡有高濃度的鹵水從地下湧出。《水經注》稱它「鹵水與岸齊」，出產的食鹽「味與海鹽同」。

　　我走進了一座古色古香的庭院，那就是鹽井祠。院內，有一口雕欄圍繞的古井。據記載，早在兩千多年前的東周，這裡就拉開了煮鹵製鹽的序幕。鹽井祠正在大面積修復，院子裡到處堆放著沙子和青磚之類的建材，幾輛手推車橫七豎八，幾個工人在寫有「安全生產，人人有責」的標語牌前忙碌，看樣子是要打造成新的旅遊景點。正殿大門緊閉，深褐色的木門和上面褪色的彩繪，暗示木門年代久遠。門柱上的對聯，上下聯都掉了一部分，變得無法斷句。出了門，門側圍牆下，停了一輛廢棄的白色轎車，玻璃窗全都沒了，變成幾個大窟窿，像是正在喘息的嘴巴。轎車旁邊，胡亂堆放著一些廢鐵，廢鐵之上，是一株掉光了葉子的枯樹。這一切，恰好與廢棄的轎車暗相呼應。

　　隴右一帶是秦國龍興之地。從最初嬴非子為周王牧馬獲封附庸，到秦襄公護送周平王東遷，得以晉身諸侯之列，再到秦最終一統天下，鹽官的鹽曾起過重要作用。

　　科技落後、交通閉塞的古代，食鹽對一個國家和地區有著舉足輕重的策略意義。中國的食鹽資源東部有海鹽，西北有湖鹽，四川有井鹽，但放眼關中和隴右周邊，生產食鹽的地方只有兩個，一個是甘肅漳縣，一個就是鹽官。

　　鹽官豐富的鹽鹵為秦人的興旺發達提供了兩個得天獨厚的條件。其

一，與秦人相鄰的其他方國或部落，絕大多數都不掌握食鹽資源，但食鹽又是生活必需品，得用糧食或其他東西交換，秦人因此致富。其二，鹽官有大量從地下湧出的鹵水，史料記載其中一口鹵池時說：「廣闊十餘丈，池水浩瀚，色碧味鹹，四時不涸不溢。飲馬於此立見肥壯。」像人一樣，騾馬也需要食鹽，養出的騾馬才膘肥體壯。歷史上，鹽官騾馬就以膘色好、個頭高、力氣大、性情溫和著稱。直到二十多年前，鹽官仍是西北地區最大的騾馬交易市場。交易者除甘肅本地人外，更有從四川、陝西、寧夏、青海遠道而來的。這裡的騾馬交易，按方志的說法，可以遠溯到秦人。

我們找到了作為騾馬交易市場的一片空地。天氣太冷，市場空無一人，只有一些塑膠袋被風吹到了樹上和牆頭，發出嗚嗚嗚的怪叫，像一些走夜路的孩子在驚呼。一群髒兮兮的綿羊在風中低下頭，鍥而不捨地尋找垃圾與垃圾之間冒出來的枯黃雜草——乍眼一看，它們也如同一隻隻白色塑膠袋，只是無法隨風飄飛。鎮外橫過一列樹木稀疏的荒山，山上積著薄雪。比山更高的是天空，鐵色的烏雲低低地壓下來，烏雲與烏雲之間，敞露出一塊塊灰白的天空，如同一條條垂死的魚的白肚皮。

天氣寒冷，我們進了一家掛著厚厚門簾的小店。真的是小店，小到只有兩張搖搖欲墜的小桌子，出售的食物有且只有一種：扁食。扁食是什麼？原來就是餛飩。如果再想想一千二百多年前在寒雨中餓著肚子趕路卻心憂天下的杜甫，我們更幸福。

就在鹽官附近，杜甫還路過了另一處著名的古蹟，並與他平生最崇敬的偶像邂逅。

「六出祁山，九伐中原」，《三國演義》的說法深入民間，也使得祁山大名在外。真實的歷史是，諸葛亮只有五次北伐，其中兩次攻打祁山。

第八章　行役

不過，在隴右的天水、禮縣一帶，三國遺跡比比皆是：比如收服姜維的天水關，比如被馬謖丟失的街亭，比如射殺曹魏名將張郃的木門道。

從鹽官到西和縣長道鎮，二十多公里路途中，窗外，近處是幾乎乾涸的西漢水，遠處是沉沉的祁山。山腳，西漢水沖積成一個狹長、宜居的平原，一座黃褐色的山峰狀若城堡，兀立河畔。這就是昔年諸葛亮屯兵的祁山堡。

沿石階而上，山頂是祭祀諸葛亮的武侯祠，始建於南北朝。那就是說，當杜甫沿著西漢水河谷前往同谷時，他既然遙遙地望見了高高在上的祁山堡，多半會停車暫息，慢慢步入武侯祠。

諸葛大名垂宇宙。一生中，杜甫都對諸葛亮抱著充分的敬仰與羨慕。同為文人，諸葛亮開府持節，統率三軍，號令天下；自己卻為了一口熱飯、一件寒衣而拖家帶口地奔走乞食。想必，面對諸葛亮神情嚴峻的塑像，杜甫心中會泛起一絲絲苦澀與惆悵。

從秦州到同谷，從同谷到成都，杜甫一共寫了二十四首紀行詩。我們今天也才得以對他的入蜀之路瞭如指掌。耐人尋味的是，關於祁山堡和武侯祠，他沒有留下隻言片語。

也許，有一些沉重和難堪，遠非筆墨能表達。

非常巧的是，我和杜甫到達同谷的季節一樣，都是嚴寒的冬月初。如前所述，唐代同谷，即今隴南市所轄成縣。

一大早出城後，我順著山谷來到距城區三四公里的鳳凰山麓。山谷裡，青泥河斗折蛇行，河面結著薄冰。一個苗條的村婦在河邊浣衣，布衣荊釵，卻有著嬌好的容顏，唯獨手指凍得像粗短的紅蘿蔔。河畔一側，即是始建於北宋的杜公祠——又稱成縣杜甫草堂或杜少陵祠。

入祠，除了一個烤著火打瞌睡的工作人員外，只有三五隻雪後出來

覓食的烏鴉，落在滿面風霜的杜甫像前。杜甫像所在的亭子背後，是拔地而起的山峰，危岩壁立，上有四個紅色大字：「草堂遺跡」。

那一年，杜甫也是冒著風寒來到這裡的。他原本帶著希望而來，甚至，可以想像的是，當旅途艱難時，他會很自信地安慰妻兒和兄弟：忍一忍吧，到了同谷就好了。那裡良田萬頃，盛產山藥，山上的蜂蜜也很多，就連冬天也有鮮筍。更何況，好心的佳主人還會大力資助我們呢。

成縣杜甫草堂一角

很快，杜甫就從希望的巔峰跌落到絕望的深谷。那位沒有留下名字的所謂佳主人，不知出於什麼原因──我猜多半是口惠而實不至，他寫信給杜甫時，只想過過嘴癮，表現一下自己的大方，沒想到天真的詩人居然信以為真，真的拖家帶口前來投奔他了──佳主人要麼根本沒露面，要麼略微敷衍一下就消失了。

翻臉如翻書的佳主人，一下子把杜甫一家推入了絕境。在秦州雖然也艱難，畢竟那時還多少有些積蓄，且實在面臨凍餓之虞，杜佐、贊公和尚和阮昉總不成看著他一家慘死吧？而人生地不熟的同谷，卻讓老杜呼天不應，叫地不靈。

同谷的絕望生活將近一個月。儘管杜甫畢生苦難無盡，然最慘者無過於同谷。要是評比中國十大苦難詩人，杜甫必定榜上有名，而同谷就

第八章　行役

是他苦難歲月的極點。

同谷期間，杜甫寫下了他一生中最重要的作品之一〈同谷七歌〉。朱東潤稱之為千古少有的詩篇，馮至稱之為響徹雲霄的悲歌。它既是奇崛雄渾的絕唱，也是長歌當哭的最好註解。

杜甫在鳳凰山麓的飛龍峽口搭建了簡陋的茅屋以避風雨，還不到五十歲的杜甫此時已是鶴髮雞皮，老態龍鍾，「白頭亂髮垂過耳」。家中無食，他只得隨一個養猴子的老人到山裡撿橡栗。橡栗又叫橡實、橡子，是殼斗科櫟屬和青岡屬植物的果實，富含澱粉，可食用，唐詩中時見於篇詠，是窮苦人家的果腹之物。

天寒日暮，北風呼嘯，衣不蔽體的杜甫在陡峭的山坡上四處尋找橡栗，他的手腳都長了凍瘡，臉也被山風吹得皸裂，像一枚皺巴巴的山核桃。杜甫哀嘆：「嗚呼一歌兮歌已哀，悲風為我從天來。」

除了橡栗，一種叫黃獨的植物也被杜甫一家用來充飢。黃獨本是藥材，它的根莖蒸熟後可食用。杜甫扛著一把白木桿的小鋤到山上挖黃獨，大雪封山後，根本找不到黃獨的苗葉，自然也無法挖到黃獨根。當又累又餓的杜甫拖著沉重的病體回到家，山谷清寂，他聽到從四壁漏風的茅屋裡，隱隱傳來孩子們因飢餓而發出的呻吟與哀號。杜甫一家的窘境甚至讓新認識的鄰居也為他們擔憂，害怕他們一家餓死在山裡。

一天，杜甫邂逅了舊交李銜。可是，都是窮人，誰也沒法從自己的嘴裡分他人一杯羹。兩人談起過去的好時光，瞬間淚溼雙眼——「山中儒生舊相識，但話宿昔傷懷抱。」

更令人唏噓的是，再過十二年，也就是杜甫生命的最後一年，當杜甫有家不能歸，不得不漂泊潭州時，他與李銜又一次不期而遇。兩人的兩次相遇，就像俗話說的那樣：「發財不見面，倒楣大團圓。」

絕望中的杜甫更加思念天各一方的親人。

三個多年未見的兄弟，此時正漂泊於河南和山東。如同杜甫一樣，他們也時運不濟，為了苦難的生活而跡若轉蓬。其時中原兵火，諸弟音訊斷絕。杜甫在〈同谷七歌〉之三裡感嘆：「有弟有弟在遠方，三人各瘦何人強？生別展轉不相見，胡塵暗天道路長。」他看到溪畔向東飛翔的野鵝、禿鶩和鵾鶴，不禁幻想騎上它們向東而去，飛到諸弟身旁與他們相見。當然，他也知道這只是一時幻想，故而馬上墜入了更深的愁緒，那就是才念生離，又恐死別：「嗚呼三歌兮歌三發，汝歸何處收兄骨？」

杜甫還有一個妹妹，嫁與鍾離韋氏，丈夫早死，寡居多年，兒子年幼，杜甫和她已經十幾年沒見面了。雖然也曾設想有機會去看看她，但干戈遍地，行路艱難，這設想根本就不切實際……悲嘆之際，草屋後面的林子裡，傳來一陣陣猿猴的悲啼，如同為杜甫的愁腸打上了一個又一個解不開的死結：「嗚呼四歌兮歌四奏，林猿為我啼清晝。」

杜甫寓居的孤村，沒有幾戶人家。嚴冬時節，風多雲急，雨雪晦暝，狐狸公然跑進村子，大模大樣地竄高伏低，嘴裡發出淒涼怪異的尖叫。村邊有一眼深潭，岸上古木腐朽，枝葉搖落入水，形似可怕的蛇蟲。中宵夢迴，耿耿難寐，杜甫倚榻長坐，不由問自己：「我生何為在窮谷？」然而，回答他的，只有屋頂刮過的大風和窗外潺潺流淌的青泥河的冰涼雪水……

5

就像厄尼斯特・海明威（Ernest Hemingway）借老漁夫之口說出的那樣：「一個人並不是生來被打敗的。」同理，杜甫也絕不會眼睜睜地看著

第八章　行役

一家老小在同谷城外凍餓而死。每一個生命既然來到世間，就有活下去的權利。

杜甫又一次想到了遠行，想到了透過遠行跳出這個名叫同谷的陷阱。這一次，他的目的地是成都。

首先，成都乃天府之國，水旱從人，不知饑饉。不論秦州還是同谷，都無法望其項背。

其次，成都遠離兵火，是大唐帝國安全而穩定的後花園。不僅玄宗奔蜀，以後，還會有僖宗奔蜀。

最後，更為重要的是，杜甫有不少老朋友在成都及周邊做官。比如早年一起劇飲漫遊的高適，時任彭州刺史；比如早年有交往的裴冕，時任成都府尹。他們都是實任地方官，其經濟實力遠在杜佐和贊上人之上。

絕望中打定主意後，杜甫心中重又燃燒起希望之火。人生，大約就是在希望 —— 失望 —— 再希望 —— 再失望中循環往復的。杜甫如此，其他人也差不多。

臘月初一，當同谷的富室們都在準備年貨熱熱鬧鬧地過新年時，杜甫一家悄然踏上了南行的山路。往事不堪回首，對同谷這個傷心之地，杜甫在他的詩裡，甚至沒有留下任何一個人的名字。

這是一次狼狽的逃離，也是一次為了不坐以待斃的艱難掙扎。

秦嶺既是中國南北方的分界線，也是黃河與長江的分水嶺。蒼山如海的秦嶺中，發源了無數條大大小小的河流。困居同谷鳳凰村時，杜甫草屋前是青泥河。當他離開鳳凰村向成都出發，二三十里外，渡過了洛河。洛河與青泥河一樣，都是嘉陵江支流。渡過洛河，山更高了，林更

茂了。橫在入蜀之路上的,是一座名為木皮嶺的大山。翻越木皮嶺前,杜甫在山下的栗亭待了幾天。杜詩說:「首路栗亭西,尚想鳳凰村。」

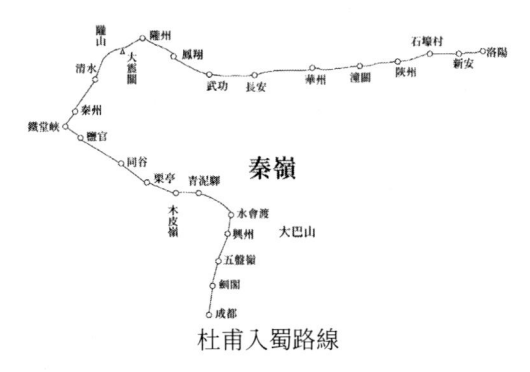

杜甫入蜀路線

　　栗亭於北魏設縣,元時撤銷,如今叫栗川,屬於與同谷毗鄰的徽縣。到了栗亭,杜甫算是徹底告別了讓他幾乎陷入不測的同谷。回想起同谷的種種遭遇,恍似一場噩夢。栗川鎮外,洛河支流潺潺而過。栗亭鎮下屬村子中,有一個名叫杜公村。村裡,明代所建的杜公祠遺址依然可尋,只是已改為民居。相距不遠的木皮嶺山麓,洛河岸邊的石壁上鑴刻著「宛在中央,少陵釣臺」八個大字。當地人堅信,杜甫在這裡釣過魚。鳥兒飛過,天空不留痕跡;詩聖經過,留下雪泥鴻爪。

　　自成縣出發後,山勢愈加高大,嘉陵江支流洛河穿行於峽谷,水聲隱約可聞。前方,便是杜甫一家離開同谷後翻越的第一座大山:木皮嶺。這個有幾分古怪的名字,得自於山嶺上四處生長的木蘭。木蘭之皮可入藥,治食積氣滯,即厚朴。起伏於徽縣西南的木皮嶺,自古就是從隴南的徽縣、成縣入蜀的必經之地。杜甫經行此地一百多年後的唐朝末年,黃巢之亂時,唐僖宗部下王鐸曾在木皮嶺上設關布兵,拱衛隴右。

　　與木皮嶺相接的是另一座更著名的山:青泥嶺。青泥嶺的著名,得自於李白。李白在他的〈蜀道難〉裡描寫青泥嶺說:「青泥何盤盤,百步

第八章　行役

九折縈巖巒。捫參歷井仰脅息,以手撫膺坐長嘆。」

究其實質,李白雖然生長於蜀道上的江油,但他並不曾沿著蜀道深入隴秦,他肯定也沒到過青泥嶺和木皮嶺。他對蜀道難的描寫,來自紙上的閱讀和天才的想像,而非杜甫那樣一步一步的親身經歷。這似乎也是一種暗示:李白依賴幻想,杜甫扎根現實。

不知道艱難行走於木皮嶺的杜甫是否會想起李白和他的詩篇,縱然想起,恐怕也只是一閃而過。因為,木皮嶺不僅高峻險要 —— 大冬天裡,杜甫爬了一會兒,就已滿身大汗;更要命的是,他還聽到從遠處林子裡,間或傳來虎豹的嘯聲。戰戰慄慄之際,杜甫的感受是:「對此欲何適?默傷垂老魂。」

千辛萬苦翻過崇山峻嶺後,杜甫一行再次來到了洛河河谷,並從白沙渡過河。渡口位於絕壁下,天色已黃昏,一家人小心翼翼地依次上船。那匹馱著行李的老馬向著北方也就是同谷的方向高聲長嘶,馬的叫聲,立即引來山林裡一陣猿猴的哀鳴。

多年漂泊,杜甫累積了足夠多的旅行經驗。儘管天快黑了,但他沒有停下來尋找住宿。一方面,可能山中本就沒地方住;另一方面,他計算過日程,當天必須渡過另一個渡口,這樣才能保證以後每一天的旅程都在合理掌控中。這就是他詩中說的「山行有常程」。

過了白沙渡,還來不及喘一口氣,一家人又繼續跋涉在山路上。這是農曆臘月初八的晚上,天上有一輪淡淡的上弦月,清冷的光輝照耀著急急如喪家犬的夜行人,冷眼旁觀他們為了有一條活路而披星戴月。

如果說杜甫和他的弟弟及杜安,甚至楊氏都還能咬牙堅持,在又困又餓的夜裡冒險走山路的話,那麼杜甫的幾個孩子,大的不過十來歲,小的只有五六歲,放在今天,都還是向父母撒嬌,需要父母悉心照顧的

小學生。他們稚嫩的生命,又如何經受得起這樣的艱難之旅呢?

次日拂曉,一家人終於趕到了嘉陵江上游的水會渡。上弦月早就落了,昏暗中,杜甫聽到嘩嘩嘩的水聲,卻看不清江面到底有多寬。忐忑中,經驗豐富的船伕一邊在黑暗中整理船槳,一邊笑著唱起了山歌。這歌聲和笑聲讓杜甫稍微感到了一絲踏實。

渡過嘉陵江後,杜甫舍舟登岸。晨光熹微,山風凜冽,他看到船上和岸邊的石頭上,都籠上了一層白霜。爬到山腰,杜甫回頭再看時,渡口不見了,只見一些星星閃爍在低垂的天幕。既遙遠,又鄰近;既模糊,又明亮。

水會渡的具體位置歷來有兩說,一說即嘉陵江與泉街水、八渡水交會的虞關渡,一說為嘉陵江與永寧河、田家河交會附近的黃沙渡。不論哪一說為確,總之,水會渡都在徽縣南部。渡過水會渡,折而向南,便抵達了今略陽東面的飛仙嶺。

飛仙嶺上有飛仙閣,乃是先秦時代連通蜀中與陝、甘的通道,因為山高谷深,無路可行,只得在懸崖絕壁上鑿出孔洞,橫以木頭架成凌空的橋梁,稱為棧道。今天的川、陝、甘交界處的古驛道上,當年鑿出的孔洞比比皆是。

儘管已經在秦州和同谷,以及同谷至水會渡一帶的大山間行走過,但飛仙閣的高峻仍然讓杜甫膽寒。他寫詩說,「出門山行窄,微徑緣秋毫」——細小的山路竟然像是鳥兒秋天長出的細毛,「棧雲欄干峻,梯石結構牢」——雖然他也相信,棧道修得很牢固,欄杆也很密集,但這種高聳入雲的路,還是讓人心驚肉跳。更何況,時值初冬,山上陰風怒號,雖有太陽,卻只發出清冷的光,反而增加了寒意。當他好不容易走到棧道底部停下來歇口氣時,望望剛剛走過的棧道,再看看歇息的地

第八章　行役

方,簡直如同在地底。

渡過水會渡,杜甫便離開了隴右,秦州遠了,同谷也遠了。他沿著古老的蜀道從今天的陝西略陽向四川廣元前行。三四天后,抵達了五盤。

杜甫筆下的五盤,就是如今的七盤關,又名棋盤關。七盤關自古以來就是蜀中北上的交通樞紐,號稱西秦第一關。但是,由於種種原因,七盤關有過多次遷移。其大體位置,不出廣元與寧強之間。

杜甫經行五盤時,抬頭,他看到剛剛繞行而下的細長棧道;低頭,他看到清澈的江流倒映著蔥蘢林木,甚至還能看到游魚。鳥兒在樹上歌唱,當地人住在鳥巢般簡陋的屋子裡。種種與他此前生活已有相當差異的事物,讓杜甫突然生出一種劫後餘生的淡淡喜悅。

這喜悅,隨著成都的越來越近而越加濃厚。

6

發源於甘南的白龍江是嘉陵江的另一條重要支流,全長近六百公里,於廣元昭化以東注入嘉陵江。兩江匯合處,從戰國以來便是一個渡口,名曰桔柏渡,乃連通蜀中與北方的金牛古道上的要津。

昭化同樣是一座歷史悠久的城池。春秋時期,這裡是苴侯國都城。後來又成為中國最早推行郡縣制的縣治地之一,名為葭萌。三國時,諸葛亮贊其志慮忠純的費禕開府於此,並在一次酒宴後被魏國降將刺死,其墓地至今儲存於城外。

對杜甫來說,更能觸發他無限感慨的還不是費禕或三國舊事,而是

創造過開元全盛日的唐玄宗，他在安史之亂後逃往成都時，也是從桔柏渡渡過嘉陵江並經昭化南下的。既親歷了小邑猶藏萬家室的盛世，又見證了盛世的創造者狼狽逃竄涉過的渡口，當杜甫行走在用竹子建造的索橋上，嚴冬的江風把他的衣袂吹得上下翻飛時，他對於時代和自我的命運，想必會更多一些深刻而恆久的覺悟。

　從地理上說，四川是一個閉塞之地。東南西北四個方向，要麼是大山，要麼是高原。從北方南下的杜甫進入盆地的必經之地，是連綿不斷的大劍山中的一道「山門」，即劍門。穿過劍門後，大山才會降得低緩，並次第化為高丘和低山，直到化為一馬平川的平原。

　劍門天下險。從遠處望去，連綿的絕壁忽然中斷，兩崖相對，「如門之闢，如劍之植」，故稱劍門。大凡從劍門入蜀的旅人，無不驚嘆於山川險壯；騷人墨客，莫不作詩以紀。此前，唐玄宗幸蜀，逃亡之際過劍門，猶不忘作詩一首。至於杜甫的隴蜀紀行，〈劍門〉當然不可或缺。

　與大多數描寫劍門險壯的詩作不同，杜甫這個正在經歷安史之亂的詩人，他由劍門的險壯聯想到了軍閥割據與紛爭。他在詩裡浪漫地寫道，如果有可能的話，他不惜得罪造物主，也要把這些阻隔天下，以致地方坐大、威脅中央的層巒疊嶂一一削平。

古蜀道德陽段

第八章　行役

　　當個人與家人的生命不再面臨隨時可能來襲的死亡威脅時，杜甫又開始憂國憂民了。儘管唐王朝從不曾給過他青雲直上的機會，他卻畢生死心塌地地愛著日漸衰敗的王朝。直到赴蜀十一年後，當他困居湖湘，大病將死，在漂盪的客船上寫下最後的詩篇時，仍然為唐王朝擔憂得一往情深：

　　公孫仍恃險，侯景未生擒。書信中原闊，干戈北斗深。

　　德陽羅江縣境內的白馬關景區裡，有一條三四公尺寬的古道，我順著幾百公尺長的古道走了一個來回。我看到，古道兩旁的山坡上，全是松樹和柏樹。這是兩種秋時雖不落葉，卻顯得異常肅穆的樹種，古人喜歡把它們種在陵墓旁。所以，古人認為人世最無常的事，大抵就是「古墓犁為田，松柏摧為薪」。古道由大大小小的石塊鋪砌，細看，堅硬的石板上有兩道或深或淺的車轍印。在古道的某一段，岩壁上鑲了一塊石碑，黑底白字，甚為醒目，道是：

　　秦蜀金牛古道

　　西元前三世紀，古蜀國開明王朝，命五丁開山所築，北至長安（今西安市）九百一十公里，南至益州（今成都市）九十公里。蜀道難至此始，亦此終。越秦嶺南下至此為坦途，自成都北上至此路途險巇。

　　這段文字至少有兩處不嚴謹的地方。第一，五丁開山乃民間傳說，不足為信；第二，古蜀時尚無益州之謂。

　　不過，它說的另一點卻沒錯，那就是這裡既是蜀道難之始，也是蜀道難之終。自南而北，平原已盡，此後沿途大山深谷；自北而南，群山已在身後，前面是平坦的成都平原。

　　橫亙於成都平原北部的第一座山，名鹿頭山。鹿頭山上，漢時設有綿竹關，唐時設有鹿頭關。它既是劉備手下謀士龐統入蜀時中陣亡的地方，也是三國末年鄧艾伐蜀時諸葛亮之子孫戰死的地方。至今，山上猶

有儲存完好的龐統墓與龐統祠。

　　十多天的旅程後，杜甫一路南來，終於抵達了鹿頭山。「鹿頭何亭亭，是日慰飢渴。」鹿頭山很高，爬上去很吃力，但是，當杜甫看到「連山西南斷，俯見千里豁」的景象時，他明白艱難的山路已拋在了身後，前面，是一馬平川的平原了，心情為之大好，不由忘了飢渴。他站在山上，面南而望，連綿的山峰化作了平原，他浮想聯翩——想到了蜀中最知名的文人揚雄、司馬相如，想到了成都的富庶繁華。不過，更重要的是，他要在這首詩裡，讚美一位舊交。因為，他是衝著他來的，他有能力決定杜甫一家人以後的命運：

　　杖鉞非老臣，宣風豈專達？冀公柱石姿，論道邦國活。斯人亦何幸，公鎮逾歲月。

　　——手持黃鉞統率劍南者，若不是您這種德高望重的老臣，那就沒法宣揚朝廷的風氣教化。您乃國家柱石，論道經邦極其靈活。這裡的人民是多麼幸運啊，您鎮守這裡已經有一段時間了。

　　這位被杜甫稱為國家柱石的官員，就是裴冕。

7

　　臘月底，一年中最隆重、最熱烈的春節即將到來之際，經過二十多天跋涉後，杜甫終於從同谷來到了成都。他疲倦的雙眼，望見了一座與他此前生活過或遊歷過的地方都迥然不同的城市。杜甫看慣了流離失所和飢寒交迫的眼睛，驚訝於成都的繁華與安詳了。為此，他的成都歲月創作的第一首詩，就寫下了這種淡淡的驚訝：

　　曾城填華屋，季冬樹木蒼。喧然名都會，吹簫間笙簧。

第八章　行役

　　當杜甫坐在冬日的陽光下，看著遠遠近近的樹木依然蒼翠，花朵依然嬌豔時，他痛定思痛地梳理著這一年的記憶。這是百感交集的一年，狼狽不堪的一年，艱難與愁苦深入骨髓沒齒難忘的一年。「奈何迫物累，一歲四行役」，這一年，為了生存，杜甫自東都而華州，自華州而秦州，自秦州而同谷，自同谷而成都。

　　如今，浮萍般的漂泊終於可以暫告一個段落了。

　　對不到六十歲就去世的杜甫來說，四十八歲是他一生中最艱難的一年。但按馮至的說法，這也是他創作成就最高的一年。朱東潤則說：「乾元二年是一座大關，在這年以前杜甫的詩還沒有超過唐代其他的詩人；在這年以後，唐代的詩人便很少有超過杜甫的了。」

　　這一年，短暫的河南故里之行，杜甫更多地看到了底層的苦難，從而寫下了「三吏」與「三別」。及至乞食秦州與同谷，及至帶著家小輾轉於西秦嶺的千山萬壑並多次面臨舉家凍餓而死的窘境時，他已從低階官員淪為草根一員。他對底層的苦難、對命運的多舛也就有了切膚的感同身受。從那以後，哪怕是生活在相對穩定的年代裡，杜甫依然對底層始終抱有一種深切的悲憫。這悲憫，是自挽，是自覺，是自救。

　　多年來，我無數次徘徊於杜甫留在成都的草堂。那座與唐時的杜家茅屋面目全非的園子，讓我產生了重走杜甫之路的念頭。為了紀念這位以詩作史的逝者，我為他和他的園子寫下一首詩：

　　一個老人在秋風中聆聽。一座巨大的園子

　　一些林木和鳥兒，秋天的風在越過這座城市

　　但沒有人能比秋風飛得更高

　　也沒有人能比老人的秋天更老

　　烽火向南，大路朝西

一個老人和他的毛驢、草堂以及鮮花，以及疾病
他咳嗽的聲音穿越了唐代
花園裡，蜜蜂追逐著花香包圍的過去
在浣花溪邊散步、皺眉用狼毫書寫家書、秋興遺囑和借據
秋天的風呵，它要比秋天更加深入人心
這座園子，這座埋葬著詩歌和秋風的園子
它為何表情全無，內心陰冷
一個逝者和一座廢園有什麼關係
一個唐代的老人和一群當代的遊人有什麼關係
多少年來，我們熱愛著這樣的遺址
想想唐代，那是多麼遙遠的路程圍牆之外，市聲升起
舊時的太陽和今天的太陽昇起
而我們，我們是一些來不及刪改的病句

第八章　行役

第九章　劍南（上）

花近高樓傷客心，萬方多難此登臨。

——杜甫

每個人或多或少都經歷著兩種力量的鬥爭：對獨處的渴望和走出去的衝動。

——弗拉迪米爾·弗拉迪米羅維奇·納博可夫
（Vladimir Nabokov）

1

十多年前，為了寫一部小書，我多次出沒於那方草木葳蕤的園子。那時還沒有無人機，我卻多次想像過從高空俯拍的情景：四面高樓的包圍中，青黛的林表漫不經心，古色古香的樓閣像浮在綠海中的島嶼。當然還有點綴其間的一口口池塘，它們總是倒映著無限生機：睡蓮，菖蒲，斑竹，樸樹，以及看風景的人和被當成風景看的人。

經歷了一千二百多年時光，荒郊野嶺的幾間茅屋，終於被後人用敬仰和緬懷，蝶化成這方遊人如織的園子。

它，就是成都杜甫草堂。

自乾元二年（西元759年）冬抵達成都，到永泰元年（西元765年）五月離開，這是杜甫的蜀中歲月。其間，除因戰亂移居梓州、閬州近兩年外，大多時候，他都居於成都草堂。

第九章　劍南（上）

　　這是詩人苦難一生中難得的優遊歲月。儘管貧窮的警報從未徹底解除，由治而亂的現實也從未如想像中安穩，但是，無論如何，這是相對平靜的幾年，杜甫枯瘦的雙手終於觸碰到了久違的幸福。成都的詩酒酬酢外，他常作一些短途旅行，從而在蜀中留下了星星點點的屐痕和永垂不朽的辭章。

　　這一章的標題叫〈劍南〉而不叫〈四川〉，這是有原因的。我得從四川的來歷說起。

　　考察今天的四川，〈禹貢〉九州中屬梁州，先秦時，境內有蜀國和巴國。其中蜀國以今成都為中心，巴國以今重慶為中心，後來四川簡稱巴、蜀，合稱巴蜀，即源自此。秦滅巴、蜀二國後，設巴郡、蜀郡。著名水利專家、都江堰的修建者李冰，其職務即為蜀郡守。漢高祖時，巴、蜀二郡外，又增設漢中和廣漢二郡。漢武帝開發西南夷，今四川西南及雲南、貴州各一部均納入中央王朝版圖，於是新置益州。州治設成都。這是四川被稱為益州的來歷——我家門前那條十幾公里長的大街，就叫益州大道。

成都杜甫草堂地標

　　到了唐朝，四川的一級行政機構名稱屢變，先後稱為益州總管府、西南道行臺、益州大都督府、益州都督府、蜀郡大都督府、劍南道、劍南西川道和劍南東川道。唐朝的地方行政機構，原本以州、縣為主，後來增加了作為監察機構的道。太宗時全國分為十道，玄宗時增為十五道，原本為臨時指派的監察官員，漸漸成為常設地方長官。尤其安史之

亂後，地方坐大，節度使與監察官往往合而為一，道的地位日益彰顯，終於從州、縣兩級制演變為道、州、縣三級制。

州這一級的情況也很複雜。普通地區設州，重要地方，尤其是政治、經濟中心設府，比如成都因玄宗駐蹕，後來便由蜀郡改為成都府，府的長官級別比州更高；府又有大都督府、都督府和都護府之分。其中，首都長安所在的京兆府和東都洛陽所在的河南府，以及各大都督府和大都護府，其主官均由親王擔任。不過，親王不會真的前去赴任，而是掛名遙領，實際工作由府尹和長史、副大都護主持。

具體到杜甫時代的四川，或分為劍南西川道與劍南東川道——另有川東和川北部分地區屬山南東道和山南西道——奉節、雲陽、萬州、豐都等地屬山南東道，閬中、廣元、巴中、重慶等地屬山南西道；或合為劍南道——合西川道與東川道於一體的，正是杜甫的好友和晚年的重要依靠對象嚴武。所以，杜甫時代有兩川之說而無四川之謂。

逮至宋朝，太祖乾德三年（西元965年），滅後蜀，在後蜀所據地區，設西川路和峽西路，簡稱川峽二路。到宋真宗咸平四年（西元1001年），分西川路為益州路、利州路，分峽西路為梓州路、夔州路，總稱川峽四路，簡稱四川路。到了南宋，在川峽四路之上設四川制置使和宣撫使等職，統率四路軍政及財稅，從此有了四川一詞。到了元朝，設四川行中書省，四川省正式出爐。

至於四川省會成都，唐時先後設益州、蜀郡和成都府。杜甫入蜀時，成都府下轄十縣，即成都、華陽（成都與華陽治所均在成都府城內，這種縣稱為附廓縣）、靈池、廣都、雙流、溫江、郫、犀浦、新繁、新都。十縣裡面，一半今已合併廢除，即華陽、靈池、廣都、犀浦和新繁。

第九章　劍南（上）

其時的四川，偏居西陲，雖然也有南詔及吐蕃犯邊，但總體來說還算是風平浪靜，與戰亂的中原相比，無疑安寧如世外桃源。首府成都尤以繁盛著稱，當時成都已升為南京，有戶十六萬多，口近九十三萬。

蜀中長大的詩人李白，去蜀後再也沒有歸來。玄宗幸蜀後，他寫了一組十首的〈上皇西巡南京歌〉，其中，他依據自己青少年時代的成都印象，描繪了他記憶中的成都：

九天開出一成都，萬戶千門入畫圖。草樹雲山如錦繡，秦川得及此間無。

初到成都，杜甫一家暫寓草堂寺。草堂寺是草堂東側的一座古廟。二十多年前初遊草堂時，我曾以為草堂寺是借了草堂的名。其實，草堂寺的歷史遠比草堂更悠久。早在杜甫結廬水濱前幾百年的西晉，草堂寺就梵音繚繞了。

杜甫時代的草堂寺地處郊外，香火不盛，他在寫給時任彭州刺史的早年知交高適的詩中說：「古寺僧牢落，空房客寓居。」斯時，高適聽說杜甫來川，借住在草堂寺，猜測杜甫是依靠和尚生活，所謂「僧飯屢過門」。為此，杜甫回詩糾正：「故人供祿米，鄰舍與園蔬。」這個供祿米的故人，就是裴冕。

裴冕係河中府河東人，出身於冠族世家，蔭補渭南尉。王鉷為京畿採訪使時，表署為判官。史稱，裴冕「少學術」，然「明銳，果於事，眾號稱職」。王鉷因受其弟謀反牽連，被玄宗賜死，他的手下都非常害怕，紛紛與王鉷劃清界限。唯獨裴冕為其殯葬，由是聞名天下。天寶十二載（西元753年）河西節度使哥舒翰任其為行軍司馬——其時，高適亦在哥舒翰幕，兩人為同僚。以後，裴冕升職頗快，不久就做到了郎中。玄宗幸蜀後，太子李亨為天下兵馬元帥，裴冕被派到其身邊，任御史中丞兼

左庶子，輔助太子。肅宗即位後，他以定策之功，遷中書侍郎、同中書門下平章事，成了宰相之一。肅宗「倚以為政」。

　　裴冕為解決財政匱乏，向肅宗建議賣官鬻爵，並出售僧道度牒，以收入補充軍餉。這種做法在古代雖是慣例，但由於「取償既賤，眾不為宜」。

　　行在鳳翔時，裴冕罷政事，拜尚書右僕射。尚書僕射乃是從二品級高官，本是尚書省首長尚書令的副手，自從尚書令廢缺以後，尚書左右僕射即為宰相。不過，按唐初以來習慣，凡是僕射，必加「同中書門下平章事」或「參知政事」等名，才是真正的宰相。裴冕雖然由中書侍郎升為尚書右僕射，卻沒有加「同中書門下平章事」或「參知政事」，相當於升了他的品級，卻除了他的實權。兩京收復後，裴冕加封翼國公，食邑五百戶。乾元二年（西元759年）六月──杜甫從華州司功參軍任上離職時，裴冕加御史大夫、成都尹，充劍南西川節度使。

　　《舊唐書·裴冕傳》說：「冕以忠勤自將，然不知宰相大體。性豪侈，既素貴，輿服食飲皆光麗珍豐。」他府中的馬廄裡，名馬滿槽，價值數百金一匹的就有好幾十匹──想想杜甫無馬可騎，只好寫詩向李嗣業借馬的往事吧。他在府中大宴賓客，席上水陸雜陳，佳餚滿席，許多東西，客人連名字都沒聽說過。

　　裴冕似乎也是唐朝時尚達人，他自創了一種非常精緻的頭巾，引得人爭效仿，稱為僕射巾。本身職務外，裴冕還兼了多個其他職務，各種職務薪俸加在一起，每個月多達兩千緡。手下小吏為他把薪俸領回來時，他看著大把大把的銀錢，不由得笑逐顏開，時人對他的好利頗為鄙夷。──前面我們計算過杜閒的收入。現在用同樣的標準算一下裴冕的收入：一緡即一千文。兩千緡就是兩百萬文。每斗米值十文，兩百萬文

第九章　劍南（上）

可買米二十萬斗，摺合今一百五十八萬公斤，價值相當於今天七千五百多萬元——杜閒的年收入正好和裴冕的月收入相當。也就是說，裴冕的年薪竟然相當於今天的一億多。

杜甫與裴冕有舊，而裴冕既是雄鎮一方的封疆大吏，又如此豪奢多金，只要從他手指縫裡隨便漏一點出來，就足夠杜甫一家人過上富裕平安的日子了。這也難怪還在距離成都一百多里外的鹿頭山，杜甫就忙著為他獻上讚美詩。

詩聖為了生存，四處獻詩，想想確也可悲。不過，他與裴冕有舊，而整個社會又有這種獻詩的風氣，還稱不上屈辱。

何況，裴冕真的幫了他。

2

自從李冰修建都江堰後，成都平原漸漸成為不知饑饉的天府之國。沃野千里的平原上，河流密如血管，從高寒雪山滾滾而下的流水長久地滋潤著大地。諸多河流中，就長度、水量而言，浣花溪微不足道。然而，這卻是一條注定要被中國文學史銘記的小河。

杜甫到成都次年春天，在裴冕支持下，於浣花溪畔營建草堂。他寫詩說：「浣花溪水水西頭，主人為卜林塘幽。」這主人，便是裴冕——草堂占地不小，既有居所，還有菜園和藥圃，這麼大一片地，雖是在唐代，普通人恐怕一時半會也拿不到手。

修建草堂的費用，不是裴冕一人所出，王十五等人多有貢獻。

王十五名不詳，是杜甫的表弟，當時在成都府任司馬，是裴冕部下。得知杜甫選定了地方要建草堂後，王十五備了錢，親自送到草堂，

「憂我營茅棟，攜錢過野橋」。杜甫感嘆：「他鄉唯表弟，還往莫辭遙。」

如同燕子築巢一樣，杜甫精心打造他的草堂。草堂落成前後，他以詩作箋，向多位朋友索要樹苗、竹子以及碗盞。

蕭實，排行第八，時為成都縣令，杜甫稱他蕭八明府。他向蕭八明府索要桃栽——桃樹苗——一百棵，並希望他在春節前派人送到浣花村來。韋續，排行第二，時為縣令，杜甫稱他韋二明府。韋續任縣令之地，《杜甫全集校注》認為是利州綿谷縣。不確。應為漢州綿竹縣。杜甫索要的是一種叫綿竹的竹子，而綿竹縣就因盛產此竹而得名——一千二百多年後，在綿竹境內，還能看到這種詩聖希望引種的竹子。

何邕，排行第十一，時任綿谷縣尉，杜甫稱他何十一少府。他向何邕索要榿木苗。榿木是一種高大喬木，生長迅速，屬樺木科，葉似桑，果似桑葚，成都平原上隨處可見——岷江支流南河有一條支流就叫榿木河，因河岸有眾多榿木林而得名。

那麼，有一個問題是，何邕任職的綿谷，距離成都足有六百多里，且大半路程都是艱苦難行的山路，杜甫為什麼要捨近求遠，請他提供成都平原到處都能找到的榿木苗呢？我猜測，個中緣由，杜甫並非只想得到榿木苗，而是想以索榿木苗的方式，向這位昔年的朋友知會一聲：「我來蜀中了。」這樣，如果以後需要他幫助的話，不致太唐突。

韋班，時任梓州涪城尉，杜甫稱他韋少府。杜甫向韋班索要了一些松樹苗。此外，他聽說大邑的瓷器不錯，而韋班家裡收藏頗多，又向他求了一些白色瓷碗。

徐知道，排行第九，資助杜甫建草堂的諸人中，裴冕而外，數徐知道級別最高，時為侍御史兼成都少尹，前者品級為從六品，後者品級為從四品。杜甫大約和他不是太熟，很客氣地稱他徐卿。他向徐卿索要了

第九章　劍南（上）

一批果樹，「草堂少花今欲栽，不問綠李與黃梅」。徐知道的府邸在石筍街。唐時，石筍街在成都西門附近，杜甫的草堂則在西門外的郊野上，他進出成都，西門是必經之地。

經過這種近乎百衲衣般的苦心經營，乾元三年（西元760年），四十九歲的杜甫終於在成都西郊浣花溪畔建成了他的草堂。《杜詩詳註》引陶開虞語說：「子美……初營成都草堂，有裴、嚴二中丞，高使君為之主；有徐卿，蕭、何、韋三明府為之圖；有王錄事、王十五司馬為之營修。大官遣騎，親朋展力，客居正復不寂寥也。」

杜甫用一首〈堂成〉表達了斯時的情感——在苦不堪言的漂泊之後，他終於有了一個環境清幽的居所，多年來少有的愉悅油然而生：

背郭堂成蔭白茅，緣江路熟俯青郊。榿林礙日吟風葉，籠竹和煙滴露梢。暫止飛烏將數子，頻來語燕定新巢。旁人錯比揚雄宅，懶惰無心作解嘲。

看得出，經歷了多年的漂泊與折騰，杜甫對浣花村的安居是滿意的。春天很快過去了，四月，下起了淅淅瀝瀝的梅雨，滿眼草木溼潤而嫩，水中圓荷冒出了新葉。遠處農田裡，小麥揚穗。近處的溪水清澈透明，環繞著草堂流過，而草堂院子前的柴門，正好對著一條芳草萋萋的古道。草堂內外，柳枝依依，枇杷快要成熟了，發出淡淡的清香。打魚人駕著小船從草堂前經過，船頭的鸕鷀迎著太陽，像要把被水打溼的翅膀晒乾。站在草堂門前，往城裡望去，草木迷離，看不到幾里外的繁華市井。向城外望去，西邊天際，矗立著寒光閃閃的西嶺雪山。

杜甫粗通醫術，有採藥、種藥、賣藥的經歷和經驗。旅食京華的十年，賣藥曾是家用的補貼。故此，他的草堂裡，闢有專門的藥圃，這從他的詩裡可以找到明確證據，如「種藥扶衰病」、「藥條藥甲潤青青」、「近

根開藥圃」。

　　草堂最初只有一畝，後來不斷擴展，「誅茅初一畝，廣地方連延」。成形後，除了居住的茅屋外，有藥圃，有上百株桃樹，有大片的竹林和橙木林，有李子、枇杷、棗子、橘子、梅子、柳丁等果樹，有花椒、芝麻、甘蔗、亞麻等經濟作物，還有一片不小的菜園。如此眾多的東西所需要的土地，至少也有好幾畝。

　　對於農事，杜甫頗不陌生。這可能和他築室首陽山時的耕讀生活有關，當然也可能和他寄食京華時，居於少陵原有關。諸種農事中，杜甫擅長和熱愛的是種菜。古人常以種菜為風雅，但就杜甫而言，種菜固有風雅成分，更多卻是實用考慮。

　　早在四十歲左右，杜甫就患有肺病，他在〈進封西嶽賦表〉中說：「臣常有肺氣之疾。」在唐代，肺病無法治癒，杜甫的肺病也就時好時壞。有一天，他肺病稍好，扛著小鋤在菜園裡鬆土，大概勞作得累了，熱了，頭巾也散了。這時，有客人來訪，他便呼叫兒子為他戴好頭巾，並熱情挽留客人吃飯：「自鋤稀菜甲，小摘為情親。」——是什麼稀罕的菜，老杜賣了個關子，沒講。不過，這種稀罕的菜才種下去不久，正是成長階段，本不該摘來吃，但來客與杜甫關係親密，杜甫便小摘了一些讓客人嘗新。

　　「城中十萬戶，此地兩三家」、「錦裡煙塵外，江村八九家」，杜甫在他的詩裡，多次寫到了草堂所在的浣花村。這個唐時村落，不管杜甫說的兩三家還是八九家，其實都是虛數，都是概指，並非人口普查。「地偏相識盡，雞犬亦忘歸」，總之，這是錦官城外的一座小村莊。村子太小，居民不多，杜甫很快和所有的鄰居都認識了，熟悉了，並和其中一些人成了交情不一的朋友。

第九章　劍南（上）

南鄰有兩位，一位是朱山人。山人即隱居不仕者。杜甫有時稱他朱老，有時稱他錦里先生，似比杜甫年長。朱山人戴著象徵隱士的黑色頭巾，他的田園裡種滿芋頭和板栗之類的農作物，家境還過得去，老杜羨慕他「不全貧」。由於長期串門，朱家的小孩都認得這位清瘦的老夫子了。朱家庭院裡的鳥雀，見了客人也不羞澀地飛走。秋日的一天，老杜和朱山人划著小船，沿著浣花溪飽看美景，直到月上竹梢，才把船泊了分手道別。老杜的七律〈南鄰〉就是證詞：

錦里先生烏角巾，園收芋栗不全貧。慣看賓客兒童喜，得食階除鳥雀馴。秋水才深四五尺，野航恰受兩三人。白沙翠竹江村暮，相送柴門月色新。

關於朱山人，老杜還有一首五律，說的是朱山人家裡的水亭——居家而有水亭，和老杜草堂有水檻一樣，都是文化人的風雅玩意兒。朱山人家的水亭周圍栽滿竹子，竹林太深，有人經過也很難發現。有花草，有曲曲折折的水溝通往園中的池子。老杜和朱山人就在這樣的環境裡喝酒吟詩。這對多年來飽經風霜卻食不果腹的老杜來講，生活品質一下子提高了好幾個層次。於是，老杜寫了一首很溫暖的詩——這位慣於寒冷的詩人，他的一生罕有這樣的溫暖：

相近竹參差，相過人不知。幽花欹滿樹，小水細通池。歸客村非遠，殘樽席更移。看君多道氣，從此數追隨。

另一位南鄰叫斛斯融。斛斯融排行老六，終生未仕，死了才被朝廷授為校書郎。天寶二載（西元743年），一入長安的李白路過終南山，造訪了一位舊交，兩人喝了一臺大酒，「我醉君復樂，陶然共忘機」。這位酒量看起來似乎比李白還大的朋友，李白稱為斛斯山人。斛斯一姓甚少，且處於同一時代，同為隱士，故有論者認為，後來做了杜甫鄰居的

斛斯融，就是與李白也有交情的斛斯山人。若是，則斛斯融雖然沒有留下一首詩，卻與李、杜二位大師都有交往，且二位大師都為他寫過詩，他亦足以流傳千秋。

杜甫自注說，斛斯融是他的酒徒，也就是酒友。斛斯融愛酒，愛到瘋狂的地步。這年春日的一天，花紅柳綠，鶯歌燕舞，杜甫信步出門，前往斛斯融家，打算趁著大好春光，兩人好好喝一杯。到了斛斯家才知道，這傢伙出門去喝酒，已經十來天沒回家了：「走覓南鄰愛酒伴，經旬出飲獨空床。」

斛斯融偶爾為人寫碑文，以此賺些外快。為了討要碑文錢，斛斯融到南郡去了，拿到錢之後在外面飲酒不回家，家中無錢無米，陷入了嚴重的生存困境。相比杜甫對妻兒的關心和照顧，斛斯融的做派令杜甫很難過，他寫詩諷喻斛斯融：「老罷休無賴，歸來省醉眠。」

不過，斛斯融並沒有聽進去。不久，他就在貧病交加中去世。當杜甫再次路過斛斯家宅院時，這個曾經的家已經不復存在了——斛斯融死後，他的妻兒外出另謀生計。物是人非，杜甫十分傷感：「妻子寄他食，園林非昔遊。空餘總帷在，淅淅野風秋。」——對斛斯融悲劇命運的哀嘆，庶幾也是杜甫對自己的哀嘆。他擔心，有朝一日——這有朝一日，因為疾病在身，並不會太遙遠——自己也像斛斯融那樣死去，自己的妻兒，是否也將如同斛斯融的妻兒那兒無依無靠，寄食他鄉？

北鄰沒留下姓名，杜甫稱他為明府，表明他是一位致仕的縣令。這個曾經的官場人物，退休後隱居於此，是個詩歌愛好者。他經常前來拜訪杜甫，免不了喝喝酒，談談詩。兩人曾經的行政級別差不多，加上詩和酒，大概應該談得比較投機。

除了上面這三位有明確方位的近鄰外，浣花村還住著另一些人家。

第九章　劍南（上）

有喜歡種花的黃四娘，通往她家的小路上，千朵萬朵的鮮花引來了一群群蝴蝶；有為人爽快的田父，社日那天，一定要請杜甫去飲春酒；有一道籬牆之隔的鄰翁；有賣酒的小店，人熟了，喊兒子去賒酒也沒問題。

杜甫與鄰居們相處得很愉快，也很隨意。鄰居們請他喝酒，他也請鄰居們喝酒。鄰居們送他魚鱉之類的水產，他回之以各種小禮物。他家的藥圃裡種有各種藥材，鄰居們有什麼頭痛腦熱，只管來採就是。

3

草堂既成，當老婆孩子暫時沒有凍餓之虞時，杜甫的政治理想又在心靈深處潛滋暗長。只是，經歷了太多挫折，看慣了太多官場險惡的杜甫年近半百，已是不折不扣的老人。他不再對現實抱有不切實際的幻想。他只把他的心事藉助對古人的緬懷作了隱忍的傾訴。這古人，就是被視為智慧化身的諸葛亮。

乾元三年（西元 760 年）春天，四十九歲的杜甫第一次踩著滿階青草，走進了柏木森森的武侯祠。大半生中，他懷著「致君堯舜上，再使風俗淳」的政治理想，奔走於長安權貴之間，「朝扣富兒門，暮隨肥馬塵」，這一切屈辱和辛酸，原本都是為了求得一展政治抱負的機會。但最終，可憐的老杜沉淪下僚，甚至在左拾遺任上還差點下獄。當他面對武侯祠裡肅穆莊嚴的諸葛亮塑像，遙想同是文人的諸葛亮的赫赫功名時，不由感慨萬千，寫下了名篇〈蜀相〉：

丞相祠堂何處尋？錦官城外柏森森。映階碧草自春色，隔葉黃鸝空好音。三顧頻煩天下計，兩朝開濟老臣心。出師未捷身先死，長使英雄淚滿襟。

秋天來了，杜甫劃著小船，繞著浣花村作了一次環村遊。那是一個有太陽的下午。自古及今，深陷盆地的四川，秋冬時節難見太陽，乃至有蜀犬吠日的誇張說法。秋冬之日而有太陽的話，對四川人來說，如同節日一樣喜氣洋洋。那天下午，秋陽豔紅，「落景下高堂，進舟泛回溪」。浣花村一帶的確偏僻，秋色也更加悽迷。遙看西邊，遠處的山嶺上堆著終年不化的積雪，天空掛著彩色的虹霓。孩子們在溪岸上，有的用網捕魚，有的用箭射鳥，有的下到水邊採菱。他們熱情地為杜甫指路，反而讓杜甫迷失了方向。造化之美景與村童之純樸，令杜甫流連忘返。當他站在小船上，遙望著遠處的浣花村在蒼茫暮色中只剩一個模糊的輪廓時，新月已經升起來吊在樹梢上。杜甫慢慢回家——他想起前不久釀的米酒，今天應該可以喝了。那就趕快回去和老妻喝一杯吧。

坐上小船，繞著浣花村隨意看看，於杜甫，是一種休閒方式。有時是他一個人，有時還帶上妻子楊氏。帶上楊氏那次，天氣尚有幾分炎熱，儘管時間已是芙蓉花開的秋季。「畫引老妻乘小艇，晴看稚子浴清江。」如果不是天氣還有幾分炎熱，孩子們不可能跳進浣花溪裡戲水。

杜甫和楊氏坐在小船上——這種只能承載兩三個人的小船，想必杜甫已經會操作了，要不就是杜安盪槳。他們看到蛺蝶飛過，芙蓉盛開——過上一百多年，後蜀主孟昶下令在成都廣植芙蓉，從此成都又稱蓉城。為解暑熱，楊氏還細心地帶上了一些用甘蔗榨成的蔗汁。

關於蔗汁，不妨多寫幾句。唐人把蔗汁稱為蔗漿，他們普遍有喝蔗漿的習慣。唐人認為，蔗漿涼性，具有去熱的功效。在吃了包括櫻桃等據說燥熱的東西後，講究人家，一定會再飲一杯蔗漿。王維參加了一次櫻桃宴，興奮地作詩說：「飽食不須愁內熱，大官還有蔗漿寒。」

直接飲用外，蔗漿還是製作另一種風味食品必不可少的原料。

第九章 劍南（上）

　　李賢是武則天次子，其兄李弘猝死後，冊立為太子。但在殘酷的政治鬥爭中，李賢貶死巴州。二十多年後，追諡章懷太子。

成都武侯祠一角

　　章懷太子墓裡，考古工作者發現了一幅壁畫，畫上的仕女，手捧一種稱為酥山的食物。

　　究其實質，酥山就是唐代的冰淇淋。即把起司加熱融化後，加入蔗漿，放入冰塊，使其凝固，加工成山的形狀，再澆上冰水，就成了酥山。

　　楊氏出身名門，杜甫也在首都待過十餘年，出席過不少宴會，一定品嘗過大唐冰淇淋。現在流落蜀中，夏秋無處找到冰塊，酥山吃不上，那就喝一杯蔗漿吧。

　　柴門，顧名思義，是指用散碎的木材或樹木枝椏做成的極為簡陋的門。在中國，它是貧苦、清寒的象徵。杜甫在他的詩裡便經常提到柴門，如「野老籬前江岸回，柴門不正逐江開」。寓居夔州時，他有一首詩的題目就叫〈柴門〉。

　　如果讓我想像一下杜甫家的柴門的話，它或許是這樣的：茅屋前有一圈用籬笆紮成的矮牆，矮牆正對堂屋門的地方，有一個小小的缺口，僅容兩人並肩而行。一扇胡亂用幾根好像一旦插進春天的地裡還會發芽

的木棍綁成的門立在那裡——它的裝飾性大過了實用性，不要說身強力壯的男人，就是體弱力小的婦孺，只要用力一推，也能輕易地把關著的柴門推開。

　　柴門不僅是一道具象的門，更是一種抽象的信念和生活方式。傳統文化語境下，柴門隱喻著清流、操守、貞節和安貧樂道這樣一些令人需要仰視才得見的品質。與柴門相對的是朱門，那是淫蕩、奢侈、陰謀和罪惡的代名詞。老杜曾經憤怒地批判過：「朱門酒肉臭，路有凍死骨。」朱門是一種不祥之物，尤其是對老杜這種貧病一生的詩人而言。

　　杜甫的性格很有意思，表面看，他出生於「奉儒守官，未墜素業」的官宦世家，具備一個中下級官員子弟的謙虛和禮儀。他的待人接物和處世方式，與李白大相逕庭。如果說李白是使酒任性、豪爽耿直的哥哥，那麼杜甫就是哥哥身後不苟言笑、表情嚴謹的弟弟。然而，這只是表象。骨子裡，幾乎和李白一樣，杜甫也有著文人一脈相承的清高與自負。

　　懷才不遇是文人一生中喋喋不休的主題，它像一個反覆降臨的夢，一次又一次籠罩著文人的命運，直到這些命運的主人們辛酸委屈的淚水，把一部歷史都弄得潮溼而鹹澀。

　　當生命進入暮年的老杜終於在漂泊的西南天地間築起了小小的草堂時，當生活終於變得稍微安靜時，他一定會佇立在柴門前，懶看那些認真開放的野草閒花。只是，他內心還殘存的壯志，他少年時許下過的金屬般的諾言，比鄰而居的酒友不會懂得，畫紙為棋局的老妻不會懂得，敲針作釣鉤的稚子也不會懂得。命中注定，絕大多數的心靈都不會被另外的心靈——哪怕只一顆——所理解。這是一些無限延伸的平行線，它們雖然同屬一個平面，卻永遠沒有相交的可能。

第九章　劍南（上）

　　所以，悵望柴門的老杜很感慨。感慨之餘，他借一位官員的來訪寫了一首詩，詩中有著名的兩句：「豈有文章驚海內，漫勞車馬駐江干。」意思是說，我又沒有文章名揚天下，何必勞煩您的車馬到這溪邊來看我？表面看是謙虛，骨子裡卻是難以自禁的鬱悶和自負。

　　很多年過去了，到了明朝，一個叫何宇度的文人來到草堂。他想起了柴門的寂寥，於是化用杜詩，擬了一副對聯，這副對聯至今還掛在柴門左右：

　　萬丈光芒，信有文章驚海內；千年豔慕，猶勞車馬駐江干。

　　明朝還有一位文人，對柴門表現出了超乎尋常的興趣。這個人是畫家，叫周臣。他為柴門畫了一幅高一百二十公分，寬五十多公分的畫。畫面上，一棵古松鬱鬱蒼蒼；松下，一道柴門——和我設想過的一樣，是用木棍綁制的；柴門邊，杜甫打著拱，和柴門外的客人告別。古人總是禮貌地打拱，嘴裡說些好聽的之乎者也，這是後人對他們的印象。但是，在他們的禮貌和恭謙後面，到底深藏了多少不得志的悲憤，我們不得而知。我們只看到了他們的快樂，至於痛苦，被我們整體遺忘或忽略了。

　　當重牆深院的朱門沉沉地閉上，那道立在民間的柴門就慢慢打開了。透過柴門，我看到了一個時代的才華和疾病。

4

　　日子在平淡與悠閒中慢慢過去，如同雨水滑過青色的苔蘚。

　　如果可能，杜甫雖然心有不甘，但也大抵願意就這樣過下去，就這樣在寧靜的歲月裡，打發餘生。

變化卻總是比計劃更快。上元元年（西元760年）秋天，就在杜甫盪舟秋遊後不久，一個意外的消息傳來：裴冕調回長安。裴冕的離去，意味著杜甫失去了供祿米的故人。他馬上想到了另一個朋友：高適。於是以詩作箋，渴望老友施以援手：「百年已過半，秋至轉飢寒。為問彭州牧，何時救急難？」也許是兩年前在同谷孤苦無依、啼飢號寒留下的後遺症，杜甫不僅寫詩給高適，還親自趕往彭州。但是高適還沒來得及幫助他，就調任蜀州了。於是，杜甫又追到蜀州，並在高適的刺史府小住。

　　高適既是蜀州最高長官，杜甫又在蜀州盤桓多日，他們流連於東亭便是意料中事。杜甫寫詩稱讚老朋友：「當代論才子，如公復幾人」，並感嘆「行色秋將晚，交情老更親」。杜甫告別高適回草堂後，冬天的蠟梅開了，同樣任職於蜀州的另一位友人裴迪在東亭宴客，想起秋天時與杜甫的聚會，便寫了一首詩寄給杜甫。杜甫回詩寫道：「江邊一樹垂垂發，朝夕催人自白頭。」明人王世貞將此詩推為「古今詠梅第一」。

　　值得一提的是，與杜甫唱和的裴迪，也是王維至交。早年，他隱居終南山，王維稱他裴秀才，說他「復值接輿醉，狂歌五柳前」，是一個佯狂遁世之人。然而，年華流逝，馬齒徒長，棲身林泉的隱者竟不得不為了五斗米宦遊蜀中。

　　就在杜甫與裴迪唱和次年，王維與世長辭。

　　令忐忑中的杜甫稍感踏實的是，朝廷新任命的裴冕的繼任者，與杜甫有表親關係。

　　此人叫李若幽，又名李國貞。他是淮安郡王李神通的玄孫，李神通則是唐高祖李淵的堂弟。前文說過，杜甫的外公的母親是舒王的女兒，舒王則是李淵的兒子；外婆是義陽王李琮的女兒，義陽王則是李淵的曾

第九章　劍南（上）

孫。所以，若以杜甫的外公一方算，李若幽比杜甫長一輩；若以杜甫的外婆一方算，李若幽比杜甫長兩輩。當然，血緣其實很疏遠，已經出了五服——要上推七八代，才有共同祖先，即李淵的祖父李虎。

但再疏遠的關係，仍然攀得上親戚。所以，杜甫對李若幽出任蜀中一號首長，自然充滿期待。並且，李若幽似乎對這位當時已頗有名氣的詩人遠親還算友好。上元二年（西元761年）早春，新年剛過，李若幽寫了一首詩，杜甫讀後，立即和了一首。詩題裡，他尊稱李若幽為都督表丈。

不過，李若幽在任時間很短，還不到一年，恐怕很難給予杜甫什麼實質性幫助。

同在這年早春，正月初七，按傳統習俗，是為人日。這天，杜甫收到了高適寄來的詩〈人日寄杜二拾遺〉：

人日題詩寄草堂，遙憐故人思故鄉。柳條弄色不忍見，梅花滿枝空斷腸！身在南蕃無所預，心懷百憂復千慮。今年人日空相憶，明年人日知何處？一臥東山三十春，豈知書劍老風塵。龍鍾還忝二千石，愧爾東西南北人！

不知道為什麼，杜甫沒有回贈，或者有回贈卻沒儲存下來。約十年後，老病孤舟的杜甫走到了生命盡頭，這一年，流落湖湘的他有一天偶然翻檢文書，突然翻出高適贈詩。想起高適贈詩已十年，作古也已六七年，而自己老病之軀，餘生可數。點檢其時還活在世上的故舊，已然寥寥無幾。杜甫感傷不已，作了一首〈追酬故高蜀州人日見寄〉：

自蒙蜀州人日作，不意清詩久零落。今晨散帙眼忽開，進淚幽吟事如昨。嗚呼壯士多慷慨，合沓高名動寥廓。

……

西河和金馬河從崇州境內斜斜劃過，流向成都南邊的一個重要樞紐：新津。在新津城區五津鎮，岷江的幾條支流次第交會。

杜甫兩次到新津，其中一次是上元二年（西元761年）春天。成都平原的春天常常寒風習習，以陰以雨，但風定日暖後，迎春、海棠、桃李以及油菜花競相開放，熱烈的花事足以把春寒烘乾。這個春天，大約是得到了高適救濟，杜甫心情不錯。他寫下了膾炙人口的〈春夜喜雨〉。復又在遊覽修覺山時，因「野寺江天豁，山扉花竹幽」的景象而生出詩人的驕傲：「詩應有神助，吾得及春遊。」

杜詩載，修覺山上有一座寺廟，就叫修覺寺。但我尋了大半匹山，寺廟始終了無蹤影。

5

從修覺山遠眺新津

就在杜甫從新津回來並寫下〈春夜喜雨〉不久，一向平靜的蜀中忽然出了大亂子：梓州刺史段子璋造反了。

原來，段子璋驍勇善戰，玄宗奔蜀時，曾立大功。他的頂頭上司即劍南東川節度使李奐，出身皇室，襲封濟北郡王，曾做過史思明俘虜。段子璋一向很看不起這個官二代上司，認為他不過是會投胎才躋身高位

第九章　劍南（上）

的，不比自己一刀一槍打拚出位。李奐當然容不得部下如此桀驁不馴，便向朝廷請示，撤換段子璋。

段子璋聞訊，勃然大怒。一怒之下，起兵造反。段子璋突襲綿州，李奐大敗，逃往成都。段子璋獲勝後，自封梁王，改元黃龍，將綿州改稱龍安府，設立了文武百官，很快又攻陷相鄰的劍州等地。

其時，杜甫的遠親李若幽已調回長安，接任劍南西川節度使兼成都尹的是崔光遠。崔光遠與李奐、高適合力攻打綿州，五月中旬，綿州城破，段子璋被殺，叛亂平息。

沒想到的是，一波剛平，一波又起。

攻打綿州最得力的戰將是崔光遠部下，即西川牙將花驚定。如同段子璋一樣，花驚定也是一員猛將。

攻下綿州城後，花驚定自恃有戰功，縱兵搶劫，「婦女有金銀臂釧，兵士皆斷其腕以取之。亂殺數千人」。朝廷官軍，軍紀比叛軍更壞，對民眾的傷害比叛軍還嚴重，而作為節度使的崔光遠卻不能禁止。事為朝廷所知，肅宗大怒，「天子怒光遠不能戢軍，乃罷之」。崔光遠受部將牽連罷官後，朝廷還派監軍追究治罪，他憂恚成疾，當年就去世了。

花驚定這位赳赳武夫，杜甫與他也有往來 —— 杜甫既然和前後數任節度使有交往，且多蒙這些封疆大吏關照，他們的手下，出於種種考慮，或附庸風雅，或趨隨官長，紛紛和杜甫來往，也是情理中事。

杜甫全集中，有兩首詩寫給花驚定。不過，與杜甫的絕大多數酬酢詩不同，這兩首詩，一首標明瞭是戲作，明顯有諷刺之意；另一首雖然題中無戲作字樣，但味其內容，歷代學者以為，仍是志在警喻。

前者，得知花驚定暴行後，杜甫在〈戲作花卿歌〉裡寫道：「成都猛將有花卿，學語小兒知姓名。」小兒知猛將姓名，大有因猛將嗜殺而民

間畏懼，用其名字嚇唬小兒，小兒不敢夜哭之意。接著，在形象描繪了花驚定如何衝鋒打仗後，杜甫反問：「人道我卿絕世無。既稱絕世無，天子何不喚取守京都？」──有人認為花卿你的勇敢絕世無雙，既然稱得上絕世無雙，那天子為什麼沒有把你調去守衛京城呢？

花驚定縱兵騷擾民間，導致上司被撤職查辦，如此將軍，縱然勇敢，又怎麼可能調去把守京城？杜甫是以反問作諷刺。

另一首是杜甫參加了花驚定府上的一次宴會，席上，有伶人奏樂，杜甫寫道：

錦城絲管日紛紛，半入江風半入雲。此曲只應天上有，人間能得幾回聞。

表面看，這首七絕寫音樂之美妙。但明代學者楊慎認為，這不是讚美音樂美妙，而是諷刺花驚定僭用天子禮樂。

安史之亂後，唐朝中央集權控制減弱，皇帝權威受到挑戰，擁兵自重的軍閥們雖不敢公開割據稱王，但不把朝廷放在眼裡的卻絕非個案。比如此後幾年的大曆元年（西元766年），華州刺史周智光驕橫不法，竟將鄜坊節度使杜冕一家老小八十一口悉數活埋，又搶劫、焚燒坊州民戶三千家，殺死陝州監軍張志斌，朝廷拿他毫無辦法。他宣稱：「我這裡離長安只有百十里地，我晚上睡覺都不敢放心伸腳，怕一不小心就把長安城踢破了。又說，『至於挾天子令諸侯，唯周智光能之』。」

以周智光更過分的舉動觀之，花驚定僭用天子禮樂，簡直就是小巫見大巫。然而在忠君愛國的杜甫眼裡，仍是大逆不道之舉。不過，面對花驚定這種殺人不眨眼的武夫，杜甫只能曲筆譏諷。

花驚定的故事，現代作家施蟄存演義為小說，題為《將軍底頭》。花驚定雖然導致了他的長官崔光遠下臺，但他似乎並未受到處分，或是來

第九章　劍南（上）

不及處分，就已經橫死——一種說法是，他在追擊段子璋殘部時中伏死；一種說法是，他隨後調去與吐蕃交戰，戰死。

《將軍底頭》裡，施蟄存把花驚定描寫成一個具有吐蕃血統的唐軍將領。他英勇善戰，但在出征吐蕃時，因其血統與職守之間的特殊，陷入了兩難。其間，他的部下調戲民女，被他斬首。然而，意想不到的是，他自己也被這個民女所誘惑。矛盾與糾葛中，花驚定戰死沙場。他的頭被敵人砍下了，身子卻騎在馬上，奔去尋找那個民女。民女正在溪邊洗衣，失去了頭的花驚定下馬蹲身，摸索著溪水，像要洗手。民女不覺失笑說：「喂，打了敗仗了嗎？頭也被人家砍掉了，還要洗什麼呢？還不快快的死了，想幹什麼呢？」花驚定的身子於是聞聲倒地，而遠在戰場上，他那顆被吐蕃人砍下的頭，「卻流著眼淚了」。

據楊慎考證，花驚定是四川丹稜東館人，此地現屬眉山東坡區東館村。宋時，東館村尚有花驚定墓，今則淹沒難尋也。

6

一場突如其來的暴風雨後，杜甫寫下一首長詩。因為這首長詩，人們在說到杜甫和杜甫草堂時，總是很自然地聯想起一種在中國業已消失的建築：茅屋。

所謂茅屋，就是用稻草、蘆葦等苫蓋屋頂的簡陋房子。這種房子，屋頂覆蓋的是稻草或蘆葦，牆壁或是版築的泥牆，即前文說過的贊上人土室那種；或是用木頭豎起來，中間用竹條編成網狀，再糊上泥土。

杜甫那首長詩題為〈茅屋為秋風所破歌〉。

上元二年（西元761年），也就是杜甫五十歲那年八月，初秋，成都

先是大風，繼以大雨。「八月秋高風怒號，卷我屋上三重茅。」茅草苫蓋屋頂，是一項技術活，從事這種活的匠人，我老家稱為泥水匠。苫蓋有許多講究，必須蓋三四重之多，不然一定會漏雨。郭沫若曾經據此詩批判杜甫，說他是地主，奢侈講究，茅草都要蓋三重。郭沫若出身富家，所居當然不是茅屋，是以根本不知道，蓋三重四重茅，地主固然如此，農戶也一樣。

風實在太大，把老杜屋頂的茅草捲起，一直吹飛到浣花溪對岸才緩緩落下，有的掛在樹梢上，有的沉落水塘中。對面那個村莊，杜甫稱為南村。村裡的兒童看到從天而降的茅草，紛紛拾起抱回家。這種蓋過房的茅草，點火即燃，可作燃料。杜甫向來與人為善，但兒童們不聽他的高聲叫喊，自顧抱了茅草而去。杜甫大為光火，有些言過其實地罵他們是盜賊：「南村群童欺我老無力，忍能對面為盜賊。」

杜甫的園子裡，有一株兩百多歲的楨楠樹，這是一種十分珍稀的樹種。杜甫自陳，當初把草堂選址於此，很大原因便是為了這棵楨楠。沒想到，大風竟然把它也吹折了。

晚上，風停了，天空中堆積著黑如濃墨的雲朵，「秋天漠漠向昏黑」；氣溫驟降，粗布製作的被子蓋在身上，冰冷如鐵；兒子睡相不好，夢中胡亂踢腳，把被子內裡踢破了。更要命的是，大風把屋頂的茅草大量颳走後，入夜，大雨傾盆，屋漏不止，「床床屋漏無干處，雨腳如麻未斷絕」。自從安史之亂以來，杜甫一直顛沛流離，歷盡艱辛。在成都稍微安寧，不想又為風雨所苦，「自經喪亂少睡眠，長夜沾溼何由徹」。

杜甫被後人稱詩聖，成為文人良心與良知的代表和象徵，就在於他在自身遭遇種種不堪時，卻心懷善念，推己及人，希望他人安好。甚至，為了他人安好，寧願自己受苦受難——

第九章　劍南（上）

　　安得廣廈千萬間，大庇天下寒士俱歡顏，風雨不動安如山。嗚呼！何時眼前突兀見此屋，吾廬獨破受凍死亦足。

　　所以，在後人觀察杜甫的視界裡，茅屋不僅是一種稻草和泥土壘起的簡單居室，茅屋更是一種潔淨的思想，博愛的精神，它的本質是體悟了眾生皆苦後的強烈悲憫。

　　所以，在後人興建的諸多紀念杜甫的場所，多半會有茅屋。大到成都杜甫草堂，小到綿竹杜甫酒業，我都看到了一座熟悉而親切的茅屋。

　　當我站在茅屋前端詳著屋裡熟悉的陳設時，恍惚間，我感到，只要一直這樣注視，這樣凝望，一會兒工夫，就會有一個老者帶著微笑走出來，向我打拱，寒暄。

成都杜甫草堂裡仿建的茅屋

　　人煙稠密的成都平原，大凡不過十公里，必然有場鎮，江源就是無數小鎮中極為尋常的一個。與其他小鎮不同的是，在唐朝，江源是唐興縣治。

　　茅屋為秋風所破那年秋天，杜甫遊歷了青城山後來到唐興，為縣令王潛寫〈唐興會館記〉。這是杜甫為數不多的散文之一。這種相當於應用文的碑記，主要用於歌頌。歌頌王潛的初衷，在於杜甫生計艱難，希望

得到王潛資助。關於王潛，有一種說法認為，他致仕後，也隱居於浣花村，是杜甫的北鄰，即杜詩裡所說的王明府。

如今，江源鎮和唐朝有關的痕跡只餘下了唐興這個地名：一是唐興西街，一是唐興社區。岷江支流金馬河從江源鎮外流過。這裡地處成都平原腹地，鎮外都是肥沃的耕地。春天，大片大片的油菜花在陽光下發出酥黃的光芒，映襯著竹林深處的白色農舍，恬靜而自足，像一個酒足飯飽，無所用心的閒人。

大約就在茅屋為秋風所破的八月前後，杜甫寫了一首七言古詩，題目即可窺知斯時他惡劣的心情：〈百憂集行〉。

詩中，他回顧了自己無憂無慮、健壯精神的少年時代。十五歲了，心智還像個孩子，如同小黃牛那樣強壯，「憶年十五心尚孩，健如黃犢走復來」。倏忽之間，居然年過半百，身體早就被生活擊垮了，「坐臥只多少行立」；家境貧窮，連供養家人都成問題，不懂事的兒子餓了，「叫怒索飯啼門東」；比這更令他痛心的是，「強將笑語供主人，悲見生涯百憂集」。

這個杜甫必須強將笑語去侍奉的主人到底指誰，歷來有不同說法。有說裴冕的，有說崔光遠的，有說李若幽的，也有說高適的。

那麼，到底是哪個主人讓杜甫覺得難堪，有著如此強烈的寄人籬下之感呢？

杜甫寫此詩時，裴冕已經調走，恐怕與他無關；李若幽也於年初離任，與他似也無關；崔光遠雖在任，但杜詩中看不出二人有什麼交往，他憑什麼去埋怨別人呢？那麼，高適嫌疑最大。難道是高適這位昔年的布衣之交，做了高官後給老朋友冷臉，讓老朋友難堪？

這種事情可以說屢見不鮮，無論什麼時代都可能發生。但我認為，如果把主人坐實為高適，或恐有厚誣古人之嫌。

第九章　劍南（上）

我猜測，杜甫所抱怨的主人，並非實指，而是虛指或者說泛指。

杜甫自旅食京華以後的漫長歲月，不論適秦州還是之蜀中，以及其後的居夔州，遊荊湘，說白了，大抵依靠他人為生，都是寄人籬下。所不同者，不過從這道籬跳到那道籬而已。從這種意義上講，他投靠過、依靠過的那些官員，都可以說是主人。

這一年，杜甫五十歲了，五十而知天命，在人均壽命短暫的唐代，五十歲還沒能在政治上混出個名堂，顯然，這一生已經定型了。是故，五十歲的杜甫反思平生，感慨於自己遠本深懷遠大理想，不料命運多舛，竟然淪落到了看人臉色，「強將笑語供主人」，以便換得任瓜倆棗養活妻兒的地步。這主人，自然不是指裴冕，也不是指李若幽、崔光遠，更不是高適。

何況，作為一個反證，杜甫從唐興回成都不久，高適就來草堂了。

高適之所以在杜甫居成都近兩年後方來拜訪，也是有原因的：上一年，杜甫春時修築草堂，秋時在彭州和蜀州與高適相見；下一年，年初高適有詩慰問。以情理度之，當在之後來訪。不想，四月段子璋叛亂，崔光遠與李奐平叛時，高適也領兵上了前線──《舊唐書》稱讚高適「以詩人為戎帥，險難之際，名節不虧」。高適多次率軍作戰，其軍事素養，應來自早年在哥舒翰帳下為幕僚的經歷。

平定段子璋後，又是花驚定為禍，朝廷震怒，將崔光遠免職，令高適暫攝節度使。就是說，段子璋叛亂以及花驚定為禍之後的爛攤子，都要高適負責去收拾。高適的忙亂與操勞可想而知。這種前提下，高適沒有前來拜訪杜甫，也是人之常情，完全扯不上當了大官就忘記舊友。

上元二年（西元761年）冬天，高適突然造訪草堂，杜甫頗為驚喜。

高適造訪，其間還有一段插曲。當時，一個叫王掄的御史──排行

十七，杜甫稱他王十七御史，他向杜甫表示，要帶些好酒到草堂與杜甫共飲。王掄曾任監察御史，在京城時就與杜甫有交情。後來，王掄入嚴武幕，一度還出任過彭州刺史。王掄一時沒來，杜甫便寫詩去催，並要求王掄把高適一併約來，可見王掄與高適也交厚，杜甫才會有此要求。

接到杜甫的詩後，王掄和高適真的來了——可以想像，二人在公務之餘，取出杜甫的詩，一定會邊看邊笑，然後約定：「明天就去杜二家吧。」

杜甫早就說過，他隱居浣花村，條件不好，「盤飧市遠無兼味，樽酒家貧只舊醅」。王掄帶來了好酒，菜卻需杜甫準備。他客氣地向客人表示歉意：「自愧無鮭菜，空煩卸馬鞍。」其實，老友相逢，有酒足矣，菜之好壞，何足道哉。

果然，這場劇飲非常愉快。高適原本比杜甫年長，但他們共遊梁宋時，大約高適面相看起來比杜甫年輕，便常和杜甫開玩笑說：「汝年幾且不必小於我。」杜甫想起二人年輕時的調笑，於是以此勸高適說：「雖然你比我小，但也不算年輕了。我勸你還是多喝幾杯暖和暖和身子吧，像你這種白髮老頭最怕受風寒」——「移樽勸山簡，頭白恐風寒。」言行如此親密，哪像後人猜測的二人有隙，高適看不起杜甫呢？

岷江是長江上游的重要支流，發源於川西高原的岷山南麓——成都市區西北六十多公里外的都江堰，自從兩千多年前蜀守李冰天才地深淘灘、低作堰之後，岷江就被魚嘴分成內江與外江。內江是人工引水渠，主要用於灌溉，川西得以水旱從人。外江是岷江正流，它從魚嘴流至彭山境內的江口鎮接納府河（即錦江），這一段稱金馬河，又名皂江。

高適出任刺史的蜀州，就位於金馬河西岸。今天的金馬河，河面開闊，水流不大，很多地方都是淺灘或沙洲。沙洲上，生長著旺盛的蒹

第九章　劍南（上）

葭。淺灘處，布滿挖取沙石後形成的坑洞。由於從人煙稠密的平原流過，金馬河兩岸修建了非常多的橋梁。

在與高適和王掄歡聚後不久，杜甫應邀前往蜀州當了一次觀禮嘉賓——他見證了金馬河上，如何神速地建成一座橋梁。建橋所用時間，杜詩也有兩說：一說即日成，即一天；一說三天。依我理解，可能主體工程當天完工，但加上準備及收尾工作，則用了三天。不論一天還是三天，都稱得上神速。

邀請杜甫的人姓李，排行老七，名不詳，是高適手下的司馬。

以一天（或三天）時間造一座橋，即便今天也不可能。唐時卻可能。原因無它，那是一座非常簡陋的、用竹子架成的簡易橋梁。橋址選在一處淺灘上，無橋時，兩岸民眾涉水往來，足見水淺。橋成後，往來之人免於冬寒下水，當然是造福民眾的善舉。故此，李司馬請杜甫前往參觀。橋成當晚，還在遊船上舉辦了慶祝宴。那天，白日天高雲淡，入夜月朗星稀，風物可賞。杜甫很感激李司馬的屢次相邀——李司馬是高適部屬，若高適對杜甫不屑，他豈會一再邀請杜甫？

巧的是，就在竹橋落成次日，高適從成都回了蜀州——其時，朝廷已任命嚴武為劍南西川節度使兼成都尹，高適也就結束了代理生涯，回歸他的本職工作：蜀州刺史。

於是，杜甫又寫了一首詩記錄此事，順帶在詩裡恰到好處地表揚高適：

向來江上手紛紛，三日成功事出群。已傳童子騎青竹，總擬橋東待使君。

杜甫讀書萬卷，運用典故總是得心應手，恰到好處：他前往蜀州看竹橋，由竹橋想到竹馬，而竹馬正好有一個典故和刺史有關——東漢

時，郭伋為并州刺史。一次，他到屬下美稷縣視察，有數百名兒童騎著竹馬立於道旁拜迎。郭伋問其故，兒童們說：「聽說使君要來，我們很高興，特意來迎接。」

杜甫化用這個典故，把高適比作郭伋，而郭伋不僅敏於政事，官運亨通，且得享八十六歲高壽。

7

這年冬天，最令杜甫興奮的，莫過於嚴武調任劍南西川節度使兼成都尹。

朋友類似於鏡子。不過，與鏡子裡照射出的是自身形象不同，朋友身上反射出的，卻是自己不具備或缺少的某些東西。比如，從李白身上，杜甫照見了飄然思不群的狂放不羈；在高適身上，杜甫照見了詩歌與事功之間從容操持的遊刃有餘。那麼，在平生最重要的老朋友嚴武身上，杜甫照見的又是什麼呢？是父蔭可資，少年得志的出身？還是性本狂蕩，多率胸臆的個性？抑或持節寄疆，威福自專的權勢？或許都是，或許都不是。

從本質上說，嚴武不僅與杜甫迥然相異，即便是與同樣做過高官的高適、房琯比較，也是涇渭分明。

杜甫把嚴武看得很重，其中，既有生存需要，更多的，或許還是認可與期待。至於嚴武，雖然性格粗暴專橫，他手下的中下級官員，往往因一點小事不如其意，就被他亂棍打死，但他對曾經犯顏的杜甫，卻保持了非常難得的克制和禮遇。

個中原因，一方面，固然與杜甫是他的父執輩，與他的父親嚴挺之

第九章　劍南（上）

是朋友有關；更重要者或在於，嚴武既是封疆大吏，同時還是一個執著的詩歌愛好者。他對杜甫的克制與禮遇，便多少帶有粉絲對明星的偏愛和容忍，以及喜愛文藝的貴人對文藝人才的垂憐。

房琯早年也是嚴武的上級，而且舉薦過嚴武。但房琯被貶為嚴武屬下刺史時，嚴武卻擺出領導架子，「略無朝禮」。不久，房犯了點小錯，他深知嚴武凶暴無常，翻臉不認人，竟然憂嚇成疾。

嚴武為人早熟，不僅早熟，簡直早熟得可怕。新舊《唐書》對此都沒忘了專門寫上一筆。舊《唐書》稱，嚴武「神氣雋爽，敏於聞見，幼有成人風」。

新《唐書》則對嚴武可怕的早熟有更詳盡的記載。該書講，嚴武的父親嚴挺之，不喜歡嚴武的母親裴氏，獨獨鍾愛一個叫英的小妾。嚴武八歲時，看出父母不和，他感到奇怪，問母親原因。其母就將原委講給嚴武聽。嚴武聽後，趁英妾睡覺之機，用鐵錐將她的腦袋打得血肉模糊。

左右人嚇壞了，向嚴挺之彙報說：「公子戲耍的時候，不小心把英妾殺了。」嚴武卻不領左右開託之情，他嚴肅正告他的父親：「天底下哪有大臣厚待小妾而怠慢妻子的？我就是為了這個緣故，故意把她殺了。」

嚴挺之的反應也很出人意表，他不為冤死的英妾傷心倒也罷了，反倒稱讚嚴武說：「你這傢伙，真是我嚴挺之的種啊！」

在男權社會，女人的命並不比草芥更值錢。走上仕途之前，死在嚴武手下的年輕女性，除了父親的愛妾外，還有另一個更倒楣的女子。這個女子的全部錯誤，僅在於錯誤地愛上了心狠手辣的負心郎。

嚴武家與一位軍使是鄰居，軍使家有一個女兒，姿容美豔。嚴武買通軍使家僕人，將此女誘至其家。如果僅僅軍使家的僕人幫忙，猜想美女不一定上當；必要的前提是，美女也對嚴武有意思。

過了些時候，嚴武怕軍使發現，就帶著美女逃出京城，一路向東而去。軍使發現後，告發到官府，一直驚動到皇帝那裡。皇帝令萬年縣負責追捕。嚴武聽說後，擔心人贓俱獲，遂心生一計：他將軍使之女灌醉，半夜用琵琶弦勒死沉屍於河。第二天官府追至，嚴查嚴武，但一無所獲。

　　嚴挺之最高時做到中書侍郎，是正四品上的高官，嚴武得以在年輕時就以父蔭入仕，一輩子官運亨通。安史之亂前，嚴武在哥舒翰手下做判官。安史之亂時，嚴武隨太子西奔，參加了靈武起兵，是擁戴肅宗的功臣之一。

　　至德三載（西元 758 年），嚴武出任綿州刺史，遷東川節度使。這是其第一次鎮蜀。不久，調回長安，任京兆尹——詩人韓愈多年後也曾任此職。上元二年（西元 761 年），改任成都府尹兼御史大夫，充劍南節度使，敕令節制東西兩川。這是嚴武第二次鎮蜀。就是在看金馬河造竹橋後不久，杜甫獲悉嚴武調來成都了。

　　上元二年（西元 761 年）在諸多意想不到的事件中過去了。杜甫一家在成都度過了第二個春節。

　　開春後，初到成都的嚴武大約政事理順了，有閒暇和老友敘舊談詩了。他寫了首詩給杜甫，邀請杜甫進城去節度使府做客：

　　漫向江頭把釣竿，懶眠沙草愛風湍。莫倚善題鸚鵡賦，何須不著鵔鸃冠。腹中書籍幽時晒，肘後醫方靜處看。興發會能馳駿馬，終當直到使君灘。

　　——你經常在江邊釣魚，還慵懶地躺在草地上欣賞湍急的水流。不要仗著你有禰衡即席題寫〈鸚鵡賦〉的才華，就不出來做官。你滿腹詩書，大概也像郝隆那樣在悠閒時晒上一晒吧？葛洪的《肘後急要方》之類的醫書，也是你常在僻靜處揣摩的。要是你一時興起，就騎上馬到我這

第九章　劍南(上)

裡來看看吧。

惹得後人爭議的是第二聯,「莫倚善題鸚鵡賦,何須不著鵔鸃冠」。嚴武把杜甫比作禰衡,禰衡才華橫溢,卻不知進退,以狂著稱,終至惹來殺身大禍。嚴武勸杜甫不要學禰衡,不要以腹藏錦繡而孤傲。這到底是曾係舊交現為封疆的老友的真心勸慰,還是喜愛文藝的首長居高臨下的教誨呢?

有意思的是,杜甫接到嚴武的詩後,並沒有像許多人想像的那樣,屁顛屁顛地跑到節度使府去晉見——按理,既然嚴武已先寄詩來,杜甫依囑拜訪,不算失格丟人。但杜甫沒去,杜甫回了一首詩給嚴武,反客為主,邀請嚴武到草堂做客:

拾遺曾奏數行書,懶性從來水竹居。奉引濫騎沙苑馬,幽棲真釣錦江魚。謝安不倦登臨費,阮籍焉知禮法疏?枉沐旌麾出城府,草茅無徑欲教鋤。

——我並不是不想做朝廷的官,我以前就和你同事做過左拾遺,只為上書救房琯被免職;加之生性疏懶,從此安心隱居於水竹之間。想當年我也隨從皇上,騎著沙苑馬,而今的確在錦江邊垂釣。您像謝安那樣最愛登山臨水,我如阮籍一般不懂禮法。如果您能屈尊枉駕草堂,我一定馬上把茅草叢生的草堂門前剗出一條路。

收到杜詩幾天後,嚴武真的帶著一小隊隨從,枉駕來草堂拜訪杜甫——所以,「莫倚善題鸚鵡賦,何須不著鵔鸃冠」,不是嚴武仗著官勢教訓杜甫,而是老友無所不談的提醒。對自視甚高的嚴武來說,杜甫始終在他心中有一席之地。

可以肯定的是,假如送詩來請的不是嚴武,而是崔光遠或裴冕或李

若幽，杜甫一定會遵囑登門。因為他們和杜甫的關係，遠不如嚴武和杜甫那樣親密。親密便意味著隨意，隨便意味著不僅交流時有更多心理話，交往時也無須繁文縟節。

此次草堂之行後，嚴武與杜甫交往頻繁。嚴武出身世家大族，從小就不知節儉為何物，他「窮極奢靡，賞賜無度，或由一言賞至百萬」。可以肯定，在經濟方面，他給予了杜甫相當大的照顧，使得杜甫一家衣食無憂。

秀才人情紙半張，杜甫回報嚴武的，唯有一首首因感激而不無誇張的詩作。嚴武也很享受來自著名詩人的吹捧。他雖是武人，卻雅好詩歌，發為新聲，杜甫多半要唱和。因此，嚴武也成了杜甫贈詩最多的人——多達三十首。

這些詩，一部分是酬和，一部分是幫閒。酬和之作暫且不表，單說幫閒之作，最具代表性的當數〈遭田父泥飲美嚴中丞〉。

這首詩寫杜甫被一個相熟的老農拉到家裡喝酒，老農喝高了，不住口地稱讚新到的府尹——也就是上一年履新的嚴武。「酒酣誇新尹，畜眼未見有」——老農說他長了眼睛以來，就沒見過嚴武這樣的好官。

老農的證據是，嚴府尹把他原本當弓弩手的兒子放回家，老農不用再像以前那麼辛苦地種田了。為此，老農甚至表示，哪怕朝廷的苛捐雜稅把他給逼死，他也不會搬到別處去。

總而言之，這個我們現在看來傻得有些不像話的老農，不論確有其人，還是老杜精心虛構，他都作為廣大群眾的代表被塑造成了典型。這個典型如此熱愛與民休息的嚴府尹，反過來，正好說明嚴府尹是可昭日月的民之父母。

第九章　劍南（上）

金華山上的石碑，傳說係杜甫手跡

我敢打賭，除了嚴武本人，恐怕其他任何讀者，都有戲過了的感覺。但是，千穿萬穿，馬屁不穿，被著名詩人拍了馬屁的嚴武，欣然笑納高帽子一頂。

杜詩被稱為詩史，「三吏」、「三別」怵目驚心地喊出了人民的疼痛與煎熬。嚴武治蜀，因其奢侈與殘暴，百姓同樣困頓流離，民不聊生，但杜甫的作品不僅沒有一絲一毫的諷諫，反而多的是像〈遭田父泥飲美嚴中丞〉這種借民眾之口來對嚴武進行美化與吹捧。詩聖的選擇性閉嘴，正是吃人嘴軟拿人手短的真實寫照。

為了生存，有時候，詩聖也未能免俗。

寶應元年（西元762年），杜甫五十一歲。這年四月，上皇玄宗及今上肅宗父子倆相繼去世，大權在握的宦官李輔國立肅宗長子李豫為帝，是為代宗。儘管擅權的李輔國後來為代宗所殺，但自代宗始直到唐亡，除最後一任哀帝外，其餘皇帝俱為宦官所立。宦官專權與藩鎮割據成為中晚唐時期的兩大政治毒瘤。

代宗立後，嚴武調回長安，充任為二聖建陵的橋道使。不久，改吏部侍郎，又遷黃門侍郎。

嚴武的調任，對杜甫是一個噩耗。當嚴武奉旨離蜀，杜甫的傷感與徬徨真切而實在，「江村獨歸處，寂寞養殘生」，兩句詩讓人看到了愁苦的老杜失去依靠後如何孤立無助。

四月，二聖崩。五月，嚴武再訪草堂。不知道此時朝廷調令是否下達，如已下達，則有向杜甫辭行之意。七月，嚴武離成都北上，杜甫前往送行──這一送，一直送到了三百多里外的奉濟驛，並戲劇性地改變了杜甫此後兩年的生活。

綿州即今綿陽，是為四川省第二大的城市。唐時，綿州一度係劍南東川節度使駐地，當年被段子璋打得滿地找牙的李奐即開府於此。

綿陽城區東北郊，有一個叫仙海的風景區。仙海，原名沉抗水庫。沉抗水庫的得名，是其坐落於沉抗鎮境內。而沉抗這個地名，則是由沉香鋪和抗香鋪兩個古驛站取首字而成。

沉香鋪，既是杜甫入蜀時的經行地，也是他送嚴武回京並與嚴武告別的地方。不過，唐時不叫沉香鋪，叫奉濟驛。

奉濟驛那個夜晚，杜甫與嚴武月下同行，散步談心。次日天明，揮淚而別，嚴武向北，杜甫朝南：

遠送從此別，青山空復情。幾時杯重把？昨夜月同行。列郡謳歌惜，三朝出入榮。江村獨歸處，寂寞養殘生。

第九章　劍南(上)

第十章　劍南（下）

錦江春色來天地，玉壘浮雲變古今。

—— 杜甫

即使在把眼睛盯著大地的時候，那超群的目光仍然保持著凝視太陽的能力。

—— 維克多・雨果（Victor Hugo）

1

涪江從綿陽流過，將市區剖為東西兩部分。東岸，在芙蓉溪即將匯入涪江的地方，一座山拔地而起，是為素有綿州第一山之謂的富樂山。富樂山原名東山，又名旗山。東漢建安十六年（西元211年），劉備入蜀，劉璋在山上為他設宴接風。酒至半酣，劉備歡然曰：「富哉，今日之樂乎。」東山遂得名富樂山。

對面是一座紅漆刺眼的仿古建築，照壁大書：「巴西第一勝景」。此即李杜祠。東漢末年，巴郡分為巴西、巴東二郡，治閬中，後綿州一度為巴西郡轄地。入內，幾進園子，花木扶疏，幾間展廳，無非一些照片和文字。其中一間，李白與杜甫塑像並排而坐，頭上有四個紅色大字：「日月同輝」。

李杜祠最裡進，有一座牌坊，門額篆書：「東津」。

牌坊旁的一間展廳裡，有一塊已經斑駁不堪的石碑，石碑上的圖案

第十章　劍南（下）

依稀可辨，似是一個老者和一個童子。老者，自然是杜甫。碑左有大字：「杜工部東津觀打魚處」。

東津，乃李杜祠西門外芙蓉溪上的一個古渡口。如今渡口不復存。

從李杜祠門前到匯入涪江，這一段芙蓉溪只有大約一公里半，河道呈 C 形。岸邊，靠內是公路，靠外是抬高的人行道。寬闊的人行道上，隔幾公尺便有一棵粗大的柳樹。柳絲飛揚，映入河中。河水卻很淺，略微泛黃。沒有人打魚，杜甫時代的痕跡可能只餘下這個地名和這條河了。

杜甫沒有想到的是，他和嚴武在奉濟驛分手後獨自回草堂，途經綿州時，成都少尹徐知道造反了。

杜甫與徐知道有過不少往來。當初營建草堂，他曾寫詩向徐知道索求果樹苗。此外，杜甫還為徐知道的兩個兒子寫了一首詩，杜甫在詩裡稱讚說：「大兒九齡色清澈，秋水為神玉為骨。小兒五歲氣食牛，滿堂賓客皆回頭。吾知徐公百不憂，積善袞袞生公侯。丈夫生兒有如此二雛者，名位豈肯卑微休？」

杜甫對徐知道的兩個黃口小兒也很了解，說明他曾與徐家往來頻繁；徐知道也曾到草堂拜訪過杜甫 —— 一種說法是，杜詩裡「豈有文章驚海內，漫勞車馬駐江干」所說的這位「車馬駐江干」的拜訪者就是徐知道。

徐知道造反，其下屬把守了各條路口，嚴武被阻在巴山，杜甫被阻在綿州。回長安不得，回成都也不得。

唐時，東津有一所類似於後世政府招待所的機構，名為左綿公館。杜甫便寓居於此。為客無聊，他信步走到公館外的芙蓉津畔，觀看漁人打魚 —— 杜甫是極愛吃魚的，看到漁人撒網，他已經聯想到了廚師如何用快刀把魚兒片成魚膾了。然而，嚴武走了，綿州也沒有熱情的姜少

府，不知道杜甫有沒有吃上一頓芙蓉溪的鮮魚。古人說，一飲一啄，皆有前定。誠不我欺也。

今天的李杜祠裡，綠化庭院的多是梔子、銀杏和石榴。杜甫時代，院子裡卻有一棵海外引進的稀罕植物：海棕。

海棕即生長於中東地區的椰棗，又稱伊拉克蜜棗。唐時氣候更為溫暖，四川盆地不像現在這樣陰冷溼潤，喜乾旱的椰棗故能生長。杜甫為這棵流離異鄉的海棕寫了一首詩。詩裡，他以不為人知的海棕自比，其弦外之意不外乎為懷才不遇鳴不平。南宋時，陸游入蜀，專門去尋過那株海棕，但「今已不存」。

杜甫剛陪嚴武到綿州時，遇到了前往梓州就任刺史的李某，杜甫尊稱他李使君。對萍水相逢的李刺史，杜甫以詩相贈，請求他到了梓州後，替自己到其治下的射洪縣，憑弔長眠在那裡的另一位詩人。

那詩人便是祖父杜審言的朋友陳子昂。陳子昂與杜審言頗有交情，二人同為初唐詩壇之舉大纛者。杜審言貶吉州司馬，陳子昂參與了同道為他舉辦的餞行宴，並作〈送吉州杜司戶審言序〉。文中，陳子昂對「有重名於天下，而獨秀於朝端」的杜審言不幸被貶頗為憤憤不平，把它與賈誼被貶於長沙，崔駰被貶於遼海相提並論。這次餞行宴，據陳子昂記載，一共有四十五人參加。

世事難料，兩三個月後，杜甫來到了射洪，親自憑弔陳子昂。

2

幽深的庭院裡，迴廊曲曲折折，掩映在蔥郁的古樹下。站在迴廊盡頭，透過枝椏縫隙，眺望兩三百公尺開外的大河。正值汛期，河水

第十章　劍南（下）

微黃，恰好與綠的樹和青的山形成鮮明對比。河中央，是一座紡錘狀小島。島上，整齊地種植著玉米和高粱，一排房屋順著江流方向一字排開。

小島是典型的沙洲。水流減緩後，上游裹挾而來的泥沙在這裡沉澱。緩慢而持久的沉澱，終於生長出一座生活著數十戶人家的島嶼。我猜測，按沙洲沉積速度，唐朝時，當杜甫站在我站立的位置，他的視野裡很有可能並沒有生機勃勃的沙洲，而是更為浩大的水流和更為寬闊的江面。

這條河叫涪江。涪江是嘉陵江的支流，自然也是長江的二級支流。四川西部，雪山巍峨，眾多江河從這裡邁出第一步。涪江即其一。從地圖上看，涪江與它匯入的嘉陵江都是自西北向東南流淌，二者形成了一個巨大的V字。V字之間，是四川盆地的膏腴之地：綿陽、遂寧、南充。

與之相比，金華是一座微不足道的小鎮——如果沒有從這裡走出去的陳子昂的話。

北出金華鎮不到半里，小小的平壩到了盡頭，一座披綠戴翠的小山拔地而起，樹蔭中隱隱漏出紅牆黃瓦，那就是金華山。金華山的前山是一座道觀：金華觀。後山，則是陳子昂年輕時的讀書檯。

距讀書檯數百公尺的西側，現地名西山坪。在唐代，稱作西山。史料記載，陳子昂辭官回鄉後，在西山修造了數十間茅屋，過著種樹採藥、讀書飲酒的隱逸生活。

陳子昂去世十二年後，杜甫在千里之外的河南降生。

陳子昂去世六十二年後，杜甫來到了陳子昂的桑梓之地。他登上金華山，瞻仰了陳子昂讀書檯，復又來到陳子昂故宅憑弔，並各寫一詩作紀念。

涪江遂寧段

　　杜甫是坐船來到金華山的，他將小船繫在絕壁之下，拄著枴杖艱難地順著小路爬上山。他看到讀書檯裡，人跡稀少，石柱上長滿青苔。蕭條異代不同時，杜甫感嘆「悲風為我起，激烈傷雄才」。在陳子昂故宅，杜甫稱頌陳子昂「公生揚馬後，名與日月懸」。陳子昂坎坷的人生與畢生未能施展的襟抱，一定讓老杜聯想到了自己。在對陳子昂的追懷中，杜甫事實上也在自嘆自憐。

　　杜甫離開綿州，是他聽說老朋友漢中王李瑀到梓州了。李瑀出身高貴，乃是唐睿宗之孫，讓皇帝李憲之子，唐玄宗的姪子。始封隴西公，後封漢中王，任山南西道防禦史。乾元二年（西元759年），肅宗下令詔收群臣所養的馬匹助戰，李瑀與魏少遊等人極力反對，肅宗怒，貶為蓬州長史。蓬州治所，先在營山，後移儀隴。營山和儀隴均在梓州治所以東，距離只有兩百多里。

陳子昂讀書檯

第十章　劍南（下）

　　杜甫與李瑀已有五年未見，得知李瑀在梓州後，急忙趕去相見——綿州距梓州只有一百餘里。由綿州到梓州的路線，陳貽焮認為是陸行經光祿坂，並定光祿坂在中江境，杜甫的〈光祿坂行〉一詩，即在其時而作。竊以為此說不確。蓋綿州與梓州，二者均位於涪江之濱，俱是涪江上的重要碼頭，杜甫當是從水路由綿州至梓州的。且即便陸行，也不必繞中江。〈光祿坂行〉一詩，當是後來從閬州返梓州時所作。光祿坂的地望，不在中江，而在鹽亭。

　　梓州期間，杜甫與李瑀多次相聚，但是李瑀不知為何戒了酒。舊說李瑀生病，故戒酒，但從杜甫隨後的反應看，很可疑。杜甫見李瑀戒酒，一連寫了三首詩和他開玩笑，拿他不喝酒說事，若李瑀真的因病戒酒，杜甫斷不可能如此開玩笑。

　　杜甫戲謔李瑀「忍斷杯中物，只看座右銘」；又用蜀地美酒佳餚誘惑他，希望他開戒：「蜀酒濃無敵，江魚美可求。」

　　自古以來，蜀中產美酒，寫蜀酒之詩篇亦浩如煙海，杜甫只用了五個簡單明瞭的漢字，就道出了蜀酒本質。——當我在陳子昂讀書檯前，倒出兩杯杜甫酒，一杯敬獻陳子昂，一杯敬獻杜甫時，涪江從腳下滾滾而過，「蜀酒濃無敵，江魚美可求」的詩句，可以說得到了最精準的詮釋。

　　不久，李瑀辭梓回蓬，兩人惜別，從此再也沒見過面——幾年後，杜甫寄寓夔州時，李瑀歸京，曾有手札寄杜甫。李瑀走後的一個秋夜，月色很好，杜甫在月下徘徊，開始想念剛剛離去的李瑀。——在通訊極其落後的古代，思念顯然比今天更沉重。今天有網路有手機，千里萬里，瞬時可聽其音，可觀其容。而在杜甫的唐代，思念唯有化作詩篇——鬱悶的是，你為對方寫下的詩篇，對方可能要等到數月數年以後才能看到，甚至，永遠看不到：

夜深露氣清，江月滿江城。浮客轉危坐，歸舟應獨行。關山同一照，烏鵲自多驚。欲得淮王術，風吹暈已生。

三臺杜甫草堂

逗留梓州期間，杜甫獲悉，徐知道叛亂後，老友高適以蜀州刺史身分率軍參與平叛。八月底，徐知道被其部將李忠厚所殺，叛亂漸漸消弭。杜甫聞訊，異常興奮，寫詩寄給高適，表達了想盡快回成都的意思。

出人意料的是，此後杜甫不僅沒有及時回成都，反而於秋末將家小接到梓州，輾轉東川各地，直到嚴武再度鎮蜀才得返。據此，有論者認為，高適對杜甫很冷淡，沒有答應杜甫回草堂並加以照顧的請求。

我以為，這種說法或與真實歷史不符。徐知道之亂平息後，高適曾向朝廷上表，其中言及徐知道事件對蜀中造成的巨大創傷，以此可知高適善後工作之重，無暇旁及他事。更為重要的是，高適長杜甫八歲，其時已經六十高齡。他在蜀中已有相當歲月，兩度平叛，大量瑣屑工作令他不勝其擾，加之精力不濟，高適一直希望調回長安，做一個清閒的京官。這有他的〈請入奏表〉為證：「伏以二陵攀號，臣未修壤奠；萬方有主，臣未睹天顏。犬馬之誠，不勝懇款。候士卒稍練，蕃夷漸寧，特望聖恩，許臣入奏。」

第十章　劍南（下）

既然高適自己都在想方設法調離成都，杜甫再回成都做什麼？

不料，朝廷不僅沒有同意高適調回首都，反而於廣德元年（西元763年）春天，任命他為劍南節度使兼成都尹。此時，杜甫正遊歷東川各地。

與漢中王李瑀在梓州分手不久，寶應元年（西元762年）冬，杜甫買舟南下，首先到射洪拜謁了陳子昂讀書檯和陳子昂墓所在的金華鎮。

作為涪江上昔年重要的水陸大碼頭和貨物集散地，金華曾是一個大鎮。今天，諸多過往遺存無聲無息地表明瞭這一點。比如，小小的鎮上，有兩家古寺。並且，杜甫都光臨過。

兜率寺始建於南朝梁武帝天監年間（西元502年至西元519年），杜甫走進它的紅牆之內時，它已經兩百多歲了。如今，我看到的自然不是杜甫看到過的了——儘管廟宇還在同一個地方，但現在的建築主體，係康熙十六年（西元1677年）重建。最古老的是觀音殿，建於明代。

這是一座道地的小廟，雖然香火不旺，卻顯得安靜而整潔。三進院落，其中一進，臥有一隻石缸，係明代文物。

我們走進寺廟時，正逢午飯，正殿和側殿都空無一人，空氣中飄著若有若無的香燭味兒。路過側殿旁的耳房，我看到五六個出家人坐在桌前吃飯。很簡單，一盤豇豆，一盤藤藤菜——古人稱為蕹菜。他們無聲無息地吃飯，直到我走近門口，一個女尼才站起來和我打招呼。在聽說我從成都過來且是專程尋訪杜甫行蹤時，她把我領到了飯廳隔壁一個像辦公室的房間，指給我看牆上掛的幾幅字。

一幅抄錄杜詩——當年，杜甫自金華山放舟而下，在舟上望見河濱的兜率寺，遂作〈望兜率寺〉：

樹密當山徑，江深隔寺門。霏霏雲氣重，閃閃浪花翻。不復知天大，空餘見佛尊。時應清盥罷，隨喜給孤園。

看題款可知，是為兜率寺1988年劫後重光時，成都鐵像寺送的賀禮。

過境公路的另一側是一列小山，山前直立的岩壁下，依山就勢建有幾棟漆成紅色的建築。這便是杜甫拜謁過的金華鎮另一古刹：上方寺。

兜率寺已經夠破敗了，上方寺更甚。過境公路在一處斜坡上分出一支，兩旁是民居，前行百十公尺左轉，是兩三尺寬的小徑；小徑旁，兩株黃桷樹如同兩張巨傘。傘下，是小塊的玉米地和菜地。仔細看，這些高低分布的玉米地和菜地，有幾方，有著青石砌成的整齊的堡坎——很顯然，它們是從前的建築臺基。

臺基更高處，綠樹叢中漏出黃褐色的石壁，石壁上，開鑿出一些不大的洞穴，有的洞穴裡，藏著儲存不全的菩薩。過石壁，山岩凹進處，掩著兩層的寺廟，飛簷重舉，一層題曰「慈航普度」，二層題曰「靈霄寶殿」。廊下，有幾尊石像，頭都不翼而飛。一個面目愁苦的中年人默然站在石像前。從裝束看，不是出家人。

杜甫時代的上方寺遠比今日龐大、興盛，這座山巒間的古寺，各種建築層疊分布，掩映於高大的喬木間：「野寺隱喬木，山僧高下居。」他登上寺廟高處眺望，山腳下是鱗次櫛比的街市，煙樹迷茫：「俯視萬家邑，煙塵對階除。」

涪江自陳子昂讀書檯下晝夜奔流，過金華鎮，其東南，是射洪市區；射洪市區以南，江流迂迴，形成了一道略近於倒C形的河曲。水流緩慢，沖積成一片五六平方公里的平壩。這裡，人稱通泉壩。

通泉壩，是唐時通泉縣治所在地。

通泉縣已經不復存在七百多年了。通泉設立的相當早——南朝梁時設縣，屬西宕渠郡；西魏恭帝（西元554年至西元556年）時，改西宕渠

第十章　劍南（下）

郡為湧泉郡，通泉縣改為湧泉縣，為郡治所在。隋開皇三年（西元583年），又改回通泉縣。元朝入主中原期間，戰事頻仍，巴蜀被創尤深。元世祖至元二十年（西元1283年），存在了七百多年的通泉縣因人煙稀少而撤銷，其轄地併入相鄰的射洪。今天，老一輩射洪人常說上半縣、下半縣，上半縣指北部的射洪，下半縣指南部的通泉。

至於射洪，始於北周時期設立。得名由來，《元和郡縣圖志》稱：「縣有梓潼水，與涪江合流，急如箭，奔射涪江口，蜀人謂水口曰『洪』，因名射洪。」梓潼水匯入或者說射入涪江的地方，在金華鎮與射洪市區之間的涪江東岸。那一帶，山峰起伏，近江的一座，便是陳子昂的長眠之地。通泉壩現屬柳樹鎮。柳樹鎮因是著名白酒沱牌所在地，後更名為沱牌鎮。通泉縣撤銷後，曾有過通泉鄉。不過，撤區並鄉後，通泉鄉併入柳樹鎮，即今沱牌鎮，與古老的通泉縣還有殘存關係的，便是通泉村和通泉壩了。

沱牌鎮是一座繁榮而雜亂的小鎮。其規模，因沱牌關係，沱牌鎮比川中許多小鎮更大、房屋更多。自南向北——也就是溯著涪江的流向——穿過小鎮幾公里後，右轉進入一條機耕道，再行約兩公里，翻過一匹樹木蒼翠，松柏尤多的山梁——這匹山梁，可能就是通泉山，山梁下方，夾著一片平坦的小型沖積平原。這個平原，即通泉壩。當年的通泉縣治，就在通泉壩。

事實上，儘管史料上說通泉縣城舊址就在通泉壩，但這麼大一方小平原，我根本不可能看得出唐朝的蛛絲馬跡，也沒有任何考古發掘指明縣城的確切地址。總之，它就在我面前這片莊稼地與村莊之間。只是，就像詩人感嘆的「只在此山中，雲深不知處」一樣，只在此壩上，年深不知處。

通泉壩一側是涪江，一側是像城牆一樣突起的低山。這些山中，有一座應該叫東山。東山上，曾建有亭子。亭子裡，曾有過一場歡飲。

那位帶著美酒同高適一起造訪草堂的侍御王掄，此時因公幹正好在通泉縣。通泉縣令姓姚，連日做東邀請王掄，而王掄與杜甫乃舊交，杜甫亦應邀出席。

東山上的酒宴是從中午開始的，高山流水，綠樹蒼煙，杜甫與王掄均自首都而來，未免談及京華舊事，慨嘆人生無常。

受了姚縣令多次宴請，不久，王掄做東，回請姚縣令，杜甫當然也是嘉賓。酒宴設在涪江中的一條遊船上，除了賓主雙方及杜甫這個陪客外，另有官伎歌舞助興。比起前日山亭野飲，別是一番風味。夜宴直到三更還未結束，其時，滿天星光映入河水，船槳擊破水面，一聲欸乃，半河碎光。

一千二百多年後，當我在一個初夏的午後，頂著蟬聲與烈日徘徊於通泉壩盡頭的涪江之濱時，江水依舊碧綠深沉，但那一場夜宴，那一場夜宴的歌聲、笑聲、觥籌聲早已消散。玉米和高粱瘋長的膏腴之地，遠方的雲朵與炊煙一同上升。江山如舞臺，走馬燈般變幻著主角配角，走馬燈般送走似水流年。

我想起多年前寫下的詩句——

除了此刻，沒有什麼可以叫做永遠

除了命運，沒有什麼可以叫做今生

……

第十章 劍南（下）

3

牛首山如今叫梓州公園。牛首山頂的小廣場上，高大的杜甫塑像屹立在溫暖的陽光下。在他腳邊，擺放整齊的菊花開出了明亮的花朵，輕風吹過，像是一朵朵跳動的火焰。塑像旁邊的一座仿古建築，是後人為紀念杜甫的梓州歲月而建的梓州草堂。

在梓州，杜甫主要的依靠是他的髮小、時任梓州從事兼監察御史的路六以及梓州刺史、東川留後章彝。寶應二年（西元763年），杜甫五十二歲了。當時，長達八年的安史之亂已近尾聲。春天，官軍收復河南河北的捷報傳來，杜甫欣喜若狂。骨子裡充滿浪漫情懷的詩人開始想像，他即將結束託身異鄉的顛沛流離的生活，回到念茲在茲的老家河南。由是，他寫下了生平第一快詩，也就是收入課本中的〈聞官軍收河南河北〉。

然而，大道多歧，世事難料。杜甫寫下這首熱情洋溢的詩篇時，完全沒有預料到此後的人生還將更加艱難，命運還會更加難以捉摸。而他，這個畢生懷念故鄉的人，終將死在遠離故鄉的他鄉。

三臺是唐時東川節度使駐地和梓州州治。作為歷史悠久的古城，三臺縣城至今還保留著一段城牆和東門城樓。只不過，有些地段的城牆被扒去了一大截，矮矮的，像地主家的圍牆。至於東門城樓，變成了生意清淡的茶園。至於杜甫留在這裡的屐痕，早已被時間之河濺起的浪花沖得一乾二淨。

第一次去三臺時，遊罷梓州公園，看罷老城牆，天色已晚，我決定在縣城住一宿。晚飯後，沿著涪江邊的綠道散步。遠處，一座巍峨的廊橋連接起涪江兩岸，燈光將它襯托得十分壯觀。

梓州公園所在的牛首山，是三臺城區西側的一座孤峰。牛首山以北，與之遙遙相望的，是另一座綿延得更廣的孤峰，即鳳凰山。我穿過城區幾條街巷，來到鳳凰山東麓。公路在山坡下變得極為狹窄。舍車步行，我沿著濃蔭密布的山路爬了十多分鐘。山路左側崖壁上，有兩處摩崖石刻，一處是：「琴泉勝境」。一處是「琴泉」——後面應該還有字，但山崖從泉字旁邊斷裂，後面的文字便被刪除了。又拐兩個彎，路旁立著一塊石碑：「琴泉寺」，碑上布滿苔蘚。石碑之上一百公尺處，山凹相對平坦，坐落著一片紅牆黃瓦的建築，是一座寺廟，也就是石碑所說的琴泉寺。站在琴泉寺正殿前的臺階上，透過林木縫隙，大半個三臺縣城盡收眼底。

三臺古城樓

　　琴泉寺，唐代稱惠義寺。寶應二年（西元 763 年），官軍收復河南河北的那個春天，杜甫有過一次惠義寺之遊。那天，梓州李刺史——杜甫與他在綿州認識——邀請了鄰近三個州的刺史同遊惠義寺，杜甫亦受邀作陪。李刺史而外，其餘三個刺史分別是閬州王刺史、遂州蘇刺史和果州李刺史。

　　杜甫看到的惠義寺，「鶯花隨世界，樓閣寄山巔」。我到琴泉寺時，春天早過，鶯與花都不見了，山巔的樓閣，顯得頗為破落。

349

第十章　劍南（下）

　　唐人習俗，朝廷有官伎，官員宴飲遊樂，她們在一旁唱曲彈琴，歌舞助興。早年，杜甫在與官員交往中，對這種紅粉羅列的香豔，雖談不上十分徵逐，倒也樂在其中。隨著老之將至，他對這種香豔卻生出幾分反感——與官府的美酒佳人相對應的，是「國步猶艱難，兵革未衰息。萬方哀嗷嗷，十載供軍食」的艱危時局與慘痛現實。故此，當梓州李刺史幾次邀請他載酒遊江，而船上滿載女樂優伶時，杜甫便寫詩勸諫：「使君自有婦，莫學野鴛鴦。」

4

　　浪跡川東北的一年多，杜甫先後安家梓州和閬州，其間，還遊歷了多個地方，有時為送別，有時為探友，有時為遊山玩水。

　　以三星堆而聞名的廣漢，唐時稱漢州。這是成都平原腹地一座寧靜的小城。小城裡，有一座看上去與罨畫池頗為相似的園子。一樣的古木蒼藤，一樣的深池碧水。唐時，它的名字叫房公西湖。現在，則叫房湖公園。寶應二年（西元763年）春天，當杜甫來到房公西湖與友人泛舟時，他的內心深處一定會有無數感慨如同春草一樣潛滋暗長。

　　因為，西湖的疏濬者房琯，不僅是杜甫的老友，也是杜甫政治生命急轉直下的誘因。上疏營救房琯，杜甫得罪肅宗，若非張鎬援手，生死難卜。最終，他貶往華州，從此遠離政治中心，也漸漸斷絕了仕途念想。至於房琯，他在早年的得意後，也經歷了多次貶謫。疏濬並重建漢州西湖，是他任漢州刺史期間。不過，「人生不相見，動如參與商」。當杜甫來到漢州時，房琯前腳剛走。房琯的接任者王某熱情接待了杜甫，他們共同享用了房琯餵養在湖中的鵝。

方志記載，房湖公園中部那方狹長的水面即唐時房公西湖，一座半島形的土山將它分為東西兩部。湖西，後人建有紀念房琯的琯園，裡面陳列著一塊心形紅砂石，命名房公石，據說是房琯開鑿西湖時留下的。

　　從高空鳥瞰，嘉陵江以 U 字形將閬中城三面包圍成為半島，半島看起來如同遊動在水中的鮎魚。鮎魚頭部，是閬中古城。

　　杜甫在閬中有過三次停留──第一次純遊歷，第三次取道，只有第二次小住了三個月。

　　在梓州與王刺史相識後，王刺史邀請他到閬中做客。不久，杜甫便經鹽亭到達閬州。對這座山環水繞的古城，杜甫感嘆「閬中城南天下稀」。

　　隔江相望，古城對面是一列青翠的山峰，名為錦屏山。山上，一座紅牆黃瓦的建築掩映於樹林深處，這就是杜少陵祠堂。

　　嘉陵江從錦屏山下流過，折而北上，復又急轉南下，形成一個拱形，將錦屏山東面的一座山峰圍成了半島，山上綠樹成蔭，空氣清爽，已建成靈山風景區。

　　靈山風景區對面，東河匯入嘉陵江處，另一座小山孤峰突入江中，那裡，其實才是靈山。

　　一個炎熱的夏日午後，我喘著粗氣，沿著山間小路好不容易登上山。在大半山的臺地和山頂，分布著許多發掘坑。據介紹，考古工作者在這裡出土了大量石器和陶器，從而將閬中的人類活動史從距今三千年推到了距今四千五百年。

　　關於靈山，當地人早就有各種傳言，比如認為蜀王鱉靈曾登此山，故名靈山。考古中還發現了燎祭遺跡，說明它可能是古蜀人祭天的聖地。

第十章 劍南（下）

當然，杜甫不知道這座瀕江的山峰，居然有著如此這般的過去。他只觀察到城池東面的山上總是飄浮著一朵朵白雲。他寫詩說：「閬州城東靈山白，閬州城北玉臺碧。」

繞城而過的嘉陵江，令杜甫留下了深刻印象，他寫了一首〈閬水歌〉。在他筆下，嘉陵江水的顏色如同黛色的石墨與碧色的玉石相接交錯，紅日從水天盡頭噴湧而出，伴隨春天一起歸來：「嘉陵江色何所似，石黛碧玉相因依。正憐日破浪花出，更復春從沙際歸。」

杜甫第二次到閬中，是在漢州遊湖幾個月後。其時，房琯病逝——之前，杜甫去漢州欲訪時任漢州刺史的房琯而不遇，是因朝廷將房琯調回京城，任刑部尚書。沒想到，從漢州前往長安路上，房琯就一病不起。他借住於閬州一家寺廟，並死於廟裡。關於房琯的命運，唐人段成式的《酉陽雜俎》記載了一個神乎其神的故事：

玄宗時，有一個擅長道術的方士，叫邢和璞，人稱邢神仙。邢神仙與房琯素來交好，那時，房琯還沒出任宰相。一次，他與邢神仙同遊，經過一座廢棄的佛寺。他們坐在一株大松樹下歇息時，邢神仙令隨行童子用鋤頭挖地。一會兒，從地下挖出一個甕。甕中，有一些書信，全是幾十年前一個叫婁師德的官員寫給一個叫永禪師的和尚的。

邢神仙讓房琯看了這些信，問他：「你想起前世的事情了嗎？」房琯很迷茫，覺得這個地方似乎來過，一草一木都很熟悉。在邢神仙誘導下，他終於回想起一些前世的事。原來，他的前世就是永禪師。

後來，房琯的官越做越大，終於成為一人之下萬人之上的宰相。有一天，房琯請邢神仙為他算命。邢神仙擺弄了一會兒竹籤說：「你的相位不會太長久。之後，你在從東南往西北去的時候，你的命就到頭了。你去世的地方，不是驛館，不是寺院，不是官署，也不是路上。你的病從

吃魚開始，死後將用來自龜茲國的木板做棺材。」

房琯聽了，並沒有太放在心上。然而，事情就像邢神仙預言的那樣，不久，他就罷了相，貶官到漢州。到漢州後，又接到旨意回長安。漢州本在長安西南方，但是，從漢州往長安，房琯擬東行，經閬州，順嘉陵江入長江，再穿三峽到荊襄北上，便成了從東南往西北。

這天，房琯路過閬州，住在紫極宮道觀裡，他看到幾個木匠正在道觀院裡勞作，剖一張寬大的木板。這木板的紋理十分特殊，他以前從未見過。於是，房琯就向木匠詢問，木匠告訴他：「這是從龜茲國運來的木板，是幾個胡商捐給道觀的。」

房琯一下子聯想起邢神仙的預言，不由暗地一驚。就在這時，閬州刺史派人來請他到刺史府吃飯，並特意告訴房琯，閬州有幾條大河，河魚非常鮮美，專門為房琯準備了全魚宴。

房琯聽了，呆了半晌，感嘆說：「邢神仙真是未卜先知啊。」他把邢神仙的預言告訴刺史，並請求刺史在他死後，一定用龜茲板為棺。吃完魚之後，房琯就一病不起，不久病逝於閬州。

聞知房琯死訊，杜甫前往閬州弔祭。這一次，杜甫住了三個月，直到夫人捎信來說女兒生病了，他才回到梓州。

廣德元年（西元 763 年）深冬，杜甫第三次也是最後一次來閬州。這一次，他帶著家小，打算從這裡離蜀。

杜甫在閬州的三次居留都很短，猜想不可能修房造屋。因此，閬中沒有草堂，只有祠堂。草堂為詩人遮風避雨，像蝸牛的殼一樣為他提供一個小小的、異鄉的家，而祠堂，則是詩人業已躍升為煌煌星斗時，後人用以寄託敬仰的緬懷之地。

第十章　劍南（下）

　　閬州最高首長王刺史，雖然與杜甫結識時間很短，卻很投機，王刺史對杜甫的關照也可以說是無微不至。比如，杜甫的遠房舅舅中，有一個是崔二十四舅，他自京赴蜀，出任青城縣令。途經閬州時，王刺史看在杜甫份兒上，為崔明府大擺宴席。之後不久，崔十一舅前往青城探望二十四舅，也途經閬州，照例由王刺史設宴款待。杜甫有詩記錄：

　　萬壑樹聲滿，千崖秋氣高。浮舟出郡郭，別酒寄江濤。良會不復久，此生何太勞。窮愁但有骨，群盜尚如毛。吾舅惜分手，使君寒贈袍。沙頭暮黃鶴，失侶亦哀號。

　　閬州城外，河道交錯，山光水色，風景如畫。王刺史安排的這次筵席設在遊船上，從船上望出去，峰崖之間秋光無限。天氣轉寒，王刺史還貼心地向崔十一舅贈送了寒袍。

　　對王刺史的深情厚誼，杜甫也想方設法予以回報。一方面，固然是贈詩，在詩中表達對王刺史的感佩與讚賞。另一方面，他還為王刺史捉刀，撰寫了一份上報朝廷的重要公文，這就是收在《杜甫全集》裡的〈為閬州王使君進論巴蜀安危表〉。

　　此表針對當時劍南的軍政形勢，向朝廷提出了若干建議，從中也可管窺杜甫的政治水平。

　　杜甫認為，巴蜀物產豐富，足以供王命，但近來奸臣賊子作亂，巴蜀之人，橫被煩費。尤其巴蜀與吐蕃相鄰，「竊恐蠻夷得恣屠割耳」。

　　杜甫提出了兩條建議：其一，讓親王封藩鎮守，所謂「必以親王委之節鉞，此古之維城磐石之計明矣。陛下何疑哉？」──此策與當年房琯向玄宗提出的諸王分鎮如出一轍，房琯因之遭肅宗疏遠乃至怨怒。這麼多年過去了，杜甫仍然堅持此論。

　　其二，任命德高望重的重臣為蜀中首長，才能扶泥塗於已墜。當

時，高適為劍南節度使兼成都尹。顯然，杜甫認為高適做得不好，不是重臣舊德，不能達到理想中的「智略經久，舉事允愜」。又或者，此前高適曾上表希望調回京城，杜甫擔心朝廷會派一個不恰當的人選接替他。

後來，朝廷終於將高適調離，派嚴武三度鎮蜀。嚴武顯然是杜甫心目中的重臣舊德。至於朝廷的這一人事安排，到底是不是聽了杜甫以王刺史之名所提的建議，則無從知曉。

杜甫這道公文，還記錄了唐朝一樁頗有意思的間諜案，相當於唐代版的《潛伏》：

王刺史的哥哥叫王承訓，曾經也是唐朝官員，大概供職於軍方或是唐蕃邊境，比如川西。有一年，王承訓被吐蕃俘虜。王承訓假意投降，並取得了包括贊普在內的吐蕃高層信任。王承訓把與他一起偽降吐蕃的唐朝官員暗中組織起來，打算適當時候採取行動。每有唐使回朝或吐蕃使入朝，他總要託他們帶家書給王刺史。這些看起來普普通通的家書，其實都是用隱語寫成的情報。王刺史得到隱語家書，「翻譯」後提供給朝廷。王刺史說，他之所以長期在蜀地做官沒調走，就是希望保持與兄長的聯繫。

對王氏兄弟來說，這是一件絕密之事，但王刺史坦然告訴了杜甫，說明他對杜甫充分信任。

廣德二年（西元764年）春節，杜甫一家是在閬州度過的。

大年初一這天，王刺史主持了一場聚會，杜甫自然是與會主賓。賓主之外，另有官伎相隨。他們坐著畫舫遊江，飲酒作樂之後登臨黃家亭子。黃家亭子因黃氏所建得名，其故址，在今錦屏山與靈山景區之間的嘉陵江畔。如今，這裡是一片林木幽深、小橋流水的園林。園林中臨江的石崖上，有一尊高約十公尺的釋迦牟尼佛像。文獻記載，大約就在杜

第十章　劍南（下）

甫旅次閬州前後，一個叫何壽松的居士開始鑿像，一直花了二十多年，直到唐德宗時期才竣工。

過完年，就在杜甫即將從閬州出發去蜀之際，朝廷頒布了一項重要人事任命：「黃門侍郎嚴武任成都尹，充劍南節度使。」

隨即，一封書信更讓杜甫喜出望外：嚴武邀他回成都。杜甫寫詩感嘆：「殊方又喜故人來，重鎮還須濟世才。」並表示：「不成向南國，復作遊西川。」行前，他來到房琯墓前，向這位長眠他鄉的故交告別。房琯的客死多半讓敏感的詩人聯想到了自身浮萍般的命運：

他鄉復行役，駐馬別孤墳。近淚無乾土，低空有斷雲。對棋陪謝傅，把劍覓徐君。唯見林花落，鶯啼送客聞。

5

廣德二年（西元 764 年）二月，五十三歲的杜甫帶著家小從閬州返成都。兩地相距五百多里，即使有馬騎，但考慮到妻弱子嬌，再加上沿途經過的鹽亭、梓州等地都有新朋舊友，不免應酬一番，杜甫返回草堂可能要花費十多天。

一路上，他將次第渡過嘉陵江、西河、梓潼江、涪江、凱江和沱江等大大小小的河流。這年的春汛來得特別早，幾場大雨過後，河水開闊而洶湧。杜甫歸心似箭，冒著風險渡河：「春江不可渡，二月已風濤。」由於風急浪高，他乘坐的渡船船身歪斜，如同浮在水面的一片落葉。水位上漲，看不到水裡的魚蝦，江心洲上剛開放的小花，彷彿織在錦上，而青色的小草，和他身上青袍的顏色非常接近。

不斷地渡過大小河流外，更多時候，杜甫一家行走於山間驛道。從

閬中至成都,一直到過了今天的金堂,也就是距離成都市區只有三四十公里的地方,山巒才會變成平原。所以,杜甫的長路,大抵是迂迴曲折的山間小徑,山雖不高,卻竄高伏低,崎嶇難行。

有時候,一大早走進山中,林深蔽日,空山積翠,衣服被山嵐打溼了,如淋小雨。馬兒飢餓,一邊吃草,一邊長嘶。有的地方,為了避開傾斜的山石,不得不架木為路;有的地方,小溪上的橋被沖毀了,只得尋找可以蹚水而過的淺灘;有時候,經過一些荒涼的地方,人煙稀少,鮮有村落。山路急上急下,一會兒聽到僕伕們在前面的竹林裡說話,一會兒又聽到孩子們在雲霧中高呼。踩翻的石頭滾落低處,會不會驚動幽居的山鬼?僕伕手裡的彈弓響起,狖和鼺之類的小動物應聲而落。如此漫長艱難的旅途,他們彷彿是要找些開心的事來安慰老杜這個日暮途窮的老人。

旅途中,杜甫一連寫了好幾首詩寄贈嚴武。其中一首,杜甫懷想了久違的草堂之後,又感嘆這一年多來流寓東川各地,歷盡艱辛,只餘下了一副空皮骨,才真正意識到了人間行路之難。他向嚴武提出,今後一家人的生計只能依靠您了,而我已年邁體衰,只希望在平安的隱逸中終老:

常苦沙崩損藥欄,也從江檻落風湍。新松恨不高千尺,惡竹應須斬萬竿。生理只憑黃閣老,衰顏欲付紫金丹。三年奔走空皮骨,信有人間行路難。

大概就在杜甫由閬州奔赴成都期間,曾經大力資助過杜甫的一個朋友突然被剛剛履新的嚴武處死了。

此人便是章彝。杜甫離開閬州赴成都前,曾寫了兩首詩贈送章彝,蓋時任東川留後的章彝要回京述職,並安排新職務。前往長安前,章彝

第十章　劍南（下）

先到成都拜見嚴武。

　　杜甫在梓州期間，最主要的依靠之一就是章彝。儘管杜甫在梓州的時間並不長，但是從杜詩可以看出，章彝對他優禮有加，經常邀請他出席各種宴會。杜甫寫給章彝的詩多達十三首，也是他們過從密切的證據。杜甫決定經閬州東下回河南前，章彝為他舉辦了盛大的餞行宴，並餽贈了豐厚的盤纏——這才有杜甫在改變主意不回河南而是回成都時，需要僱傭好幾個僕伕充當搬運的後話。要知道，當初杜甫送嚴武到奉濟驛時，只是孤零零的一人一騎。只消一年多時間，就有了蔚為可觀的家產，雖不能說全是章彝所賜，但是章彝肯定占了大頭。所以，聞一多考證後說：「按公蓄意出蜀，三年於茲，（〈草堂〉『賤子且奔走，三年望東吳』）躊躇至是，始果成行，想行旅所資，出於章留後之助居多。」

　　正因為章彝對自己不薄，雖然杜甫對章彝的政治水平和執政能力多不敢苟同，在贈給他的詩裡，卻慷慨地極盡讚美：

　　淮海維揚一俊人，金章紫綬照青春。指麾能事迴天地，訓練強兵動鬼神。湘西不得歸關羽，河內猶宜借寇恂。朝覲從容問幽仄，勿雲江漢有垂綸。

　　章彝是揚州人，時任東川留後兼梓州刺史，人還年輕，故首聯先敘其郡望，又贊其年紀輕輕就做到刺史高位。頷聯稱頌章彝的才能，指麾能事，雖天地也可挽回；訓練強兵，縱鬼神也能驚動。頸聯用東漢名將關羽、名臣寇恂來比喻章彝充任留後和刺史。尾聯言章彝即將赴長安朝覲，叮囑章彝，若朝廷問起江湖隱逸之才，不要提起我老杜——其用意，有二解：其一，章彝可能以前許諾要向朝廷推薦杜甫，未見行動，老杜在這裡正話反說，提醒他一下；其二，也有可能是對章彝的口惠而實不至略加譏諷。兩相比較，似前一種可能性為大。畢竟，杜甫如此真

誠地讚美章彝，若又在讚美之後加以譏諷，以老杜對人情世故的洞悉練達，當不會如此矛盾。

章彝到了成都，卻被嚴武處死。

處死原因，史書記載得很模糊，只稱：「梓州刺史章彝初為武判官，及是小不副意，赴成都杖殺之，由是威震一方。」也就是說，章彝並沒犯什麼大錯，只是某件小事情沒讓嚴武滿意，嚴武竟然將其殘暴地杖殺了。嚴武固然級別比章彝高，是章彝的頂頭上司，但如此草菅人命，足見貫穿其一生的暴戾。

事實上，就連嚴武的母親也認為，嚴武如此任性妄為，早晚會為家族招來大禍。嚴武暴死後，他母親的第一反應居然是長嘆一聲：「我現在終於不會淪為官婢了」——唐制，罪犯家屬往往罰作官婢。

一個好朋友殺死了另一個好朋友，一座靠山推倒了另一座靠山。杜甫保持沉默。

他也只能保持沉默。

6

回到闊別的草堂——一年多來，杜甫曾派弟弟杜占回來照看過，草堂仍是一片破敗：推開門，野鼠成群；打開案上書卷，裡面掉出一些蟲子。令杜甫欣慰的是，他當年親手種的幾株松樹，即他在回成都路上仍不斷念叨的恨不高千尺的新松，它們長勢良好。初栽時只有三尺左右，現在已經有一人多高了。

令杜甫傷感的是，他的酒友、鄰居斛斯融去世了，妻兒老小也不知搬到哪裡去了，只留下一座荒蕪的舊宅。

359

第十章　劍南（下）

　　杜甫和家人把久無人居的草堂清理打掃一番，他脫下客袍，換上家居的粗服小帽，怡然自得地獨酌老酒。

　　此後的整個春天和半個夏天，杜甫在草堂裡接待了一些來訪的朋友，並有過幾次出遊。

　　來訪者中，比較特殊的有三個。

　　一個是任華。任華與杜甫、李白、高適等人均有交往。此人性格狂放，天寶年間，任祕書省校書郎，累遷至監察御史。包括嚴武、賈至、杜濟等在內的高官，都曾遭到他不留情面的批評。大約為個性所累，他乾脆辭官隱居，「銷宦情於浮雲，擲世事於流水」。他的隱居之地，選在了距成都不遠的綿州涪城。

　　任華雖狂放，對杜甫倒十分推崇。他說自己聽人誦詩，聽後覺得奇特，一問，方知是杜甫作品。他稱道杜詩：「勢攫虎豹，氣騰蛟螭。滄海無風似鼓盪，華嶽平地欲竄走。」在杜甫的才華面前，「曹劉俯仰慚大敵，沈謝逡巡稱小兒」。

　　眾所周知，杜甫有兩個兒子，宗文和宗武。但關於他們的生平，不僅史料甚少，而且相互牴牾居多。清朝初年，曾任過江蘇巡撫的山東德州學者、藏書家田雯發現，收在《文苑英華》中的任華的一篇文章〈送杜正字暫赴江陵拜覲叔父序〉，記載了一些關於宗武的非常珍貴的史料：杜甫死後，孤兒寡母，漂泊湖湘。不久，宗文早逝。之後，宗武被任華稱之為隴西公的杜甫舊友收留。這個隴西公，極有可能是曾封為隴西縣男，出任過桂管觀察使的李昌巎。杜甫生前，與李往來頗多，也有詩相贈。如在夔州時，李時任劍州牙將，杜甫作〈將赴荊南寄別李劍州〉：「使君高義驅今古，寥落三年坐劍州。但見文翁能化俗，焉知李廣未封侯。路經灩澦雙蓬鬢，天入滄浪一釣舟。戎馬相逢更何日，春風回首仲宣樓。」

李昌巙開府嶺表時，任華被其聘為從事，故而對李昌巙收養杜宗武一事十分清楚。宗武成年後，授祕書省正字。這芝麻大的職位，多半係李以封疆大吏的身分爭取的。按理，祕書省正字當在京城供職，但是宗武並未到京，所以他的這個正字，就像他父親的檢校工部員外郎一樣，是一個虛銜。

　　任華為杜宗武寫序的背景，是杜宗武由桂林前往江陵探望叔父。杜甫與弟弟杜觀，曾有定居江陵的想法，後來杜甫未能如願，杜觀似乎辦到了。

　　任華在文章中說，宗武八歲時，他就曾經見過，「吾見驥子齠齔之時，愛其神清，知其才清，今果爾也」。宗武生於天寶十三載（西元754年），八歲，則是上元二年（西元761年）到寶應元年（西元762年）間，其時，杜甫正好居成都浣花村。

　　也就是說，當杜甫從梓州回到成都，任華即前來拜訪，這至少是他第二次到草堂做客。

　　一個是唐誠。唐誠也是杜甫在長安時的朋友，不知何時到了蜀中。這年春，他擬赴東都洛陽參加朝廷守選。其時，負責守選的主要官員之一是禮部侍郎賈至。賈至與杜甫既曾是同事，也是詩友。於是，杜甫將唐誠引薦給賈至，並請唐向賈代致問候：「為吾謝賈公，病肺臥江沱。」

　　此事及之前在梓州為王刺史撰寫給朝廷的公文，隱約說明一點，那就是隨著詩名廣泛傳揚，隨著昔年相交的一批朋友政治地位上升，杜甫雖然是在野之身，其實還是擁有一定的話語權的，還能夠以自己的名氣、交情去影響他人。

　　一個是王侍御。王侍御名契，字佐卿，原是京兆人，因事流寓蜀中。王契在灌縣租了一處園子，房舍寬大，他邀請杜甫前去小住。杜甫

第十章　劍南（下）

欣然前往。在王家住了十幾天後，他們又一同騎馬自灌縣到成都。杜甫與王契在西門一帶遊觀了先主廟、後主祠，尋訪了石鏡和琴臺等遺跡。

之後，他們復又登上成都西門城樓，登臨縱目，錦江奔來眼底，遠山橫臥天邊。灌縣以西，是與吐蕃交界的邊陲。其時，吐蕃屢次內寇，甚至就連長安也一度被攻陷。風景不殊，時勢變幻；感時傷遇，悲從中來。這次登樓，杜甫留下了杜詩中的名篇〈登樓〉：

花近高樓傷客心，萬方多難此登臨。錦江春色來天地，玉壘浮雲變古今。北極朝廷終不改，西山寇盜莫相侵。可憐後主還祠廟，日暮聊為梁父吟。

7

轉眼夏天到了，杜甫開始了短暫的新生活——廣德二年（西元764年）六月，嚴武向朝廷推薦杜甫為檢校工部員外郎。檢校官是唐代地方軍政長官向朝廷表除或狀薦的一種特殊官銜，與散官、勳官、爵號一樣，是與使職相對的虛銜。工部員外郎；但前面加了檢校二字，便成了有名無實的虛銜。實際上，杜甫的真正職務是節度使參謀，也就是嚴武的幕僚。唐時規矩，幕僚均居住於主官府內。垂暮之年，為報答嚴武的信任與幫襯，杜甫從草堂搬到節度使府，聽鼓應差，贊襄參謀。

剛入職，杜甫就隨嚴武參加了新的軍旗啟用儀式並閱兵：江風吹拂的夏日，使府肅靜。將士們都換上了新軍裝，他們列陣於校場上。緊接著，六名騎兵護送新軍旗入場，並由高大的健卒把軍旗高高揚起。杜甫看到，那軍旗在迴轉時如飛蓋偃仰，飄飛時如流星迸散，乍來似狂風之急，忽去若山岳之傾。

其時，吐蕃與唐朝戰事不斷。與吐蕃大面積接壤的劍南，出首府成

都兩三百里便是前線。更要命的是，幾個月前，吐蕃一舉攻克了唐朝視為要塞的松州、維州和保州。

嚴武的確是一個雷厲風行的人，他下車伊始，立即整軍經武。在杜甫心目中，嚴武就是他以王刺史的名義向朝廷提出的重臣舊德。他自然對嚴武寄予了厚望。閱兵場上，他就聯想到嚴公如此精於練兵，一定三州可復，劍南將重歸寧靜，他不用像王粲那樣，為了避亂而「委身適荊蠻」。

儘管杜甫以詩名世，但在他心中，「詩是吾家事」，並沒有什麼值得特別誇耀的。他一向自負的，是自身的政治才能，他也樂於展示自身的政治才能。比如之前為王刺史撰寫給朝廷的公文。在嚴武幕期間，他又精心撰寫了〈東西兩川說〉，為嚴武出謀劃策。他提出：

一、蜀中漢兵和邛雅子弟足以抵抗吐蕃；

二、之所以三州失守，罪在職司，非兵之過也，糧不足故也。──不是官軍仗打得不好，是後勤工作太差，沒飯吃；

三、待新兵馬使到任後，應將邊疆地區的松、維、雅、黎等八州的兵馬全部交其統轄，不能再讓土司領兵；

四、對時叛時降的獠人，應以安撫為上；

五、安撫流民百姓，抑制豪強兼併。

杜甫的〈東西兩川說〉充分顯現了他對劍南形勢的深刻洞察，所提建議，切實可行。這也從另一個側面證明：杜甫自認有政治才幹，並非虛妄之言。

是年九月，嚴武令官軍出擊，大破吐蕃，攻占了唐蕃之間的策略要塞：當狗城。

第十章　劍南（下）

嚴武前番鎮蜀時，手下有一員猛將叫崔旰。崔旰曾隨李宓出征南詔，後來在成都西川節度使手下做牙將，為杜甫修築草堂謀地的裴冕，曾是他的上司。不久，崔旰調往長安，擔任折衝郎將。嚴武素知他的才能，推薦他出任利州刺史。利州即今廣元，不屬劍南道，而屬山南西道。利州盜賊蜂起，道路不通。崔旰到任後，一一討平。等到嚴武三度鎮蜀，他想把崔旰挖到手下。崔旰說，我的上司山南西道節度使張獻誠一直忌妒我，他不會輕易放我走。不過，他貪財好貨，如果送重禮給他，他或許就答應了。驕傲的嚴武為了這個人才，不惜向張行賄，並索要崔旰。張獻誠果然答應了，讓崔旰稱病辭職。

崔旰辭去利州刺史後，嚴武很快上奏任命他為漢州刺史，並令他率兵擊吐蕃。崔旰果然不負厚望，「連拔其數城，攘地數百里」。

就在崔旰率軍上前線時，嚴武也親臨西山，並寫下一首氣勢雄壯的七絕：

昨夜秋風入漢關，朔雲邊月滿西山。更催飛將追驕虜，莫遣沙場匹馬還。

杜甫在幕府拜讀後，立即和了一首：

秋風裊裊動高旌，玉帳分弓射虜營。已收滴博雲間戍，欲奪蓬婆雪外城。

坦白地說，兩相對比，嚴武在老杜之上。詩聖也不是每一首詩都無懈可擊，他的全集中，也有不少心不在焉的應酬之作。這是人之常情。詩聖亦在所難免。

即便是遊覽過成都杜甫草堂的遊客，有好多走馬看花者也不一定發現，這座紀念詩聖的園子裡，居然另有一座祠堂。祠堂紀念的不是詩聖，而是一個女人，一個與詩聖素昧平生的女人。

花徑中部,圍牆突然向後退了兩步,一道大門破牆而開,門上懸了匾,匾上的文字是:「浣花祠」。左右有對聯,曰:「蹇裙逐馬有如此,翠羽明璫尚儼然。」蹇裙就是提起裙子,至於翠羽明璫,都是古代女子頭上的飾物。

進得門來,是一進小小的四合院,院裡有兩株還不太大的銀杏樹,倒也枝繁葉茂,想必秋深時,也會在院裡鋪一地金黃。正廳,供著一個豐腴的女子塑像,髮髻高綰,寬袍大袖,正是唐時裝束。正廳門前的廊柱上,有一長聯,是概括供奉的那位唐時女子行狀的:

新舊書不詳冀國崇封,但傳奮臂一呼,為夫子守城,代小郎破賊;三四月歷數成都盛事,且先遨頭大會,以流觴佳節,作設悅良辰。

宋人任政一的〈遊浣花記〉說,唐代,浣花溪畔有一戶人家姓任,家中有一個美麗的女兒任氏。任氏常在溪裡浣衣。有一天,一個渾身長滿惡瘡的和尚要求溪邊洗衣服的婦女們為他洗洗那件汙穢不堪、沾滿膿血的僧袍。一同洗衣的婦女都不肯,只有任氏欣然應允。當任氏把那件僧袍放進溪水搓洗時,奇蹟發生了——只見她每一漂衣,便有一朵蓮花隨手而出,漸漸漂滿小溪。驚訝不已的人們於是把小溪命名為浣花溪;任氏洗衣之處,命名為百花潭。

這當然只是一個民間故事。不過,任氏確有其人,乃是崔寧之妾。崔寧是誰呢?

崔寧就是嚴武十分依仗的崔旰。後來崔旰累次升遷,做到了西川節度使,朝廷賜名寧。大曆三年(西元768年),即杜甫離開成都後第三個年頭,崔寧奉召入朝,留其弟崔寬守城。與崔寧向來不和的瀘州刺史楊子琳趁機發動叛亂,兵襲成都。崔寬率兵抵抗,但不能取勝,成都危在旦夕。此時,任氏拿出十萬家財,一夜之間招募了千餘死士,「設部隊將

第十章 劍南（下）

校」，親自披掛上陣——看來這位洗衣出身的唐代美女，練就了一身武功。榜樣的力量是無窮的，何況榜樣還是年輕漂亮的女子。在任氏指揮下，楊子琳被擊潰，成都保住了，朝廷封任氏為冀國夫人。老杜的朋友岑參獲知此事，作〈冀國夫人歌辭七首〉以記之。

任氏與杜甫的關係在於，杜甫離開成都後，他留下的草堂歸了任氏，任氏把它改為別墅，春秋之際偶爾前來小住。任氏信奉佛教，是虔誠的佛教徒，後來舍宅為寺。任氏故後，人們就在草堂隔壁修建了冀國夫人祠，民間卻眾口一詞地把它稱作浣花祠。唐宋以來的浣花祠，早在明季兵火中毀掉，今天的浣花祠乃清代重建。

其實，任氏對成都人生活的影響，不僅是一座小小的紀念祠那麼簡單。她甚至為成都人留下了一個節日，只是這個節日現在已經沒人過了——任氏的生日為農曆四月十九，這一天曾被稱為浣花日。是日，全城男女老少紛紛換上新衣服，出南門到浣花祠拜祭任氏，然後再遊一牆之隔的草堂，並泛舟浣花溪。夕陽簫鼓，畫船仕女，想起來也覺溫潤可人。宋人任政一在他的〈遊浣花記〉中記錄了浣花日盛況，他說：

都人士女，麗服靚妝，南出錦官門，稍折而東，行十里，入梵安寺，羅拜冀國夫人祠下，退遊杜子美故宅，遂泛舟浣花溪之百花潭，因以名其遊與其日。凡為是遊者，駕舟如屋，飾以繪彩，連檣銜尾，蕩漾波間；簫鼓絃歌之聲，喧闐而作。其不能具舟者，依岸結棚，上下數里，以閱舟之往來。成都之人於他遊觀或不能皆出，至浣花則傾城而往，里巷闃然。

好個傾城而往，里巷闃然！其情其景，讓人想起張岱筆下的〈西湖七月半〉。

浣花祠兩側的耳房，均闢作了因陋就簡的小店，不外乎賣些千篇一

律的旅遊紀念品。不到五點半，小店工作人員紛紛關門，連那道紅漆的浣花祠正門也吱呀一聲關上了。一束黃昏的夕光透過竹林，殷勤地落在斑駁的木門上。細長的花徑空無一人，甚至也聽不到一聲鳥叫。

8

杜甫入嚴武幕後，兩人由朋友變成上下級。不過，仍然保持著朋友間的交情。嚴武大抵還是把杜甫看作客人。公餘，他們把酒臨風或是泛舟湖上，常有詩作唱和。

從前的蜀王府內，曾有一座碧波蕩漾的湖泊。只是，這座湖泊在存在了一千四百多年後，於1914年填平做了演武場。後來，又在此修建了體育館。

這座消失的湖泊叫摩訶池。

隋朝時，益州刺史楊秀為修築成都子城，取土留下一個大坑。他將大坑加以修整，並使其與流經市區的河流相通，成為一座風光秀麗的城中湖，即摩訶池。有唐一代，摩訶池是成都最知名也最具人氣的旅遊勝地。

崔旰大敗吐蕃這年深秋，嚴武興致勃勃地坐船遊湖，船上自然備有酒食，包括杜甫在內的與會者分韻作詩。杜甫拈得溪字，於是即席賦詩：

湍駛風醒酒，船回霧起堤。高城秋自落，雜樹晚相迷。坐觸鴛鴦起，巢傾翡翠低。莫須驚白鷺，為伴宿青溪。

「莫須驚白鷺，為伴宿青溪」，意思是說，我看到湖中這些白鷺，不願驚動它們，因為它們很可能就是從前在浣花溪住宿過的那幾隻。

有學者認為，這兩句詩透露出了杜甫的心事：雖然才短短四五個月，

第十章　劍南（下）

他已經厭倦了幕府生活。他在委婉地向嚴武請求，讓我回去吧。

不管此詩主旨是否如此，杜甫的確只在嚴武幕中做了半年便辭職回了草堂。

這一天，是永泰元年（西元 765 年）正月初三，杜甫五十四歲。他特意寫了一首詩記錄此事，並嘆息：「白頭趨幕府，深覺負平生。」

什麼原因使杜甫離開幕府並永別官場呢？有人認為他在幕府遭到了年輕同僚的妒忌；有人認為他不甘心做一個地位低下的幕僚──儘管嚴武為他爭取到了工部員外郎的虛銜。其實，還有一種可能是，詩人杜甫與軍閥嚴武是完全不同的兩類人。嚴武驕橫粗暴卻熱愛詩歌，杜甫表面穩重實則不乏詩人的狂狷與放浪。兩個人做朋友可以，做上下級難免日漸生隙──有一種傳說是，在嚴武這個庇護者面前，杜甫酒後放狂，直呼嚴武父名。嚴武十分生氣，以致想殺他。

千年後的猜測或許難以貼近當時當日，但杜甫任幕僚期間的一首描寫值夜班的詩，隱隱流露出了詩人不快樂：

清秋幕府井梧寒，獨宿江城蠟炬殘。永夜角聲悲自語，中天月色好誰看。

風塵荏苒音書絕，關塞蕭條行路難。已忍伶俜十年事，強移棲息一枝安。

詩人總是敏感的。秋夜的月光，庭院井邊的梧桐，值班室閃爍的蠟炬，隱隱傳來的城樓鼓角聲，這些事物都讓詩人心生悲涼。想起音書斷絕的親人，想起關山阻隔的故鄉，想起已然遙不可及的政治理想。當然更有自安史之亂以來，十年飛逝，卻只能暫時安身幕府的窘迫。這一切，都使杜甫意緒難平。才下眉頭，卻上心頭。

不愉快的幕僚生涯終結後，杜甫和嚴武又從上下級變成詩友、酒

友。杜甫寫詩請他來草堂做客。嚴武似乎沒有再來——當成都平原雜花生樹的暮春臨近時，四十歲的嚴武暴病身亡。

由於草堂修建已六年，中間既被秋風所破，又有一年多無人居住，杜甫對草堂進行了一次大修。當初，杜甫在堂前栽種了不少竹子。竹子濫賤易長，至今成都平原農舍前後，仍是大片大片的竹林。六年前栽種的竹子，早就「籠竹和煙滴露梢」了。這時終於派上用場：那個春天的早晨，杜甫請人一氣砍了上千竿竹子。一則竹林太厚，草堂光線不好，陰沉得讓人「甚疑鬼物憑」；當然，更重要的是要用竹子做修葺草堂的材料。孰料，草堂修葺一新，杜甫就不得不永遠告別——當嚴武去世的噩耗傳來，杜甫意識到，偌大的蜀中，已經沒有人能夠再一次庇護他、救助他，讓他在艱難苦恨的日子裡，營造一方可供詩意駐留的小天地了。

廣德二年（西元 764 年）的春天大概來得比較早，這從老杜的詩中可以找到證據：「農務村村急，春流岸岸深。」不過，早春為老杜帶來的卻是剪不斷理還亂的憂傷，像窗前以西嶺雪山為背景飄動的流雲。

這是老杜在成都和草堂度過的最後一個春天，他將最後一次看到「兩個黃鸝鳴翠柳，一行白鷺上青天」的安寧景象。這樣的景象，以後，只有在回憶中重現了。

他結束了短期的嚴武幕府生活，成為一個完全的野老閒夫。當他坐在草堂裡打發豔陽高照的春天的慵懶與無奈時，他發現，從前種下的竹子已長得如此繁茂，栽下的桃樹已開出鮮花——「種竹交加翠，栽桃爛漫紅」。

正是從竹翠與桃紅之間，他發出了「迢遞來三蜀，蹉跎有六年」的感慨。然而，幽居的感慨話音剛落，嚴武就暴病死亡。老杜對蜀中生活徹底絕望了。他需要一個堅實的靠山，現在靠山倒下，詩人餘下的日子將

第十章 劍南（下）

是淚別草堂，淚別松竹。

有一些更大的苦難等著他，像張開的羅網等待業已折翅的鳥兒。

他也終於明白，天下沒有不散的宴席。六年相對安穩的蜀中歲月，就此一刀兩斷。為了生存，他只能離開。當他離開時，原屬異鄉的劍南，已躍升為眷戀的第二故鄉。

古人說，世間難堪之事，莫過於英雄末路、美人遲暮。其實，依我看，還得加一條：詩人落魄。當時，詩人已老，身多疾病。向後看，以往的辛酸凝成往事和淚水；向前看，世事茫茫，未來的路渺不可知。「萬事已黃髮，殘生隨白鷗」，詩人唯有告別成都，繼續漂泊。誰也無從知道，命運的潮水，將把浮萍般的詩人捲向哪一個角落⋯⋯

第十一章　黯鄉

即從巴峽穿巫峽，便下襄陽向洛陽。

—— 杜甫

詩人的天職是還鄉，還鄉使故土成為親近本源之處。

—— 馬丁・海德格（Martin Heidegger）

1

後人一直認為，六載客蜀，乃是杜甫一生中最安穩的幸福歲月。但從杜甫辭別成都之際寫就的〈去蜀〉卻不難看出，梁園雖好，終是他鄉；錦城雖樂，無以忘鄉——在成都和梓州等地的閒適生活中，他仍然無比渴望回到北方。北方既是京師所在，也是桑梓所屬。是故，杜甫去蜀東下，向荊楚而行，其初心乃是北返——關中或河南。

然而，人不可能第二次踏進同一條河流，人也不可能第二次回到同樣的故鄉。懷念故鄉的人，終將死在遙遠的他鄉。

兩年前，史思明絕望自縊，官軍收復河南河北的捷報傳至梓州，杜甫曾欣喜若狂，「白日放歌須縱酒，青春作伴好還鄉」。狂喜之情溢於言表，恨不得馬上就踏上返家的路，以便「即從巴峽穿巫峽，便下襄陽向洛陽」。然而，僅僅兩年後，當還鄉之旅變成現實，杜甫表現出的，卻完全不是當年的狂喜，而是五味雜陳的複雜、傷感和沉重。

「五載客蜀郡，一年居梓州。」東川西川之間，就這樣悲欣交集地度

第十一章　黯鄉

過了六年。「如何關塞阻，轉作瀟湘遊。」關山阻隔——更多的，是對吐蕃入寇的擔憂——難返長安，只好改變路線東下瀟湘繞行。「萬事已黃髮，殘生隨白鷗。」頭髮由白轉黃，人至暮年，萬事皆休，餘下的殘生，就交給水上的白鷗吧。「安危大臣在，不必淚長流。」國家的安危自有那些肉食者考慮，我不在其位，又何必淚水長流？

「窗含西嶺千秋雪，門泊東吳萬里船。」浣花溪畔的客船，曾讓杜甫想像過它們的行蹤：順著玉帶般繞過成都的錦江，於彭山入岷江，自岷江而下，在戎州進長江，從而出三峽，抵荊楚，直達江南。

杜甫的客船就沿著這條路線由北往南，再自西向東。

成都人習慣把錦江稱為府南河。府河與南河上游為走馬河，走馬河乃是都江堰將岷江分成內外兩江後的內江幹流。到了成都城區西北，走馬河分為府河與南河。府河與南河，一條自西——北——東而流，一條自西——南——東而流，復又於城區東南的合江亭下交會，稱為府南河或錦江。

杜甫草堂前的浣花溪，屬於南河支流。從草堂順浣花溪而下數百公尺，浣花溪注入南河。沿著南河東行兩公里，有一座大橋，如今稱為老南門大橋。史載，蜀守李冰在成都城內建了七座橋，七橋之首即為老南門大橋。當時，它的名字叫長星橋，又因橋下有一眼泉，泉名篤泉，故得名篤泉橋。三國時，蜀國派費禕出使東吳，諸葛亮在此為他餞行，並說：「萬里之行，始於此矣。」從那以後，長星橋改名萬里橋。

漫長的歷史年代，萬里橋不僅是成都南下的陸路要道，也是錦江上的第一碼頭。杜甫的出川之旅，大概就是從萬里橋下的某條客船開始的。

由成都城區南下一百多里，錦江與金馬河在一個叫江口的小鎮腳下

交會，複稱岷江。清朝初年，農民軍首領張獻忠率上千只戰船逃離成都，在江口遭遇明朝將領楊展伏擊，張獻忠大敗逃回，大量載有財物的戰船沉沒。此後三百多年間，經常有人從這一帶江中打撈出金銀珠寶。

杜甫的客船也經過了這裡，當他從錦江進入岷江時，他看到的是一條比錦江更寬闊也更凶猛的大河。

江口鎮屬於其南邊的彭山區。彭山古稱武陽，這裡，是李密的故鄉。三國、西晉間的李密，仕於蜀漢。蜀漢亡後，晉武帝徵召他到洛陽做官，他不願意。又怕遭清算，於是寫下一篇原本帶有公文性質的〈陳情表〉，不意成為中國文學史上最優秀的散文名篇之一。飽讀詩書的杜甫肯定知道李密和〈陳情表〉，但他的客船隻能從武陽城下追逐著浪花與水花，飛馳而過。

彭山下游是另一個古老縣邑：青神。

青神是一座小縣，杜甫多半不會對它有什麼印象。不過，之所以特別說起青神，乃是杜甫身後，青神和他發生了另一種勾連。

宋時，青神出了一個學者型官員，叫杜莘老，是黃庭堅的孫女婿。杜莘老曾任御史，以骨鯁敢言著稱，後轉任遂州知府，任上多行惠政。晚年致仕，遷居江津。

杜莘老與杜甫有什麼關係呢？

杜莘老係杜甫十三世孫。其墓誌稱：

先生之子曰宗文、宗武，宗文之子居蜀之青神，號東山翁。東山翁生禮，僖宗時為諫官。禮生詳，詳生晏，景福中為侍御史。公，侍御史八世孫也。又以諫顯，為宋名臣，於少陵有光矣⋯⋯宕渠守石翼以師禮致之，遂自眉徙焉，家恭之江津。

第十一章　黯鄉

就是說，杜莘老是杜甫長子宗文的後裔。宗文生於天寶九載（西元750年），杜甫去世時，他虛歲二十一。古人婚姻甚早，這年齡極有可能已結婚。故宗文夭亡時，已有子息。其中，有一個是兒子，以後自號東山翁。

查倉〈杜御史莘老行狀〉曰：

公諱莘老，字起莘，姓杜氏，其先京兆杜陵人。唐工部甫自蜀如衡湘，其子宗文、宗武實從。宗文子復還蜀，居眉之青神，自號東山翁。

東山翁到底是幼年還蜀還是成年後還蜀，史料語焉不詳。倘是幼年還蜀，從情理上講，當由其母帶領。其母之所以還蜀，最大可能是其母係蜀人，並且就是青神人。

「千秋萬歲名，寂寞身後事」，當杜甫坐在客船上，順著岷江經過滿眼竹樹的青神時，他自然不會想到，在他身後，他的孫輩還將溯流而上，回到青神，回到溫暖潮溼的劍南，並在這裡生根發芽，把他的滾滾血脈延續至千秋萬載。

嘉州是杜甫行經的第一座重鎮。嘉州向以山水著稱，宋人邵博說：「天下山水之觀在蜀，蜀之勝曰嘉州，州之勝曰凌雲寺。」這個獨步川中的凌雲寺即樂山大佛所在的大佛寺。不過，杜甫沒看到過高達七十餘公尺的大佛──儘管凌雲寺比杜甫還老一歲，且大佛也於他出生前一年就開始開鑿，但一直要到他死後三十多年才竣工。是故，嘉州留給杜甫的最深印象不是大佛，而是老夫聊發少年狂式的劇飲──在那裡，他與堂兄相遇了。

堂兄排行老四，比杜甫長一歲，杜甫稱他四兄。從杜甫贈堂兄的〈狂歌行贈四兄〉推斷，四兄是一位淡泊名利的隱士。杜甫在詩中回顧自

己昔年在京城，為了一官半職而奔走不休，哪怕一連下了十天的雨，道路泥濘不堪，仍然要出去拜訪達官貴人，「公卿朱門未開鎖，我曹已到肩相齊」——達官貴人府第的大門還沒打開，門前求見的人已經肩膀擠肩膀了，這中間，便有杜甫。他的堂兄卻一覺睡到自然醒，才慢騰騰地起床。杜甫的自黑，不僅是為了襯托四兄的悠遊從容，更是宣洩內心的憂鬱不滿。

這是一次極為愉快的相聚，前後數天。其間，兩家妻兒老小均見了面，所謂「女拜弟妻男拜弟」。杜甫與四兄在一座花木環繞的酒樓喝酒，喝得太盡興，以至於「樓頭吃酒樓下臥，長歌短詠還相酬」。

發源於涼山腹地的馬邊河是岷江第三大支流，於清溪鎮注入岷江。作為進出涼山的水陸碼頭，清溪是一座歷史悠久的古鎮。我站在古鎮中心一棟四層樓的樓頂遠眺，淅瀝的春雨把一片片厚重的青瓦屋頂打溼了，若有若無的陽光灑在上面，有一種青銅般的反光。

那個月色純淨的夏夜，杜甫的客船就泊在清溪鎮外。很顯然，一千多年前，清溪還是極為荒涼的邊遠之地。杜甫泊舟的地方，儘管鄰近市鎮，卻因山深林茂，竟有老虎出沒，「月明遊子靜，畏虎不得語」。不能說話，月色又明亮撩人，杜甫只好枯坐中宵，憧憬著與親人相聚於荊楚的美好時光。

因為與堂哥歡聚，杜甫在嘉州待了好些天，直到六月初，他才抵達距嘉州三百多里的戎州，如今的宜賓。

宜賓三江口，岷江與金沙江相匯，始稱長江。三江口下游數里的南岸大溪口公園內，有一座唐式建築，名為東樓。歷史上，西距東樓五公里的岷江南岸，曾有一座始建於唐初的樓臺，亦名東樓。唐代東樓屢建屢毀，只留下了東樓街這個小地名。大溪口公園內的東樓，這座鋼筋水

第十一章 黯鄉

泥的高大建築，正是為了紀念唐代東樓。而唐代東樓之所以值得紀念，是因為杜甫參加了東樓上的一次宴會並賦詩。

戎州居留期間，杜甫受刺史楊某邀請，出席了東樓之會。席間，歌伎成行，管絃齊發。令杜甫驚喜的是，宴會上有兩種東西令他念念不忘。其一是荔枝，其二是重碧酒。

現代物流與保鮮技術闕如的古代，產自熱帶和亞熱帶，且「一日而色變，二日而香變，三日而味變」的荔枝，對遙遠的北方而言，是一種用重金也難以買到的奢侈品。只有楊貴妃這種集萬千寵愛於一身的金枝玉葉，才能調動朝廷組織得以一飽口福。

唐時，中國大陸年平均氣溫比今天高兩度左右，宜賓和相鄰的瀘州便以產荔枝知名。時值六月，正是荔枝成熟時節，杜甫在東樓吃到了淡紅色的荔枝。

重碧酒用四種糧食釀製而成，顏色深碧。「重碧拈春酒，輕紅擘荔枝。」很多年後，宋代詩人黃庭堅流落戎州時，他也吃到了荔枝，喝到了重碧酒——他一定想起了當年的老杜，於是將老杜的五言化為七言：「試傾一杯重碧色，快剝千顆輕紅肌。」

戎州之後是瀘州。在瀘州，沱江匯入長江。再下游是渝州。很有意思的是，杜甫晚年的出川路線，與李白年輕時的出川路線相重合。李白詩雲「夜發清溪向三峽，思君不見下渝州」。杜甫則說，「萬事已黃髮，殘生隨白鷗」。其間的落差，不僅是詩仙的飄逸與詩聖的凝重相區別，更是心懷天下的少年遊與心如止水的暮年返鄉的萬千迥異。

長江流入重慶下游的涪陵、萬州一帶後，山勢漸次雄偉，江面愈發狹窄。「收帆下急水，卷幔逐回灘」，岷江和長江上游平緩地段的舒適寫意不見了，杜甫的客船被滾滾野水一鼓作氣地送到了忠州。

由於三峽蓄水，長江迴流，忠縣老城三分之二以上已被淹沒，新縣城只好靠後重建。依山傍水的小城，從城裡望出去，寬闊的長江平靜如湖，杜甫擔心畏懼的險灘早已沉入黑暗的江底。

杜甫族姪杜某時任忠州刺史。按理，他應該對風塵僕僕的族叔予以熱情關照。但是，杜詩的隻言片語卻透露出一個辛酸的祕密：族姪雖然也請杜甫喝酒吃飯，還在席間令人吟唱他的詩，但這一切都是禮貌的冷淡，得體的疏遠。杜甫一家甚至不得不棲身於破敗的寺廟。

寺名龍興寺。方志說，又叫治平寺，位於老城東門外。如同老城一樣，如今也是一片蕩漾的碧波。

群山之間的忠州是一座小城，儘管轄方圓五個縣，但五個縣的總人口也才六千七百戶，還不如現在一個鎮。市場小，供應不足，外地運來的米甫一上市，市民就爭相購買，去晚了便買不到。治安不靖，城門早早關閉。住在年久失修的廟舍裡，夜半醒來，杜甫常聽到遠處林子裡傳來一陣陣老虎的咆哮。

其情其景，杜甫心情抑鬱。雪上加霜的是，小住忠州期間，他又遇到兩樁傷心事。

嚴武死後，他的靈柩取道岷江、長江，擬由荊楚運回長安。在忠州，杜甫與之不期而遇。終其一生，嚴武是待杜甫最厚的至交兼庇護者。他的靈柩路過，杜甫自然前往祭奠。令他感慨的是，嚴母依然像從前那樣和藹可親，嚴武的部下卻換了一副面孔。人情冷暖，如魚飲水。杜甫傷心地哭了一場：

素幔隨流水，歸舟返舊京。老親如宿昔，部曲異平生。風送蛟龍雨，天長驃騎營。一哀三峽暮，遺後見君情。

考杜甫與嚴武的交往，他們既曾是為時不長的同僚，又曾是為時更

第十一章 黯鄉

短的上下級,而幕僚與府主之間的這種上下級,往往染上了一層賓客與主人的溫情。更為漫長的時間裡,他們是詩酒唱和的朋友。雖然杜甫不一定把嚴武的詩歌才華放在眼裡,正如嚴武不一定認可杜甫的政治能力一樣,但嚴武對詩歌的熱愛和杜甫在詩壇的成就與名聲,卻成為他們交往中最有力的黏合劑。嚴武之於杜甫,無論生活還是仕途,都有過真實有力的幫助。因此,當杜甫目送嚴武的靈柩從忠州經過時,那種追懷與傷感水到渠成——以後,再也沒有人像嚴武那樣幫助他了。

仍然在忠州,另一個噩耗傳來:高適去世了。

唐代詩人中,高適仕途通達,出任過節度使和刑部侍郎之類的要職,並加封渤海縣侯。《舊唐書》稱:「有唐以來,詩人之達者,唯適而已。」與畢生沉淪下僚的杜甫相比,無疑霄壤之別。

然而,兩人青年時即訂交,詩酒酬酢幾十年,如今生死忽別,幽明異路,這於老病的杜甫無疑是一次沉重打擊。當他在群山圍困的小城,追憶與高適、李白漫遊汴州時酒酣登吹臺,慷慨悲歌、臨風懷古的青春風雅,再對照如今家山萬里、殘軀老病的窘迫難堪,他又一次體悟到了生命的無常與人世的荒誕。

告別了忠州,杜甫的客船繼續東下。

自忠縣順流三百里,是長江邊的另一座小城:雲陽。杜甫時代,它叫雲安。三百里的水路,雖是順水,至少也需兩天。中途,杜甫的客船停泊在長江的某一處平緩港灣。岸邊,細草在微風中晃動,船上是高高的風檣。風檣之上,星空爛漫,閃閃的星斗鋪向遠方,像是垂落在荒蕪的原野上,江流彷彿裹著月光一同奔跑。靜穆的夜晚,寒涼的野水,它們帶來的既是寧靜,也是寧靜中的思索:「名豈文章著,官應老病休。」——杜甫的名聲正是文章帶來的,而他退出官場,卻與老病無關。

如此正話反說，更見滿腔悲憤及落拓。事到如今，大勢已去，「飄飄何所似，天地一沙鷗」——如此這般漂泊於天地之間，我就像那一隻無家可歸的沙鷗啊。

如同忠縣老城被淹沒一樣，雲陽老城也沉入了江底。新城依山而建，錯落有致。我沿著嶄新空蕩的大街，拐兩個彎，穿過一條隧道，再經過一座雄偉的大橋，便來到了長江南岸。翠黛的山崖下，排著一些古色古香的建築。建築前的廣場上，一尊高大的雕像面江而立，乃是蜀漢名將張飛。這些建築，即異地遷來複建的張飛廟。三國故事深入人心，張飛更是婦孺皆知的名人。雲陽張飛廟，據說始建於蜀漢末期，原在下游三十公里的江畔。

紀念猛將的祠廟裡，後人也給了文弱書生杜甫一席之地。這一席之地就是張飛廟裡的一座亭子。杜甫九月到雲安，於此度過了秋冬。其時，他居住在嚴縣令提供的一座臨江的房子，杜甫稱為江閣、水閣，猜想就是西南地區多見的吊腳樓。

雲安期間，杜甫聽說蜀中戰亂又起，既懷念「萬里橋西宅，百花潭北莊」的浣花草堂，又希望早日放舟出峽。然而，那年天氣寒冷，雲安不時下雪，杜甫沉痾在身，滯留難行。年後，天氣和暖，野花鋪滿江岸，杜甫聽到了一陣熟悉的鳥叫。他知道，春天來了。那鳥，便是蜀地鄉間每年春天都會飛到高枝上畫夜長鳴的杜鵑。相傳，杜鵑乃望帝魂靈所化，啼聲淒涼，一直要啼到嘴中出血。李商隱有詩說：「莊生曉夢迷蝴蝶，望帝春心託杜鵑。」

為了紀念杜甫的雲安歲月，後人修建了杜鵑亭。如同整座張飛廟一樣，杜鵑亭也掩映在山崖下的綠蔭中。亭裡，豎一尊杜甫雕像：頭部上揚，鬍鬚略翹，手握書卷，清瘦的身子似風中苦竹。淒涼哀愁的杜甫，

第十一章 黯鄉

恰好與橫眉怒目的張飛形成鮮明對比。

有意思的是，這座既供奉張飛也供杜甫的張飛廟裡，還供奉了另一個喜聞樂見的神祇：財神。財神顯然更有人氣。正門上懸著一副黑底白字的對聯：「來我面前便拜有求必應，走你之後即驗賜福加官。」殿中，眾多簇擁的紅綢下面，是一尊著紅袍的財神像，腳下有四個大字：「金玉滿堂」。賜福加官，金玉滿堂，有誰能抵擋這樣的誘惑呢？更何況，財神已經表明了態度：有求必應。

也活該詩聖被冷落在小小的亭子裡，淒寒地和刻寫在木板上的那些不合時宜的詩句為伴了。

2

杜鵑亂啼的暮春，杜甫終於離開了小住半年有餘的雲安，繼續他的東去之旅。

今天，由於三峽大壩建成並蓄水，原本切割極深，落差很大的長江，已不再像從前那樣如同深藏於山谷的一條青色小蛇。江面變得開闊、平靜，真的已是高峽出平湖。不過，即便如此，從沿江公路往下看，長江大多數地段依然在幾百公尺以下。

杜甫時代，航行於三峽是一件不無風險的事。小小的木船，漂盪於布滿礁石且水流極為湍急的江峽中，稍有不慎，就有船毀人亡的可能。1911 年，德國領事弗瑞茲・魏司夫婦（Fritz Weiss、Hedwig Weiss-Sonnenburg）用鏡頭也用文字記錄了他們的長江之行。儘管距杜甫的大唐過去了一千一百多年，但他們乘坐的同樣是木船——只要是木船，且又是行駛於長江上游的木船，唐代與清代，差別不會太大，尤其是長江的面貌差

別更不會太大。

黑白照片上，兩岸均是深色山峰，高聳入雲；中間是滔滔江水，打著漩渦，狹長的木船頂著高高的風帆──杜甫所說的危檣。魏司寫道：「我們的船緩緩前行，逆流而上，兩岸的懸崖峭壁就像舞臺上的布景一樣徐徐分開，眼前的畫面一幕比一幕壯觀美麗。兩岸的群山高聳入雲，將瑰麗的畫卷一一展開，讓我們驚嘆不已，目不暇接。我們的小船在夾縫中蠕動，顯得如此的渺小，只得聽憑一股無名力量的擺布。江水千萬年在崇山峻嶺中奔騰而過，主宰、統治著一切，而人類只能無奈地將生命寄託於它。耳邊江水的轟鳴，讓人開始相信江底潛伏著充滿力量的巨龍，江風的呼嘯又讓人疑有魔鬼在嬉鬧。」

我在草堂鎮下了滬蓉高速公路，順著一條泥濘土路沿江而行。路在半山腰，與路相伴的是三三兩兩的農舍，比路更高的是果園和林地，比路更低的是渾濁的長江。行駛十多公里後，峰迴路轉，我終於看到了著名的白帝城。儘管早有心理準備，但眼前的白帝城還是讓我略感吃驚。因為，在杜甫之前數百年和杜甫之後上千年，白帝城都是一座雄踞山巔的壯麗城堡。李白說它在彩雲之間，杜甫也極言其高，「白帝城上雲出門，白帝城下雨翻盆」。我看到的，卻是江心一座由廊橋連起的孤島。與夾岸山峰相比，恍如一個微不足道的土饅頭。

──面目全非的這一切，都源於三峽大壩截流後的高峽出平湖。

白帝城另一側，便是三峽入口，即「眾水會涪萬，瞿塘爭一門」的夔門。尚在成都時，杜甫就多次想像過，他的回鄉之路將是「即從巴峽穿巫峽，便下襄陽向洛陽」，而夔門所在的瞿塘峽，乃三峽第一峽。

在很長一段時間裡，奉節除了是一個縣外，還充當過府、州和都督府治所。以唐朝而言，唐初沿襲隋制，在此設信州。後因高祖之母乃獨

第十一章　夔鄉

孤信之女，避獨孤信之諱，改稱夔州，屬山南道。改夔州後不久，又設定了夔州總管府，復又改為夔州都督府。一度，這座江峽深處的小城，是都督府、夔州和奉節縣三級政權駐地。天寶時，夔州曾改名雲安郡，乾元初復故。

在詩裡，杜甫描繪了他所看到的奉節：「瀼東瀼西一萬家，江北江南春冬花。」按《新唐書‧地理志》載，夔州轄奉節、雲安、巫山和大昌四縣，計有戶一萬五千六百二十，口七萬五千。奉節人口再密集，也不至於占了四縣總數的三分之二，這是詩人的誇張之詞。

天寶十三載（西元754年），全國有戶九百零六萬，口五千二百八十八萬，此為唐代最高數。然而，令人怵目驚心的是，由於安史之亂，到廣德二年（西元764年），短短十年間，人口銳減，有戶二百九十二萬，口一千六百九十二萬。由近五千三百萬減少到不足一千七百萬，相當於近七成的人死於非命。

從白帝城遙望夔門

至於奉節，由於地處群山之間，僅有湍急的長江和崎嶇的山路與外界連通，原本偏僻的地理位置，在戰亂時代卻成為遠離烽火的寧靜之地。故此，目睹了安史之亂帶來的毀滅和蕭條的杜甫，要為江峽中這座

繁華的小城感到驚訝了。

老杜恐怕沒有預計到，他將在奉節一住就是一年又十個月。當他第二次看到菊花怒放時，忍不住為漫長的返鄉之路悽然淚下：「叢菊兩開他日淚，孤舟一繫故園心。」

四百年後，陸游溯江入蜀，順道在夔州探訪杜甫居留的遺跡。陸游認為，杜甫在這裡居住近兩年，是「愛其山川不忍去」。事實上，綜合更多情況來看，陸游是在為他熱愛的詩聖作裝點語——杜甫並非愛其山川不忍去，而是為時局和生計所迫，不能去，不敢去。其時，一方面吐蕃、回紇連番內犯，京師危急，關中震動。另一方面，自從雲安染疾，杜甫一直在病中。至於經濟上，夔州刺史柏貞節非常照顧他，頻分月俸，使得杜甫衣食無憂。杜甫在夔州居住近兩年，既為養病，也為累積錢財——不僅是回家的盤纏，還包括盡可能多地累積財富，作為養老之用。

3

杜甫在夔州不到兩年，夔州首長換了三任。

杜甫剛到時，夔州刺史為王崟。王崟係太原祁縣人，曾在多地做過地方官，包括杜甫曾任職的華州。不過不在同一時段。王崟與岑參、獨孤及等文人官員均有交情，與杜甫則不知是舊識還是新知。總之，他對杜甫還不錯。不過，杜甫暮春到夔州，王崟夏天就調走了。臨行，杜甫照例有詩相送。

王崟調走後，接任者為柏貞節。柏貞節原名柏茂琳，又作柏茂林。蜀郡人。早年任過邛州兵馬使、邛州刺史、劍南防禦使及邛南招討使等

第十一章　夔鄉

職。就是說，他曾是嚴武的部屬，杜甫與他應該早就熟識。

約在大曆元年（西元 766 年）八月，柏貞節被朝廷任命為夔州刺史，兼御史中丞，充夔、忠、萬、歸、涪等州都防禦使。御史中丞是他在朝廷裡掛的一個虛銜，以示朝廷對他的恩寵；夔州刺史是夔州一地的最高首長；防禦使則是包括夔州在內的附近幾個州的軍事總指揮。所以，雖然當時夔州都督府已撤銷，柏貞節並沒做過都督，杜甫仍然尊稱他為柏都督。

杜甫贈柏貞節詩六首，此外還為他捉刀寫過給朝廷的表文。在詩中，杜甫稱讚柏貞節是賢府主，而自己「常荷地主恩」，這既是客氣，也是實指。在夔州的近兩年裡，柏貞節給予了杜甫無微不至的照顧——有意思的是，對杜甫最好的兩個竟然都是武人，一個嚴武，一個柏貞節。這些手握重兵的軍閥，偏偏對一個不合時宜的詩人表現出極大的興趣與熱情，實在是一件匪夷所思的事情。

約在大曆二年（西元 767 年）秋，柏貞節調離夔州。繼任者姓崔，名不詳，乃杜甫舅氏——遠房舅舅之一。此舅排行老二，杜甫尊稱他崔卿翁、二卿翁。

崔卿翁本是荊南節度使，駐地在江陵。

江陵在隋朝時為南郡，唐初改為荊州，領七縣。後置大總管府、大都督府。天寶元年（西元 742 年），再改江陵郡。乾元元年（西元 758 年），復改荊州大都督府。自至德以後，「中原多故，襄鄧百姓，兩京衣冠，盡投江湘，故荊南井邑，十倍其初」。於是，朝廷乃於江陵設荊南節度使，升江陵為府，轄包括夔州在內的八個州。

夔州刺史一時未到任，崔卿翁便以荊南節度使身分兼任夔州刺史。他從江陵來到夔州，杜甫與之相見，先後寫有兩首和他有關的詩。

一首是請求崔卿翁重修白帝城裡的諸葛亮塑像。杜甫遊白帝城時，見祠內的諸葛亮塑像損毀嚴重，「尚有西郊諸葛廟，臥龍無首對江」，遂有是請。這對崔卿翁來說，小事一樁，很樂意地照辦了。

　　崔卿翁代理時間不長，大概起自秋天而止於冬天。崔卿翁離開夔州順水東下回江陵，杜甫前往送別，詩雲「寒空巫峽曙」，推知是冬季。不久，杜甫也離開了夔州。這是後話。

4

　　夔州治所，秦朝時稱為魚復，唐朝貞觀年間改名奉節。奉節，或者說魚復古城，原本修築於赤甲山上。東漢初年，公孫述據蜀，將治所從赤甲山移到白帝山，並修築了白帝城。今天，白帝城不過江水中一座狹小的孤島，過去，它卻是一座周長達七里的堅固城池。

　　夔州既有三峽之險，又有白帝之堅，是以顧祖禹認為它「府控帶二川，限隔五溪，據荊楚之上游，為巴蜀之喉吭」。三國時，劉備伐吳，大敗而歸，退至夔州，改奉節為永安，並在永安宮向諸葛亮託孤，爾後駕崩。

　　對同為文人卻出將入相，建立了不世功勳的諸葛亮，杜甫一直懷有一種複雜情感。這情感，包含了豔羨、敬佩和失落，以及在此基礎上的自憐自傷。居成都時，他的草堂與武侯祠比鄰，那座柏木森森的祠廟是他經常徘徊的地方。如今，當他困於夔州，又與諸葛亮君臣的祠廟近在咫尺，諸葛亮便成為他一再歌詠的對象——他在讚美諸葛亮「三分割據紆籌策」的同時，也感慨「運移漢祚終難復」。敬天畏命的背後，隱隱透露出杜甫對自身襟抱未開的自我辯解、自我寬慰。

第十一章 黯鄉

在夔州,杜甫先後居住了四個地方。第一個地方即他詩中說的西閣。他在西閣住了好幾個月,到次年,即大曆二年(西元767年)春天,搬到赤甲。西閣具體在什麼地方,已無考。

從孤島白帝城坐船渡過長江支流草堂河,便到了瞿塘關。瞿塘關所依附的山,便是赤甲山。與赤甲山隔著長江對峙的,是杜詩中提到過的白鹽山。如今,兩座山看起來並不算高峻,但在杜甫時代,卻是「赤甲白鹽俱刺天,閭閻繚繞接山巔」。

瀼西是杜甫在夔州的第三個居所。瀼的意思,陸游解釋說:「土人謂山間之流通江者曰瀼。」川東一帶方言裡,把從山上流下來注入江中的溪澗稱為瀼。在夔州,有東瀼水和西瀼水。考證可知,東瀼水即草堂河。如今的草堂河水量豐盈,江面寬闊,但那是長江迴流倒灌之故。沒有三峽大壩前,它只是一條深陷山谷中的小溪。與之相比,距其幾公里的西瀼水則稍寬。杜甫在赤甲居住一段時間後,搬到瀼西。他在那裡修了幾間房子,人稱瀼西草堂。

移居瀼西,是為了照料果園。到夔州一年後的大曆二年(西元767年)暮春,杜甫在瀼西買下四十畝果園。果園與草堂一溪之隔,杜甫前往果園勞作時,須得搖船而過,所謂「碧溪搖艇闊」——小溪很窄,以至小艇都顯得太大。

杜甫的草堂在瀼水西岸,大概位置在今天的梅溪河與奉節新縣城之間的某一座山的半山腰。草堂所在的村子很小,只有幾家人,比成都浣花村還要幽靜,還要偏僻。人煙稀少,路上長滿了年代久遠的青苔,透過幽暗的竹林,隱約看到稀疏的野花自開自謝。

杜甫家的院子裡,有兩株成年橘樹。月光如水的秋夜,杜甫常搬一張胡床,安然坐在樹下。低垂的樹枝垂下來,纍纍果實散發出酸甜的清

香。杜甫在橘樹下坐了很久，一直到夜露打溼了樹葉，才取了胡床回屋睡覺。今天，奉節以產柑橘知名，當我行駛於臨江的盤山公路上時，窗外不斷出現高低錯落的果園，尚未成熟的柑橘擠滿枝頭。追溯歷史，奉節柑橘的種植可以推到漢朝。杜甫的果園裡，也有大量柑橘，他讚美自家柑橘「園桿長成時，三寸如黃金」。柑橘之外，尚有桃子、李子、花椒，以及松樹、梔子和藤蘿，加在一起足有上千株。

東屯是杜甫在夔州的第四個居所。原本只是一條山澗的東瀼水，三峽蓄水後，河面寬闊，當地人又把它稱為草堂湖。白帝鎮像一座伸入湖中的半島，一條喧囂雜亂的街道沿湖而建。擁擠的房屋中間，有一道寬大的鐵門，裡面是草堂中學。

一種說法認為，東屯舊址就在草堂中學內。據說，校園裡原有杜甫祠，還有一塊斷為三截的清朝末年立的重建草堂碑。然而，疫情期間，學校放假，鐵門緊閉，我只得打消了進入校園憑弔的念頭。隔著鐵門，我把杜甫酒小心地灑進門內。

另一種說法卻認為，東屯舊址其實不在草堂中學，而是在沿草堂河上溯兩三公里的一個叫上壩的地方。

白帝鎮上的草堂中學

訪問白帝鎮時，剛好下了一場秋雨。穿鎮而過的公路也是小鎮主街，街道一片泥濘，來往大車喧囂而過，將泥濘捲起，稍不注意，便濺你一身。小鎮坎下的草堂河，河面寬闊如湖，唯獨水色渾濁，偶爾翻起一個漩渦，如有魚龍潛行，甚是怕人。

杜甫移居東屯，緣於對他關照有加的柏貞節把位於東屯的一百頃公

第十一章　黠鄉

田交由他管理，以此解決杜甫一家衣食。這片公田，最早由白帝城的修築者、東漢初年據蜀的軍閥公孫述開墾。杜甫描寫說：「東屯大江北，百頃平若案。六月青稻多，千畦碧泉亂。」夔州一帶，群山連綿，難得有一片較為平整而肥沃的土地，並且，山上清泉不斷，正是水稻所需的最佳水源。杜甫又說：

「東屯復瀼西，一種住青溪。來往皆茅屋，淹留為稻畦。」意指他在瀼西和東屯，都有茅屋居住，為了管理公田，他移居東屯。

年邁的杜甫就像一個辛勤的小地主那樣，帶著一眾僕役——他詩裡稱為隸人，往來於瀼西和東屯之間，種植水稻，打理果樹，管理菜園，採摘草藥，砍伐樹木……周而復始的農事，讓人想起南山種豆的陶淵明，或是黃州墾荒的蘇東坡——這三位中華最優秀的詩人，同時也是三位稱職的農夫。白天，他們在大地上勞作；夜晚，他們在詩箋上耕耘。

5

成都時期，杜甫也種菜、種藥，以及養雞鴨等；但那時候，更多還是作為一種消遣與家用的補貼。家中的勞動力，主要是家人杜安和弟弟杜占。到了夔州，情況有了很大變化。瀼西草堂之外，還有多達四十畝的果園；果園而外，還有菜地。菜地所產蔬菜，除了自食，還拿到市場上出售。此後，隨著柏貞節把東屯稻田交他管理——這部分官田本身有行官張望等人經營，但杜甫並不放心。故此，前前後後，杜甫家裡請了多名僕役。

唐代是一個階級社會，社會上的所有人，大體劃分為兩大類：良民和賤民——又稱良人和賤人。良民包括帝王將相及各級官員，以及普通的編戶齊民。賤民又可分為私賤民和官賤民。私賤民包括奴婢、部曲和

客女等；官賤民包括雜戶、工戶、樂戶和官奴婢等。

根據唐朝法律，良民和賤民屬於截然不同的兩個世界。比如，以私賤民和良民之間的關係而言，若奴婢有罪，其主人不告官而殺死他，杖一百；即便是無罪而殺，也只需徒一年。賤民不能告發主人，除非主人犯有謀反、謀叛和謀大逆之類的大罪；否則，賤民將被處以絞刑。反過來，主人即使誣告奴婢，也無罪責。此外，賤民與良民之間不得通婚，良民也不得過繼賤民為子嗣。主人對賤民可以自由贈送、買賣。

在夔州之前，杜詩裡偶爾提到僕、僕伕，未見提到奴婢、隸人之類的賤民，這說明，他家在相當長的時間裡，只有杜安一個僕人。但杜安的身分是良民，不是賤民。到了夔州，杜甫家中才有了多名屬於賤民性質的僕人——一方面，包括果園、稻田在內的繁重農活，需要更多人手；另一方面，杜甫出蜀前，在西川和東川多年累積，經濟條件較此前寬裕。僅見於杜詩中的僕人，就有阿段、阿稽、伯夷、辛秀、信行等多人。

說來讓人難以置信，儘管不論雲安還是夔州都處於大江之濱，但兩地竟然都飲水困難。亂石崢嶸，大江深切峽中，要是想從江中取水，十分不便，而民俗不打井，又無泉水可資，乃至於「雲安酷水奴僕悲」。夔州的情況好一些，雖然山腳下的江水仍然無法取用，城裡城外也無水井，幸而山中有泉水。為了把泉水引到聚落，當地人將竹子一剖為二，打通竹節，首尾相連，製成簡易的渡槽，長的可達數百丈。長長的竹管蜿蜒山間，如同一條條青色長龍，看起來頗為壯觀，但也很容易出問題——杜詩裡，就記載了兩次引水事故：

一天黃昏，竹管裡的水越來越細，越來越少。入夜，鄰居們為了爭奪殘存的泉水而爭吵起來。這時，杜甫家裡一個叫阿段的少年奴僕，不

第十一章 黔鄉

聲不響地沿著竹管去察看。到了三更時分，杜甫因患有消渴疾，即糖尿病，司馬相如亦罹此疾——需要不斷喝水，竹管裡的水卻斷流了。他很焦躁，一直沒睡，來回走動。正在不安之際，突然聽到了嘩嘩的水聲，「傳聲一注溼青雲」。原來，阿段已經獨自上山把損毀的竹管修好了。

阿段是個未成年人，按唐朝規矩，賤民所生子女，同樣屬於主人私有財產，相當於馬驢產駒。是以可以判定，阿段的父母也是賤民。杜甫為阿段的能幹特作七律一首，他在尾聯寫道：「曾驚陶侃胡奴異，怪爾常穿虎豹群。」——陶侃有一個胡奴，擅長游泳，最終卻因蛟龍而死；阿段半夜穿行在虎豹成群的大山，杜甫擔心他的安全。

杜甫此詩題為〈示獠奴阿段〉。獠人是一個古老民族，分布於中國西南及兩廣地區，是許多南方民族的祖先。今天，作為一個民族，獠人已不復存在。不過，他們的一些獨特生活方式，不僅載於史乘，而且流布現代。如唐朝張在《朝野僉載》中記載：「嶺南獠民好為蜜唧，即鼠胎未瞬、通身赤蠕者，飼之以蜜，釘之筵上，嗶嗶而行。以箸挾取，咬之，唧唧作聲，故曰蜜唧。」

夔州地處山區，山上多石頭，引水的竹管依山就勢，常因塌方而被倒塌或是飛落的石頭砸碎。

杜甫家有一個僕人叫信行。他長年吃素，為人安靜，做事沉穩。有一天，竹管又壞了。其時正值暑熱，信行翻山越嶺，前去修理。來回路程長達四十里——這一數字或許有些誇張，但二三十里總是有的。雖然竹管只有幾百丈，但竹管走的是直線，而山路卻一會兒下到溝谷，一會兒躍上山嶺。日落時分，信行回到家，臉龐被太陽烤得發紅，飯也沒吃。杜甫十分感動，又有些過意不去，急忙把自己最喜歡吃的瓜和餅拿出來分給他——對「律比畜產」的賤民，杜甫依然如此仁厚，足見其內

心的善良與人性的光輝。

　　杜甫的四處居所，除了最早寓居的西閣外，其餘三處均不在城裡，而是僻於山間。如今的奉節城四圍，山峰高插，山腰臺地上，稍微寬一些的地方都有人居住，白色或紅色的房子，懸掛在青色的山岩前。杜甫時代，山上人煙極為稀少，乃是獸類世界──諸種獸類中，居然出沒著百獸之王老虎。為了防虎，當地人家在庭院四周，豎起一根根木頭，再用竹籬笆在木頭與木頭之間編織為牆，並抹上泥土。

　　到夔州第二年初夏，杜甫已移居瀼西。趁著農閒時節，杜甫安排僕人們到山上伐木，以便修築防虎牆。一大早，杜甫就讓僕人們吃得飽飽的。他跟僕人們約定：每人每天砍回四根木頭。伐木的白谷在北邊山上，距家十里──如果砍一根扛回家再接著砍，那一天就得走八十里，顯然非常繁重。但僕人們中午時分就完工了。這可能因為，他們是一次性把四根木頭扛回來的。這就說明，他們伐的並非粗壯的大樹，而是一些小樹。儘管工作量不算大，杜甫仍認為僕人們冒著暑氣工作，非常辛苦，許諾說：「秋光近青岑，季月當泛菊。報之以微寒，共給酒一斛。」──要不了多久，秋光就將降臨青蔥的山嶺，重九登高理應飲菊花酒。屆時，我要慰勞你們，送你們一斛酒供你們抗風寒。

　　這年天氣熱得出人意料。從春末夏初到七月初，長達百餘天裡，不僅氣溫日高，且一直不下雨，「閉目逾十旬，大江不止渴」。杜甫一生最懼暑熱，早年在華州時就深為炎夏所苦。在那個「飛鳥苦熱死，池魚涸其泥」、「永日不可暮，炎蒸毒我腸」的苦夏，杜甫乃至於有些失態，「束帶發狂欲大叫」。夔州這年的乾旱與暑熱，比華州有過之而無不及，「大旱山岳焦，密雲復無雨」、「楚山經月火」。當地百姓眼巴巴地盼著下雨，還不僅是為了天氣轉涼，而是地裡的莊稼大多枯死了。當地人按古老習

第十一章　黯鄉

俗求雨，或請巫師跳舞，或抬菩薩出遊，或燒草龍祭天——立秋這天，即七月初三午後，終於下了一場久違的大雨。天氣轉涼，杜甫舒服地睡了一覺。

暮春，杜甫抵達夔州時，即有久居之意。

按中醫觀點，烏雞肉能治風疾，而風疾是晚年最困擾杜甫的疾病之一。於是，他養了一些烏雞。雞生蛋，蛋生雞，到夏天，已有數十隻之多。倘不準備久居，斷不可能養如此之多的雞。雞多起來後，帶來一個煩惱：它們成群結隊，咯咯咯地叫著到處覓食，所經之處，不僅遍地雞屎，還把家中搞得一片狼藉。杜甫草堂東側有一大片空地。他覺得，可以用竹子豎立為牆，圍起來養雞。

「樹雞柵」這件事，他交給了長子宗文去辦。宗文大概一時沒動手，杜甫忍不住專門寫了一首詩：〈催宗文樹雞柵〉。

秋天終於姍姍來臨後，杜甫又迫不及待地種菜。種菜，杜甫是有經驗的。在成都，他有菜園。更早以前在長安和洛陽的時候，是否也有菜園，也種菜，其詩無證。但推測應該有。杜甫對他種菜的手藝頗為自信：「畦蔬繞茅屋，自足媚盤餐」、「嘉蔬既不一，名數頗具陳」，不僅種的菜長得好，足以供盤餐之需，而且品種還相當豐富。

杜甫在夔州的菜地，大概就位於宗文「樹雞柵」的房屋東側。一場雨後，杜甫往地裡撒了許多萵苣種子——萵苣原產地中海沿岸，隋朝時經絲綢之路上的胡商傳入中土。據說，為了得到萵苣種子，最初的引種者為此耗費千金，所以萵苣另有一個名字：千金菜。

令杜甫意外而鬱悶的是，種子撒下去二十多天了，按理，早就該有一片綠油油的萵苣苗從泥土裡探出頭來，但他的菜地卻毫無動靜——萵苣一株沒發，野草倒是長得欣欣向榮。

於是，杜甫寫了長詩〈種萵苣詩並序〉。

有論者認為，〈催宗文樹雞柵〉和〈種萵苣詩並序〉兩詩，意在言外，都有隱喻和寄託。這種觀點，自然不無道理。但於我而言，我更願意把它們僅僅理解為字面所表述的意思，僅僅認為它們是杜甫對他真實生活的記錄。在杜甫以前和以後，都鮮有詩人把如此瑣碎的小事入詩，但杜甫入詩了，並且入得津津有味。這倒不一定是杜甫水平超越其他詩人，而是這種瑣碎平淡的生活，才是人生的真諦。就像那些生活在歷史記錄看起來平淡如水的年代的人是幸福的人一樣，催兒子「樹雞柵」和種萵苣時的杜甫，他也是幸福的——如果與他經歷過的「入門聞號咷，幼子飢已卒」或是「歲拾橡栗隨狙公，天寒日暮山谷裡」相比，這幸福更是如此珍貴，也如此艱難。

相對平靜，也相對不那麼為衣食而憂心忡忡的歲月，杜甫努力尋找，努力營造屬於他的小確幸。

一盞酒，一份尋常食物，一次重逢，一些新知，一場久旱後的雨水，一陣黃昏時的炊煙……這些細小而生動的事物，總能喚起正在老去的杜甫心中的美好和感動。

回報歲月的，是杜甫激昂的詩情。他迎來了畢生創作的巔峰——既是量的巔峰，也是質的巔峰。可以說，如果沒有夔州詩，杜甫仍然是一流詩人；但有了夔州詩，杜甫便是超一流詩人。

6

杜甫口味清淡，這從他喜歡作為主食的的幾種食物可窺一斑。它們是：青精飯、雕胡飯和槐葉冷淘。

第十一章 黔鄉

青精飯係道家發明，在修煉時作為進補之物。它用烏飯樹的莖葉榨汁後染黑稻米，再用這種黑米做飯，故又稱烏飯、黑飯。烏飯樹分布於中國南方地區，別名南燭、黑飯草、烏飯草，是一種一兩公尺高的灌木，其莖葉有藥用功能。

除了烏飯樹汁是必需的外，青精飯還要加入一些名貴藥材，製作精細，價格不菲。故此，杜甫雖然愛吃青精飯，卻常常難以遂願。他在詩中感嘆：「豈無青精飯，使我顏色好。苦乏大藥資，山林跡如掃。」

雕胡飯，就是用菰米做的飯——江南把菰稱為茭白，菰米就是茭白的籽。如今，菰米是一種中藥材，幾乎沒人當飯吃，但華人認為菰米當飯吃起源於周朝，已有兩三千年歷史。宋玉賦中有云：「為臣炊雕胡之飯，烹露葵之羹，來勸臣食。」

槐葉冷淘，即把槐樹的嫩葉摘下來，搗成汁水，用以和麵，做成麵條。麵條煮好後放入涼湯，加以佐料後食用。這種烹飪方法，與今天的涼麵十分類似。

在夔州期間，青精飯和雕胡飯的原材料都不易得，唯槐葉冷淘卻很方便。並且，長夏炎炎，槐葉冷淘就是理想的消暑食品。「青青高槐葉，採掇付中廚。新面來近市，汁滓宛相俱。」剛剛採下來的槐樹嫩葉，以及今年新收的麥子磨成的麵粉，食材新鮮，乃是上乘滋味的保證。「經齒冷於雪，勸人投比珠。」夾一筷子槐葉冷淘入口，麵條經過齒間，簡直如同雪一樣涼爽。勸客人吃這種槐葉冷淘，簡直等於是以明珠相贈。

意外的是，這麼一首寫消夏小吃的詩歌，詩人竟然也聯想起了他無日不擔憂不關心的聖上：「君王納涼晚，此味亦時須。」——這種暑天裡，皇上納涼晚了，腹中飢餓，也應該有一碗槐葉冷淘吃才行。這就是蘇東坡說杜甫「終身不用，而一飯未嘗忘君也歟」的證據。

儘管後人對唐玄宗的評價毀譽參半，對唐肅宗的評價更不甚高。但對生活於玄、肅二宗時代並親眼見證了開元盛世的杜甫來說，在他心中，玄宗是顯而易見的明君、聖君；肅宗平定安史之亂，挽狂瀾於既倒，扶大廈之將傾，對社稷有再造之功。至於玄、肅二宗所犯的錯誤和過失，顯然都是一時間奸臣矇蔽聖聰，浮雲遮日而已。

事實上，不僅是杜甫，舉凡史上以忠君著稱的文人，他們內心必須有一個堅定信念，即他們所盡忠的君王是明君、聖君，縱有過失，也不過是日之有食罷了。唯其如此，他們的忠誠才有意義，才有價值。否則，如果是對昏君、暴君的忠誠，那就是可怕的笑話。

一天，杜甫忽然驚喜地發現，與他相距不遠的鄰居，竟然是他的老朋友。老朋友姓王，未詳名字，排行十五，杜甫稱他王十五。

查杜詩，杜甫與王家的兩個老十五有交往。一個是王十五司馬，也就是曾出錢資助他修建成都草堂的表弟；另一個是王十五判官。王十五判官是黔中人，曾在蜀為官。廣德元年（西元763年），奉母還鄉，杜甫參加了為他舉行的餞行宴，分韻作詩，拈到開字，杜甫稱「艱危深仗濟時才」。

那麼，在夔州不期而遇這位，到底是王十五司馬還是王十五判官呢？很遺憾，老杜這一次寫詩時，只寫了王十五，後人無法判斷到底是王司馬還是王判官，王表弟還是王朋友。

不過，不管是王十五司馬還是王十五判官，這次異鄉邂逅，都讓他欣喜。過了幾天，王十五備了酒，寫了請柬派人送上門，請杜甫做客。杜甫正在病中，王十五聽說後，又叫人用肩輿來抬他。盛情難卻，杜甫抱病前往。王府的一道大菜，正是杜甫畢生最愛：魚膾。看到人家捕魚都要聯想起魚膾並口舌生津的吃貨，在姜少府席上，一口氣吃了一大條

第十一章 黯鄉

黃河鯉魚。今天,在王十五家又重見佳餚,按理,杜甫自當大吃特吃。

不幸的是,杜甫病得有點重,重得連魚膾都沒胃口吃。臨行時,王十五將魚膾打包,讓杜甫帶回家去。對這一番熱情,杜甫很感動:

楚岸收新雨,春臺引細風。情人來石上,鮮鱠出江中。鄰舍煩書札,肩輿強老翁。病身虛俊味,何幸飫兒童。

柏貞節對杜甫的照顧很真誠,也很細心。頻分的月俸是杜甫居夔期間的重要收入;爾後,他又讓杜甫管理東屯公田,解決杜甫一家的吃飯問題並頗有節餘。平日裡,他還令園官送菜蔬給杜甫。園官是管理公家園圃的小吏。俗話說,閻王好見,小鬼難纏。園官即是一個勢利小人。對柏貞節的吩咐,他自然不敢違背。但在送菜時,專選些野生苦蕒苣充數,杜甫相當不悅。

東屯的一百頃公田,原本有一個管理人員,叫張望。柏貞節把東屯交給杜甫管理後,他就成了張望的上司。水稻種下不久,張望去檢查稻田灌溉情況,回來向杜甫彙報。由是,杜甫眼前浮現出那片開墾於崇山峻嶺間的稻田。古老的稻田,從公孫述到杜甫,已經有五百多年了。儘管水稻才栽下,杜甫已經想到了豐收,想到了富足,想到了收割時多掉些穀穗,以便讓周邊那些無地可種的窮人都來撿一點。

過了一段時間,該薅秧了。大概之前受過園官的氣,杜甫對張望很不放心,他派阿稽和阿段兩個僕人前往東屯,看看張望的薅秧工作到底做得怎麼樣。到了秋天,水稻即將收割。杜甫更是放心不下。他乾脆暫時移居到了東屯——多達百頃的官田,當然會有幾間管理用房吧。杜甫不是一個人前往,而是帶著全家老小以及幾個僕人一起去的。這樣,他就把瀼西草堂交給一個他稱為吳郎的年輕人居住。施鴻保及日本學者古川末喜均認為,吳郎是杜甫的女婿。似可信。

瀼西草堂前栽有棗樹，鄰近的一個貧苦老婦，經常過來打棗子充飢。以前，杜甫都是聽之任之。沒想到吳郎卻編了一道籬笆牆把棗樹圍起來，那個老婦人自此不敢再來了。杜甫聞訊，急忙寫詩提醒吳郎：「堂前撲棗任西鄰，無食無兒一婦人。」堂前的棗子，就任由西鄰那位老婦撲打吧，她是一個無兒無女窮得吃不起飯的可憐人。「不為困窮寧有此？只緣恐懼轉須親。」不是因為窮困，她哪裡會這麼做？我以前怕她疑懼，所以對她更親切。「即防遠客雖多事，使插疏籬卻甚真。」即便她因你是遠來的陌生客而不敢撲棗乃是不必要之舉，但你編籬為牆卻使她誤以為你討厭她，不讓她來。「已訴徵求貧到骨，正思戎馬淚盈巾。」橫徵暴斂之下，到處都是像她這種窮得一無所有的人啊，每當想起烽火不熄，天下困頓，我就不由得熱淚沾巾。

不久，重陽節前一天，吳郎到東屯看望杜甫，杜甫很高興，請他明天過來飲菊花酒。然而，吳郎卻爽約了。

杜甫只好獨自把酒。酒後，他信步走出草堂，來到江邊的高臺上憑欄遠眺。酒意引燃了思念，眺望催生了惆悵，一如漸漸深起來的秋天，高天滾過烏雲，而江水變得清寒：

重陽獨酌杯中酒，抱病起登江上臺。竹葉於人既無分，菊花從此不須開。殊方日落玄猿哭，舊國霜前白雁來。弟妹蕭條各何在，干戈衰謝兩相催。

重陽佳節，原當與親人相聚，少年王維在異鄉時也會發出「獨在異鄉為異客，每逢佳節倍思親」的嘆息，何況杜甫這種風燭殘年、來日無多的老人？獨酌漫飲，抱病登臺，耳畔但聞猿啼，眼前又見征雁，而干戈不息，海內未寧，弟妹遙遠……秋天本就是一個敏感季節，何況悲秋之上還要疊加戰亂、老病、田園將蕪胡不歸……

第十一章 黯鄉

7

移居東屯前後,命運之錘又一次重擊杜甫:他的耳朵聾了。

生年鶡冠子,嘆世鹿皮翁。眼復幾時暗,耳從前月聾。猿鳴秋淚缺,雀噪晚愁空。黃落驚山樹,呼兒問朔風。

鶡冠子,戰國時楚國人,有賢才而不出仕,隱居山中,以鶡鳥羽為冠。鹿皮翁,民間傳說的仙人,身著鹿皮衣,食芝草飲神泉,不問世事。杜甫以鶡冠子和鹿皮翁自喻,用他們的避世無聽來比喻耳聾。

早在天寶十三載(西元754年),杜甫就自稱「頭白眼暗坐有胝」——那時,他的眼睛就老花了。「眼復幾時暗,耳從前月聾」——我本來就希望眼不能見耳不能聽,以便對世事不聞不問。眼睛倒是很早就昏花了,但不知要到什麼時候才瞎。耳朵呢,是前月開始聾的。「猿鳴秋淚缺,雀噪晚愁空」——耳聾了,聽不到悲涼的猿啼,也就不再因之落淚;耳聾了,聽不到鳥雀的晚噪,也就不再引發愁思。「黃落驚山樹,呼兒問朔風」——只是,驚見黃葉從樹上紛紛飄落,叫兒子過來問他是不是刮北風了。

前人評論此詩,大抵稱道杜甫「刻劃自趣,不病其巧」,甚至認為他「一掃苦悶沉鬱之風」。竊以為,這些頗為拔高的評價,有站著說話不腰痛之嫌。對五十多歲,身患多種疾病的杜甫而言,突然間耳朵也聽不見了,該是何等悲痛 —— 不幸中的萬幸是,「君不見夔子之國杜陵翁,牙齒半落左耳聾」,他只是左耳聾了。耳聾帶來的不便和痛苦,詩人雖在詩中不無自黑,但那只是不得不面對既定現實的無可奈何。

我讀杜詩,每每驚訝於作者隔三岔五的啼飢號寒,嘆病憂疾。這些詩用典準確,對仗工穩,甚至,會讓人覺得窮病也被他寫得充滿機趣,

讓人神往。然而，這只是才華造成的錯覺。才華掩蓋了貧病對詩人錐心噬骨的打擊。正如明人張潮說過的那樣：「境有言之極雅，而實難堪者，貧病也。」

才華掩蓋了的貧病也是貧病，他人或後人站在局外，固然可以欣賞其詩句，感嘆其才華。但身處其中的當事人，卻如魚飲水，冷暖自知。如「雨昏陋巷燈無焰，風過貧家壁有聲」、「可憐最是牽衣女，哭說鄰家午飯香」、「全家都在秋風裡，九月衣裳未剪裁」，以文辭來說，無不才華橫溢，且有一種難訴的風雅。然而，若真的處於昏燈一盞，垣牆破漏，爨火難續，寒衣無著的窮困中，縱有風雅，也是強作的風雅，實則是淒寒到骨的悲與愁。

以杜甫來說，除了年輕時有父親這座靠山，生活也曾鮮衣怒馬外，自中年入長安後，境況多艱，幾度陷於絕境。蜀中和夔州，算是相對穩定的幸福歲月。所以，此兩時期，他嘆貧哭窮的作品不多。困擾他的，是疾病。自兩川到夔州再到湖湘，杜甫生命的最後十年，沉痾在身，疾病像陽光下的影子，亦步亦趨，不離左右。

據研究者統計，杜甫一千四百多首現存詩作中，涉及疾病的多達二百零五首。四十歲那年，杜甫在寫給鄭審的詩中，自稱「多請病假儒服」。可見，還在壯年時期，曾經健如黃犢的杜甫就是多愁多病之身。此後，「多病也身輕」、「多病所須唯藥物」之類的詩句俯拾即是。夔州期間，杜甫至少患有如下疾病：耳聾、眼花、肺疾、消渴病、風疾，以及不時發作的瘧疾。儘管才五十多歲，杜甫就已頭髮全白，牙齒掉了一半，完全是一個風燭殘年的老人了。

長年疾病對人的心理當然會產生嚴重影響，對敏感的詩人尤其如此。一方面，疾病讓人油然產生虛無感與幻滅感，但同時也可能讓人對

第十一章　黯鄉

生死更為達觀，即所謂看破紅塵。另一方面，疾病讓人纏綿病榻，疏於社會活動，孤獨之後變得愈加敏感——對故人、故事、故土，對業已消失的好時光的敏感。

8

大曆二年（西元 767 年）十月十九日，秋高氣爽，杜甫到夔州別駕元持府中做客。別駕是別駕從事史的省稱。漢時始置，為刺史下屬，因級別高於其他佐官，出巡時別乘一車跟於刺史之後，故名別駕。後世改稱長史。宋代各州的通判，因其職似別駕，也沿用古名稱之。元持和杜甫是老鄉，肅宗時，他得權宦李輔國之助，與其兄併入中樞。李輔國倒臺後，元持貶夔州別駕。

元別駕的家宴弄得很有情調，其中，最讓客人們驚豔的是劍器舞。表演劍器舞的是一個女子，叫李十二孃。李十二孃的精采表演讓杜甫陷入了悠遠的回憶。他想起六歲那年，觀看過另一個女子的劍器舞。那個女子人稱公孫大娘。一問之下，杜甫得知，眼前的李十二孃，正是記憶中的公孫大娘的弟子。

「昔有佳人公孫氏，一舞劍器動四方。觀者如山色沮喪，天地為之久低昂。」杜甫在詩序裡回憶，玄宗在位時期，高手雲集的宮廷裡，為皇室服務的內外藝人達數千之多，精通劍器舞的卻只有公孫大娘一個。公孫大娘擅長多種劍器舞，最令觀眾緊張、興奮的是她拋劍的絕招：她在舞劍時突然將劍向高空拋去，長劍衝上十餘丈，在「色沮喪」的觀眾們的驚呼中，寶劍飛速落下，公孫大娘手持劍鞘迎上去，寶劍不偏不斜，正好插入鞘中。據說，大書法家張旭曾觀看公孫大娘舞劍，並從中得到啟發，「自此草書長進」。

前一次觀看劍器舞，舞劍的是年輕佳人公孫氏；再一次觀看劍器舞，距上一次已五十年，舞劍的是曾經的年輕佳人公孫氏的弟子李十二孃。並且，李十二孃也不再年輕。公孫氏的劍器可以透過弟子流傳下來，但「五十年間似反掌」的歲月之後，玄宗開創的盛世卻一去不復返。甚至，盛世的開創者已死去數年，墓木早拱。至於相隔半個世紀的兩場劍器舞的觀眾，時間已將杜甫由一個天真爛漫的孩童變成一個行將就木的垂垂老者。

從劍器舞表演者的前後相替，到個人生活的今昔迥異，折射出的是時代滄海桑田的變遷。經歷了安史之亂，國家不復盛唐氣象，而詩人也無法重返從前的人生好境。

元府的宴會散了，夜長更深，杜甫辭別主人回家。家在城外山嶺上，他獨自行走於細細的山徑。月色朦朧，帶著晚秋的寒涼，夜風撲臉，像一些冰涼的手在撫摸。

那樣的夜晚，杜甫多半有淚。

夔州歲月，杜甫總是陷入深深的回憶。彷彿只要堅持回憶，人生就可以昨日重現。那些逝去的歡笑與放蕩，適意和驕傲，就會重臨秋風遍地的峽江孤城。

於是，我們今天看到，杜甫在夔州，寫下了如此之多自述平生與追懷故人的詩篇。

這一點，程千帆指出：「當我們仔細檢點這些最能代表杜甫晚年詩歌創作成就的作品時，就會發現，它們籠罩著一種濃厚的懷舊情緒，同時也就體現著由現在回溯到過去的反省。」

青春歲月，意氣飛揚，總是對未來充滿美好遐想；遲暮衰年，意興闌珊，總是陷於對過往的追思與緬懷。彷彿只有在追思與緬懷中，老病

第十一章　黯鄉

孤苦的日子才會榨出一點點生機和亮色。

夔州期間，杜甫的詩筆更像是撒進記憶之海的漁網，盡力打撈那些陳年舊事——陳年舊事有如陳年老酒，能帶來短暫的安慰與迷醉。然後，庶幾可以用來抵擋日益不堪的流年。於是，我們看到了〈壯遊〉、〈昔遊〉、〈遣懷〉這些總結平生，有若自傳的長詩。

然而，無論怎樣追懷，無論怎樣留戀，個人而言，「放蕩齊趙間，裘馬頗清狂」的快意絕不會重來；國家而言，「是時倉廩實，洞達寰區開」的盛況已成過往。於是，回憶帶來的短暫愉悅後，杜甫又陷入了更深的憂思。

杜甫不僅用詩為自己立傳，更為他人立傳。這便是〈八哀詩〉。八個與杜甫同時或稍早的著名人物，杜甫與之或為至交，或曾謀面，或僅聞名。他們有一個共同點：都是大唐帝國由盛轉衰之際的親歷者、見證者、參與者。程千帆認為：「杜甫對這八位歷史人物的回憶，是還有他獨特的體驗的。這表現在，他不僅注意了他們才能的卓越和事業的輝煌，而且，還注意了他們的才智不被了解和事業難以發展的悲哀，這也就是杜甫將這組詩題為〈八哀〉的原因。舉凡李光弼的忠而見謗，鄭虔的時乖運蹇，李邕的被杖橫死，張九齡的才高見嫉，正如古人所說的那樣：『哀八公，非獨哀其亡逝，大半皆有惜其不能盡用於時之戚。』」

每一個時代，即便政治清明、進退有序的盛世，也總有無數才華橫溢者被遮蔽、被埋沒。杜甫所寫的八個人，可以說每一個人的政治地位、家庭出身都遠比他高，但是，就連他們也不能盡用於時，何況杜甫呢？在對八公的哀輓之中，隱然有杜甫潛意識的自慰。

如果說〈八哀詩〉立足於當世，為當世已逝者立傳，並隱約表露自己

心跡的話,那麼,同樣在夔州寫就的〈詠懷古蹟五首〉,則把筆伸向了歷史人物。夔州古蹟眾多,與之相關的歷史人物亦不少,杜甫選擇了五個:庾信、宋玉、王昭君、劉備和諸葛亮。

五人中,庾信並沒有到過夔州,夔州自然也無其遺跡。但庾信曾避侯景之亂逃往江陵,而江陵正是杜甫擬告別夔州後前往的地方,由是想起庾信,也在情理中。此外,第一首雖涉及庾信,更多的卻是陳說詩人自身遭遇:「支離東北風塵際,漂泊西南天地間。」庾信畢生為命運所驅,也曾顛沛流離,誠如其〈哀江南賦〉所稱:「信年始二毛,即逢喪亂,狼狽流離,至於沒齒」、「庾信平生最蕭瑟,暮年詩賦動江關」。其時,杜甫也是暮年,可以肯定,杜甫雖然不見重於當時,但他的詩名還是頗大的,而內心深處,他更是對身後詩名的流傳心知肚明。所以,他以庾信自比。

宋玉以悲秋著稱。他出身低微,雖曾接近楚王,惜未見用,所以杜甫把他引為異代知己。王昭君本是絕代佳人,因不願賄賂畫師毛延壽而被故意畫得很醜,多年冷落宮中,不得不出塞和親。王昭君的埋沒,也讓杜甫看到了自己襟抱未開。三位古人就是三面鏡子,他們照見了鏡中的杜甫:在懷才不遇中漸入暮年,而希望不再有。

至於劉備和諸葛亮,此兩人在夔州留下了頗多遺跡。尤其重要的是,劉備與諸葛亮的君臣關係,一直被後人視為可遇不可求的典範。杜甫畢生敬重、羨慕諸葛亮。諸葛亮能出將入相,建功立業,除了個人才幹之外,劉備的信任也是另一個重要條件。

杜甫以諸葛自喻,可是,他永遠沒有遇到劉備。

第十一章 黯鄉

9

秋天來了,夔州一帶的長江兩岸,風寒林肅,常有猿猴在高處悲鳴,如泣如訴,眾山皆響。如同酈道元記錄的漁歌:「巴東三峽巫峽長,猿鳴三聲淚沾裳。」八年前,李白也聽到過三峽的猿聲。猿聲同樣淒苦,李白卻快活無比,因為他遇上大赦免去了流放夜郎的處罰,故而「兩岸猿聲啼不住,輕舟已過萬重山」——與此同時,杜甫從華州去官回家,帶著家小流寓秦州。狼狽不堪的杜甫一直為李白擔憂,一連三天晚上都夢見他。

與李白相反,八年後,同樣的猿啼,帶給杜甫的卻是滿腔悲愁與哀怨。斯時的杜甫老病在身,壯志未酬,生計日拙,不得不依靠柏貞節這樣的小軍閥混飯吃。更兼戰亂不休,國事蜩螗,北望長安,家山難返。於是乎,猿猴的悲啼觸動了詩人敏感而自尊的神經,故而下淚,故而掩袂,故而不斷寫到猿啼:「風急天高猿嘯哀」、「聽猿實下三聲淚」……

秋天催生了杜詩的巔峰之作:〈秋興八首〉。

正如題目表明的那樣,〈秋興八首〉是一組由八首詩構成的組詩。無論從內容還是從結構來說,它們都是一個不可分割的整體。明人王嗣奭在《杜臆》中說:「〈秋興八首〉以第一首起興,而後七首俱發中懷,或承上,或起下,或互相發,或遙相應,總是一篇文字,拆去一章不得,單選一章不得。」今人蕭滌非認為:「〈秋興八首〉乃是首尾相銜,有一定次第,不能移易,八首隻如一首。全詩以第四首為過渡,分為前後兩部分。前三首由夔州思及長安,後五首由思長而歸結到夔州。全詩將故國之思與個人身世之嘆融為一體,而又以前者為重。」

這是大曆元年(西元 766 年)秋天,暮春時由雲安至夔州的杜甫在這

座小城生活半年多了。去年，他到雲安時是秋天，菊花遍地怒放，而現在，又一年的菊花開放了。叢菊兩開，意味著時間在流逝。對一個五十多歲的多病老人而言，生命離墳墓又近了兩步。杜甫出峽，原本是為了還鄉，但是，叢菊兩開，他還寄食殊方，孤舟一繫。季節變換，峽江波浪直湧接天，夔州城樓風雲變幻。詩人佇立徘徊之際，耳畔傳來一陣陣製作寒衣的搗衣聲：

　　玉露凋傷楓樹林，巫山巫峽氣蕭森。江間波浪兼天湧，塞上風雲接地陰。叢菊兩開他日淚，孤舟一繫故園心。寒衣處處催刀尺，白帝城高急暮砧。

　　那時候，杜甫尚未接手東屯稻田，果園也還沒買，至多趁著天涼種種萵苣，而秋深之後，這些農事都停止了。客居無聊，思鄉情切，杜甫常常站在孤城之上，遙看落日西墜。當夜色籠罩大地，秋後的天空明淨如洗，閃亮的星子密密麻麻。杜甫抬起頭，尋找北斗星，然後順著北斗星的方向長時間地悵望——那個方向，便是他日夜思念的京華。京華記錄了他「朝扣富兒門，暮隨肥馬塵」的狼狽與辛酸，但也記錄了他「集賢學士如堵牆，觀我落筆中書堂」的光彩和榮耀。尤其重要的是，長安是帝國的中心，是神聖的首都，他遠大的政治理想，只有在那裡，才有實現的可能。

　　悵望之際，山上傳來陣陣猿猴的悲鳴。杜甫回想自己曾打算隨嚴武一起還朝，卻因嚴武暴死而成空；至於像從前那樣到臺省值班，更成畫餅。

　　恍惚間，遠處女牆上，有人在吹笛，樂聲傳來，杜甫從沉思中回過神，他看到藤蘿梢頭的月亮，已經移照到了沙洲前的荻花上了。夜，深了，涼了。

第十一章　夔鄉

> 夔府孤城落日斜，每依北斗望京華。聽猿實下三聲淚，奉使虛隨八月槎。畫省香爐違伏枕，山樓粉堞隱悲笳。請看石上藤蘿月，已映洲前蘆荻花。

老杜的一生，很多時候都不合時宜。他固執堅守自己的理想與操守，不願與他人同流合汙。然而，撓撓者易折，皎皎者易汙。當年的同學少年，肥馬輕裘，他卻故園萬里，老病孤舟，其間的落差，讓杜甫很是不甘，也很是怨怒——他大概忘了，他也曾經肥馬輕裘。然此一時也彼一時也，秋景清寒，晚境孤苦，老去的杜甫變得更加孤傲。

夔州西閣城樓，是杜甫經常登臨的地方。這年秋天，他幾乎每天都要前往。在那裡，可以看到這座千戶人家的山城，安靜地沐浴在朝陽下；而他天天登樓，呆坐在翠微的山色中。城樓下，江上信宿的漁人終於划船離去；城樓上，即將南飛的秋燕，故意在眼前飛來飛去，如在告別。杜甫聯想到了漢時上疏的匡衡與傳經的劉向，他們曾是自己的榜樣。然而，事與願違，終至理想成灰。當年那些同學少年，他們大多發跡了，住在長安附近的五陵，衣輕裘，騎肥馬，哪裡還會想到我呢？不過，他們雖然肥富，而無人以天下蒼生為念，我其實根本看不起他們啊：

> 千家山郭靜朝暉，日日江樓坐翠微。信宿漁人還泛泛，清秋燕子故飛飛。匡衡抗疏功名薄，劉向傳經心事違。同學少年多不賤，五陵衣馬自輕肥。

第四首，杜甫由此時身處的夔州，想到了欲歸而不得的長安。整個〈秋興八首〉從第四首開始轉換，接下來的四首均主要落筆長安。

> 聞道長安似弈棋，百年世事不勝悲。王侯第宅皆新主，文武衣冠異昔時。直北關山金鼓震，征西車馬羽書馳。魚龍寂寞秋江冷，故國平居有所思。

——我聽說長安政局多變,像下棋一樣難以捉摸。人生百年,世事不勝悲哀。聽說王侯將相的宅第都換了主人,朝中的文武官員也不是從前那一批了。京師正北的關山一帶金鼓震天,羽檄賓士,與吐蕃和回紇的戰爭持續不斷。在這魚龍寂寞秋江寒冷的孤城,我不禁想起過去在長安的種種經歷。

　　諸家都認為,此詩是承下啟下的一首,就在於最後一句:「故國平居有所思。」接下來四首,果然都是詩人回憶昔日在長安的所見所聞所感。

　　杜甫離開生活了十餘年的長安八年了,儘管他年已五十五,貧病交加,但內心深處,他還是渴望或者說夢想有朝一日再回長安——不僅是在長安生活,更是在長安重走中斷了的仕途。哀莫大於心不死,暮年的杜甫在失意與潦倒中猶自渴望為國家效力、為君王效忠的幻想即如是。

　　短暫的左拾遺生涯,是杜甫一生中最難磨滅的輝煌。所以,他「故國平居有所思」時,首先想起的就是擔任左拾遺時的早朝盛況:

　　蓬萊宮闕對南山,承露金莖霄漢間。西望瑤池降王母,東來紫氣滿函關。雲移雉尾開宮扇,日繞龍鱗識聖顏。一臥滄江驚歲晚,幾回青瑣點朝班。

　　首聯和頷聯寫記憶中早朝的大明宮(即蓬萊宮)的地理位置及景象:「巍峨的大明宮正對著終南山,承露仙人高聳入雲。向西望,可以看到西王母降臨的瑤池;向東看,可以眺望老子騎青牛經過的紫氣飄浮的函谷關。」事實上,大明宮不可能看到瑤池,也不可能望見函谷關,唐宮中也沒有漢宮才有的承露仙盤。杜甫用這種誇張的手法,不過是為了極寫宮廷的莊嚴堂皇。當然,也有人說他是藉此批評玄宗晚年沉溺道教。

　　前兩聯是遠景,接下來的頸聯則是近景,鏡頭不斷推近:「聖上落座後,雲彩一樣的宮扇緩緩移開,我看到了近在咫尺的聖上,如同太陽照

第十一章　黯鄉

耀龍身上的鱗片一樣光華奪目。」

尾聯是無盡的感慨——撫今追昔，昔年的榮耀隨風飄逝，空餘回憶以及回憶帶來的惆悵：「如今，我臥病滄桑的江邊小城，驚嘆歲月流逝，年華老去，只能徒勞地回憶那時在長安上朝的往事。」

夔州瞿塘峽和長安曲江，兩者相距千里，好像沒有什麼關聯。不過，在杜甫眼裡，它們卻能連在一起。

連線之物便是秋天，秋天的萬里風煙。

第六首，杜甫遠眺峽口而思曲江，回憶起十多年前曲江遊樂盛況，反思玄宗耽於享樂終至天下大亂。盛世這隻昂貴的杯子被他親手製造出來，又親手摔得粉碎。

瞿塘峽口曲江頭，萬里風煙接素秋。花萼夾城通御氣，芙蓉小苑入邊愁。珠簾繡柱圍黃鵠，錦纜牙檣起白鷗。回首可憐歌舞地，秦中自古帝王州。

遠眺瞿塘峽口，讓我聯想起了曲江頭。萬里風煙將兩地的秋天連在了一起。當年玄宗修築了一道夾城，從花萼樓通往曲江，以便前去遊賞。沒想到安史之亂長安淪陷，芙蓉苑竟然也陷入邊愁。在我的記憶中，曲江江頭宮殿密布，珠簾繡柱高高矗立，連高飛的黃鵠也被包圍了。曲江上，畫舫往來，白鷗一次次地驚飛。如今，我在偏遠的夔州回首曲江，哀嘆秦中自古就是帝王建都之地、享樂之所，實在是可憐至極。

西安西南的繞城高速外側，灃河與潏河之間，曾有一座周長達四十里的人工湖。那就是漢武帝開鑿的昆明池。係漢武帝為訓練水軍，也為解決長安水源問題而興建。到十六國時，漸漸乾涸。北魏時，進行了大規模修整。所以，杜甫看到的昆明池，是一座波光接天的大湖。湖邊，

有兩塊石頭，像是傳說中的牛郎織女，稱為牛郎石和織女石。此外，還用石頭雕刻成鯨魚安放在水邊。今天，昔年的大湖蕩然無存，只有一個稱為昆明池七夕公園的景點。景點內，有一汪周長不過五六里的小湖，名為七夕湖。

杜甫在長安超過十年，長安城裡城外的景點，可以肯定，他大多數都去過，而且，有些地方還不止去過一次。當他流落夔州，追憶往事，昔日的遊蹤與景象自然而然地躍上心頭。昆明湖亦如此：

昆明池水漢時功，武帝旌旗在眼中。織女機絲虛夜月，石鯨鱗甲動秋風。波漂菰米沉雲黑，露冷蓮房墜粉紅。關塞極天唯鳥道，江湖滿地一漁翁。

昆明池是漢朝時開鑿的，漢武帝訓練水軍的軍旗彷彿還飄揚在我眼中。岸邊的織女石，她織布的機絲空負了明月；岸邊的石鯨，它的鱗甲彷彿在秋風中閃動。波浪飄來了沉甸甸的菰米，如同下沉的黑雲；露水打溼了蓮蓬，殘紅墜落，如同紅粉凋零。當我回想起這些盛景時，我身在夔州。關塞極天，只有鳥兒才能飛回長安。而我浪跡江湖，像一個無家可歸的老漁翁。

〈秋興八首〉之八，追憶當年渼陂之遊——前文已述及，此處不贅。總之，無論是憶昆明池還是渼陂，抑或曲江，其主旨都不外乎憶昔遊而嘆衰老。

然而，過去種種美好，已隨昨日而逝；今日種種不堪，將隨今日俱來。

不論氣質稟賦、個人旨趣還是人生追求，杜甫與他同時代的那些大詩人都迥然相異。如果說李白與王維選擇了逍遙，那杜甫就選擇了拯救；如果說高適、岑參傾向於事功，那杜甫就傾向於立言——這選擇也許並

第十一章　黯鄉

非他的初衷，而是時代潮流與個人命運合力的結果。

作為中國有史以來最偉大的詩歌之集大成者，杜甫承受了一個文人難以承受的生命之重。他的悲苦、磨難，人生的諸般愁恨不遂，沒有讓他逃避或沉淪，而是付之以驚人的寬容和忍耐。儒家的溫柔敦厚與道家的太上忘情如此對立又如此統一。

我們讀李白或其他詩人的詩集，難以還原或比較難以還原他們的真實生活及真實心路歷程。但杜甫不同，他的詩歌同他的生活以及他的「最好的時代、最壞的時代」水乳交融，難分彼此。因之，唐人孟棨才在《本事詩》中說：「杜逢祿山之難，流離隴蜀，畢陳於詩，推見至隱，殆無遺事，故當時號為詩史。」

打開杜甫全集，那一千四百多首長長短短的詩作，既是一個儒家知識分子一生命運的真實寫照，也是一個由盛轉衰，由治而亂的大時代的悲壯長歌。

國家不幸詩家幸，詩家不幸後人幸。

10

有了柏貞節照料，應該說，杜甫一家的生活水準在中產以上。但是，對杜甫來講，夔州仍是不宜久居的異鄉。並且，與成都相比，還有更多不如人意處。

第一，夔州天氣炎熱。比如他到夔州的永泰二年（西元 766 年），夔州一帶春旱連夏旱，數月未雨，江水枯竭，水中無行舟。杜甫本是北人，從未經歷過南方暑熱，他煩悶不已，晚上點根蠟燭也覺熱不可擋，束根腰帶竟有如芒刺。

令人感動的是，當杜甫困於暑熱時，他卻念及征夫戍子，感嘆他們在烈日下勞作，更加酷熱難當——其情其理，依然是〈茅屋為秋風所破歌〉所傳達的濃烈的仁者情懷。

第二，當地的生活習俗也令他頗感不適。夔州期間，長江中的一種魚令杜甫留下了深刻印象。這就是黃魚。他在〈戲作俳諧體遣悶二首〉中說夔州「家家養烏鬼，頓頓食黃魚」。此外，他還有一首詩專寫黃魚，題目就叫〈黃魚〉：

日見巴東峽，黃魚出浪新。脂膏兼飼犬，長大不容身。

筒桶相沿久，風雷肯為神。泥沙卷涎沫，回首怪龍鱗。

黃魚是什麼魚呢？當然不是產自海洋的大黃魚小黃魚。《爾雅》郭璞註解說：「鱤，大魚……肉黃，大者長二三丈，今江東呼為黃魚。」

那麼，鱤魚又是什麼魚呢？《古代漢語詞典》解釋說：鱘一類的魚。由此可以確定，杜甫筆下的黃魚，其實就是中華鱘。

奉節縣秦漢時名為魚復縣，蜀漢時改名永安，以後兩晉南北朝仍名魚復，直到唐朝貞觀年間才改名奉節。

魚復這個名字的來歷，源於梅溪河東岸八陣圖下面的沙洲。據說，下游洞庭湖一帶的黃魚每年溯游到此產卵，然後復返洞庭，故名魚復。

中華鱘喜聚於河流入海口，每年秋季洄游，在江河上游的深潭或是水流湍急的岩石壅積處產卵。看來古人的記載誠不我欺。

今天已因稀少而列入保育類動物名錄中的中華鱘，在一千多年前的唐代卻是一種非常濫賤的東西。不僅生活在長江之濱的人們頓頓以之為食——從「家家養烏鬼，頓頓食黃魚」的詩句中可以充分感受得到，杜甫對永遠也吃不完的黃魚頗為反胃。甚至，黃魚實在太多——體長兩三

第十一章　黯鄉

丈的黃魚，幾百上千斤，沒有冰箱的年頭，要想多儲存幾天也不可得，人又吃不完或是吃得生厭，只好用來餵狗。一方面，杜甫讚美夔州雄奇的山水；另一方面，又對惡劣的風俗深惡痛絕。他總結為：「形勝有餘風土惡。」

第三，夔州雖是川峽中最繁華的城市，但群山阻塞，仍然是遠離京師的偏僻荒遠之地。

第四，對杜甫優禮有加的柏貞節調離了夔州，舅氏崔卿翁暫攝州事僅三五個月，也離開了夔州。很可能，新任夔州刺史與杜甫並無交情，或是淡交，不再給予杜甫必要的照顧。

是故，雖然杜甫偶爾也有終老夔州的念頭，但這念頭總是一閃即逝。只要有機會，他還是想出峽，還是想回關中或河南。最不濟，也要先順流而下，到荊楚再做打算。

就在這時，許久未聯繫的弟弟杜觀忽然來信了。

四個弟弟裡，小弟杜占長期跟隨他。杜甫出川時，有一種說法是，杜占並未同行，而是留在了草堂。後來成都華陽一帶的杜姓，就是他的後裔。杜穎和杜觀，多年流落山東；杜豐「獨在江左，近三四載寂無消息」。

客居夔州期間，杜觀忽然向杜甫來信，並隨後趕到夔州。兄弟倆約定：杜觀返回藍田迎接家小，爾後在江陵與杜甫相會。江陵既地處長江之濱，又距長江支流漢水不遠，是由荊楚通往關中的要津。因此，當關中又一次陷入戰亂，而杜甫回關中的願望無法實現時，他希望和弟弟一起，暫居江陵，一俟戰亂平息，就可從荊襄大道北返。

杜甫與杜觀約定暫住江陵，除了江陵地處荊襄大道，交通方便外，還有另一個重要原因，那就是杜甫的堂弟杜位，在荊南節度使兼江陵尹

衛伯玉手下任行軍司馬。至於衛伯玉本人，也與杜甫係舊交。期望得到杜位和衛伯玉的照顧，乃是杜甫卜居江陵的題中之意。

大曆三年（西元768年）初，杜甫再次接到杜觀來信。杜觀告訴他，他已在江陵下轄的當陽縣找到了居處，請他攜家前往。

於是，杜甫決定在正月中旬出峽。杜甫把親手打理的四十畝果園和草堂都送給了他稱為南卿兄的一個朋友，並於大曆三年（西元768年）正月買舟東下。正是在前往江陵的客舟上，杜甫想像了他的晚歲生活：在江陵暫居一陣，待時局穩定，即返北方，與兄弟們團聚。從此，像隱居杜陵的蔣詡和隱居東陵的邵平那樣，不問世事，唯與兄弟們杯酒相娛。

正月卻沒能成行，大約是頗多雜事需要處理。直到二月中旬，杜甫一家終於踏上了東去的客船。然而，臨行之際，杜甫卻「入舟翻不樂，解纜獨長吁」——畢竟，夔府孤城，他生活了一年又九個月。瀼西的果園，東屯的稻田，以及幾處草堂，都傾注了他無限心血。他在這座小城裡，有過屬於自己的悲愁與歡樂，更有過屬於自己的杜鵑啼血般的吟哦。

據浦起龍〈少陵編年詩目譜〉統計，杜甫現存詩作，從創作時間來看，始於二十五歲，止於五十九歲，共計一千四百五十八首。夔州生活近兩年，作詩四百三十二首。此數據表明，夔州的創作時間雖然只占詩人全部創作時間的約百分之六，卻寫出了占總數約百分之三十的作品。另據仇兆鰲統計，數字雖有小差別，比重仍然差不多。

並且，尤其重要的是，夔州期間不僅作品數量多，品質也高。可以說，經過多年曆練，詩聖的詩藝已趨化境，爐火純青。比如黃庭堅認為：「觀杜子美到夔州後詩，韓退之自潮州還朝後文章，皆不煩繩削而自合矣。」王十朋則說：「夔州三百篇，高配風雅頌。」

第十一章 黯鄉

第十二章　曲終

江漢思歸客，乾坤一腐儒。

　　　　　　　　　　　　　　　　　—— 杜甫

我們存在而又不存在。

　　　　　　　　　　　　　　—— 赫拉克利特（Heraclitus）

1

透過一條長長的風雨廊，我從白帝鎮倚靠的子陽山麓走進業已成為孤島的白帝城。我的左側是草堂河，由於三峽蓄水，水位高漲，形同湖面；右側是滾滾而來的長江。站在白帝城東側眺望，便是夔門。

長江左岸的赤甲山上，鄰江的水濱，是曾經的瞿塘關；長江右岸的白鹽山，山腰臺地上錯落著白色、灰色的農舍。在兩岸壁立千仞的危巖夾峙下，江面急遽收縮，最窄處不到五十公尺，望之如門，故曰夔門。急流奔湧，形成了杜詩所描繪的「眾水會涪萬，瞿塘爭一門」的壯觀景象。

從白帝城前順江而下，兩三公里的地方，江畔的大山變得愈加陡峭，褐色岩石直插藍天。這裡，是瞿塘峽的組成部分：風箱峽。峭壁上有幾條石縫，其中一條石縫裡，橫放著一些長方形木匣。當地人相傳，這是魯班放在那兒的風箱 —— 風箱峽這名字就是這麼來的。

多年來，儘管江面上船來船往，人們對所謂魯班的風箱到底是什麼

第十二章　曲終

東西，並不曾進一步探索。因為，崖太陡，壁太險，根本上不去。

直到 1970 年代，幾個特別擅長攀爬的採藥人，冒著掉進江中以及被頭頂滾落的石頭擊中的危險，登上了風箱所在的石縫——他們發現，長方形木匣子，壓根兒不是風箱，而是棺材。

原來，這就是曾經生活在三峽地區的巴人遺留的懸棺。後來，經過對棺材中帶回的各種文物的鑑定，確認這些懸棺放置於戰國或秦漢時期。也就是說，來往於三峽的公孫述、劉備、諸葛亮、李白和杜甫都見過它們，只不過不識廬山真面目而已。

自奉節東下，直線距離只四十公里處便是巫山。當我再一次見到浩蕩的江水時，巫山縣城到了。

如同奉節一樣，巫山縣城也是決定修築三峽大壩後搬遷新建的。因此，杜甫曾經停留飲酒的巫山老城，早就沉入了靜水深流的江底。

杜甫的客船大概只要大半天時間，就能穿越夔門與瞿塘峽，從奉節來到巫山。杜甫拋錨繫纜，是為了參加一場為他舉行的餞別宴。

主人叫唐旻，乃中宗時宰相唐休璟的孫子，原任汾州刺史，前不久得罪朝廷，配流施州，因事路過巫山。

杜甫身體很差，拄著枴杖出席了宴會。席間，照例有歌舞助興。不過，一旦聯想到以老病之身行走萬里江湖，歌聲竟引得杜甫淚流滿面。

比較好玩的是，唐十八（唐旻）姓唐，杜甫姓杜，但據說唐姓和杜姓都出自上古祁姓，杜甫便把唐十八稱為族弟。杜甫，乃至唐人，都喜歡扯親戚關係，一個姓的，多半要看看家譜、班輩，以確定稱號；不是一個姓的，轉彎抹角也能扯成兄弟。

我看過一些巫山老縣城的照片。在長江北岸、大寧河西岸一片稍緩

的坡地上，房屋如甲蟲，高高低低地爬在斜坡上。其中，有不少是用細長的梁柱從低窪處支撐起的吊腳樓——這種吊腳樓，杜甫並不陌生，他在雲安居住過的水閣和在夔州居住過的西閣當如是。

今天的巫山新縣城，與老縣城方位一致，均在大寧河匯入長江的西側，只不過較老縣城後退了許多。

回水上漲，原本深陷峽谷中的大寧河變得像湖面一樣寬闊。從大寧河口起，到巴東縣官渡口止，這一段九十里長的江面，是為三峽第二峽：巫峽。

大寧河是長江北岸的一條支流，全長只有兩百多公里，發源於大巴山，在巫山縣城東邊注入長江。大寧河河口，也就是巫峽起點。就像長江有三峽一樣，大寧河也有三峽，稱為大寧河小三峽，簡稱小三峽。

小三峽由龍門峽、巴霧峽和滴翠峽組成，全長約六十公里。大寧河水清天碧，兩岸竹樹掩映，有人認為它具有山奇雄、水奇清、峰奇秀、灘奇險、景奇幽和石奇美的特點。

名不見經傳的馬渡河是大寧河的支流，發源於神農架。非常奇妙的是，馬渡河上也有三座峽谷，這三座峽谷全長三十里。河道兩岸，山峰奇峻，倒吊著千奇百怪的石鐘乳。

於是，在巫山，便形成了如同俄羅斯娃娃一般的峽谷風景：從長江三峽沿大寧河進入大寧河小三峽，從大寧河小三峽再進入馬渡河小小三峽。

巫峽以東是西陵峽。西起香溪口，東到南津關。

西陵峽既是三峽中最長的——全長超過六十公里，也是一座由多個峽谷組成的大峽谷群。它以灘多水急著稱，是令來往船伕談虎色變的險

第十二章 曲終

惡之地。不過,與它的險惡相比,西陵峽雄奇的風光更令人陶醉。

初唐四傑之一的楊炯行經西陵峽時,在詩中說西陵峽「絕壁聳萬仞,長波射千里」。唐宋八大家之一的歐陽修曾在宜昌做官,西陵峽是他多次出遊的景點,他稱道:「西陵山水天下佳。」

從瞿塘峽口的白帝城到南津關,深流於高山峽谷間的長江終於漸漸流入了越來越廣闊的平原。南津關口,兩山相對,江面僅有數十丈寬,及至江流出峽,江面猛然擴展到十倍以上,給人一種「潮平兩岸闊,風正一帆懸」的豁然開朗之感。

從秦州到同谷,從同谷到成都,杜甫均有非常詳盡的紀行詩。但此次離夔出峽,卻只有一首四十二句的長詩。從中,可以略窺其穿越三峽之所見所感:峽窄船轉,時聞猿啼;客舟逐水,屢驚水鳥。逼仄之處,石頭上的苔蘚好像要碰到手中的枴杖。空山積翠,寒氣侵人肌膚。峭壁排列如劍,氣勢森嚴。泉水從上面跌下來,水珠四濺。藤蘿交織,山林變得十分幽暗。樹木榮枯相繼,呈現出深淺不一的色彩。杜甫記憶最深刻的是鹿角峽和狼頭峽。其時,小船在跌宕的江水中顛簸,水聲轟鳴如雷,船上裝書的箱子跌落甲板,一些行李也被濺上來的江水濡溼了。杜甫很害怕,不過,他強作鎮靜,宣稱:「惡灘寧變色?高臥負微軀。」

2

荊州是一座歷盡滄桑的古城。

從曾經的楚國都城,到後來的南方重鎮,荊州發生過太多重大事件,也曾有過太多大人物光臨。

無端地,我認為,與荊州有關的眾多古人中,杜甫多半會對其中一

個最為感同身受。因為，他倆都是不得意的異鄉飄零客。

此人即王粲。

王粲字仲宣，建安七子之一。中原板蕩，王粲南下荊州依劉表，但不為劉表所重。在荊州，他寫下了名篇〈登樓賦〉。

古人總是懷念更古的人。李商隱曾寫下過「賈生年少虛垂淚，王粲春來更遠遊」的詩句，把王粲與賈誼相提並論。比李商隱更早的杜甫，則以王粲自喻。王粲流落荊州，登樓悵望，希望回到北方，他的詩作屢屢表達了這種情懷：「荊蠻非我鄉，何為久滯淫。復棄中國去，委身適荊蠻。」杜甫寫於夔州的〈一室〉則說：「巴蜀來多病，荊蠻去幾年。」

與王粲相比，杜甫的命運更加糟糕——登樓懷鄉的王粲，最終回到了北方，並深受曹操父子信賴。而以王粲自喻的杜甫，不僅沒得到過任何大人物的重用，甚至，就連回北方也是鏡花水月一場空。

大曆三年（西元768年）暮春的一場細雨裡，杜甫一家冒雨走進了杜位宅邸——還有一種可能是，他先把家小送到了當陽，再隻身前往荊州。

杜甫的主要投奔對象，或者說他預想中的靠山即從弟杜位和衛伯玉。衛伯玉是京兆三原人，幼習武藝，有勇力，早年在安西從軍。肅宗即位後，他從安西回長安，領神策軍兵馬使，屢次大敗史思明，以戰功封芮國公，拜江陵尹兼御史大夫，充荊南節度使、觀察使，乃是統轄一方，上馬管軍下馬管民的封疆大吏。

關中因吐蕃入侵，肅宗一度打算巡幸江陵，衛伯玉的仕途再次進步：封城陽郡王，加檢校工部尚書，開府儀同三司。可以說，在杜甫的朋友中，衛伯玉的政治地位是最高的。

第十二章 曲終

衛伯玉封王時，杜甫尚在夔州，急忙寫詩相賀。衛伯玉之母因衛之故加封鄧國太夫人，杜甫又急忙寫詩道喜。居夔州而思荊州，杜甫預先做了不少鋪陳。當他舟次夷陵時，再次寄詩衛伯玉，稱讚衛「玉門高德業，幕府盛才賢」。

接下來半年，《杜甫全集》隱約而真實地反映了詩聖的生活：那些看題目即知是應酬文字的詩作表明，因為衛伯玉，也因為杜位，江陵官場對做過左拾遺的著名詩人杜子美先生上請下迎，而杜甫也拖著老病之軀四處應酬。除了酒桌上推杯換盞，免不了還得寫一些應景的奉迎文字。

入夏，作為封疆大吏，衛伯玉派幕僚向蕚前往長安，向朝廷進奉端午御衣。當年，杜甫在左拾遺任上，也曾享受過端午賜衣的恩寵。時過境遷，此一時也彼一時也，這不禁令杜甫感喟萬千。然而，他也只能在詩裡頌揚衛伯玉，把他和遠祖杜預相提並論：「尚書勛業超千古，雄鎮荊州繼吾祖。」末了，仍不免自感惆悵，於是告訴向蕚：「卿到朝廷說老翁，飄零已是滄浪客」──老杜自作多情了，他這個十多年前的小京官，除了少數親朋外，袞袞諸公，有幾個還記得他，還把他放在心上？「冠蓋滿京華，斯人獨憔悴」的時代，不得意者將被視為失敗者淘汰出局。就像民間俗語說的那樣：

「不信但看筵中酒，杯杯先敬富貴人。」至於流落江湖，孤苦無依的窮酸詩人，從來都是被輕看的、忽略的、遺忘的。

幾個月後的深秋時節，杜甫又做出一個重大決定：他要離開此前心心念念，拋下夔州果園與草堂去投奔的江陵。他的一首五律，透露了離開的原因：

羈旅知交態，淹留見俗情。衰顏聊自哂，小吏最相輕。

詩人作客既久，長期寄人籬下，故而對人情世故特別敏感。他所依靠的權貴，或許出於禮節，或許出於其他原因，對詩人多少保持著一份或真或假的尊重。但權貴手下那些最會察言觀色的小吏，卻往往對詩人不恭不敬——顯著例子就是前文說過的柏貞節手下的園官，專揀野生苦萵苣送杜甫。汪灝認為，「久客，無人不相輕，而小吏為最」，其間的尷尬與惱火，恰如杜甫另一首詩痛陳的那樣：

苦搖求食尾，常曝報恩腮。結舌防讒柄，探腸有禍胎。

那麼，他打算去哪裡呢？杜詩同樣有透露：「聞汝依山寺，杭州定越州……明年下春水，東盡白雲求」、「為問淮南米貴賤，老夫乘興欲東遊」。

他打算順流而下，前往江南。一方面，江南是他年輕時的舊遊之地，令他留下了美好而深刻的印象，他要故地重遊；另一方面，他的弟弟杜豐，多年沒有消息，聽人說現居江南某地。因而，重遊江南和探尋弟弟便可合而為一。在遊覽了江南後，再沿大運河北上，即可回到洛陽。

離開總是痛苦的，尤其是離開那些原本寄託了無限希望的人與城。秋深了，杜甫從荊州府所在的江陵城前往長江邊的南浦，從那裡上船。他又一次想起了王粲，同時還想起了阮籍：「蒼茫步兵哭，展轉仲宣哀。」自悲身世，自嘆浮沉的老杜，唯有向死去多年的古代同行借一些力量：既然這些前賢也曾漂泊也曾跡若轉蓬，既然這些前賢也曾懷才不遇，那麼，我又何必為自己的漂泊與不遇而過分悲嘆呢？就像一個重病的人，看到更多的人也身懷重病，他一方面同病相憐，一方面又以此自慰：既然我們生活在這樣一個多病的時代，那也只好認命了。

第十二章　曲終

3

　　自從有了遙測技術，人類就得以從渺遠的高空俯瞰自己生息的大地。對這種從太空發回的照片，我有一種莫名的敬畏：原本遼闊的山河被濃縮到一張小小的照片上。地圖雖然也可以縮地千里，卻沒有遙測照片來得真實，具體。

　　在一千公里高空，當衛星對著大地拍攝時，我看到了一片赭黃中夾雜著一些淡藍，淡藍中的一小部分，靜靜地淌在湖南北部。當衛星更靠近，這片淡藍的小部分變大了，略似一隻扭曲的葫蘆。

　　這就是洞庭湖。

　　水網密布的湖北南部和湖南北部，河流密如藤蔓，湖泊便是藤蔓上結出的大大小小的果實。洞庭湖無疑就是這些果實中最碩大也最甜蜜的那一個。

　　古人云：「四瀆長江為長，五湖洞庭為宗。」意思是說長江、黃河、淮河、濟水四水，數長江最長；洞庭、鄱陽、太湖、巢湖、洪澤湖五大淡水湖，以洞庭為首。這不僅是就洞庭湖當時面積最大而言，也與洞庭湖在文化史上的重要地位有關。這片浩蕩的湖水是和屈原、孟浩然、李白、杜甫、白居易、劉禹錫、韓愈、李商隱、范仲淹等光照千秋的名字連在一起的。作為中國第二大淡水湖，即便在湖區不斷縮減的今天，洞庭湖面積依然超過兩千平方公里，相當於兩個縣的轄地。

　　岳陽是洞庭湖東北岸的一座城市，古稱岳州。如果說這座城市的自然地標是洞庭湖的話，那麼它的人文地標則是洞庭湖畔的岳陽樓。岳陽樓正對君山。君山本是湖中一座小島，如今已與陸地相連，成為半島。岳陽樓北上不到十公里，洞庭湖的浩浩大水歸入長江。

所以，杜甫從江陵南下，經公安、石首等地，再溯洞庭而南，泊舟於岳陽樓下。

杜甫是冬季登臨岳陽樓。那是一次百感交集的憑欄，杜甫吟成了他平生最優秀的作品之一〈登岳陽樓〉：

昔聞洞庭水，今上岳陽樓。吳楚東南坼，乾坤日夜浮。親朋無一字，老病有孤舟。戎馬關山北，憑軒涕泗流。

深冬到達岳州城下，杜甫在這裡小住了兩個月，直到春天才又啟航。為何耽擱如此之久？杜詩沒有給出答案。原因可以猜測：到底東下江南與否，杜甫很有可能有些猶豫。因為，與此同時，他還有另一個選擇，那就是南下——杜甫把這稱為南征。南下或南征的目的地是衡州。

岳陽樓

他最早的朋友之一韋之晉於大曆二年（西元 767 年）被朝廷任命為檢校祕書監、衡州刺史，此外還兼湖南都團練使、守捉使和處置使等職，也是有名有實的主政一方的高級官員。

前文講過，韋之晉赴任時曾途經杜甫寓居的夔州，兩人相聚時一定有約定，即杜甫在必要時，可以前往衡州，韋之晉將提供援助。岳州城下，很可能，杜甫得到了韋之晉歡迎他前往衡州的確信。

這樣，在「南征問懸榻」還是「東逝想乘桴」之間，杜甫心中的天平偏向了南征。

第十二章　曲終

岳州兩個月期間，杜甫似乎一直居於客舟上。冬日的洞庭湖，大雪飄飛，嚴寒刺骨。有一天夜晚，鄰近的一條船上，有人吹篳篥。篳篥是一種從西域傳入中土的吹奏樂器，木製，其音悲涼，又稱悲篥。杜佑《通典》說：「篳篥，本名悲篥，出於胡中，其聲悲。」

天寒地凍，雪花飄飛，湖水嗚咽，這本身就是一種令人悲愁的景象，更何況孤燈夜泊，突然聽到一陣陣悲涼的篳篥聲呢。杜甫夜不能寐，萬千心事，湧上心間：

岳陽樓側的懷甫亭

積雪飛霜此夜寒，孤燈急管復風湍。君知天地干戈滿，不見江湖行路難。

小住期間，杜甫與岳州官員亦有交往。一日，大風不止，復又夾雜著雪花，杜甫枯坐孤舟，百無聊賴，很想飲酒。他以詩作箋，邀請一位姓鄭的判官，一起到城裡尋酒共飲。

初春，應岳州刺史裴某之邀，杜甫再次登上岳陽樓。雪後初霽，江岸的梅花已經開了，春天正在降臨人間。也就在此時，杜甫決定南下衡州，投奔韋之晉：

湖闊兼雲霧，樓孤屬晚晴。禮加徐孺子，詩接謝宣城。雪岸叢梅發，春泥百草生。敢違漁父問，從此更南征。

洞庭湖是湘江的終點。因此，杜甫離開岳州後的行蹤，便與日夜北流的湘江糾結在一起。

湘江兩岸，我一路尋訪詩聖的漂泊之路。時光荏苒，一夢千年，大多數地方，不僅遺跡早就消失，甚至就連地名都已更改，至多留下地方志裡的簡略文字或是後人修造的紀念性建築。

　　白沙驛是杜甫當年泊舟的地方，如今，它叫營田鎮。湘江由南向北，從小鎮西邊流過。碼頭上，停靠著不少船隻，以貨船和挖沙船為主。杜甫的泊舟之處，大概就在左近。那是一個初春的黃昏，杜甫自洞庭湖、青草湖而來，連日不見人煙，荒郊野嶺中的白沙驛，對他是一種淡淡的安慰。他看見湖邊的大堤上野草初萌，月亮從東天升起，跳出煙波淡掃的水面。

　　營田既是一個鎮，又屬岳陽下轄的屈原管理區，所以，當地人常把營田叫做屈原。營田位於湘江和汨羅江之間，而被余光中稱為藍墨水上游的汨羅江，眾所周知，它是屈原跳水自盡處。距營田十多公里的江畔，建有紀念屈原的屈子祠。

　　杜詩中，有一首題為〈祠南夕望〉。有人認為，杜甫寫的是湘夫人祠，也有人透過詩中提到了和屈原有關的山鬼，認為寫的是屈原祠。不過，無論如何，我如今看到的屈子祠，都不是杜甫看到的那一座了。它們一建於漢，一建於清。當年，差不多窮途末路的詩聖行經屈子祠時，想想這位同樣報國無門的先賢，他心裡到底是多了一絲寬慰，還是添了一絲憂傷？

　　極為炎熱的午後，我獨自在偌大的屈原文化園遊蕩。這個熱門景區，除了清代所建的屈子祠儲存得較好外，其餘景點均是近幾年打造的。遊道旁的池塘裡，荷葉田田，下面蹲伏著青蛙，一動不動，像在納涼。

　　作為核心的屈子祠，大門造類型緻。高高的白牆，中間嵌入紅色支

第十二章 曲終

柱，上頂黃色和綠色的琉璃。三道門，左右相對較矮，將正中那道緊緊拱衛。屈子祠所在的小山叫玉笥山，據說屈原放逐時曾居住於此，並在附近的汨羅江自盡。早在漢朝，屈子祠就出現了。不過，古代祠址無考，到了清朝乾隆年間，才移建到今天位置。

蕭條異代不同時，不論屈原還是杜甫，其實，他們的命運，屈原在〈離騷〉中早就有過預言：「亦餘心之所向兮，雖九死其猶未悔。」

屈原如是，杜甫如是，千百載之下，一切有擔當有情懷者俱如是。

營田上游的喬口，比營田更小。不過，從杜甫的唐代到今天，它的名字從來沒變，一直叫喬口——喬江在這裡注入湘江，是以得名。

在一條名為古正街的老街上，我看到了杜甫客棧的招牌。客棧有一副對聯，道是：「君來客棧懷詩聖，我到喬江覓舊蹤。」如果不是天氣太熱，而我又急著趕路，頗想在小鎮住上一晚。走進杜甫客棧附近的小巷，有一家杜甫茶座。過了杜甫茶座，小巷盡頭是一座亭子，名曰杜甫亭。杜甫亭裡，立了幾塊碑，連同亭基的石壁上，都刻著與喬口有關的詩——杜甫兩首，范成大一首，一個叫楊瑞的清人一首。亭子外，長廊曲折；長廊下臨水處，用木頭搭建成迷你廣場。驕陽似火，一個身著保全制服的老年人坐在長廊下打瞌睡，在他腳下，一隻竹篩子盛滿花生，正在接受烈日曝曬。長廊外，一池湖水清碧。湖東，便是杜甫泊舟的喬江。

到達喬口時，春色已深，樹木開花，群蜂癲狂，燕子忙著啄泥築巢，日落時卻冷風蕭蕭。杜甫感慨自己本想回長安，誰知背道而馳，「漠漠舊京遠，遲遲歸路賒」。

杜甫亭附近的另一條巷子裡，深藏著始建於宋朝的喬江書院。院

中，附有小小的三賢祠。三尊像立於大堂，乃是：屈原、賈誼、杜甫。

書院張貼的介紹文字稱，早在宋徽宗時，書院就立了屈原、賈誼和杜甫像，並命名為三賢堂。從元朝開始，喬江書院遷至三賢堂內。明初，毀於兵火，後又重建。

杜甫從岳州南下時，除了可能去過屈子祠外，泊舟喬口，他也會想起賈誼：「賈生骨已朽，悽惻近長沙。」屈原憂國憂民，卻不得不在國破之際自沉汨羅；賈誼心繫漢室，卻被貶竄長沙。

三位中國文化史上的著名人物，懷著相同的政治理想，理想卻帶給他們各不相同的災難。我想，用杜甫的話來說，乃是「悵望千秋一灑淚，蕭條異代不同時」。

我也非常贊同程千帆及其高足莫礪鋒的論斷：「在屈騷和杜詩中所蘊含的憂患感和責任感是中國古代文學中最具有積極性的精神財富。從這個意義上說，杜甫乃是屈原精神的最好繼承者。」

喬江在湘江西岸，喬口鎮距湘江大約兩里。在喬口夜宿後，天明，杜甫順喬江進入湘江，再溯湘江南行。春天多風，只行了不到二十里水路，在一個叫銅官渚的地方，風越來越大，他只好停船避風。

銅官渚，如今的名字是銅官鎮，位於湘江東岸。春秋戰國時期，楚國盛產銅礦，銅官一帶就是產地之一，楚國在這裡設立管理機構，故得名銅官。

到了杜甫的唐代，銅官不再以產銅而是以產陶聞名。銅官窯又稱望城窯、長沙窯，是釉下彩技術的發源地。尤為有意思的是，1950年代，在銅官鎮出土了一批唐朝及五代陶瓷，陶瓷上，居然刻有一百多首唐詩。

第十二章　曲終

喬江邊的杜甫亭　　　　　　　　喬口鎮三賢祠，供奉著屈原、賈誼和杜甫

今天的銅官鎮，打造了銅官古鎮和長沙銅官窯國家考古遺址公園。

回首當年那個春天，杜甫在船上遠遠地看到鎮上燒窯的煙火，誤以為農民在燒荒：「水耕先浸草，春火更燒山。」

這首詩的題目叫〈銅官渚守風〉。所謂守風，就是等候適合船隻行駛的風勢。銅官鎮的一條小巷裡，兩堵屋牆之間，有一個長方形水池，水池上橫著一條小船，船上方懸起的木板上，有五個黃色大字：「守風亭遺址」。就是說，為了紀念杜甫的銅官渚之行，後人在這裡建了亭子。只是，時代久遠，亭已不存。

銅官渚下游便是荊湘重鎮潭州，即今長沙。杜甫在這裡短暫停留，他登嶽麓山，訪道林寺和麓山寺。

如同三賢祠把屈原、賈誼和杜甫並列一樣，很顯然，當畢生不得志的杜甫漂泊湖湘大地時，他最容易想到的古人就是命運相似的屈原和賈誼。賈誼曾貶長沙，他在長沙的故居，據記載，自西漢到當代，已重修六十四次。

毫無懸念，杜甫也前往賈誼故居憑弔並作詩：「賈傅才未有，褚公書絕倫。名高前後事，回首一傷神。」

古人總是懷念更古的人——與他們命運相近的人，遭遇相似的人，理想相仿的人——這種不絕如縷的懷念，既是一種蒼涼的自勵，也是吾道不孤的堅持和倔強。

4

大曆四年（西元 769 年）春天，五十八歲的杜甫在潭州短期停留後，復又起錨向南，繼續他的前往衡州投奔韋之晉之旅。是時，湘江兩岸，春花爛漫，客舟左右，燕子啁啾。宿酒醒來的杜甫坐在船頭，在溯流而上的緩慢航行中，他又一次想起了才高遭嫉的賈誼，以及因言獲罪的褚遂良——他們二人都被貶到了長沙：

夜醉長沙酒，曉行湘水春。岸花飛送客，檣燕語留人。

賈傅才未有，褚公書絕倫。名高前後事，回首一傷神。

從杜甫留下的紀行詩可知，出潭州後，他的小船迎著滔滔湘江水，一路向南而行，其間經過了鑿石浦、津口、空靈岸、花石戍和晚洲等地——千年之後，湘江不改，而老杜曾泊舟曾路過的這些地方，有的只留下了一個地名，有的連地名也不再。

湘江基本呈南北流向，但它不可能是一條直線。在湘潭境內，它忽然由南北向轉為東西向，近六十里後，再轉為南北向。於是，江流便將株洲天元區圍繞成一座半島。這座半島上一個叫鑿石浦的地方，杜甫在那裡宿了一夜，並留下了〈宿鑿石浦〉。地方文獻記載，為紀念杜甫在這裡度過的一夜，宋代建有杜甫草堂，江邊石壁上，曾刻有大書法家米芾

第十二章　曲終

所書「懷杜崖」三字；清代又建有杜甫像。時至今日，所有這一切都已消失。

而今，就連鑿石浦的準確位置也難以釐清了。倒是天元區下屬的栗雨街道，有不少冠以鑿石的地名和單位：鑿石村、鑿石路、鑿石小區、鑿石小學、鑿石幼稚園……

從鑿石浦南行三十餘里，湘江東岸，是杜詩裡稱為津口的地方——津口本名淥口，它既是株洲下轄的淥口區駐地，也是淥口區下轄的淥口鎮。喬口位於喬江入湘江的河口，得名喬口；淥口位於淥水入湘江的河口，得名淥口。兩江交會的岸邊，有一座廟宇，乃是紀念關羽的關聖殿。以常理度之，當年杜甫繫舟的地方，應該就在關聖殿門前這片水域，而非更遠處的淥口鎮。

自淥口而南不遠，湘江西岸出現了一列起伏的山峰，山崖面江矗立，宛如城牆，名為空靈岸。杜甫的小船從空靈岸前經過時，他看到紅色的石頭高聳，楓樹和檜樹茂密生長，遮掩了峭壁。暮春時節，麗日高懸，景色和美。就在這座幽靜的山上，深藏著一處紅牆黃瓦的廟宇，即建於南梁時期的空靈寺——至今，空靈寺依舊梵音繚繞。杜甫舍舟上岸，遊觀了好半天，中午時分才重又出發。

當天傍晚，他來到了空靈岸以南約八十里的花石戍，「午辭空靈岑，夕得花石戍」——這也為我們推斷杜甫乃至唐時的水路旅行速度提供了證據：逆水，半天可行七十里，則一天可行一百四十里，速度不算慢。

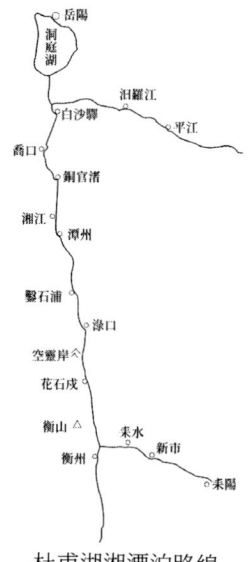

杜甫湖湘漂泊路線

行程愈往南方，天氣愈加溫暖，暮春時節已有初夏感覺：「地蒸南風盛，春熱西日暮。」夕陽返照時，杜甫信步來到岸上，策杖而行。沿途，杜甫看到河面開闊，兩岸長滿各種樹木。經行的村落，卻不見人煙。唯有菜園裡，泉水汨汨流淌，房前屋後，擺放著農具，柴門卻荒蕪得像很久沒開關過了。人都到哪裡去了呢？杜甫一下子就聯想到持續多年的戰爭與動亂，朝廷向人民徵收重賦，人民不得不逃往深山。杜甫感慨：「誰能叩君門，下令減徵賦？」——有誰能把民間疾苦告知君主，以便君主下令減輕徵賦呢？自古以來，天意高難問而肉食者鄙，杜甫的感嘆只能是永遠的天問。

　　花石戍上游，一百里左右即衡州，以杜甫的速度，最多一天，他就將抵達衡州城下並與老友韋之晉相見了。

　　命運對杜甫異常殘酷。

　　當他千里迢迢趕到衡州才得知：韋之晉已調潭州——很可能，他們的客船就在湘江的某一方水域擦肩而過。杜甫怏怏不樂，只好滯留衡州。

　　不料，緊接著，更大的噩耗傳來：韋之晉去世了。噩耗帶來震驚，更帶來傷感和失落。

　　衡州境內的衡山，乃是中國最知名的山峰之一，稱為南嶽。五嶽之中，東嶽泰山杜甫青年時曾登臨。西嶽華山，在他出任司功參軍的華州境內。華山過於險陡，猜想他最多到過山麓而未登頂——多年以後，杜甫的異代知音韓愈登上華山，卻因下不來而急得寫下遺書，幸好當地官員想盡辦法把他救了下來。中嶽嵩山距杜甫老家近在咫尺，多半是他少時的舊遊之地。北嶽恆山在山西，他去過郇瑕，未到恆山。至於南嶽衡山，杜甫只在遠處眺望過——他的身體已經不允許他登山了。

第十二章 曲終

衡山中的回雁峰，被認為是七十二峰之首，稱南嶽第一峰。古人相信，北雁南來，飛翔至此，不再向南，度過冬天後就會趁著春暖往回飛，是以將其稱為回雁峰。宋之問有詩雲「陽月南飛雁，傳聞至此回」。

杜甫當然熟知這些掌故和詩句。在他生命中的最後一個春天，他將想起前一年奔往衡州投韋之晉不遇，在衡州城外悵望回雁峰的那個初夏，他羨慕那些北飛的歸雁——現在，老杜只想做一隻鳥：

長沙湘江畔的杜甫江閣

萬里衡陽雁，今年又北歸。雙雙瞻客上，一一背人飛。雲裡相呼疾，沙邊自宿稀。繫書元浪語，愁寂故山薇。

5

杜甫從衡陽北返，再次繫舟潭州。種種跡象表明，從大曆四年（西元769年）夏天到大曆五年（西元770年）四月，足足大半年時間裡，杜甫一直寓居長沙。他的寓所，多數時候，就是那條泊於湘江的木船——少數時候，他租住江邊的吊腳樓，即江閣。

他的詩作，既描寫過從船上看到春花盛開，燕子飛來的良辰美景，也嘆息過江畔桃花被風吹雨打的清寂苦寒。

有一天，突然有一個陌生的年輕人來船上拜訪。這是一個充滿傳奇色彩的人物，此人即蘇渙。

蘇渙係蜀中眉山人，少時尚武，善用白弩，經常搶劫商旅。商人苦

之，罵他是白蹠——意為操白弩的強盜。後來，蘇渙幡然醒悟，折節讀書，中進士，任御史。大曆四年（西元769年），被湖南觀察使崔瓘辟為從事。蘇渙聽說杜甫客居潭州後，就慕名來訪。交談中，杜甫聽他背誦了近作，大為讚賞，稱其「才力素壯，詞句動人」。後來，杜甫寫了一首詩贈給蘇渙——這首詩的題目，是杜甫所有作品中最長的，竟有一百多字。

詩中，杜甫讚揚蘇渙，認為他的作品超越了建安七子，足以與蜀地最著名的兩個文人即揚雄和司馬相如並駕齊驅。

後來，蘇渙到嶺南投奔哥舒晃，杜甫寫給時在嶺南的裴虬的詩中，要裴虬向蘇渙致意，並對他寄託厚望：「致君堯舜付公等，早據要路思捐軀。」但是，令人跌破眼鏡的是，文武全才的蘇渙，竟煽動哥舒晃造反，兩人均被朝廷誅殺。當然，這是杜甫不知道的了。那時，他已物故數年。

農曆八月初，潭州依然炎熱。這年八月初五，杜甫寫了兩首詩，題為〈千秋節有感〉。

他懷念一個已然逝去的人和一個已然逝去的盛大節日。那就是唐玄宗和千秋節。

開元十七年（西元729年），杜甫還是一個十八歲的青年，要等到次年，他才遠遊郇瑕。這年八月初五，是唐玄宗四十五歲生日。此時正值大唐帝國國力最強盛之際，所謂開元全盛日是也。當天，文武百官及多國使節，齊聚於長安花萼樓下，舉行盛大的生日宴。以左、右丞相為首，百官們向玄宗上表，請求此後每年八月初五，設為舉國歡慶的千秋節，「天下諸州咸令宴樂，休暇三日，仍編為令」。玄宗愉快地答應了。天寶七載（西元748年），千秋節改名天長節。不過，包括杜甫在內，大

第十二章 曲終

多數人仍習慣性地稱千秋節。直到寶應元年（西元762年）玄宗去世，千秋節在歷時三十多年後，終於畫上句號。

那個舉國歡騰並放假三天的盛大節日，當杜甫回憶並書寫時，已經過去八年了。其時，「天下用兵不息，而離宮苑囿遂以荒堙」，但是，當年為慶祝千秋節而譜寫的歌曲還留在人間，偶爾有人哼唱或演奏，「聞者為之悲涼感動」。

杜甫做過左拾遺，如在承平時代，當然有機會出席千秋節。但是，他的左拾遺為時太短。前一年千秋節，他還在鳳翔行在；後一年千秋節前三個月，他已貶華州。因此，杜詩對千秋節的繪聲繪色描寫，乃是想像之詞或是聽人言說：「御氣雲樓敞，含風彩仗高。仙人張內樂，王母獻宮桃。羅襪紅蕖豔，金羈白雪毛。舞階銜壽酒，走索背秋毫。」唯有詩的最後四句，才是此刻最真實的感受：「聖主他年貴，邊心此日勞。」——玄宗一代聖主，驕奢淫逸，造成巨大隱患，以至後人到現在還在為此操勞。「桂江流向北，滿眼送波濤。」——玄宗已駕崩，千秋節也成過往，眼前唯有北去的湘江波濤滾滾。

在潭州與杜甫相會的，除了蘇渙這個新知，還有若干舊交。舊交中，有一個曾經的飛黃騰達者，即李龜年。

玄宗時代，李龜年及兄弟李彭年、李鶴年均係名擅一時的宮廷音樂家，深受玄宗賞識。《明皇雜錄》說，李龜年「於東都起大宅，僭侈之制，逾於公侯」。然而，漁陽鼙鼓，天下大亂，「龜年流落江南，每遇良辰勝賞，為人歌數闋。座中聞之，莫不掩泣罷酒」。皇家首席歌唱家，竟然淪落到民間賣唱的地步。從前的榮華富貴，如今的世路艱難，霄壤迴異之間，呈現的正是由盛而衰的時代變奏。

在長安時，杜甫與李龜年有過交往。不成想，兩位曾名噪京華的大

師，竟在如此失意與徬徨中邂逅。杜甫寫下的那首詩，也成為後人傳誦的名篇：

  岐王宅裡尋常見，崔九堂前幾度聞。正是江南好風景，落花時節又逢君。

  湘江北去，不捨晝夜。杜甫的客舟繫在湘江東岸的潭州城下，一直到大曆五年（西元770年）清明之後。清明時節，南方春光明媚，雜花生樹，群鶯亂飛。這一天，長沙人紛紛出城，從湘江的各個碼頭渡江，前往湘江西岸的嶽麓山和道林寺等地遊玩。甚至，就連原本應該堅守職位的軍人，也解鎧甲，脫戰袍，加入到了遊玩隊伍。

  身在異鄉，人逢老病，杜甫更加敏感。當地人的闔家出遊，讓杜甫生出了更甚的漂泊和離愁。他感嘆自己「弟姪雖存不得書，干戈未息苦離居」。

  在別人的歡樂裡，杜甫照見了自家的哀愁。可以想像，當他站在小小的客舟甲板上，遙看別人的幸福與團聚時，這個清明，儘管陽光明媚，但老杜眼中，依舊以陰以雨。

  這個暮春是傷感的，也是離亂的。《舊唐書》載：「大曆五年（西元770年）四月七日，湖南兵馬使臧玠造反，殺害了湖南觀察使崔瓘，並據潭州為亂。澧州刺史楊子琳、道州刺史裴虬、衡州刺史楊濟等出軍討臧。」這就是臧玠之亂。

  潭州淪為兵火之地，杜甫唯有離開。

  大概在初夏時節，杜甫一家又一次溯湘江南行──這一次，他想去郴州投奔他的遠親崔偉──杜甫的母親崔氏，與崔偉是一個大家族的。算起來，杜甫要叫他舅舅。之前在梓州，杜甫接待過前往青城任縣令的崔二十四舅，他與崔偉是兄弟；崔偉排行二十三，故杜甫稱他崔二十三

第十二章　曲終

舅。幾個月前，在潭州，杜甫曾與崔偉相聚，送崔偉前往郴州任錄事參軍，攝郴州事。

從潭州到郴州，必經衡州。也就是說，杜甫的客船又重複了去年的逆水之行，他又一次路過了鑿石浦、淥口、空靈岸、花石戍……衡州城外，杜甫的客船由湘江進入耒水。今天的耒水東岸，有一座叫新市的古鎮，曾是新城縣治，已有一千五百年歷史。大曆五年（西元 770 年）夏天——這是詩聖的最後一個夏天，他的生命行將進入終點——杜甫被一場突如其來的洪水困在了新市。那時，新市叫方田驛。

杜甫晚年的窮愁與潦倒，至此為極：洪水太大，船隻無法行駛，周邊沒有買米購物的集鎮或人家。全家人困在船上，餓著肚子，望著洶湧的洪水發愁、發呆、發昏。好些天後，耒陽聶縣令聞訊，派人送來酒肉。因此，有一種說法是，餓了幾天的詩聖大塊吃肉，大碗喝酒，終至飫死——也就是暴飲暴食而暴死。包括新、舊《唐書》在內的一批史書都持此說。

但是，透過杜甫詩作和另一些史料，庶幾可以斷定：杜甫並沒有死於耒陽，醉死或脹死均屬子虛烏有。聶縣令解圍後，杜甫沒有再去郴州，而是又折回了潭州——這是他第三次泊舟潭州城下。

杜甫走到耒陽而返的原因，他的〈迴棹〉一首詩透露出了蛛絲馬跡：杜甫發現，越往南走，天氣越發炎熱難耐。並且，耒陽浩大的洪水，也給了他當頭一棒。他明白，以多病老衰的身子，根本適應不了南方的氣候與環境。他急切想要返回，以便北上。他認為，哪怕不能回到河南或關中，能先到祖居的襄陽也不錯：

清思漢水上，涼憶峴山巔。順浪翻堪倚，回帆又省牽。吾家碑不昧，王氏井依然……

第三次來潭州，杜甫繫舟於離江閣不到兩里的小西門附近，恰好與他曾拜訪過的賈誼故居近在咫尺。長沙是著名火爐，夏天極為炎熱。對病骨支離的杜甫來說，長年累月的船居，意味著還要因居所狹窄而更加難以忍受。他的病更重了。為了養病，他一度搬到岸上，租住於江邊的一座閣樓。這座江邊閣樓，據湖南詩人、學者李元洛考證，在南湖港。

　　顧名思義，南湖港是一座碼頭。唐代的南湖港又名東湖，是湘江東岸的一條小支流，古時在這裡設船官，管理水運和造船。宋代以後，南湖港漸漸淤塞，清初疏濬，又恢復成港口。近現代以後，再次淤塞，終於退化為一個歷史地名——而今，昔年的南湖港一帶，街巷縱橫，樓宇林立，時間帶來了滄海桑田。唯有南湖路、南湖隧道之類的地名還能讓人浮想聯翩。

　　臨江的閣樓或許比日晒水蒸且狹窄的客船要涼爽一些，但長沙的夏天，動輒三十八九度甚至四十度以上的高溫，在冷氣和風扇都闕如的唐朝，對杜甫這個畢生最怕熱的老人來講，那是真正殘酷難熬的苦夏。

　　病中的杜甫想吃一口他最喜歡的食品：雕胡飯。他病臥江閣，寫詩給崔湜和盧嶽兩位朋友：

　　客子庖廚薄，江樓枕席清。衰年病只瘦，長夏想為情。滑憶雕胡飯，香聞錦帶羹。溜匙兼暖腹，誰欲致杯罌？

　　前文已述，雕胡飯係用菰米烹飪，菰米產自南方水鄉，而「生湖南者最美」。湖南既盛產菰米，想必市上尋常可買，杜甫卻只能寫信給兩位在長沙做官的朋友，委婉地表達他想吃雕胡飯，希望他們贈送一些菰米——也不知這兩位朋友是否滿足了杜甫可憐的心願？

　　大曆五年（西元770年）秋冬之際，當潭州天氣轉涼時，杜甫卻決定離開——離開潭州，離開荊楚，離開南方。

第十二章　曲終

　　動身之前，杜甫先行送別了一位舊友。這位舊友就是十二年前與他在同谷相遇的李銜。十二年前，杜甫被所謂的佳主人所騙，在同谷身陷絕境，面臨舉家凍餓而死的危險。但與十二年前相比，其時畢竟還算年輕，身體還算相對結實。現在，身如蒲柳，心似槁木——如果用幾百年後蘇軾的話來說，那是「心似已灰之木，身如不繫之舟」。

　　可以推斷，此時的他，已然萬念俱灰，他只想回家，只想死在故鄉的土地上。因為，在安土重遷的古人眼裡，客死異鄉乃是人生最大的不幸，甚至超過了不幸本身。

　　於是，杜甫又一次看到了煙波浩渺的洞庭湖。風急天高，水闊雲低，杜甫以一首五律作別湖南親友。詩中，他再一次自憐、自傷、自挽：

　　水闊蒼梧野，天高白帝秋。途窮那免哭，身老不禁愁。大府才能會，諸公德業優。北歸衝雨雪，誰憫敝貂裘。

　　斯時的杜甫已走到了油枯燈滅的最後時刻。小船上，他的風疾又一次發作了。僵臥病榻，他知道大限已至。杜甫強自起身，寫下了生命中的最後一首詩：〈風疾舟中，伏枕書懷三十六韻，奉呈湖南親友〉。

　　詩中，杜甫述病情，傷身世，憶平生，託家小，涕泗縱橫，哀痛如潮。然而，即便是即將撒手人寰之際，杜甫最擔心的還是天下，還是動盪的時局：「公孫仍恃險，侯景未生擒。書信中原闊，干戈北斗深。」

　　個中情由，正如葉燮所說：「千古詩人推杜甫，其詩隨所遇之人、之境、之事、之物，無處不發其思君王、憂禍亂、悲時日、念朋友、弔古人、懷遠道，凡歡愉、幽愁、離合、今昔之感，一一觸類而起，因遇得題，因題顯情，因情敷句，皆因甫有其胸襟以為基。」

　　然而，事到如今，關注蒼生的雙眼終將疲倦地闔上，貼近時代的心臟終將無望地停止跳動。

也許過了數天,也許過了十天半月,洞庭湖靠近岳陽的某一片水域,老病無依的杜甫,終於歸之永寂。從此,不再有疾病,不再有漂泊,不再有冷眼,不再有辛酸。無論是「致君堯舜上,再使風俗淳」的高蹈理想,還是「朝扣富兒門,暮隨肥馬塵」的殘酷現實,都化作詩行澆鑄的記憶。

這記憶,是一瞬,也是一生。

黃土與詩，詩聖杜甫的一生及萬千山河：

千年風塵裡的詩與墓，重溫杜甫的家國夢，用一杯酒讀懂詩人的苦難與榮光

作　　　者：	聶作平
發　行　人：	黃振庭
出　版　者：	崧燁文化事業有限公司
發　行　者：	崧燁文化事業有限公司
E - m a i l：	sonbookservice@gmail.com
粉　絲　頁：	https://www.facebook.com/sonbookss/
網　　　址：	https://sonbook.net/
地　　　址：	台北市中正區重慶南路一段 61 號 8 樓 8F., No.61, Sec. 1, Chongqing S. Rd., Zhongzheng Dist., Taipei City 100, Taiwan
電　　　話：	(02)2370-3310
傳　　　真：	(02)2388-1990
印　　　刷：	京峯數位服務有限公司
律師顧問：	廣華律師事務所 張珮琦律師

― 版權聲明 ―

本書版權為中州古籍出版社所有授權崧燁文化事業有限公司獨家發行繁體字版電子書及紙本書。若有其他相關權利及授權需求請與本公司聯繫。

未經書面許可，不得複製、發行。

定　　　價：580 元
發行日期：2025 年 01 月第一版
◎本書以 POD 印製

國家圖書館出版品預行編目資料

黃土與詩，詩聖杜甫的一生及萬千山河：千年風塵裡的詩與墓，重溫杜甫的家國夢，用一杯酒讀懂詩人的苦難與榮光 / 聶作平 著. -- 第一版. -- 臺北市：崧燁文化事業有限公司, 2025.01
面；　公分
POD 版
ISBN 978-626-416-218-0(平裝)
1.CST: (唐) 杜甫 2.CST: 傳記
782.8415　　　　113020276

電子書購買

爽讀 APP

臉書